Erhardt D. Stiebner
Walter Leonhard

Bruckmann's Handbuch der Schrift

unter Mitarbeit von
Johannes Determann
Philipp Luidl
Alfons Huber

Bruckmann München

Schutzumschlagvorderseite:
Schreibkopf für einen IBM-Composer
Schriftmusterblatt
Pergamentcodex aus dem 13. Jahrhundert
aus der Bibliothek Maximilian I.

Schutzumschlagrückseite:
Schreiben mit der Bandzugfeder
Linotype-Bildschirmterminal
Chinesische Schriftzeichen
Ausschnitt aus dem Porträt des Erasmus von Rotterdam
von Hans Holbein d. J.
Straßenschilder in München

Gesetzt im »Monotype«-Bleisetzverfahren
aus der serifenlosen Linear-Antiqua (Grotesk)
»Univers«, Serie 685 und 693

2., überarbeitete und erweiterte Auflage 1980

Herstellung F. Bruckmann KG,
Graphische Kunstanstalten, München
Printed in Germany
ISBN 3 7654 1829 3
(ISBN 3 7654 1670 3 Erstauflage)

Der Brieffmaler.

Bruckmann's Handbuch der Schrift

Inhalt

□ **11 Vorwort**

□ **15 Einführung**

15 Bilder-, Ideen- und Lautschriften
17 Ursprung der Buchstabenschrift
18 Weltweite Verbreitung der lateinischen Schrift
20 Aufgaben der Schrift
20 Handschrift und Graphologie
22 Verschlüsselte Schriftsysteme
23 Stenographie

□ **25 Schriften des Abendlandes**

□ 25 *Schriften der Griechen*

25 Griechische Capitalis
26 Griechische Majuskel
26 Griechische Unziale
29 Griechische Kursive
29 Griechische Minuskel

□ 30 *Schriften der Römer*

30 Capitalis monumentalis
31 Capitalis quadrata
32 Rustika
32 Kursive

□ 33 *Frühchristliche Schriften*

33 Unziale
34 Halbunziale
34 Irische Halbunziale
35 Angelsächsische Halbunziale
35 Merowingische Buchschrift
35 Kuriale
35 Langobardische Schrift
36 Beneventana
36 Die Runen

□ 37 *Schriften der Romanik und Gotik*

37 Karolinger Minuskel
38 Gotische Minuskel
38 Textur

40 *Entwicklung der Antiqua und Kursive*

40 Vorläufer der Antiqua
40 Rotunda
40 Italienische Buchschrift
40 Humanistische Minuskel
45 Mediäval und klassizistische Antiqua
46 Egyptienne und Grotesk
46 Kursive
48 Bastard-Schriften
51 Englische Schreibschrift

□ 51 *Die deutsche Schrift seit Gutenberg*

52 Schwabacher
54 Fraktur
55 Kanzlei
56 Deutsche Kurrent
57 Abschaffung der deutschen Schrift und der Fraktur

□ 58 *Entwicklung und Verfall der lateinischen Schrift im deutschen Sprachgebiet*

58 Lateinische Kursive

□ 59 *Schriftreform um die Jahrhundertwende*

60 Jugendstil

□ 63 *Nach dem Ersten Weltkrieg*

65 Das Schriftschaffen im Ausland

□ 68 *Übergang zur Gegenwart*

□ 69 *Die jüngste Vergangenheit*

□ 71 *Überblick: Die charakteristischen Kennzeichen der Grundschriften*

□ 75 *Die Zahlzeichen*

□ **78 Die Initiale · Buchstabe und Bild**

78 Stilgeschichtliche Entwicklung
85 Das Monogramm
87 Figurenalphabete und Bildbuchstaben
89 Schriftzeichen – Schriftsymbole
90 Piktogramme
92 Geschriebene Malerei
93 Schriftzeichen in der Malerei und Graphik

□ **95 Musikalische Schriftzeichen – die Notenschrift**

□ **97 Schriften der außereuropäischen Weltkulturen**

□ 97 *Vorderer Orient*

□ 100 *Indien und Zentralasien*

□ 104 *Ostasien*

104 China
107 Korea
109 Japan

□ 111 *Amerika vor Columbus*

□ 114 Schrift in der Druckindustrie

114 Schrift, wie der Leser sie sieht – Schrift, wie der Setzer sie verarbeitet

□ 114 *Druckschrift als technisches Erzeugnis – früher*

116 Stahlstempelschnitt
116 Zeugschnitt
116 Matrizen bohren

□ 117 *Druckschrift als technisches Erzeugnis – heute*

118 Brotschrift und Headline
118 So entsteht eine Titelsatzschrift
118 So entsteht eine Werk- oder Buchschrift
119 Optische Täuschungen

□ 120 *Aufbewahren von Druckschriften*

□ 121 *Das Bild der Schrift*

121 Schriftklassifikation

□ 126 *Der Buchstabe*

127 Maßsysteme
127 Schriftgrößen
128 Messen

□ 130 *Das Wort*

131 Die Schriftfamilie
131 Schrift mischen
133 Auszeichnen
133 Stilmittel Typographie
135 Das Wort im Photo-Layoutsatz
136 Manuelles Verarbeiten von Schrift

□ 139 *Die Zeile*

140 Die Zeile als technisches Ergebnis
141 Die Zeile als Kompositionselement
141 Musiknoten und Formeln

□ 144 *Die Seite*

144 Der Satzspiegel
144 Umbruch
145 Gestaltungsraster
147 Seitenmontage
147 Bleisatz für die Filmmontage

□ 151 *Schrift im Mengensatz*

151 Vom Blei zur Elektronik

□ 151 *Bleisatz*

151 Zeilenguß
152 Arbeitsweise
152 Modelle
153 Matrizen
153 Sondervorrichtungen
153 Einzelbuchstabenguß
154 Metalle
154 Automation
154 TTS-Satz
155 Manuell ausschließende Perforatoren
155 Halbautomatische ausschließende Perforatoren
156 Vollautomatische ausschließende Perforatoren
156 Endlos-Perforatoren
156 TTS-Gießmaschinen
156 Satzrechner
157 Die Arbeitsweise eines Rechners
157 Trennprogramme

□ 158 *Photosatz*

159 Die wichtigsten Vorteile
159 Vorbereitung der Arbeit
159 Photosatz-Systeme
160 Texterfassung beim Photosatz
161 OCR-Lesemaschinen
162 Belichten
162 Tastaturgesteuerte Maschinen
164 Datenträgergesteuerte Maschinen
164 CRT-Maschinen
166 Schriftprogramme
167 Korrektur im Photosatz
167 Ausschneiden
167 Lochbandkorrektur
167 Korrektur nach Erstbelichtung
167 Korrektur von Datenträgern
168 Korrektur on line
169 Montage
170 Korrekturabzüge

□ 170 *Künftige Redaktionssysteme*

□ 173 *Das Manuskript*

174 Vorauskorrektur
174 Satzanweisungen
174 Unübersichtliche und schlechte Manuskripte
174 Das vorbereitete ideale Manuskript
174 Korrekturlesen
177 Manuskriptvorbereitung für Akzidenz-Photosatz

□ 177 *Schreibsatz*

177 IBM »Composer« 82

□ 179 Schreibtechnik und Textverarbeitung – Schreiben wie gedruckt

179 Schreiben auf Magnetträger
179 Schreiben und Bildschirm
180 Mikrofilm
180 Daten-Fernübertragung
181 Textverarbeitung
181 Die Technik gibt Schreibhilfen
181 Arbeiten im Büro ohne Papier?

□ **182 Schrift und Elektronik**

183 Der Computer schreibt
184 Schrift-Beispiele
185 Der Mensch schreibt

□ 185 *Neue Medien: Bildschirmtext und Videotext*

185 Videotext
187 Bildschirmtext
188 Probleme der Schrift und der Graphik
189 Kabeltext

□ **190 Schrift im Fernsehen**

192 Schrift im Werbefernsehen

□ **195 Schrift als Handwerk – Schrift als Hobby**

□ 196 *Schreibwerkzeuge*

196 Breitfeder
196 Unterfeder
196 Füllen der Feder
196 Reinigen der Feder
196 Kielfeder
197 Plakatfeder
197 Plattenfeder
197 Zeichenfeder
197 Normale Schreibfeder
197 Röhrchenfeder
197 Federhalter
198 Graphos-Feder
198 Schriftpinsel
198 Faser- und Filzschreiber
198 Fettstift
198 Schreibunterlage

□ 199 *Schreibflüssigkeiten*

199 Tusche
199 Skriptol und Spezialtusche
199 Chinesische Stangentusche
199 Farbige Tusche
199 Folientusche
199 Tinte
199 Farbe

□ 200 *Beschreibstoffe*

200 Schreibheft
200 Schreib- und Zeichenpapier
200 Detailpapier
200 Handgeschöpftes Büttenpapier
200 Japanpapier
200 Pergament

□ 201 *Arbeitsverfahren*

201 Liniieren
201 Skizzieren
201 Reinzeichnen
203 Vergrößern Verkleinern
203 Raster
203 Farbe
203 Vergolden
204 Korrekturen
205 Schriftmontage
205 Anreibeverfahren
206 Schriftenmalen
207 Folien-Buchstaben
208 Schablonenbeschriftung
209 Schreiben mit der Schablone
209 Plastische Schrift
210 Schrift auf geprägten Bändern
210 Stempeltechnik
210 Holz-, Linol- und Bleischnitt
211 Schriftgestaltung im Siebdruck
211 Schrift in Stein
211 Schriftreliefs
211 Schriftgravuren
212 Schrift in der Handbuchbinderei
212 Leuchtschriften

□ 213 *Schreiben – eine Kunst*

213 Grundalphabete
213 Persönliche Handschrift
214 Blockschrift, Antiqua
215 Kursiv, Schreibschrift, Bastard, Unziale
216 Gebrochene Schriften
217 Fraktur

□ **218 Schrift als Gestaltungselement**

218 Mittel und Wege zur Schriftgestaltung
219 Schriftgefühl
219 Schrift und Werkstoff
220 Der Buchstabe
222 Das Wort
226 Die Zeile
228 Die Seite
233 Schrift als Ornament
234 Schrift im Buch
236 Schrift im Erscheinungsbild
239 Schrift in Mode und Sport
240 Schrift auf Messeständen
241 Bewegte Schrift
243 Schrift auf Packungen
244 Graphische Variationen
246 Schrift auf Münzen, Geld und Wertpapieren
248 Schrift auf Landkarten
250 Schrift im Handwerk
254 Schrift im Straßenbild
256 Schrift in der Architektur
259 Dreidimensionale Schrift
260 Schrift auf Schildern
262 Schrift im Alltag
264 Schrift am Arbeitsplatz

□ **265 Schrift und Beruf**

265 Schulen und Bildungsstätten
267 Berufsstände

□ **268 Literatur**

□ **271 Fachwörter · Register**

Vorwort

Schrift ist seit ihrer Erfindung vor rund 5000 Jahren das wichtigste Mittel zur Verständigung, zum Erinnern und Dokumentieren von Geschehnissen, zum Bewahren von Gesetz und Recht über die Zeiten. Für Verkehr, Handel und Industrie ist sie ebenso unentbehrlich wie für die geistigen und gestaltenden Berufe. Schrift läßt sich aus unserem heutigen Leben nicht mehr wegdenken.

Ihre geschichtliche Entwicklung setzt mit dem Ursprung der Bildzeichen ein, erreicht in der Buchstabenschrift der Antike einen Höhepunkt, setzt sich fort in den mannigfaltigen Schöpfungen des Mittelalters und der Neuzeit aus der Hand großer Schriftkünstler und mündet schließlich in die Gegenwart ein, in der die von der Computer-Elektronik geprägte Schrift zum Gebrauchsgut aller geworden ist.

Dieses Handbuch will in leicht zugänglicher Form jedem, der ständig mit Schrift zu tun hat, Einblicke verschaffen. Es informiert den Leser über Vergangenes, aber ebenso über die weit gefächerte Verwendung von Schrift in unserem täglichen Leben.

So behandelt es die Schulschrift, verschlüsselte Schriftsysteme, das Schreiben und Zeichnen der Grundalphabete, die Initialen, die künstlerische und individuelle Kalligraphie und die verschiedenen Gebrauchsschriften. Es unterrichtet über die Anfänge der gedruckten Schriften und der Schreibmaschine wie über den Composersatz und erläutert die gegenwärtig stürmisch vordringenden Computerschriften. In einem gesonderten Kapitel wird dargestellt, wie die Verwendung unterschiedlicher »Schreibgeräte« die Schrift um zahlreiche Varianten bereichert und vielfach zu umwälzenden Formänderungen geführt hat.

Zu den Hauptthemen des Buches zählt die Schrift im Beruf und ihre Verwendung in den gedruckten Medien, in der Werbung oder im wirtschaftlichen und öffentlichen Bereich. Hier erfährt der Leser anhand beispielhafter Bilder, daß eine sinngemäß gewählte oder produktbezogene und sowohl stilistisch wie künstlerisch einwandfrei gestaltete Schrift eine oft suggestive Wirkung ausübt.

Unter den weiteren Themen seien schließlich noch genannt: die Arbeit mit Korrekturzeichen; ferner eine Einführung in die wichtigsten außereuropäischen Schriften, in der ihre Geschichte, ihr Wandel bis zur heutigen Form und ihre Verbreitung knapp vorgestellt werden.

Mit seiner verständlichen Sprache, dem reichlich eingefügten Bildmaterial, den vielen fachlichen Angaben und Erläuterungen, die durch Beilagen als Anregung zum eigenen Schriftgestalten ergänzt sind, richtet sich das Handbuch hauptsächlich an den interessierten Laien, doch wird auch der Fachmann manch Neues in ihm finden. Ein Register und eine Übersicht der Schriftberufe mit den derzeitigen Ausbildungsmöglichkeiten erlauben dem Leser, sich umfassend und rasch Überblick über die Schrift und ihre unerschöpflichen Formen zu verschaffen.

Walter Leonhard, den Mitautoren und allen, die zur Entstehung dieses Werks beigetragen haben, gilt der besondere Dank.

Erhardt D. Stiebner

Wir danken den nachstehenden Firmen, Instituten und Personen für ihre Beiträge zu diesem Buch

H. Berthold AG, Berlin

bg-Schriften GmbH & Co KG, Frankfurt (Main)

Deutsche Letraset GmbH, Frankfurt (Main)

Du Pont de Nemours (Deutschland) GmbH, Frankfurt (Main)

Designgruppe Wolfgang Flath, München

Haindl Papier GmbH, Augsburg

Dr.-Ing. Rudolf Hell, Kiel

Suso Hoch, Werbeberater, Tamm

IBM Deutschland GmbH, Stuttgart

Insel-Film Produktionsgesellschaft Norbert Handwerk u. Partner GmbH, München

Interbook Productions Georges Kloos, Pratteln (Schweiz)

Typographische Werkstatt Jöllenbeck u. Schlieper GmbH & Co KG, Essen

Heinz Knauer, Typografisches Atelier und Druckerei, Frankfurt (Main)

Diversum Letterphot Vertriebs KG, Ismaning

Ludwig & Mayer, Mühlheim (Main)

Verlagsgesellschaft Madsack & Co, Hannover

manager magazin Verlagsgesellschaft mbH, Hamburg

E. Merck AG, Darmstadt

Mergenthaler Linotype GmbH, Eschborn bei Frankfurt

»mondialoffice« Verwaltungs- und Vertriebsgesellschaft mbH, Frankfurt (Main)

Monotype GmbH, Frankfurt (Main)

Neon Härter, München

Olympia Werke AG, Wilhelmshaven

PWA Papierwerke Waldhof-Aschaffenburg AG, Raubling

Rheingold-Druckerei, Mainz

Papierfabrik Scheufelen, Lenningen

Siemens Aktiengesellschaft Bereich Datenverarbeitung, München

Axel Springer Verlag AG, Berlin-Hamburg

Standardgraph Filler & Fiebig GmbH, Geretsried

D. Stempel AG, Frankfurt (Main)

Triumph-Adler Vertriebs-GmbH, Nürnberg

Johannes Wagner, Schriftgießerei und Messinglinienfabrik, Ingolstadt

Xylo-Buchstaben Rudolf Prien KG, München

Xylo-Grafiker-Material-Service GmbH, München

Walter Zeug OHG, Bietigheim

Bayerischer Blindenbund e. V., München

Gutenberg-Museum der Stadt Mainz, Mainz

Hochschule für Gestaltung, Offenbach

Institut für Rundfunktechnik, München

Klingspor-Museum der Stadt Offenbach am Main, Offenbach

Landesvermessungsämter Baden-Württemberg und Bayern, Stuttgart und München

Young & Rubicam Werbung, Frankfurt (Main)

Ferdinand Anton, München

Wolfgang Bergmeir, Augsburg

Sepp Jakob, Gundelfingen (Breisgau)

Gerold Kober, Burggrumbach-Unterpleichfeld bei Würzburg

Mahirwan Mamtani, München

Dietrich Ratzke, Frankfurter Allgemeine Zeitung, Frankfurt

Professor Georg Trump, München

Edith Tschichold, Berzona (Schweiz)

Professor Hermann Zapf, Darmstadt

Altägyptischer Schreiber mit Schreibbinse und Schreibtafel. Hinter dem Ohr hat der Schreiber zwei weitere Schreibbinsen. Rechts oben die Hieroglyphe »Schreiber«: ein Rohr für die Schreibbinsen und ein Farbbehälter

Links unten: Tafel des Schriftgelehrten (Lápida del Escriba), Klassische Maya-Kultur. Etwa 7.–8. Jh. Palenque, Mexiko

Oben: Echternacher Schreibschule, Perikopenbuch Kaiser Heinrichs III. und der Kaiserin Gisela

Hermann Zapf beim Schreiben

In der Grundschule von Peki, Ghana, Afrika

Einführung

Die Schrift ist eine der genialen Erfindungen des Menschen. Sie verleiht der Sprache sichtbaren Ausdruck und ermöglicht, sie von Generation zu Generation zu übernehmen und in die Zukunft weiterzugeben. »Des Daseins eigentlichen Anfang macht die Schrift«, sagt der griechische Philosoph Heraklit bereits um 500 v. Chr. In diesem Ausspruch wird deutlich, welch hoher kultureller Wert schon in damaliger Zeit der Schrift beigemessen worden ist. Ihre Geschichte ist eng verbunden mit Religion, Kultur, Politik und Wirtschaft der einzelnen Völker; in ihren Zeichen spiegeln sich die künstlerischen Stilwandlungen der jeweils herrschenden Epochen.
Es hat Jahrtausende gedauert, bis sich aus den Bildzeichen der Vor- und Frühzeit im Vorderen Orient die Buchstabenschrift entwikkelt, bis aus dieser wiederum um das 9. Jahrhundert v. Chr. das griechische Alphabet entsteht, das die Grundlage für die noch heute gültige, inzwischen in vielen Teilen der Erde verbreitete lateinische Schrift darstellt. Die Ausbildung dieses erstmals brauchbaren Buchstabenalphabets kündigt in der Geschichte der Schrift einen entscheidenden Wendepunkt an. Eine zweite Wende zeichnet sich im 15. Jahrhundert ab, als Gutenberg die bewegliche Letter erfindet. Die sich schnell verbreitende Buchdruckerkunst prägt eine ganze Epoche von der Renaissance bis zum 20. Jahrhundert.
Ein erneuter Wandel bahnt sich heute im Zeitalter der Elektronik an, in dem die »Gutenberg-Galaxie« zu Ende geht und gleichzeitig neue Informationsmedien wie Funk und Fernsehen mit der Schrift konkurrieren. Ob es ihnen aber gelingt, sie endgültig zu verdrängen, bleibt eine Frage der Zukunft.

Bilder-, Ideen- und Lautschriften

Die paläographische Forschung, die sich mit der Geschichte der antiken und mittelalterlichen Schriftarten befaßt, unterscheidet vier in sich abgeschlossene Entwicklungsstadien:

Vorstufen der Schrift
Piktogramme oder Bildzeichen
Ideogramme oder Ideen- und Begriffszeichen
Phonogramme, die Lautzeichen des Alphabets

Die nachweisbar frühesten bildlichen Zeugnisse sind die *Petroglyphen*, die Fels- und Höhlenmalereien vorgeschichtlicher, nomadisierender Jäger und anderer nicht seßhafter

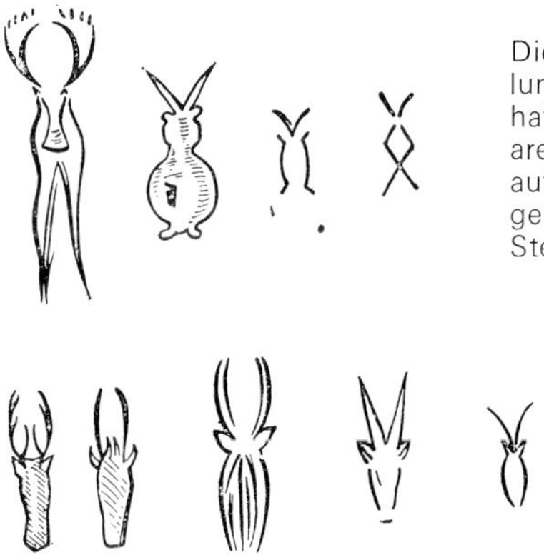

Die Entwicklung von bildhaften zu linearen Formen auf Zeichnungen der Alt-Steinzeit

Völkerstämme. Obwohl diese magisch-symbolischen Zeichnungen bestimmte Vorgänge bereits anschaulich schildern, sind sie doch als Kommunikationsmittel nicht eindeutig genug. Es fehlt die verpflichtende breite Kon-

Vorgeschichtliche Schriftmalerei aus der Pasiega-Höhle, Provinz Santander, Spanien

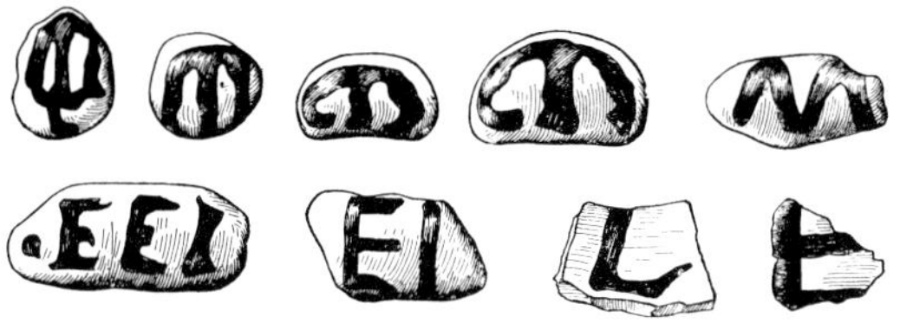

Kiesel von Mas d'Azil mit buchstabenartigen Zeichen. Südfrankreich, Steinzeit

vention, um sie als Schrift im eigentlichen Sinne zu werten. Wichtig für die folgende Entwicklung sind hingegen jene daneben verwandten, markenähnlichen Zeichen, die noch nicht gedeutet sind, wohl aber beweisen, daß schon vor Jahrtausenden bewußt abstrahierte Kurzzeichen als Aussagemittel gedient haben. Zu den Vorstufen der Schrift zählen auch die mnemotechnischen Zeichen oder Gedächtnisstützen, zum Beispiel Wegmarkierungen, Botenstäbe zur Legitimation, die Knotenschnüre der Inka, die bis in jüngste Zeit verwandten bäuerlichen Kerbhölzer, und vielleicht sogar die mit buchstabenähnlichen Zeichen bemalten Kieselsteine der Jüngeren Steinzeit. Da alle diese Gegenstände nicht bildhaft sind, muß der Betrachter ihre inhaltliche Bedeutung kennen, um sie richtig zu verstehen.

Wird das Piktogramm in elementar vereinfachter Form zum bleibenden Symbol eines Begriffs und verbindet sich mit ihm ein bestimmter geistiger Inhalt, der »gelesen« wird, oder repräsentiert es einen Namen, also ein Wort, so wandelt es sich zum Ideogramm. Diese Begriffszeichen sind stark abstrahierte, aber noch erkennbare Abbilder eines Gegenstandes, denen bereits der phonetische Wert unterlegt ist. Mit ihnen erreicht die Bilderschrift ihre höchste und letzte Stufe.

Wenn sich abstrakte Begriffe bei der zeichnerischen Wiedergabe nur schwer festlegen lassen, werden sie durch gleichlautende Zeichen oder rebusartige Bild-Silbenzeichen, die Vorläufer der ungegenständlichen Lautzeichen, umschrieben. Ein Beispiel für diese hochentwickelten Bild-Begriffsschriften ist die *frühe chinesische Pinselschrift*, bei der das reine Bilderrebus für abstrakte wie auch für sprachlich gleich oder ähnlich klingende Worte verwendet wird.

Inschrift auf einer frühchinesischen Steintrommel. 11. oder 9. Jh. v. Chr.

Die lange nicht entzifferbaren ägyptischen *Hieroglyphen* machen ebenfalls eine Entwicklung durch, die vom Piktogramm über das Ideogramm zur Begriffsschrift in Wort, Silbe und Buchstabe reicht. Bei ihnen werden unterschiedliche Begriffe, wenn sie zufällig die gleichen Konsonanten enthalten, durch rebusartige Lautzeichen und konsonantische Phonogramme wiedergegeben. Die ursprünglich naturalistischen Bildzeichen werden im Laufe der Zeit zunehmend abstrahiert, aus dem Wortbild entsteht ein Silben- und Konsonan-

Entwicklung der altägyptischen Hieroglyphen (links) über die hieratische Schrift (Mitte) zur demotischen Schrift (rechts)

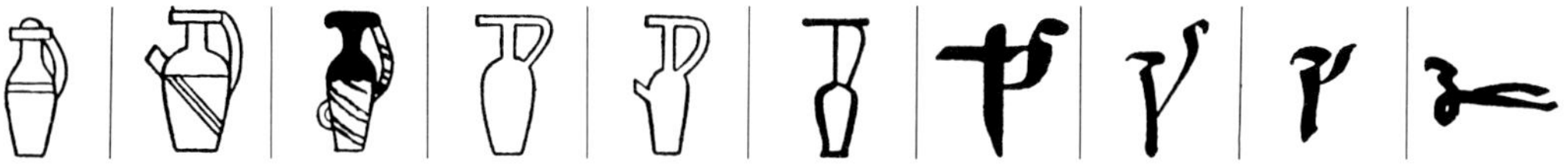

tenbild, schließlich verschmelzen die zahlreichen Bild- und Lautzeichen miteinander.
Ähnliche Schriftsysteme kommen auch bei den Sumerern im unteren Mesopotamien und bei den Maya und Azteken in Mittelamerika vor. Bei der Schrift dieser beiden Völker sind die stark gekürzten, bildhaften Ideogramme zunächst auf den Gegenstand, später auf das Wort bezogen, so daß eine genaue Unterscheidung möglich wird. Die Sumerer verwenden als phonetische Beigabe den Lautrebus, um Worte niederzuschreiben. Da aber diese Bild-Laut-Verbindungen oft bis zur Unkenntlichkeit vereinfacht sind und die gleichen Zeichen der Keilschrift verschiedene Idiome wiedergeben, ist das Entziffern besonders schwierig.
Aus der Zeit der *minoischen Hochkultur* Kretas stammt eine der schönsten Bilderschriften des griechischen Inselraums. Sie ist formvollendet wie die ägyptischen Hieroglyphen, jedoch

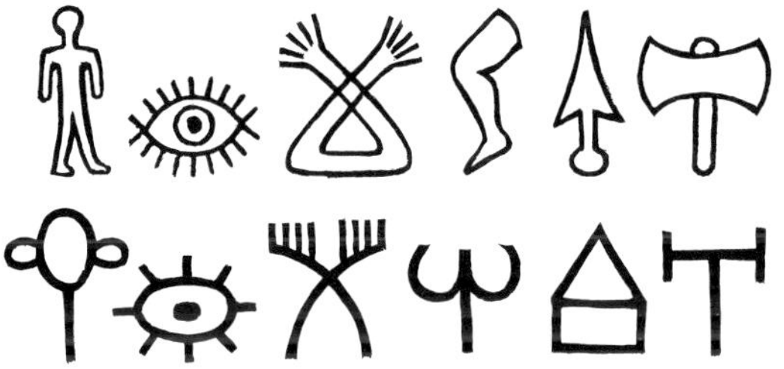

Minoische Hieroglyphen (oben);
Minoische Linearschrift

unabhängig von ihnen entstanden und gilt als Eigenschöpfung der kretischen Herrscherschicht. Es ist bisher nicht gelungen, die spiralförmig, vermutlich linksläufig angeordneten und mit Stempeln eingedrückten Schriftzeichen auf dem Diskus von Phaistos zu deuten.

Ursprung der Buchstabenschrift

Obwohl alle diese nach Worten, Silben und Einzelbuchstaben gegliederten Bild-Begriffsschriften die Entwicklung wesentlich vorangetrieben haben, reichen sie doch nicht an die reine Buchstabenschrift heran, die für jeden sprachlichen Laut ein bestimmtes Zeichen festlegt und die auch keine Zweitinterpretationen zuläßt. Diese ausgesprochene Lautschrift ist den Völkern des süd- und nordsemitischen Sprachraums zu verdanken. Sie haben die über Jahrtausende gebrauchten, schwierig zu schreibenden Wort- und Silbenschriften durch ein verständliches und einfach

Keilschrift: Denkstein, neubabylonisch. 9. Jh. v. Chr.

zu verwendendes Schriftsystem ersetzt. Die phönikische, aus 22 Konsonanten bestehende Lautschrift wird von den Griechen durch Vokale ergänzt und in dieser Form an die west- und osteuropäischen Völker weitergegeben.
Die endgültige, für das westliche Abendland maßgebliche Gestalt erhalten die einzelnen

Diskus von Phaistos: Eine der beiden Seiten.
Minoische Bilderschrift. Um 1600 v. Chr.

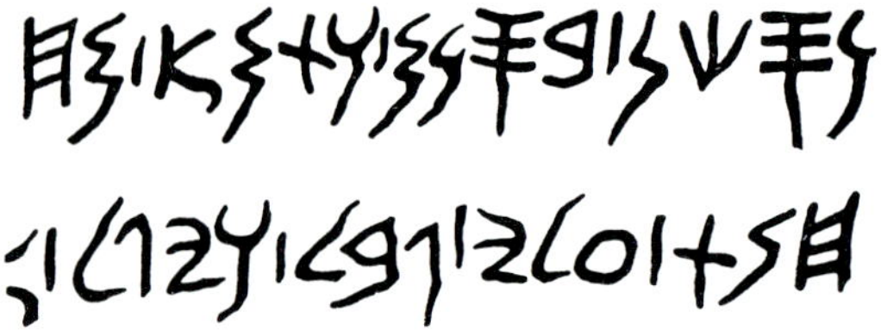

Phönikische Alphabetschrift: Inschrift auf einem Sarkophag. 13. Jh. v. Chr.

Lautwerte durch die Römer. Seit jener Zeit ist das allgemein verbindliche »lateinische« Alphabet nur geringfügig in seinem Bestand ergänzt worden, hat jedoch im Laufe der Jahrhunderte viele stilistische Formwandlungen erlebt.

Weltweite Verbreitung der lateinischen Schrift

Durch die römische Verwaltung wird die lateinische Schrift im gesamten Imperium eingeführt, später dringt sie mit der Ausbreitung des Christentums in alle Teile des westlichen Abendlands vor. Bereits unter der Herrschaft der Karolinger wird sie allgemeinverbindlich für die Wiedergabe der unterschiedlichen europäischen Nationalsprachen. Im Zeitalter der großen Entdeckungsfahrten und der Kolonisation, besonders aber durch die sich rasch verbreitende Buchdruckerkunst, erobert die inzwischen zum lateinischen Antiqua-Alphabet ausgereifte Schriftform weite Teile der Welt. Sie löst vielerorts bodenständige Schriftsysteme ab und ermöglicht so den wechselseitigen Austausch von Informationen, Wissen und Erkenntnissen zwischen den Völkern. In den folgenden Jahrhunderten machen die Missionsschulen die lateinische Schrift auch in Gebieten bekannt, in denen schriftlose oder bedingt schriftkundige Naturvölker leben.

Heute ist das lateinische Alphabet die weitest verbreitete und meist verwendete Schrift. Viele Länder haben sie in der bestehenden Form übernommen, bei anderen sind systematische Ergänzungen erforderlich gewesen, um bestimmte Wortbildungen zu umschreiben oder Eigentümlichkeiten der Aussprache festzulegen.

Andere Lautschriftsysteme, die neben dem römisch-lateinischen einen weitreichenden Einfluß ausüben, sind zum Beispiel die *kyrillische Schrift* in der Sowjetunion und im Balkanraum oder die *arabische* im Gebiet des Islam. Doch hat keine von ihnen nur annähernd die Bedeutung erlangt wie das verhältnismäßig einfache, durchdacht aufgebaute und mit wenig Buchstaben auskommende lateinische Alphabet. So ist auch zu verstehen, daß Völker wie die *Chinesen*, die heute noch ihre komplizierte Bilderschrift benutzen, zusätzlich die lateinische Schrift erlernen und sie bei schriftunkundigen Minderheiten einführen. Der erste chinesische Atlas in lateinischer Schrift ist in Peking im Jahre 1977 erschienen. Die von Sprachwissenschaftlern geschaffene phonetische Transkription – Pinyin genannt – übernimmt das lateinische Alphabet, um vor allem im Postverkehr und im amtlichen Sprachgebrauch eine Vereinfachung der Schreibweisen von Ortsnamen zu erzielen. Bei anderen ostasiatischen Nationen sind ähnliche Entwicklungen und Bestrebungen festzustellen.

Auch *ehemalige Kolonialvölker*, die in jüngster

αβγδεζηϑικλμνξοπρσςτυφχψω
ΑΒΓΔΕΖΗΘΙΚΛΜΝΞΟΠΡΣΤΥΦΧΨΩ

Neugriechisch

абвгдежзийклмнопрстуфхцчшщъыьэюя
АБВГДЕЖЗИЙКЛМНОПРСТУФХ
ЦЧШЩЪЫЬЭЮЯ

Kyrillisch

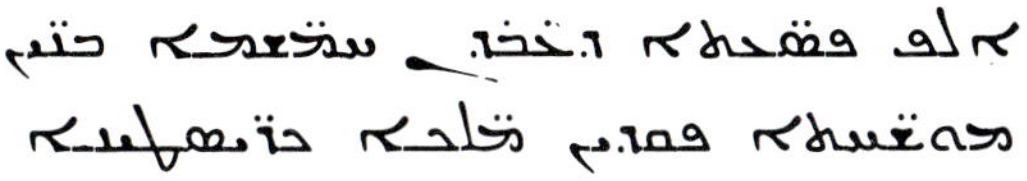

Estrangela

ΟΥΤ·ϹϨΙΜΕ ΕΤΕ ΠΜΗΤ· N̄ΑΙѠΝ N̄ΤΕ
ΕΜΑϢΟ N̄ϬΙ ΤΒΡΒΗΛΟΝ ΕϨΟΥΝ ΕΠϨΙΧΙ

Koptisch

ગ્રાફીકલ ડીઝાઈનમાં ઝડપથી રસ વધ્યો અને રે
ખાગતભરમાંથી આવતા ડીઝાઈનો બનાવનાર

Gujerathi

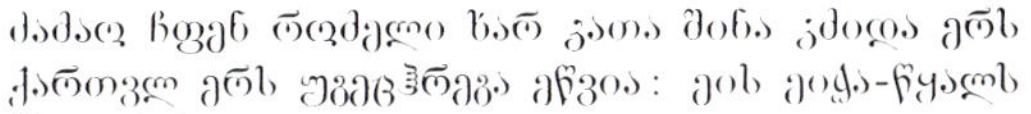

Georgisch

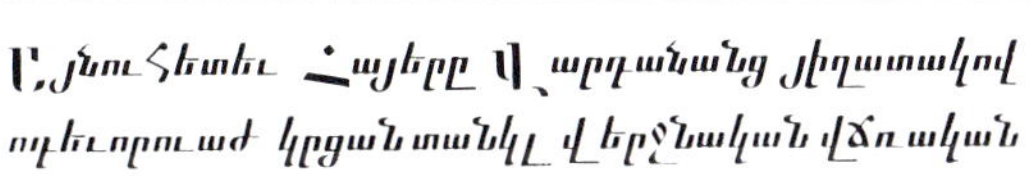

Armenisch

وان كانت مسلوية لها فان الزاوية ايضا مساوية وان
كانت ناقصة فالزاوية لكن قرس اضعاف لقرس وقوس

Arabisch

Libysch

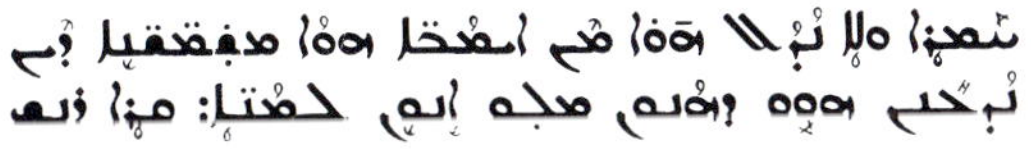

Syrisch

מַה־נִּשְׁתַּנָּה הַלַּיְלָה הַזֶּה מִכָּל־הַלֵּילוֹת שֶׁבְּ
הַלֵּילוֹת אָנוּ אוֹכְלִין חָמֵץ וּמַצָּה הַלַּיְלָה כֻּל

Hebräisch

ምሽቱ ፡ የተከሉትን ፡ ዒመጠ ፡ ለኩስው ፡ የቃኘ
ሉተል ፡ ገ.ዝ ፡ ገ.ዙ ፡ ዒሰ ፡ እየለቸው ፡ የጨፋጠሉ ፡

Äthiopisch-Amharisch

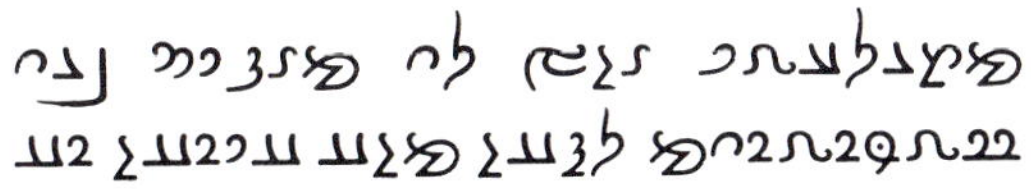

Parsik

जियं पालयाहि जियमञ्के वसाहि इन्दो
विव देवाणं चन्दो विव तवराण चमरो

Sanskrit

උපකරණය මුද්‍රණශාස්ත්‍රය ලක්ෂණ
වෙයි නැතහොත් කැපූ අකුරුවලින් ද

Singhalesisch

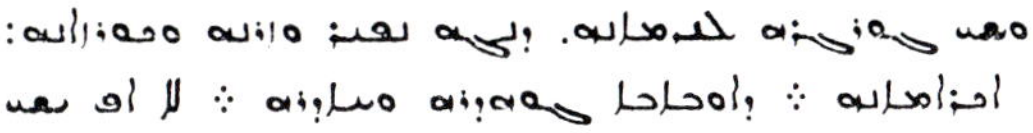

Jakobitisch

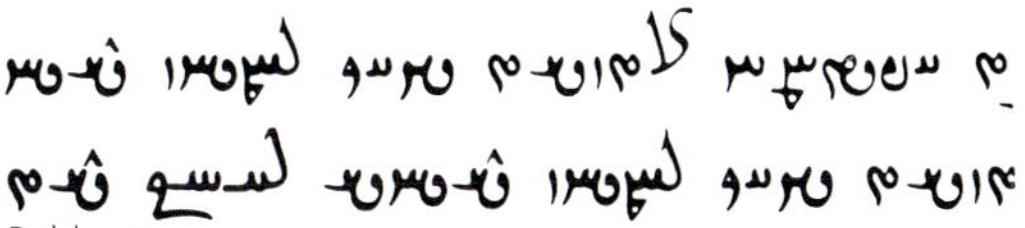

Pehlewi

শ্রীনলিনীকান্ত ভট্টশালী দুর্গা-পূজার সময়ে বঙ্গীয়
যুবকের ভাব এরূপে বর্ণনা করিয়াছেন পুনর্মিলনন্দ

Bengalisch

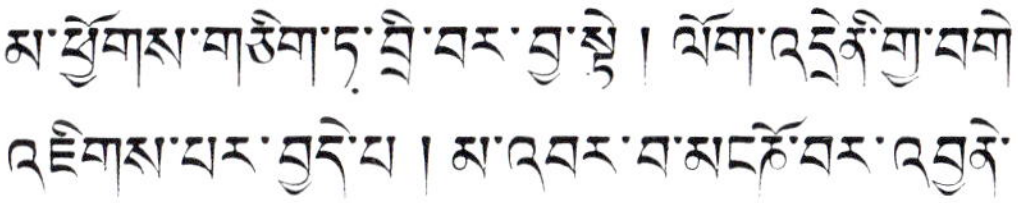

Tibetisch

இதைக் கண்ட சகலமான முனிவர்களு
ம் பூபதியினுடைய பக்தியைக் வேந்தனைப்

Tamulisch

ได้ประดิษฐ์ขึ้นโดยดัดแปลงให้ทันสมัยขึ้

แยกตัวพิมพ์แต่ละตัว จากแถวยาวของต

Thai

ستله‌سده مک مهراج مار كرمه فون ممو لاى فكر
جاءن بر جاڠ امفت فو لهاري امفت فو لمالم كن

Malaiisch

Birmanisch

體育之宜提倡人盡皆知以其
能增進健康也德國各學校各

Chinesisch

次第行ケバ深山モアサモヨ
イ木曾路ノ旋ニ出デウヨ詞

Japanisch

Zeit die staatliche Unabhängigkeit erreicht haben, verwenden zur Kommunikation fast ausschließlich das lateinische Alphabet europäischer Prägung, um nicht als Sprachminderheit am Rande des Weltgeschehens zu stehen.

Aufgaben der Schrift

Die Schrift, in früheren Zeiten nur von wenigen beherrscht und benutzt, ist heute Allgemeingut. Entsprechend haben sich ihre Aufgaben im kulturellen wie im wirtschaftlichen Leben zunehmend erweitert, und ihre Anwendung ist vielseitiger geworden. Die Schrift dient vor allem der Information und der Mitteilung im öffentlichen wie im privaten Leben. Sie unterrichtet über aktuelle Geschehnisse, Vorgänge und Tatsachen, fixiert Gedanken und Erkenntnisse, vermittelt Erfahrungen und Wissen, kennzeichnet und klärt auf. Sie dient wie nie zuvor der Werbung, um dem modernen Menschen, der Gesellschaft und der Wirtschaft nützlich zu sein.
Bei all diesen Aufgaben steht die *Mitteilung* im Vordergrund, die gute Lesbarkeit der Schriftzeichen ist also unbedingt notwendig. Unter dem Zwang dieser sachlichen Forderung, zum Teil auch aus wirtschaftlichen Gründen, wird die Schrift mehr und mehr standardisiert. Ästhetische Ansprüche treten dabei vielfach in den Hintergrund und formale Qualitäten sind nur vereinzelt gefragt. Jede Schrift aber, die öffentlich in Erscheinung tritt, ob sie von Dauer oder nur kurzlebig ist, übt einen erzieherischen Einfluß aus. Sie schult den Geschmack. Diese zusätzliche Funktion der Schrift ist daher nicht zu unterschätzen.
Wenn auch der Trend der Zeit zu einfachen, klaren, schnell lesbaren, auffallenden, teils suggestiven Schriften geht, so sollten doch für die unterschiedlichen Aufgaben eigenständige Schriften und gute typographische Gestaltungen gesucht werden. Die Zahl der heute verfügbaren, älteren und neuen Schriften ist erstaunlich groß. Jede besitzt eine besondere Aussage und ist imstande, einem Wort oder einem Text die persönliche Note zu verleihen, darüber hinaus in der praktischen Verwirklichung durch handwerkliche und künstlerische Qualität das allgemeine Schriftbild zu beleben und dadurch geschmacksbildend zu wirken.

Handschrift und Graphologie

Ein wesentliches Merkmal der Handschrift ist der individuelle Duktus mit deutlicher Betonung des subjektiven Ausdrucks. Die persönliche Handschrift ist daher etwas Einmaliges. Dies zeigt sich vor allem in der Namensunterschrift, deren Rechtsverbindlichkeit auf diesem Kriterium beruht.

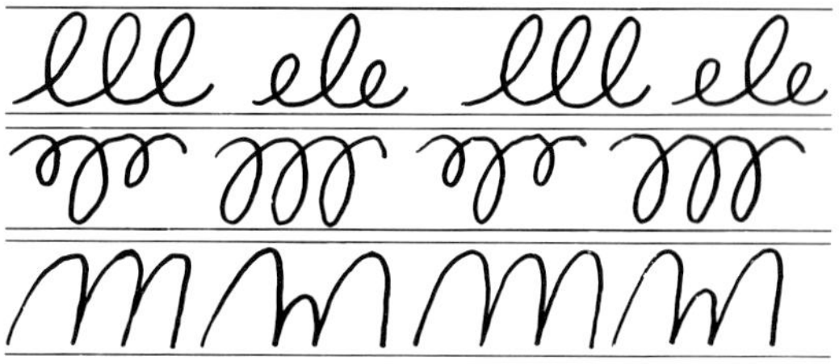

Vorschulschrift: Übungen im Kindergarten

Aus der in der Schule gelernten Schrift entwickelt sich erst im Laufe der Zeit, im allgemeinen mit der charakterlichen Reife, jene

Lateinische Ausgangsschrift: So wird Schrift heute in unseren Schulen gelehrt

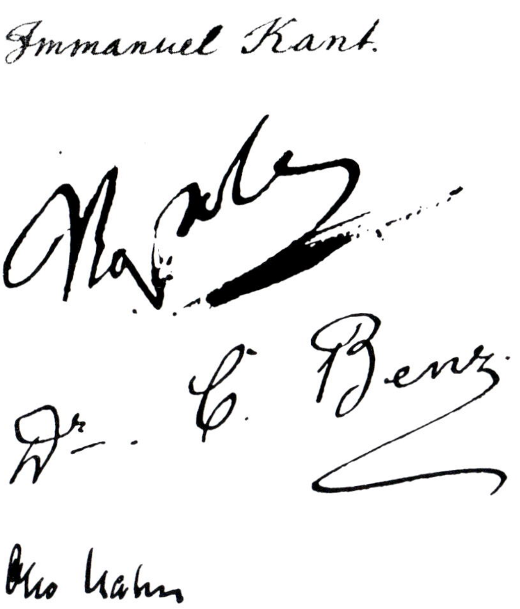

Beispiele für Unterschriften:
Immanuel Kant (1724–1804)
Napoleon I. (1769–1821)
Carl Friedrich Benz (1844–1925)
Otto Hahn (1879–1968)

ausgeprägte Form, die als *persönliche Handschrift* bezeichnet wird. Sie kann mehr oder weniger »ausgeschrieben« sein, das heißt, ihre Schriftzüge sind flüssig und gleichmäßig. Der Schriftausdruck zeigt sich jedoch nicht nur in ausgesprochen flüssigen Handschriften, auch weniger ausgeschriebene besitzen oftmals einen sehr charakteristischen Ausdruck.
Bis zum ausgehenden 19. Jahrhundert hält

Kurrentschrift aus einem Vertrag. Um 1865

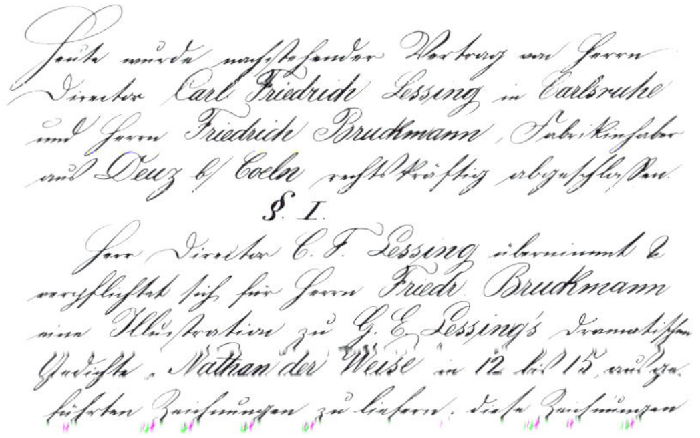

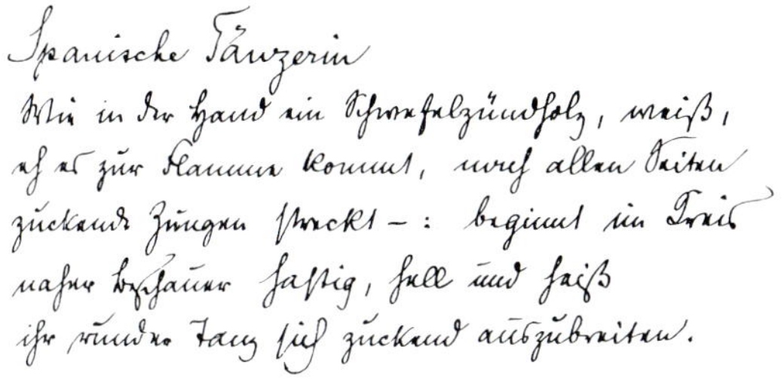
Spanische Tänzerin
Wie in der Hand ein Schwefelzündholz, weiß,
eh es zur Flamme kommt, nach allen Seiten
zuckende Zungen streckt –: beginnt im Kreis
naher Beschauer hastig, hell und heiß
ihr runder Tanz sich zuckend auszubreiten.

Ausschnitt aus einem Gedicht
von Rainer Maria Rilke (1875–1926)

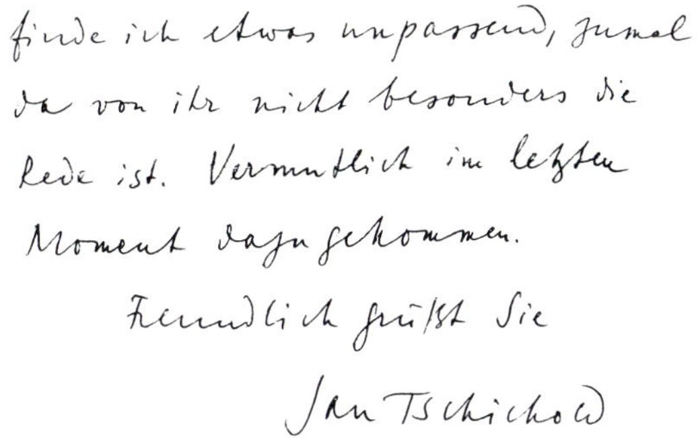
finde ich etwas unpassend, zumal
da von ihr nicht besonders die
Rede ist. Vermutlich im letzten
Moment dazugekommen.
Freundlich grüßt Sie
Jan Tschichold

Ausschnitt aus einem Brief an Walter Leonhard
von Jan Tschichold (1902–1976)

Ausschnitt aus einem Brief von HAP Grieshaber

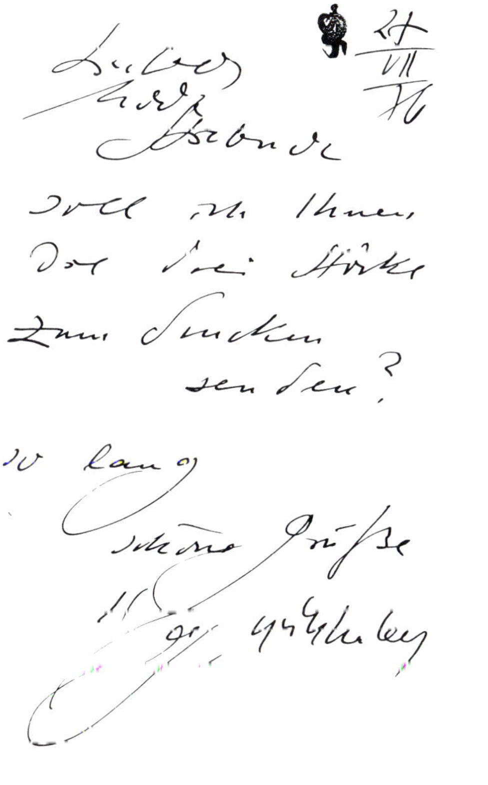

Handschriftliche Korrektur von Friedensreich Hundertwasser auf einem seiner Künstlerplakate zu den Olympischen Spielen München 1972

sich die Handschrift das ganze Leben hindurch an bestimmte Ideal-Schriftnormen. Es dauert aber noch Jahrzehnte, bis sie sich von dieser Bindung ganz löst und zum Ausdruck der geistig-seelischen Verfassung des Schreibenden wird.

In jeder Handschrift offenbaren sich bestimmte, nicht nachzuahmende Einzelheiten, die wichtige Aufschlüsse über den Charakter des Schreibenden geben können. Mit dieser psychologischen Ausdeutung der Handschrift befaßt sich die *Graphologie* nach einem im vorigen Jahrhundert entwickelten System. Sie erkennt den Zusammenhang zwischen Schrift und Persönlichkeit und zieht Rückschlüsse auf den Charakter des Schrifturhebers allein aus der Buchstabenform und dem Schriftrhythmus, ohne den Sinn des Geschriebenen zu berücksichtigen. Ausschlaggebend sind also Schriftbild und Schriftbewegung.

Verschlüsselte Schriftsysteme

Zu den wichtigsten international verwendeten, visuell nicht erfaßbaren Schriftsystemen zählen die Blindenschrift, eine Erfindung des Franzosen Louis Braille aus dem Jahre 1829, und das Morsealphabet des Amerikaners Samuel Morse von 1837.

Die *Blindenschrift* wird von Blinden durch Abtasten mit den Fingern gelesen. Daher ist jeder Buchstabe des normalen Alphabets durch einen Tastbuchstaben verschlüsselt, der aus einem einzigen Element, dem leicht erhabenen Punkt, aufgebaut ist. Die für jeden Buchstaben unterschiedliche Anordnung erfolgt nach einem vorgegebenen Schema von je sechs Punkten, wobei je drei senkrecht untereinander in zwei Reihen, 1–2–3 in der linken, 4–5–6 in der rechten Kolonne stehen. Die Zahl und Folge der Punktgruppierungen ergeben insgesamt 64 verschiedene Zeichen; 63 gelten für Buchstaben und Zahlen, das letzte punktlose Feld bestimmt den Zwischenraum (ein Musterblatt nach Seite 86).

Gelesen wird die Blindenschrift von links nach rechts. In dieser Richtung wird sie auch geschrieben; das heißt mit einem Metallgriffel durch ein mit dem Sechspunktesystem vorgelochtes Lineal, das zur Orientierung dient, in das Papier gedrückt. Die so auf der Rückseite entstehenden erhöhten Punkte sind für die Blinden abtastbar und damit lesbar. Bücher in Blindenschrift werden mittels Prägeplatten im Blindprägeverfahren hergestellt oder neuerdings auch im Braille-Rotationsdruck mit pastosen Spezialfarben, die halbkugelförmige abtastbare Punkte erzeugen,

Schreiben mit der Blinden-Schreibmaschine

A	•▬	M	▬▬	Y	▬•▬▬
B	▬•••	N	▬•	Z	▬▬••
C	▬•▬•	O	▬▬▬	1	•▬▬▬▬
D	▬••	P	•▬▬•	2	••▬▬▬
E	•	Q	▬▬•▬	3	•••▬▬
F	••▬•	R	•▬•	4	••••▬
G	▬▬•	S	•••	5	•••••
H	••••	T	▬	6	▬••••
I	••	U	••▬	7	▬▬•••
J	•▬▬▬	V	•••▬	8	▬▬▬••
K	▬•▬	W	•▬▬	9	▬▬▬▬•
L	•▬••	X	▬••▬	0	▬▬▬▬▬
Spruchanfang		▬•▬•▬			
Spruchende		•▬•▬•			

Das Morsealphabet

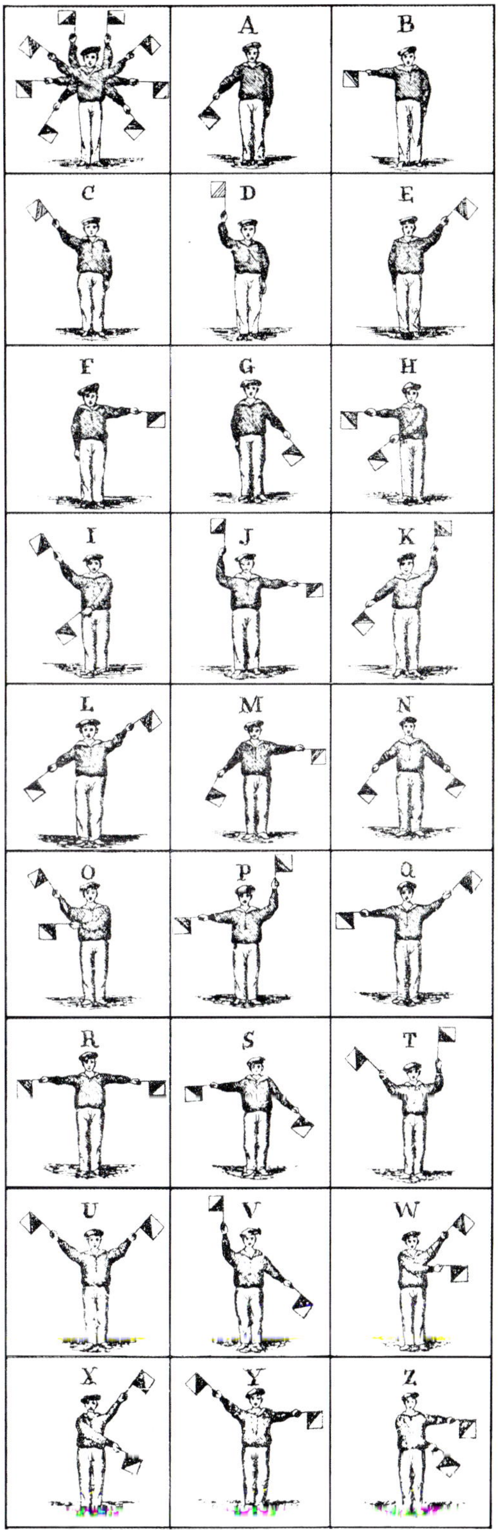

Das Winkeralphabet ▷

normal gedruckt. Ein anderes älteres Tastalphabet, das von nachträglich Erblindeten heute noch bevorzugt wird, basiert auf blindgeprägten, in der Grundform vereinfachten Typen des normalen Alphabets.

Beim international genormten Telegraphen- oder *Morsealphabet* werden das Buchstabenalphabet, Zahlen und Satzzeichen durch Punkt-Strichkombinationen verschlüsselt und über Draht oder Funk übermittelt. Die elektrischen Stromstöße erzeugen kurze und lange Töne oder sie zeichnen sie in der gleichen Verschlüsselung auf einem durchlaufenden Papierstreifen auf. Die Bedeutung des Morsealphabets ist heute jedoch begrenzt; Telephon, Sprechfunk und vor allem der Fernschreiber haben es weitgehend abgelöst.
In der Seefahrt werden bis heute Nachrichten in Morseschrift übermittelt, bei Tag mit abblendbaren Spiegeln und bei Nacht mit ähnlich konstruierten Lampen. Eine Variante dazu ist das *Winkeralphabet*, bei dem durch eine oder zwei Flaggen Buchstaben in bestimmter Armhaltung optisch verschlüsselt werden und so sichtbare Mitteilungen weitergeben. Auch farbige Flaggen und Wimpel werden gehißt, um Signale mit buchstäblicher oder wortbegrifflicher Bedeutung nach internationalem Code zu geben. Allerdings sind diese Alphabete wie die früher gebräuchlichen Balken- und Zeigertelegraphen nur bei Tag und in Sichtweite verwendbar.

Stenographie
Die Stenographie oder *Kurzschrift* ist eine Alternative zur Normalschrift. Mit ihr lassen sich in schnellerer Zeit als bei der gewöhnlichen Lautschrift eine Vielzahl von Silben schreiben, da sie für Laute oder Lautfolgen besondere Abkürzungen und für häufig vor-

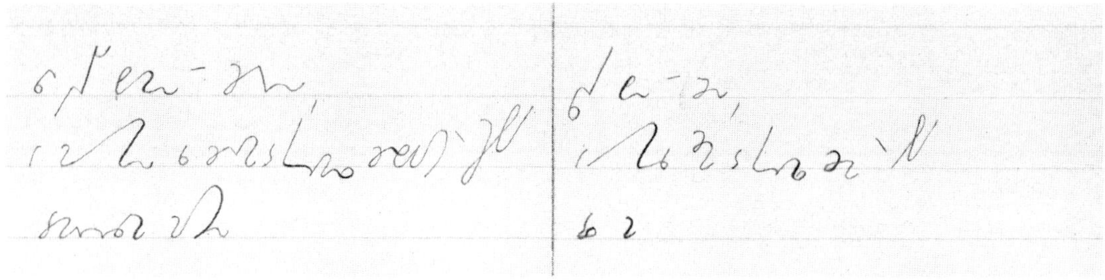

Stenographie: Die deutsche Einheitskurzschrift

Eine Schnellschrift aus der Praxis

Der Text lautet:
Sehr geehrte Damen und Herren, wir möchten Sie hiermit auf Bruckmann's Handbuch der Schrift aufmerksam machen

kommende Wörter oder Wortstämme festgelegte »Kürzel« besitzt.
Kurzschriften sind bereits im Altertum bei Griechen und Römern, ebenso im Mittelalter bekannt. Nach ihrer Wiederentdeckung im 16. Jahrhundert werden sie in England als »Geschwindschrift« besonders gepflegt, von dort übernimmt sie Frankreich und verhältnismäßig spät, Ende des 18. Jahrhunderts, dringt sie auch nach Deutschland vor. Hier entstehen in rascher Folge verschiedene Systeme, auf denen die heute allgemein übliche, 1924 festgelegte *deutsche Einheitskurzschrift* aufgebaut ist.

Tironische Noten: Lateinische Kurzschrift, von Tiron, Schreibsklave von Cicero, erfunden

Fingeralphabet, von Helen Keller als Verständigungsmittel für Taubstumme entwickelt

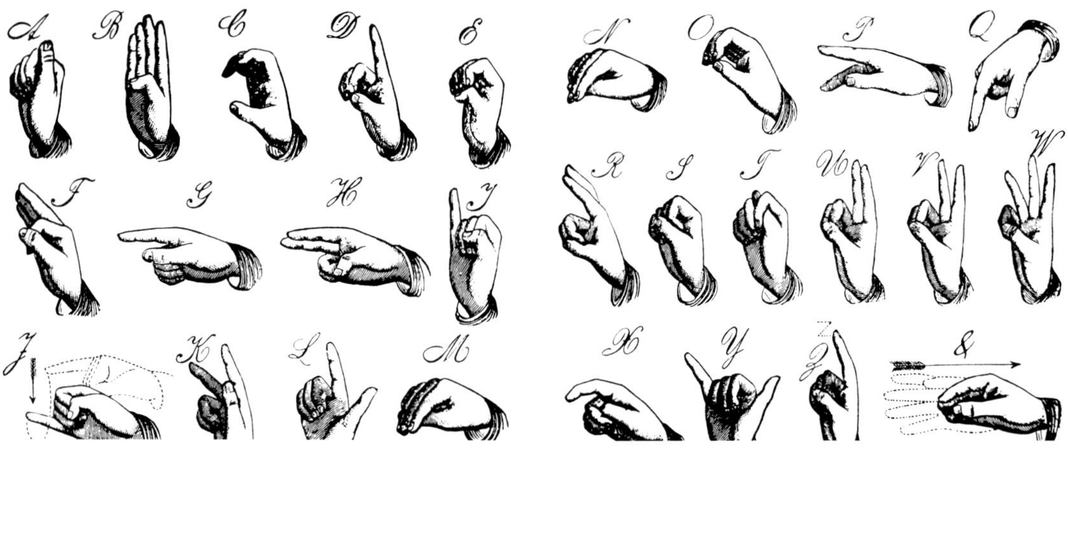

Schriften des Abendlandes

Schriften der Griechen

Nach neuesten Forschungen ist der Ursprung aller abendländischen Schriften im Vorderen Orient zu suchen und im semitischen Sprachbereich verwurzelt. Fest steht auch, daß das erste Alphabet als reine Lautschrift für sämtliche in der Sprache vorkommenden Laute, jedoch ohne die Vokale, den Phönikern zu verdanken ist. Von diesem Handelsvolk des östlichen Mittelmeers entlehnen es etwa im 9. Jahrhundert v. Chr. die Griechen und formen es lediglich stilistisch um. Für diese Annahme sprechen in erster Linie die in großem Maße herrschende Identität der ältesten griechischen Buchstabenformen, ihre Reihenfolge, die Bezeichnungen und die Laufrichtung der Schriftzeichen. Noch ist auch dieses frühgriechische Alphabet eine reine Konsonantenschrift.

In der Weiterentwicklung der Schrift leisten nun die Griechen den für das gesamte Abendland folgenreichsten Beitrag. Sie ergänzen das bisherige Alphabet durch eigenständige, gleichwertige Zeichen für die Vokale, um die zur Wiedergabe ihrer Sprachlaute nicht ohne weiteres geeignete phönikische Konsonantenschrift ihren Lautwerten anzupassen. Mit dieser genialen geistigen Tat gelingt es den Griechen, die Klangfülle ihrer Sprache uneingeschränkt durch abstrakte Schriftzeichen bildhaft wiederzugeben und damit das phonetische Prinzip, die Lautschrift, endgültig durchzusetzen. Die Entwicklung dauert bis zum 4. Jahrhundert v. Chr. und findet ihren Abschluß in jenem klassisch griechischen Alphabet, das bis in die Gegenwart für alle Völker des Abendlands und der neuen Welt unverändert geblieben ist: in der *griechischen Capitalis*, eine in Stein gemeißelte Großbuchstabenschrift.

Griechische Capitalis Die einfachen und unverbundenen Schnurzugformen dieser klassisch griechischen Lapidarschrift – strenge Linearkompositionen auf fast quadratischer Grundfläche aus rein geometrischen Figuren

Die Entwicklung des griechischen Lautalphabets (unten) aus den phönikischen Konsonanten

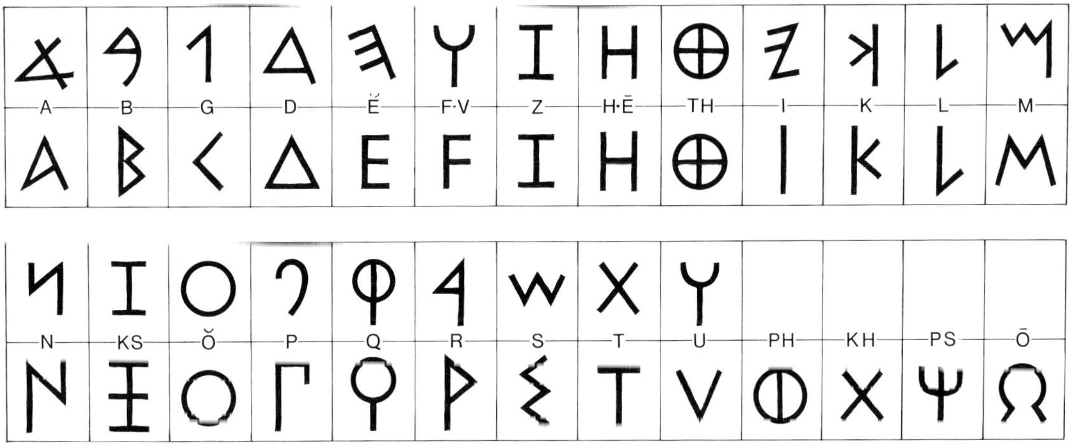

Dorische Inschrift. Odeion von Gortyn, Kreta

wie Gerade, Dreieck, Kreis und deren Teilformen, Halbkreis und Winkel, aufgebaut – sind von überzeugender Einfachheit und Klarheit, die ausschließlich dem starken Kontrast dieser Elementarformen zu verdanken ist. Die einzelnen Buchstaben stehen in gleicher Schwere als geschlossene, gleichmäßige Kette von Zeichen ohne Worttrennung nebeneinander. Die Schriftzeilen verlaufen von rechts nach links oder wechselnd. Erst nach Abschluß der Schriftentwicklung setzt sich die Rechtsläufigkeit durch.

Griechische Unziale
aus dem Dioskurides-Herbarium, 6. Jh.

Erste Zeugen dieser frühen griechischen Lapidarschrift sind monumentale Inschriften, eingemeißelt in Stein. Aufgrund ihrer Einfachheit und Geradlinigkeit ist sie für diese Technik geradezu prädestiniert. Den Schriftduktus bestimmen Stein und Meißel. Einen ähnlichen Duktus zeigen die in Metall oder Ton eingeritzten oder eingegrabenen Schriftzeichen. Ganz andere Formen ergeben sich jedoch beim Schreiben mit dem Flachpinsel auf der Fläche, mit dem flach zugeschnittenen Binsenhalm oder der Rohrfeder auf Papyrus und Pergament. So zeigt sich bereits bei den griechischen wie später bei den römischen und allen nachfolgenden Schriften, daß Schriftwerkzeug und Werkstoff die Formgebung der einzelnen Buchstaben weitgehend mitbestimmen, auch wenn Stil und Zeitgeist die Form der Schriftzeichen in allen Epochen beeinflussen. Die wesentlichen Unterschiede einer *Capitalis monumentalis* (Steinschrift) und einer *Capitalis quadrata* (Buchschrift) erklären sich überwiegend hieraus.

Griechische Majuskel Der Verwendung von Papyrus, dem aus einer Schilfart gewonnenen Schriftträger der alten Ägypter, oder Pergament und der Rohrfeder oder dem Pinsel als Schreibwerkzeug, bereits seit dem 5. Jahrhundert v. Chr. auch in Griechenland nachweisbar, ist die Herausbildung der griechischen Majuskel zu verdanken. Nach dem Vorbild der in Stein gemeißelten, streng geometrischen Lapidarschrift flüssig geschrieben, wirken die Schriftzeichen dieser frühen Buchschrift, einzeln und ohne Worttrennung aneinandergereiht, geschmeidiger und eleganter, und unter Verzicht auf den strengen quadratischen Aufbau auch lebendiger.

Griechische Unziale Die sich im 3. Jahrhundert v. Chr. aus dieser Majuskel entwickelnde griechische Unziale, eine großenteils mit der schräggestellten Rohrfeder geschriebene Großbuchstabenschrift, zeigt die Umwandlung zahlreicher Geraden in Bogen. Die

Irische Halbunziale: Aus dem »Book of Kells«. 7. Jh. ▷

inuenerunt sicut dixerat illis & pa
rauerunt pascha

Vespere autem facto uenit
cum xii · & discumbentibus eis &
manducantibus ait illis ihs

Amen dico uobis quia unus ex
uobis me tradet qui manducat
mecum

At illi coeperunt contristari
& dicere ei singillatim num
quid ego sum

Qui ait illis unus de duodecim
qui intinguit mecum manum in
catino & filius quidem hominis
uadit sicut scriptum est de eo
uae autem homini illi per quem
filius hominis tradetur

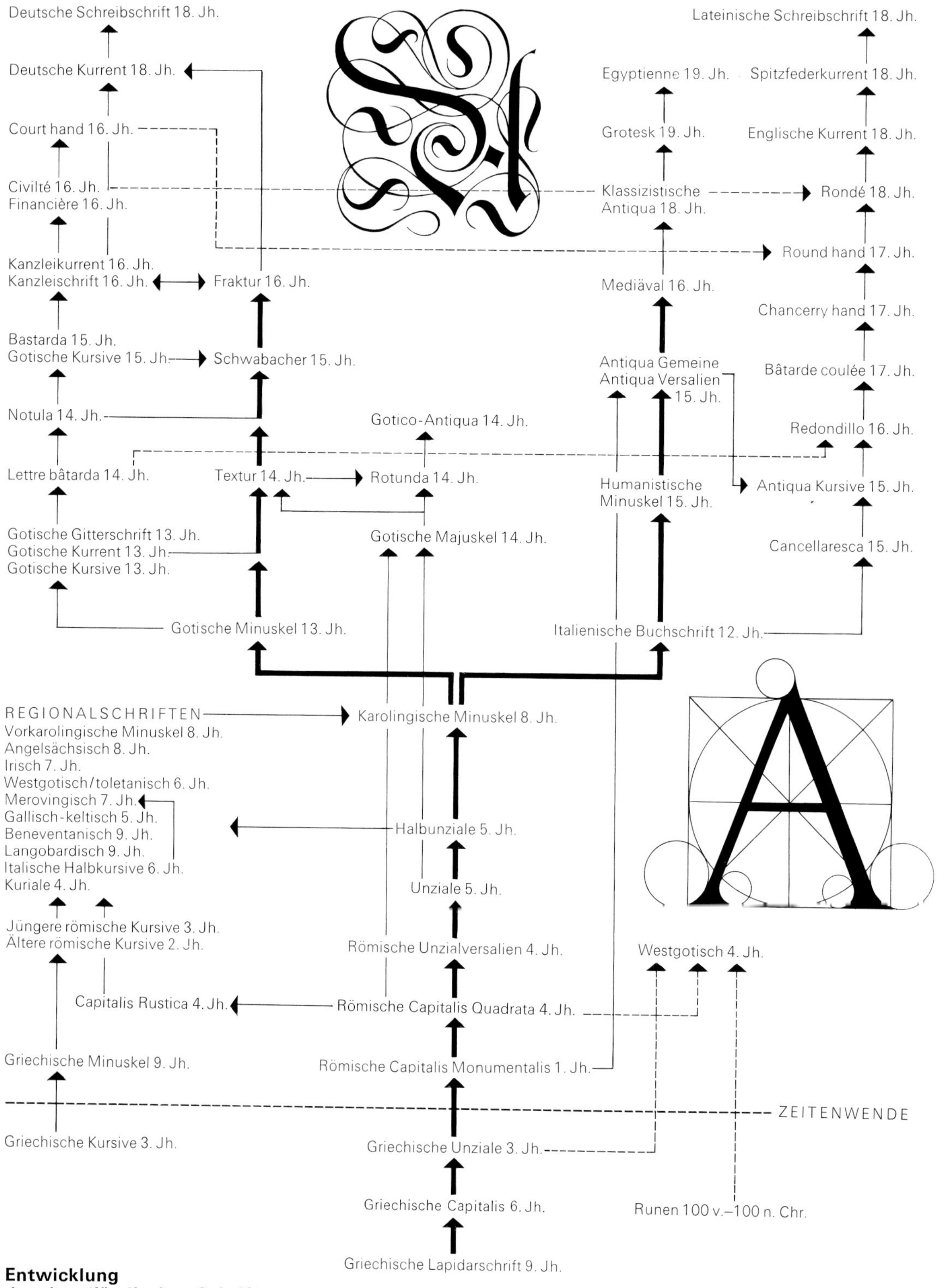

Entwicklung der abendländischen Schrift

Buchstaben gleichen sich dadurch besser einander an, schmiegen sich an und die Rundungen schwingen gleichsam ineinander. Durch diesen konstant durchlaufenden Kurvenrhythmus und den optischen Anschluß wird die Einzelstellung der Zeichen gemindert und die Lesbarkeit wesentlich erleichtert.

Griechische Kursive Neben Majuskel und Unziale erscheint im 3. Jahrhundert v. Chr. als tägliche Gebrauchsschrift eine flüchtige, sich immer mehr abschleifende Kursive oder Kurrentschrift, die griechische Kursive, eine Kleinbuchstabenschrift, mit metallenem Griffel in Wachs geritzt oder auf Papyrus flüssig niedergeschrieben. Als besonderes Charakteristikum zeigt diese Kursive bereits miteinander verbundene Buchstaben und erste Ansätze von Ober- und Unterlängen. Sie ist der Vorläufer der griechischen Kleinbuchstabenschrift.

Griechische Minuskel Im 9. Jahrhundert n. Chr. kündigt sich ein Wendepunkt in der Geschichte der griechischen Schrift an, denn anstelle der Unziale und Kursive tritt die griechische Minuskel, eine Kleinbuchstabenschrift mit stark betonten Ober- und Unterlängen. In den Pergamenthandschriften behält sie die Alleinherrschaft bis ins Mittelalter. In ihrer weiteren Entwicklung nähert sich diese Minuskelschrift immer mehr den heute gebräuchlichen Kleinbuchstaben des griechischen Alphabets, die in so merkwürdigem Gegensatz zu den als Großbuchstaben verwendeten Formen der älteren Capitalis stehen.

Für zwei große Schriftgruppen ist die griechische Schrift zum Ausgangspunkt geworden und damit zum Stammalphabet aller abendländischen Schriftarten. Zusammenfassend können diese beiden Gruppen als italische und slawische Schriften bezeichnet werden, aus denen wiederum je eine zur Herrschaft gelangt: im westlichen Abendland die lateinische und im östlichen die kyrillische. Von besonderem Interesse ist die geschichtliche Entwicklung der lateinischen Schrift, aus der im Laufe der Jahrhunderte alle westeuropäischen Schriftarten hervorgegangen sind und die heute als *Antiqua* weltweit verbreitet ist.

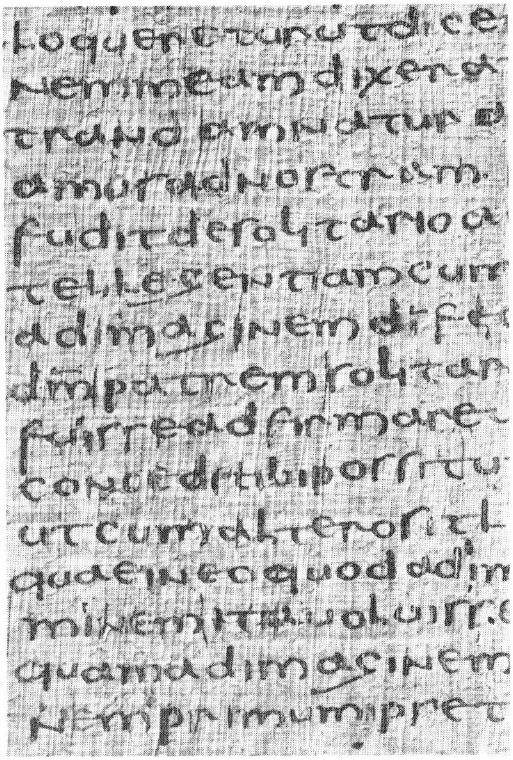

Griechische Minuskel. 9. Jh.

Etruskische Stein-Inschrift: Lapis niger vom Forum in Rom. 6. Jh. v. Chr.

Schriften der Römer

Die älteste Umbildung des griechischen Alphabets auf italischem Boden, ungefähr im 7. Jahrhundert v. Chr., ist den Etruskern zuzuschreiben. Nach ihrem Untergang wird ihre bisher noch nicht entzifferte Schrift von den Latinern übernommen und bildet, ergänzt durch einige Zeichen einer Schrift Unteritaliens, das älteste lateinische Alphabet. Schriftdenkmäler aus dieser Zeit sind nur wenige erhalten. Das früheste bisher gefundene Dokument ist der »schwarze Forumstein«, der in das 6. Jahrhundert v. Chr. zu datieren ist.
Den mathematisch strengen, linearen Formen der griechischen Kapitalis entspricht im Gesamtbild das archaisch römische Inschriftenalphabet der nun folgenden Republik. Klarer noch als bei den Griechen sind die geometrischen Grundformen Quadrat, Dreieck und Kreis in den einzelnen Schriftzeichen ausgeprägt. Wie konstruiert wirken die sachlich nüchternen Schnurzugformen, denen jede Dynamik fehlt.

Capitalis monumentalis Die große Wandlung, der Durchbruch zur Capitalis monumentalis, jener klassisch römischen Steinschrift, fällt in das letzte Jahrhundert vor der Zeitenwende, in die Zeit des beginnenden Imperiums. Ihre Entstehung verdankt sie im wesentlichen der Architektur und dem primären Werkstoff, dem Stein. Ihre Form leitet sich aus einem flachpinselartigen Werkzeug, das beim Vorschreiben im Wechsel Bandzüge, breite und schmale Striche, aber auch schwellende Kurven ergibt, und dem Meißel, der die Zeichen in den Stein gräbt. Auch die »Serifen«, die zarten Querstriche, die in einer eleganten Rundung mit den Enden der Buchstabenschäfte verschmelzen, sind durch die Meißeltechnik bedingt. Für das Gesamtbild der Capitalis sind sie von großer Bedeutung,

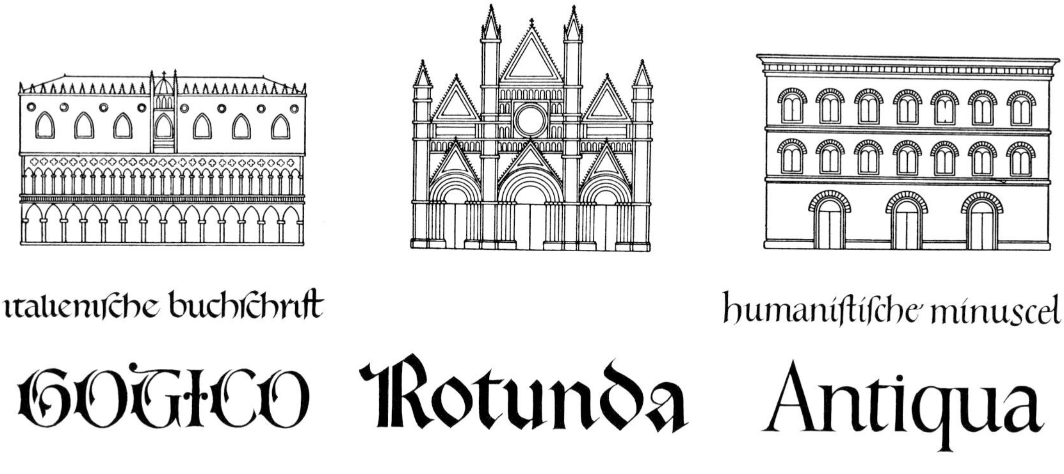

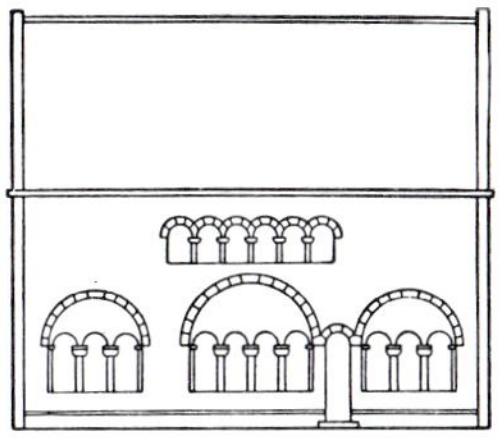

angel ſachsiſch weſtgotiſch

IRISCH karolingiſche minuskel

gotiſche minuſkel gotiſche-kurſiv

denn sie geben den Schriftzeichen Halt und gleichen den Linienzug in der Zeilenordnung aus. Es besteht die Lehrmeinung, daß durch das Zusammenwirken aller gestaltenden Elemente dieser Schrifttypus eine kaum noch änderungsbedürftige oder steigerungsfähige Form gefunden hat. Verglichen mit der griechischen Kapitalis und seinen römischen Vorläufern ist er im linearen Duktus formal klarer und ausgeprägter. In der feierlich erhabenen Gemessenheit, der klaren Gliederung, der Ebenmäßigkeit der Proportionen und dem harmonischen Wechselspiel gerader und gerundeter Formen zeigt diese Monumentalschrift eine stilistische Vollkommenheit, die ihresgleichen sucht und die ihre Gültigkeit über zwei Jahrtausende fast unverändert bewahrt hat.

Wenn auch die klassische Monumentalschrift der Römer formal vollendet erscheint, so ist sie doch wie alle bisherigen Schriftarten in der Gliederung unausgebildet. Buchstabe reiht sich an Buchstabe, Wort an Wort, Satz an Satz, wodurch zwar die ornamentale Schönheit und Geschlossenheit des Schriftblocks gesteigert, die Leserlichkeit hingegen stark gemindert wird.

Capitalis quadrata Dies zeigt sich noch stärker bei der etwa zur gleichen Zeit verwendeten Buchschrift der Römer, der Capitalis quadrata. In starrer Gebundenheit an das gemeißelte Vorbild wird Buchstabe für Buchstabe in allen Einzelheiten, bis hin zu den Serifen, mit der geradegestellten Rohrfeder auf Pergament festgehalten. Diese genaue und präzise Wiedergabe erfordert einen enormen Zeitaufwand. Die Capitalis quadrata ist daher keine schreibgerechte Schrift. Sie ist weder wendig noch geschmeidig, und es fehlt ihr vor allem die wichtigste Voraussetzung für ein

Notula Baſtarda

Textura Schwabacher Fraktur

Capitalis monumentalis: Inschrift auf dem Grabstein eines Flötenspielers

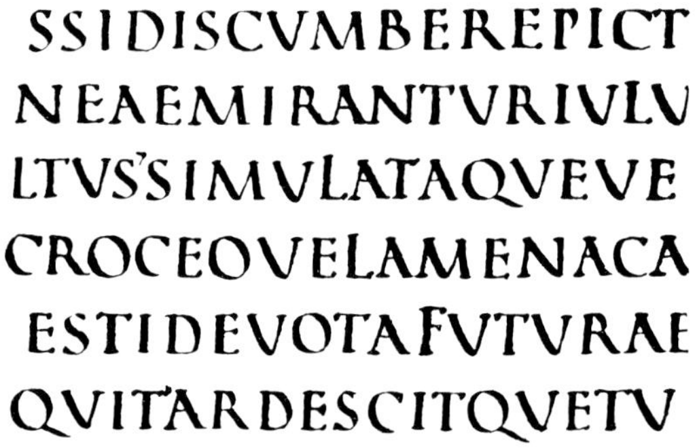

Capitalis quadrata: Nach einer Pergament-Handschrift aus Vergils Aeneis und Georgica. 3.–5. Jh.

flüssiges Schreiben: die Verbindung der einzelnen Buchstaben untereinander. Sie bleibt daher auf anspruchsvolle, gewichtige und feierliche Texte beschränkt, vor allem auf Texte der römischen Dichter und Historiker. Zur wirkungsvollen Gestaltung einzelner Zeilen und Kapitelüberschriften wird die Capitalis quadrata sogar bis zur Zeit der Karolinger als Auszeichnungsschrift beibehalten.

Bis zum 5. Jahrhundert bleibt die Capitalis quadrata die auserwählte Buchschrift profaner und klerikaler Prachthandschriften. Und schon zu dieser Zeit zeigt sich, was beim historischen Verlauf der Schriftentwicklung öfter wahrgenommen wird, daß sich die nebeneinander bestehenden Monumental- und Buchschriften gegenseitig vor der Erstarrung bewahren und ihre Formelemente laufend bereichern. Es besteht eine dauernde Wechselwirkung, in der einerseits die schreibende Hand die scharf umrissenen, gemeißelten Formen nachzuahmen sucht und andrerseits die in Stein geschlagene Schrift die weicheren Züge der geschriebenen annimmt.

Rustika Bereits im 4. Jahrhundert besteht aufgrund der zunehmenden Schreibfähigkeit und des allgemeinen Schreibbedürfnisses das dringende Verlangen nach einer schneller zu schreibenden Buchschrift. Mit der schmiegsamen Rustika, deren Formen williger aus der schräggestellten Feder fließen, wird diese Forderung erfüllt. Sie kann als federgerechte Reproduktion der Capitalis quadrata angesehen werden. Ihr Name bedeutet »derb, bäuerlich«. Sicherlich ist aber diese Bezeichnung eher im Sinne von »frei und leicht« zu verstehen, denn die Rustika ist durch die dünnen Buchstabenschäfte und die mit der breiten Feder stark betonten Querstriche in ihrem Charakter nicht so förmlich wie die Capitalis quadrata. Allerdings lassen gerade diese Merkmale, die nach rechts gerichtete breite Strichlage und die engen Rundungen, die Rustika als ausgesprochene Buchschrift nicht zu begehrt werden. Als Auszeichnungsschrift findet auch sie bis in die nachkarolingische Zeit Verwendung.

Kursive Neben diesen reinen Majuskelschriften der ersten Jahrhunderte nach der Zeitenwende entwickelt sich, ähnlich wie in Griechenland, eine Kursive, und zwar eine

Capitalis rustica: Handschrift aus Vergils Aeneis. 5. Jh.

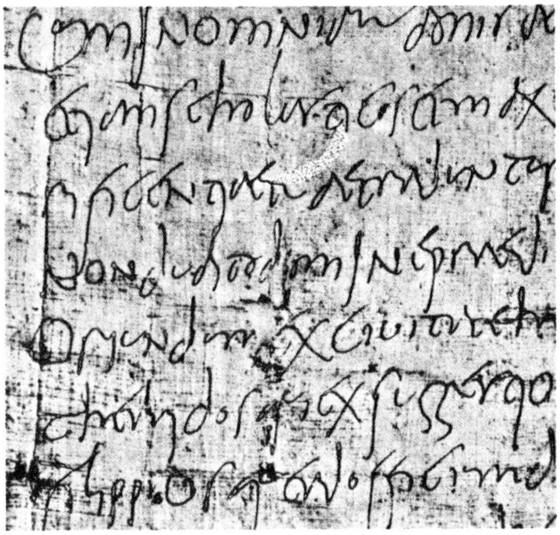

Römische Kursive auf Papyrus. Übergang der älteren zur jüngeren römischen Kursive

ältere und eine jüngere, die als flüchtige, schnell zu schreibende Gebrauchsschrift in Handel und Verkehr Verbreitung findet. In Wachstafeln geritzt stehen die Buchstaben dieser Kursive einzeln nebeneinander. Wird sie mit der Rohrfeder geschrieben, die ein Fortgleiten ohne Absetzen erlaubt, so zeigt sich bereits ein Zusammenziehen einzelner Buchstaben. Aber erst bei der jüngeren Kursive werden die Schriftzeichen mehr und mehr miteinander verbunden; sie werden kleiner, erhalten Ober- und Unterlängen und nehmen allmählich jene Formen an, die später in den verschiedenen Minuskelschriften, den Regionalschriften, wieder vorkommen.

Frühchristliche Schriften

Unziale Mit der Ausbreitung des Christentums nach dem Verfall des römischen Imperiums macht die Schrift einen bemerkenswerten Wandel durch. Auf der Grundlage der Capitalis quadrata und der Rustika und unter dem Einfluß der frühchristlichen Kultur bilden sich ganz neue Schriftzeichen heraus, die sich von den antiken grundsätzlich unterscheiden. Erkenntnisse des Orients dringen nach Rom vor. In der Architektur setzt sich der Rundbogenstil durch, und auch die Schrift macht den Formenwandel zum Prinzip der Rundung durch. In das Zeilenbild der geometrischen Geraden dringt die Kurve ein, der weiche Bogen, der dem Zeilenband etwas Fortschwingendes gibt. Besonders deutlich zeigt sich der Formenwandel bei den Buchstaben D, E, M und N. Der Schriftkörper wird voller, bewegter und dynamischer. Obwohl auch diese Unziale noch eine reine Großbuchstabenschrift ist, ist sie nicht mehr Monumentalschrift, sondern ausgesprochene Buchschrift, die dem Beschreibstoff Pergament und der Federführung der Hand besser angepaßt ist als ihre Vorläufer Capitalis und Rustika. Das Schriftbild wird im

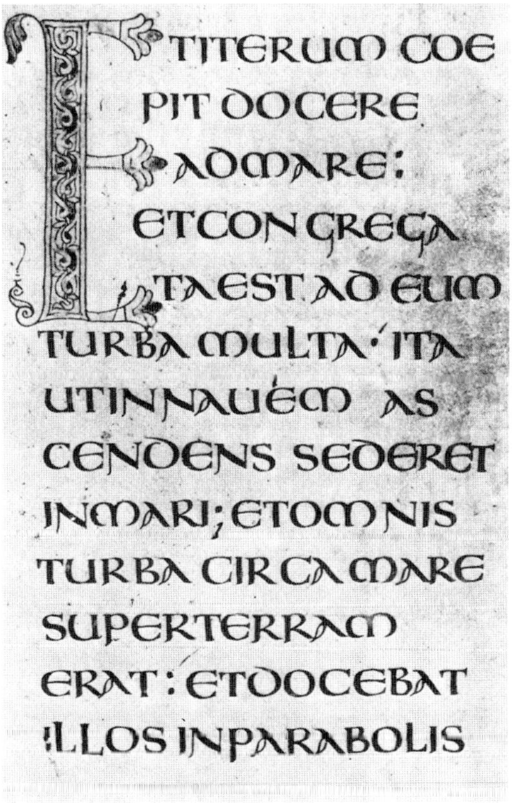

Unziale: In zusammensetzender Technik geschriebene Handschrift aus Westfranken. 9. Jh.

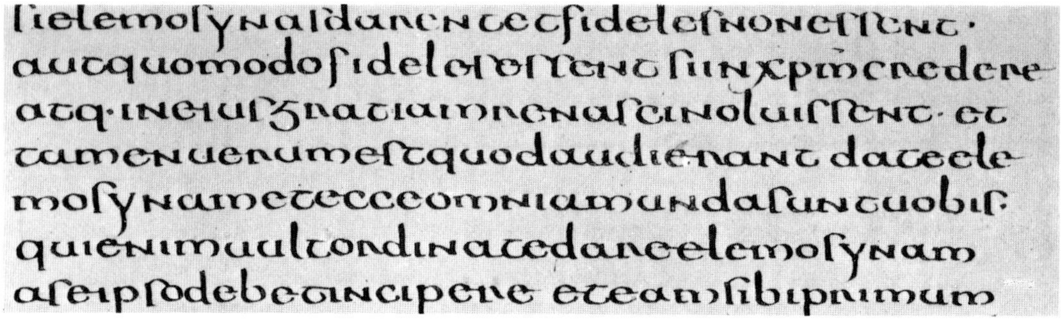

Italische Halbunziale. 6. Jh.

Rhythmus lebhafter, harmonischer und tonwertreicher. Durch die fortschwingenden Kurven läßt sie ein schnelleres Erfassen der einzelnen Wörter zu. Die Lesbarkeit wird dadurch erleichtert.

Noch eine andere Neuerung, die für die Weiterentwicklung der Schrift- und Buchkunst wichtig ist, zeigt sich in den frühen Unzialmanuskripten. Begnügt sich der Mensch bis zu dieser Zeit damit, die Schrift in ihrer zweckgebundenen Form anzuwenden, so stellt sich nun auch hier ein Schmuckbedürfnis ein. Der Schriftschmuck, der später in so reichem und vornehmem Maße gepflegt wird, nimmt seinen Anfang.

Die ersten überlieferten Zierbuchstaben sind aus der Capitalis quadrata übernommen und heben sich nur in Größe und Tonwert von der übrigen Schrift ab. Aber nicht nur als Initialschmuck findet die Capitalis Verwendung, selbst ganze Seiten und Kapitelanfänge werden in dieser Schrift, bis zum 9. Jahrhundert etwa, häufig in Gold und Silber auf Purpurpergament gestaltet: Prachthandschriften, die den Glanz und Reichtum der Zeit repräsentieren. Für die Weiterentwicklung aller abendländischen Schriftformen ist die Unziale von besonderer Bedeutung.

Halbunziale Nicht lange nach ihrer Entstehung, in der Zeit, da die Kultur des oströmischen Reiches ihren Höhepunkt erreicht, wandeln sich ihre Formen unter dem Einfluß der römischen Kursive zur Halbunziale, einer Schrift, die durch stark ausgeprägte Ober- und Unterlängen bereits den Charakter einer ausgesprochenen Kleinbuchstaben- oder Minuskelschrift zeigt. Eine ganze Reihe der heutigen Antiqua-Kleinbuchstaben sind in diesen Minuskeln bereits vorgebildet. So vor allem die eigenartige Form des g, die geschlossenen ɑ und e, die Buchstaben b, d, u und das r mit dem breiten Schulterstrich. Mit diesen neuartigen Buchstabenformen ist sie die letzte Vorstufe für die Kleinbuchstabenschrift. Die Halbunziale kennt keine Versalien. An ihre Stelle treten Unzialbuchstaben.

Durch die Ausbreitung des Christentums und des Verkehrs gelangt diese römische Halbunziale in alle besiedelten Gebiete des Abendlandes und nimmt bei den verschiedenen Völkern eine regional bedingte Färbung an. Entsprechend dieser Besonderheiten entstehen in der Zeit vom 6. bis zum 8. Jahrhundert die im Duktus recht unterschiedlichen *Regionalschriften* oder besser *vorkarolingischen Minuskeln*, die fälschlich als Nationalschriften bezeichnet wurden. Eine kalligraphisch vollendete und beispielhafte Form erhält die Halbunziale in Irland. Sie zählt zu den schönsten frühen europäischen Buchschriften.

Die **Irische Halbunziale**, in zusammengesetzter Technik geschrieben, zeichnet sich durch ihre dreieckigen, scharfkantigen Köpfe an allen Oberlängen und an einigen Buchstaben aus. Auch die sogenannten »Ligaturen« und »Abbreviaturen« sind charakteristische Eigenheiten. Das runde s wird durchgehend verwendet. Das t hat eine nach rechts weit ausladende Rundung und steht dadurch meist in Verbindung mit dem nachfolgenden Buchstaben. Das geschlossene ɑ, die kapitalen Buchstaben R und N, die geschweiften Schäfte bei b und l sowie die eigenwillige, rechts offene Form des g sind weitere typische Kennzeichen. Die geschriebenen Texte zieren reich ornamentierte Initialen, deren Motive aus der germanischen Band- und Flechtornamentik, wie sie Kelten und Normannen eigen, stammen. Durch Klostergründungen in der Schweiz, Deutschland, Frankreich und Norditalien ist die irische Halbunziale weit verbreitet, so daß sie als eine der bedeutendsten Buchschriften der vorkarolingischen Zeit gelten kann. Ähnlich wichtig ist die irische Buchornamentik, die die gesamte Buchkunst des westlichen Abendlandes entscheidend beeinflußt. Farbbild Seite 27.

Angelsächsische Halbunziale und **angelsächsische Spitzschrift** Neben der irischen Halbunziale entsteht im 8. Jahrhundert die angelsächsische Halbunziale und gleich-

angelſachsiſch

zeitig eine etwas flüssiger geschriebene Form, die angelsächsische Spitzschrift. Bei diesen beiden Schriftarten herrschen große Oberlängen und nach unten spitz zulaufende Unterlängen vor. Diese charakteristischen Merkmale, die breiteren Rundungen sowie die betont langen, zungenähnlichen Ausgänge beim e, t und r unterscheiden sie leicht von der mehr feierlichen irischen Form. Versalien fehlen noch. Lediglich zu Beginn eines neuen Satzes finden sich farbig verzierte, eigenwillig geformte Unzialbuchstaben. Im Gegensatz zur irischen Halbunziale, die sich als bodenständige Nationalschrift nahezu unverändert bis in die Gegenwart erhalten hat, wird die angelsächsische Schrift bereits um das Jahr 1066, nach der normannischen Eroberung, durch die kontinentale *karolingische Minuskel* verdrängt.

Merowingische Buchschrift Auf fränkischem Boden entwickelt sich zur gleichen Zeit die merowingische Buchschrift. Sie verrät, ab-

merovingiſch

gesehen von den keulenförmig verdickten Oberlängen und den spitz zulaufenden Unterlängen, deutlich ihre Herkunft aus der römischen Halbkursive. Bei ihr ist besonders augenfällig das hohe und enge Schriftbild mit breitem Zeilenabstand. Das s, r, p und f sind mit ihren Unterlängen in einem Zug geschrieben und werden beim Auf- und Abwärtsführen der Feder förmlich gespalten. Zunächst wirkt das Schriftbild recht zügellos und primitiv, gewinnt aber in der folgenden Entwicklung alle Eigenschaften einer ausgereiften Buchschrift: kleinere Buchstaben, betonte Ober- und Unterlängen und eine gewisse Statik durch klare Grundstriche.

In der *merowingischen Urkundenschrift* wirkt sich die Überhöhung der Buchstaben und die Betonung des Vertikalen, Aufstrebenden noch stärker aus. Dies gilt besonders für die Auszeichnungszeilen mit ihrer extrem hohen und engen Gitterschrift, bei der die Einzelbuchstaben zwar schwer erkennbar sind, aneinandergereiht jedoch ein interessantes Schriftornament ergeben. In dieser Gitterschrift zeigt sich bereits im 9. Jahrhundert jenes Formempfinden, das später den gotischen Stil entstehen läßt.

Bei der *westgotischen Schrift* Spaniens ist etwa seit dem 8. Jahrhundert eine zunehmende Verfeinerung der Einzelformen festzustellen. Der ursprünglich derbe Schriftduktus wird elegant

weſtgotiſch

und reizvoll, sichtlich beeinflußt durch die formenreiche und zierliche arabische Schreibkunst. Diese Wandlung macht sich deutlich bemerkbar in den Schmuckelementen. Waren sie vorher den antiken, byzantinischen, altchristlichen und germanischen Quellen entnommen, so lehnen sie sich jetzt an die phantasiereichen islamischen Arabesken an.

Curiale

Kuriale Recht unterschiedlich sind die Regionalschriften Italiens, die sich bei aller Formenvielfalt eindeutig gegenseitig befruchtet haben. Mit der Kuriale, der Schrift der älteren Papsturkunden, setzt sich die Tradition der jüngeren römischen Kursive fort. In ihrer Weiterentwicklung, die sich erst seit dem 8. Jahrhundert genau verfolgen läßt, weist sie neben einmaligen eigenen und fremden Buchstabenformen auch andere typische Besonderheiten auf, vor allem die Tendenz zur Rundung. Fast scheint gerade die Vielzahl fremder Schriftzeichen und die Häufung von Ligaturen beabsichtigt, um etwas Gegensätzliches zur allgemeinen Verkehrs- und Buchschrift zu schaffen und eine gewisse Unleserlichkeit zu erzielen.

Langobardische Schrift Aus Übergangsformen der römischen Halbunziale, der Kursive und der irischen Halbunziale entwickelt sich in Norditalien die langobardische Schrift. In ihrem langobardisch

uneinheitlichen, unregelmäßigen Schriftbild voller Ligaturen drückt sich zunächst wenig Eigencharakter aus. Erst in der Folge bilden sich typische Eigenwilligkeiten heraus: das geradlinige d, das in einem Zug geschriebene lange s und r, die beiden a-Formen und die beträchtlichen Oberlängen mit keulenförmiger Verdickung. Die Buchstaben sind zu Worten zusammengefaßt, die Schriftzeichen deutlich voneinander abgesetzt.

Beneventana Augenfällige und unverwechselbare Eigenart der Beneventana Süditaliens, auch Monte-Cassino-Schrift genannt,

beneventanisch

ist die Tendenz zur eckigen Form, zum Knicken der Senkrechten selbst bei runden Buchstaben und Bogenteilen. Sie zeichnet sich außerdem durch den starken Gegensatz von Druck- und Haarstrichen und durch die Keulenenden an den Oberlängen aus. Die Schönheit dieser Schrift beruht auf ihren regelmäßigen, ausgeglichenen Formen, bei denen die rein kalligraphischen Elemente betont und die Ligaturen kunstvoll verschleift sind. Allerdings wird durch manieriertes Übertreiben dieser charakteristischen Merkmale, mit der zunehmenden Häufung von Ligaturen und Kürzungen die Schrift im Laufe der Zeit derart unleserlich, daß Friedrich II. ihre Verwendung verbieten läßt.

Auf eine eigenartige germanische Schrift sei hingewiesen, die gleichfalls als westgotisch bezeichnet wird. Sie ist unmittelbar aus der griechischen Unziale entlehnt und stellt durch Übernahme einiger lateinischer Buchstaben und germanischer Runen die Schriftschöpfung des westgotischen Bischofs *Ulfilas* dar. Seine berühmte Bibelübersetzung aus dem 4. Jahrhundert ist in dieser Schrift auf Purpurpergament geschrieben. Für die Weiterentwicklung der abendländischen Schrift ist dieses westgotische Alphabet jedoch bedeutungslos.

Die Runen Im gesamten ehemals germanischen Siedlungsgebiet sind eigenartige Zeichen nachweisbar, deren Formen sich mit keinem der abendländischen Schriftzeichen vergleichen lassen: die Runen. Sie sind als eigenständige germanische Schrift anzusehen, da sie sich ausschließlich im germanischen Kulturraum vorfinden. Über den Ursprung der Runen ist wenig bekannt. Es ist denkbar, daß sie sich aus alpinen, nordetruskischen und frühen griechisch-italischen Lapidarschriften, unter Einwirkung vorgeschichtlicher germanischer Begriffszeichen, entwickelt haben; einige sind auf uralte Geheim- und Zauberzeichen zurückzuführen. Schon Tacitus berichtet, daß bei den Germanen Holzstäbchen mit Runenritzungen kultischen und magischen Zwecken dienen. Die rein linearen, an Hausmarken erinnernden Formen der Runenzeichen, aus Senkrechten und Schrägstrichen gebildet, sind durch Material und Technik bedingt, da sich Rundungen in Holz, Knochen, Metall oder Stein nur schwierig ritzen und schneiden las-

Runenstein aus Skepptuna, Uppland, Schweden

F U TH A R K

Das Runen-Alphabet

sen. Runeninschriften finden sich überwiegend auf Stein. Zahlreiche Runensteine aus älterer und jüngerer Zeit, die sogenannten Bautasteine mit meist magischen Inschriften, sind bis in die Gegenwart erhalten; ebenso Waffen und Schmuckstücke. Als Buchschrift sind Runen wahrscheinlich nur selten und spät verwendet worden. Die älteste Handschrift stammt aus der Zeit um 1300. Von der Kirche als heidnisch-mystische Geheimschrift bekämpft, werden die Runen von diesem Zeitpunkt an nach und nach von der Karolinger Minuskel verdrängt. Jedoch sind Runen in entlegenen Gegenden Skandinaviens bis ins 19. Jahrhundert nachweisbar.
Da das Runen-Alphabet in der Reihenfolge vom römischen völlig abweicht, wird es nach seinen ersten Buchstaben »Futhark« genannt. Die Entwicklung der abendländischen Schrift haben die Runen nicht beeinflußt. Doch müssen sie schon früh bekannt gewesen sein, da einige Zeichen im gotischen Alphabet des Bischofs Ulfilas und vereinzelt in Karolinger Handschriften eingestreut sind.

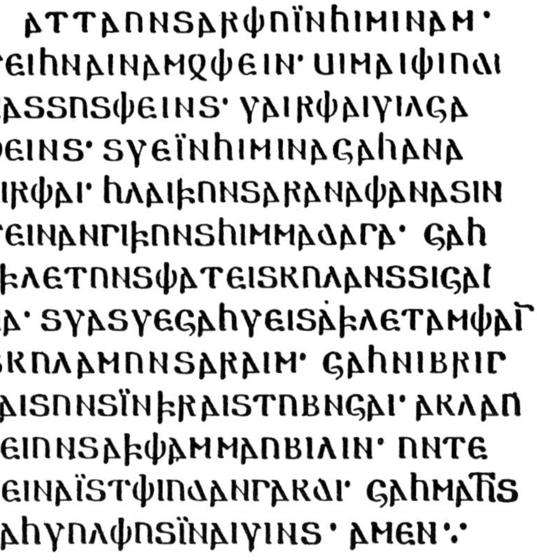

Unziale mit Runen: Gotisches Vaterunser aus dem Codex argenteus. Bibelübersetzung des Bischofs Ulfilas. Um 500

Schriften der Romanik und Gotik

Karolinger Minuskel Gegen Ende des 8. Jahrhunderts, in jener politisch bewegten Zeit, in der die Herrschaft der Karolinger beginnt, in der sich auf kirchlichem, verwaltungspolitischem und kulturellem Gebiet grundlegende Reformen anbahnen, vollzieht sich auch in der Schrift eine bedeutende Wandlung. Angesichts der unzähligen Regionalschriften, der verstärkten Unordnung im Schriftbild, der Eigenmächtigkeit der Schreiber und der dadurch erschwerten Lesbarkeit, verbreitet sich immer mehr das Bedürfnis, die Minuskel zu reformieren und ein allgemeinverbindliches Alphabet zu schaffen. So finden sich zu Beginn des 9. Jahrhunderts auf fränkischem Boden die überraschend »fertigen« Buchstabenformen der Karolinger Minuskel, die den Urtyp der heutigen Kleinbuchstaben darstellen. Schreibgeübte Mönche geben ihr jene Gestalt, die in klarem, harmonischem Bild die Sprache des christlichen Abendlandes bewahrt und weitergibt. Die Karolinger Minuskel wurzelt in der altrömischen Halbunziale und in den Verfallsformen der spätrömischen Kursive, auch in den unmittelbar vorausgegangenen vorbildlichen irischen und angelsächsischen Minuskelformen. Da sie mit ihren rundlichen, unverbundenen, nebeneinanderstehenden Buchstaben vorherrschend die romanische Stilform der abendländischen Schrift verkörpert, wird sie auch *romanische Minuskel* genannt.
In der Karolinger Minuskel, die dank einer verbesserten Federhaltung und durch viele gerundete Formen schnell und bequem zu schreiben ist, sind fast alle Kleinbuchstaben des heutigen Alphabets durchgebildet. Einzige Ausnahme bildet die Ligatur st. Beim Wortausgang wird das runde s verwendet. Ober- und Unterlängen, die in ausgewogenem Verhältnis zu den Hauptkörpern der Schriftzeichen stehen, prägen das Wortbild und verbessern die Lesbarkeit. Ligaturen und Abbreviaturen werden weitgehend eingeschränkt. Oft

ben- und Worttrennungen sind so gut wie durchgeführt. Der Leser erfaßt nicht mehr Einzellaute, sondern Silben als Klangeinheiten des gesprochenen Wortes. Der lebendige Sprachklang wird aus dem Schriftbild ersichtlich. Dies ist der geistig-schöpferische Gedanke der europäisch-germanischen Schriftreform. Bild Seite 42.

Als Auszeichnungsschriften werden die Capitalis, die Rustika und die Unziale beibehalten. Formelemente der Capitalis und Unziale bilden die sogenannten *Langobardischen Versalien*, eine im ganzen Mittelalter verwendete Zierschrift. Sie werden in zusammengesetzter Technik aufgebaut, mehr gezeichnet als geschrieben. Das Ornament der reicheren Initialen, Band- oder Flechtwerk, ist irischen, angelsächsischen und merowingischen Handschriften entlehnt oder von orientalisch-byzantinischen Bildquellen beeinflußt.

Gotische Minuskel Von der Karolinger Minuskel, die sich bis ins 11. Jahrhundert in drei Entwicklungsstufen im gesamten westeuropäischen Raum als Gemeinschrift durchsetzt, stammen alle weiteren Schriftformen des Abendlandes ab: die gebrochene Schrift, die sogenannte *gotische Schrift* und ihre Nachfolger, *Schwabacher* und *Fraktur;* ebenso die lateinische Schrift oder *Antiqua*. Die Spaltung vollzieht sich zu Beginn des 12. Jahrhunderts. Die Minuskel macht den entscheidenden Stilwandel zur Gotik mit. Zeit und Zeitgeist bestimmen die neuen Buchstabenformen, die parallel zu dem emporstrebenden Spitzbogenstil in Nordfrankreich entstehen und dort ihre vollendete Ausbildung erhalten. In der Folge werden nun alle bisher geraden und gerundeten Formen zunehmend steiler aufgerichtet und eckig gebrochen, die Senkrechten werden steif und spitz. Der Übergang von der romanischen Schrift zur Bruchschrift, der gotischen Minuskel, ist damit vollzogen.

Gotische Buchschrift: Deutsch. 12. Jh.

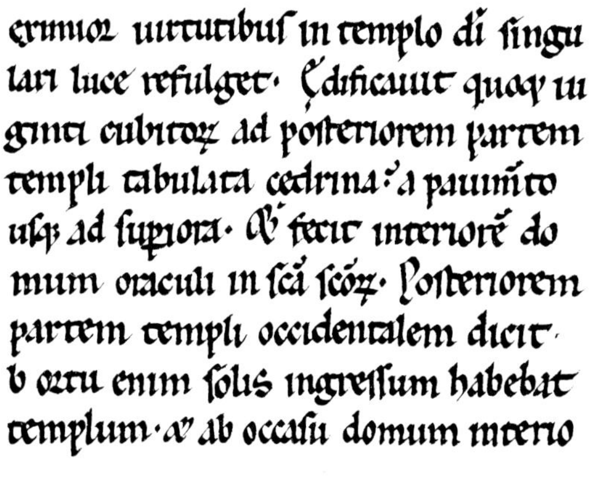

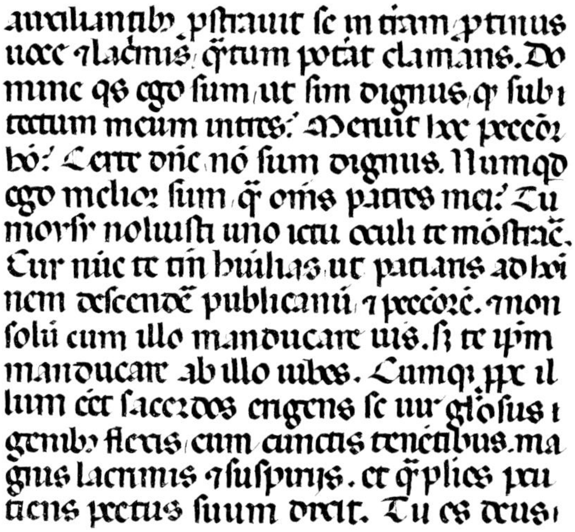

Rotunda: Italienisch. 14. Jh.

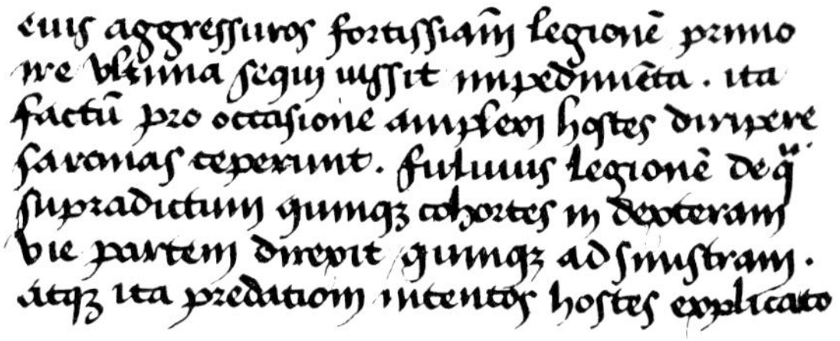

Französische Buchkursive. 14. Jh.

Textur Das Zusammenschieben der Senkrechten, das Verschmelzen der mit einem Bogen beginnenden und schließenden Buchstaben wie ›od‹ oder ›de‹, und dadurch die Minderung der Helligkeit innerhalb des Buchstabenkörpers, die Ausbildung von rein zierenden Formen wie Rautenfüßen am Ende des Buchstabenschaftes, das Wechselspiel von Druck- und Haarstrichen, verleihen der Textur einen ernsten, feierlichen Charakter. Sie wird so genannt, weil sie im Gesamtbild einem Gewebe oder Gitter gleicht. Diese neuen Stilelemente stehen in großem Gegensatz zu dem lichten, klaren Schriftbild ihrer Vorläuferin, der Karolinger Minuskel, an deren Stelle nun die überbetont vertikal aufgebauten Buchstabenformen treten.

Doch nicht nur die Buchschrift verändert sich

im Zeitalter der Gotik, auch das gesamte Schriftbild einer geschriebenen Buchseite wird umgestaltet. An die Stelle der breit auseinandergezogenen Schriftzeilen, in der jeder Buchstabe Eigengewicht besitzt, treten die senkrecht betonten Wortglieder mit dicht aneinandergefügten Wortbildern. Gestraffte Energie an Stelle von Ruhe und Gelöstheit beherrscht von nun an den Aufbau einer Buchseite und gibt ihr ein neues Gepräge: Wortbilder, deutlich voneinander getrennt, aber in sich wie zusammengezogen, sind kunstvoll zu Zeilen geordnet und sorgfältig zu *Kolumnen* zusammengefügt. Die beschriebene Fläche zeigt eine ausgeglichene, beeindruckende und dekorative Raumaufteilung.

In stilreinen Formen kommt die gotische Minuskel nur als Buchschrift vor, die im 13. und 14. Jahrhundert ihren Höhepunkt erreicht. Versalien in gotischem Stil sind noch nicht ausgebildet. Wohl begegnen wir Majuskeln oder Großbuchstaben bei Satzanfängen und Eigennamen, entlehnten Unzialbuchstaben und aus der Minuskel abgeleiteten Formen. Sie alle sind wenig gebrochen und fügen sich mit ihren Rundungen nicht recht in das streng vertikale Schriftbild ein.

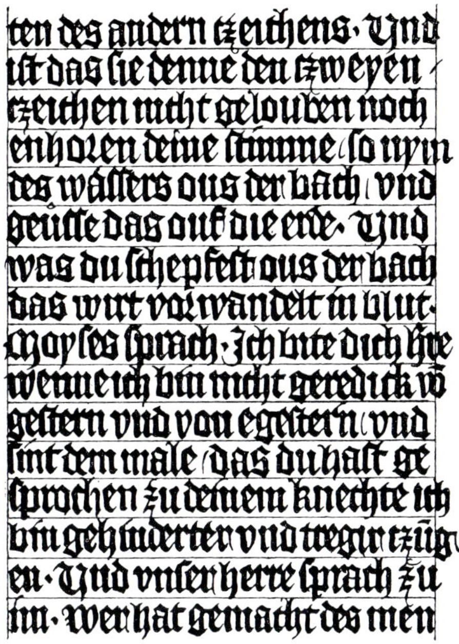
ten des andern tzeichens. Und
ist das sie denne den tzweyen
tzeichen nicht gelouben noch
enhoren deine stimme. so nym
des wassers ous der bach vnd
geusse das ouf die erde. Und
was du schepfest ous der bach
das wirt verwandelt in blut.
Moyses sprach. Ich bite dich herre
wenne ich bin nicht geredick vo
gestern vnd von egestern. vnd
sint dem male das du hast ge
sprochen zu deinem knechte ich
bin gehinderter vnd tregir tzüng
en. Und vnser herre sprach zu
im. Wer hat gemacht des men

Textur: Gotische Schreibschrift aus der Wenzel-Bibel. 1389–1400

Typenverzeichnis der 42zeiligen Bibel Gutenbergs. Die kunstvolle Einrichtung der Kolumnen mit gleichen Wortabständen wird erreicht durch eine Fülle von Abkürzungen und zusammengezogenen Buchstaben

Entwicklung der Antiqua und Kursive

Vorläufer der Antiqua Wie bereits erwähnt, entspringt neben dieser gebrochenen Schrift auch die Antiqua der Karolinger Minuskel. Beide Schriften werden Gemeingut der führenden Länder Europas. Da jedoch die gotische Schrift und die folgenden – Schwabacher und Fraktur – stark den Vorstellungen des ausgehenden Mittelalters entsprechen und später fast ausschließlich im deutschen Sprachraum verwendet werden, sei zunächst die geschichtliche Entwicklung der Antiqua verfolgt, die nicht nur zur Schrift aller westeuropäischen Völker, sondern zur Weltschrift geworden ist.

Rotunda Ihren Anfang nimmt die Antiqua in Italien, jenem Land, in dem die gotische Schrift nie recht hat Fuß fassen können; denn ihre harten, strengen Buchstabenformen entsprechen nicht dem italienischen Stilempfinden. Ähnlich wie in der Baukunst, in der sich das streng Vertikale nicht durchsetzen kann und unbekümmert romanische Rundbogen mit Spitzbogen und anderen gotischen Bauelementen vermischt werden, nimmt auch die damals entstandene Rotunda mit ihren rundlichen halbgotischen Formen und ihrem breiteren, offenen Schriftgitter eine Mittelstellung zwischen Romanik und Gotik ein. Sie zeigt eine gelockerte Schriftzeile und zugleich eine bewußte Unterscheidung von der starren gleichgegliederten, nicht leicht lesbaren Textur. Das innige Zusammenfließen, das harmonische Wechselspiel von großen und kleinen Buchstaben sichern dieser Schrift eine Bedeutung, die bis ins 15. Jahrhundert, auch jenseits der Alpen, im Buchdruck nachwirkt. Zu dieser Zeit verdrängt die Rotunda die Textur im südlichen Deutschland fast völlig.
Die *Gotico-Antiqua*, eine weitere italienische Schriftschöpfung, entsteht unter Führung von Petrarca und kehrt sich noch stärker von der gotischen Schrift ab. Die mildere Brechung, die durch eine gewisse Flüchtigkeit und Flüssigkeit beim Schreiben hervorgerufen wird, zeigt bereits deutlich das Streben zur Antiqua. Ihren Höhepunkt erlebt die Gotico-Antiqua in der Frühzeit des Buchdrucks, in der sie als Druckschrift profaner Texte auch diesseits der Alpen bevorzugt wird.
Italienische Buchschrift Als ausgesprochene Schriftschöpfung Italiens muß die italienische Buchschrift des 12. Jahrhunderts angesprochen werden, die sich aus der Karolinger Minuskel weiterentwickelt hat und in ihrer Schönheit, dem ausgeglichenen Schriftbild, den deutlichen einzelnen Buchstaben von keiner Schreibkunst übertroffen worden ist. Einfache, formenklare Unzialbuchstaben bilden die Versalien dieser Handschrift, deren Kleinbuchstaben in der späteren Humanistenschrift weiterleben.
Humanistische Minuskel Die Renaissanceschrift des 15. Jahrhunderts schlechthin, die humanistische Minuskel, entsteht aus dem allgemein erwachten Interesse für die Welt der Antike; sie entspringt dem Verlangen, eine Schrift im Geiste der antiken Literatur zu schaffen. Die Humanisten lernen die Werke der antiken Klassiker in karolingischen Handschriften kennen, insbesondere in Abschriften der Schreibmeister des Bischofs Alkuin am

Goldener Psalter Karls d. Gr. 8. Jh. ▷

Karolingische Minuskel. Textseite aus dem »Gero-Codex«, einem Reichenauer Evangelistar. 10. Jh. ▷▷

IN NOMINE SCAE TRI
NITATIS. INCIPIT LIB
PSALTERII
BEATUS
VIR
QUI NON
ABIIT IN
CONSILIO IMPIORUM
ET IN VIA PECCATORU
NON STETIT ET IN
CATHEDRA PESTILEN
TIAE NON SEDIT

amortuis die tertia· Et praedicari in nomi
ne eius poenitentiam & remissionem pecca
torum· in omnes gentes· FR· IIII·

SEQ SCI EV SEC IOHANN·

IN ILLO TEMPORE.

MANIFESTA
VIT SE IHC AD MARE TYBERI
adis· manifestauit autem sic· Erant simul
symon petrus & thomas qui dicitur dydim̄·
& nathanahel qui erat a cana galileae· & fi
lii zebedei· & alii ex discipulis eius duo· Dicit
eis symon petrus· Uado piscari· Dicunt ei·
Uenimus & nos tecum· Et exierunt & ascen
derunt nauim· & illa nocte nihil prendi
derunt· Mane autem facto· stetit ihc in
litore· Non tamen cognouerunt discipuli·
quia ihc est· Dicit ergo eis ihc· Pueri· num
quid pulmentarium habetis· Responder̄
ei· non· Dixit eis· Mittite in dexteram na
uigii rete· & inuenietis· Miserunt ergo·

Iesse genuit dauid regem de cuius pro
genie processit maria mater christi.
Beatus uir qui non abiit in con
silio impiorum et in uia peccatorum
non stetit. et in cathedra pesti
lencie non sedit.
Sed in lege domini uoluntas
eius: et in lege eius meditabi
tur die ac nocte.
Et erit tanquam lignum quod
plantatum est secus decursus
aquarum quod fructum suum
dabit in tempore suo.
Et folium eius non defluet: et omnia quecumque faciet prosperabuntur.
Non sic impii non sic: sed tanquam puluis quem proicit ue
tus a facie terre.
Ideo non resurgunt impii in iudicio: neque peccatores in consilio iustorum.
Quoniam nouit dominus uiam iustorum: et iter impiorum peribit.
Quare fremuerunt gentes:
et populi meditati sunt inania.
Astiterunt reges terre et principes conuenerunt in
unum: aduersus dominum et aduersus christum eius.
Dirumpamus uincula eorum: et proiciamus a nobis iugum ipsorum.
Qui habitat in celis irridebit eos: et dominus subsannabit eos.
Tunc loquetur ad eos in ira sua: et in furore suo conturbabit eos.
Ego autem constitutus sum rex ab eo super syon montem sanc
tum eius: predicans preceptum eius.
Dominus dixit ad me filius meus es tu: ego hodie genui te.

Qui cogitauerunt iniq=
tates in corde: tota die
constituebant prelia.
Acuerũt linguas suas si=
cut serpentes: uenenum
aspidũ sub labiis eoꝝ.
Custodi me domine de
manu pc̄toris: et ab homi=
nibus iniquis eripe me.
Qui cogitauerũt supplãta=
re gressus meoꝝ: abscõderũt
superbi laqueum mihi

Hofe Karls d. Gr.; ihrer Anschauung nach entspricht das heitere lichte, dennoch streng wirkende Schriftbild vollendet dem Inhalt. So wird die Minuskel als vermeintliche antike Buchstabenform wiederentdeckt und übernommen, wobei die Humanisten nicht erkennen, daß es sich bei den Vorbildern nicht um Urschriften, sondern um Abschriften aus der Karolinger Epoche handelt. Aus diesem Grunde ist es äußerst schwierig, den Werdegang der Minuskel, die nun *Antiqua* genannt wird, zu erforschen. Denn die humanistischen Schreiber haben die alten Manuskripte bewußt und so genau kopiert, daß in den zahlreichen Handschriften dieser Epoche die Weiterentwicklung der Gemeinen kaum zu verfolgen ist.

Neu in diesem Antiqua-Alphabet sind allerdings die *Versalien*. Es sind die Schriftzeichen der römischen Monumentalschrift, der Capitalis. Dadurch entsteht ein Zwiespalt in der Reinheit des Stils, da beide Schriften in verschiedenen Zeiten von verschiedenen Völkern geschaffen worden sind: die Capitalis als selbständige Großbuchstabenschrift, die Karolinger Minuskel als selbständige Kleinbuchstabenschrift. Durch das Zusammenfügen beider Alphabete erklärt sich zum Teil auch der Charakter der Antiqua, die im Gegensatz zur deutschen Wortleseschrift eine ausgesprochene Silbenschrift ist.

Eine *Antiqua-Kursive*, in Italien zur gleichen Zeit als Verkehrs- und Kanzleischrift gepflegt, wird erst später, in der Hochrenaissance, in ausgereifter Form auch als Buchschrift verwendet. Gegen Ende des 15. Jahrhunderts übernimmt sie *Aldus Manutius* als Letter in den Buchdruck. Besonders schöne Kursivschriften sind französischen Druckern des 16. Jahrhunderts zu verdanken.

Die Grundformen der Antiqua sind im 15. Jahrhundert festgelegt und fertig ausgebildet. Ihre endgültige Gestalt erhält sie nach Erfindung der beweglichen Buchdruckletter, die mit ihren frühen Formen das Erbe der Handschriftenkunst angetreten hat.

Mit der Ausbreitung des Renaissancestils wird die Antiqua auch in Deutschland bekannt.

◁◁ Psalter der Königin Isabella von England. Um 1340

◁ Rundgotisch: Handschrift des 15. Jh.

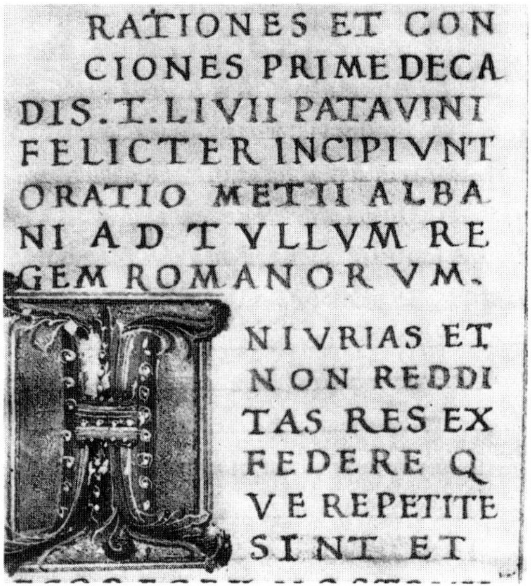
RATIONES ET CON
CIONES PRIME DECA
DIS. T. LIVII PATAVINI
FELICTER INCIPIVNT
ORATIO METII ALBA
NI AD TYLLVM RE
GEM ROMANORVM.
NIVRIAS ET
NON REDDI
TAS RES EX
FEDERE Q
VE REPETITE
SINT ET

Lateinische Majuskel. 15. Jh.

Hier wird sie zum ersten Mal als Druckschrift geschnitten und als Begleitschrift zu den vorherrschenden gotischen und späteren Frakturschriften verwendet. Da sie in Frankreich und Italien alle bis dahin geläufigen Schriftarten verdrängt, ist es natürlich, daß sich die Antiqua bis zur ausgereiften Form in diesen Ländern weiterentwickelt. Bereits im 16. Jahrhundert findet sie sich in ihrer reinsten Ausprägung vor: in meisterhaften Buchstabenformen, die noch heute bewundernswert sind. In den folgenden Jahrhunderten wird die Antiqua zur vielgebrauchten Druckschrift, deren Wandlungen ausschließlich von Stileinflüssen bestimmt sind.

Mediäval und klassizistische Antiqua

Zum Unterschied von der jüngeren Form, die heute einfach Antiqua genannt wird, heißt die ältere mittelalterliche Antiqua oder Mediäval. Sie zeigt in strenger Anlehnung an die Meißelform der römischen Capitalis leicht gerundete, elegant vermittelnde Ansätze der Schraffuren am Schaft der Versalien, dachartig schräge Ansätze bei den Gemeinen und einen schwellenden schrägen Druck in den Rundungen. Während die Mediäval in ihren kraftvollen Formen noch an das geschriebene Vorbild erinnert, ist die französische oder klassizistische Antiqua des ausgehenden 18. Jahrhunderts deutlich von der Technik des Kupferstichs be-

Mediæval

einflußt. Ihre dünnen Serifen, die ohne Ausnahme rechtwinklig sind und nicht vermittelnd den kräftig ausschraffierten Buchstabenschaft abschließen, die fast senkrecht geführten und

Kursiv

kaum schwellenden Druckstellen der Bögen und Rundungen sind rein technisch bedingte, den Stich erleichternde, doch keine federgerechten Formen. Die Einzelbuchstaben dieser Antiqua sind in ihren Proportionen ausgewo-

Klassizistische Antiqua

gen und zierlich, geometrisch genau und sauber, wirken aber gerade durch diese Eigenschaften im Gegensatz zu den lebensfrohen, schreibgerechten Frühformen der Mediäval sachlicher und nüchterner, fast wie konstruiert. Unter den bedeutenden Stempelschneidern und Druckern dieser Epoche erlangt die

Egyptienne

Antiqua-Typographie in Frankreich und England einen bisher nicht wieder erreichten Höhepunkt. Dadurch, daß auf jegliches Ornament, selbst auf schmückende Initialen verzichtet wird, steigert sie sich in schlichter Einfachheit zu Größe und Schönheit der Form. Über die heute gebräuchlichen Schriftklassifikationen nach DIN Seite 123f.

Grotesk

Egyptienne und Grotesk Zu Beginn des 19. Jahrhunderts wird die Antiqua um zwei weitere, vorläufig letzte Varianten bereichert, die sich von England aus überraschend schnell auf dem Festland verbreiten, sich bis in die Gegenwart erhalten und auf bestimmten Gebieten sogar eine dominierende Stellung unter den Gebrauchsschriften einnehmen: die Egyptienne und die Grotesk. Mit ihren fast gleichstarken Haar- und Grundstrichen, den ebenso kräftigen Schraffuren an allen Buchstabenschäften, den An- und Abstrichen an den Gemeinen hebt die *Egyptienne* die Isolierung der Einzelbuchstaben von den Versalien auf und erzielt damit die Verbindung zu einzelnen Wortbildern. Charakteristisch für die französische *Etienne* und die italienische *Italienne*, beides modische Abwandlungen der Egyptienne, sind die besonders starken oberen und unteren Schraffuren, die an die römische Rustika erinnern. Beide Typen sind bis heute beliebte Auszeichnungsschriften.

Die *Grotesk*, in klarer, ebenmäßig starker Linienführung auf der Grundlage des Schnurzugs aufgebaut, zeigt als Skelett-Antiqua das nackte Buchstabengerüst ohne Anklänge an die geschriebene Schrift. Daher entbehrt sie jeglicher Dynamik im Duktus und in der Grundform. Mit ihrer kühlen, nüchternen Sachlichkeit gilt sie als technische und architektonische Schrift, die bald breiter und fülliger, bald schmaler und magerer eingesetzt wird. Seit den ersten noch starren, leblos konstruierten Formen des vergangenen Jahrhunderts sind zahlreiche moderne Groteskschriften entworfen worden, die in den Verhältnissen und in der Durchbildung der Einzelformen ausgeglichener wirken. Zusammen mit den *Grotesk-Kursiven* sind sie in weltweiter Verbreitung zu einem begehrten, vielfältig einsetzbaren Schriftinstrument geworden.

Kursive Als Kursive bezeichnet man heute die schrägliegenden Antiquaschriften. Ihre charakteristischen Kennzeichen, die Schräglage, die fließenden, gelockerten Formen und die Verbindung der einzelnen Buchstaben zu Wortbildern, liegen in der Natur der kurrenten

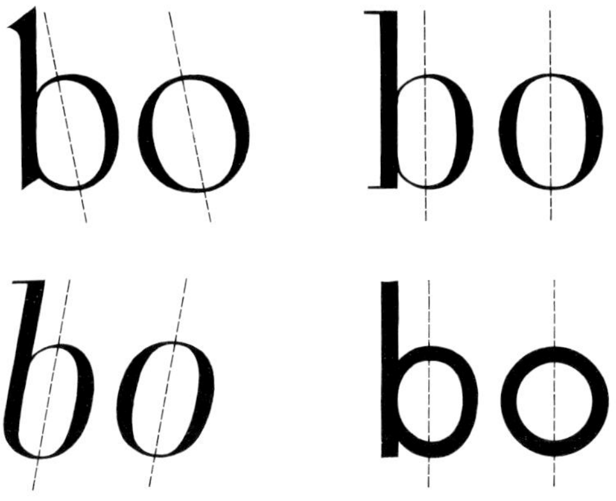

Schwellzüge und Duktus bei der

Mediäval	Klassizistischen Antiqua
Klassizistischen Kursive	Grotesk

Schriften, die ihre Entstehung und Ausbildung den Kanzleien verdanken. Dies betrifft auch die von Humanisten gepflegte Handschrift der italienischen *Kanzlei* des 15. Jahrhunderts. Sie erlangt zwar durch die lebhaft bewegten, rein kalligraphischen Formen keine größere Bedeutung als Buchschrift, regt jedoch zu jenen späteren Kursivschriften an, die seit Gebrauch der Antiqua als selbständige Buchstabenformen gleichrangig neben sie treten; dank ihrer überwiegend feder- und schreibgerechten Formen wird sie gleichzeitig Ausgangspunkt aller lateinisch-europäischen Schreibschriften. Dieses handschriftliche Vorbild der Kursive, zu Beginn des 15. Jahrhunderts in der

päpstlichen Kanzlei als Haupt- und Grundschrift entwickelt, trägt den Namen *Cancellaresca romana*. Im Gesamtbild dieser Schrift, bei der sich klassische und handschriftliche Elemente miteinander vermischen, ist der humanistische Einfluß deutlich. Nicht zu übersehen sind aber auch die gotischen Proportionen der Kleinbuchstaben, die mehr eng und spitz als offen und rund sind. Die keulenartig endenden Bögen an den Ober- und Unterlängen erscheinen vielfach überbetont. Von dieser vollendet schönen, jedoch schwierig zu schreibenden Cancellaresca romana unterscheidet sich nur unmerklich die jüngere, kursivere Variante, die *Cancellaresca bastarda*, die stärker gerundete, weiche, fließende Formen und durch zarte Striche untereinander verbundene Einzelbuchstaben besitzt. Damit erfüllt sie die Forderung nach einer optimalen Schreibgeschwindigkeit besser als ihre Vorläuferin. Rein typographischen Charakter dagegen zeigt eine Variante dieser Schrift, die *Cancellaresca formata*.

Alle diese Renaissance-Schriften setzen sich schnell durch. Verbreitet werden sie durch die zahlreichen Vorlagen, die Berufskalligraphen ganz Europas zum Erlernen der Schreibschriften oder als Probe ihrer Meisterschaft veröffentlichen. Die frühen sind in Holzschnitt reproduziert – der allerdings der kalligraphischen Virtuosität gewisse Grenzen setzt – und

CVLTO DISERTA . DINDI POSCIA DISAVEDVTO, CONGRANDE TIMORE INTRO IN VNA INVIA ET OPACA SILVA.

HYPNEROTOMACHIA POLIPHILI.

AVRORAE DESCRIPTIO.

PHOEBO IN QVEL HORA MANANDO, che la fronte di Matuta Leucothea candidaua, fora gia dalle Oceane unde, le uolubile rote ſoſpeſe non dimonſtraua, Ma ſedulo cum gli ſui uolucri caballi. Pyroo primo, & Eoo alquanto apparendo, ad dipingere le lycophe quadrige della ſigliola di uermigliante roſe, uelociſſimo inſequentila, non dimoraua. Et corruſcante gia ſopra le cerulee & inquiete undule, le ſue irradiante come criſpulauano. Dal quale aduenticio in quel puncto occidua dauaſe la nõ cornuta Cynthia, ſolicitando gli dui caballi del

Schriftbeispiele von Aldus Manutius. Venedig. 15. Jh. Antiqua (oben) und Kursive

S it pecori, atq; apibus quanta experientia parcis,
H inc canere incipiam. V os o clariſſima mundi
L umina, labentem cœlo quæ ducitis annum
L iber, et alma C eres, ueſtro ſi munere tellus
C haoniam pingui glandem mutauit ariſta,
P oculaq; inuentis A cheloia miſcuit uuis,
E t uos agreſtum præſentia numina F auni,
F erte ſimul, F auniq; pedem, D ryadesq; puellæ,
M unera ueſtra cano, tuq; o cui prima frementem
F udit equum magno tellus percuſſa tridenti
N eptune, et cultor nemorum, cui pinguia Cea

bringen noch die reinen, unverfälschten Formen. Erst die Verwendung des Kupferstichs als neue Reproduktionstechnik ermöglicht jene schwungvollen Linien, Schleifen und Bögen, die allgemein höchste Bewunderung erregen, zugleich aber auch Schattenseiten einer kalligraphischen Meisterschaft aufzeigen und den allmählichen Verfall echter Schreibkunst einleiten.

Als bevorzugte Handschrift aller lateinisch schreibenden Gelehrten verbreitet sich die italienische *Renaissance-Kursive* im 16. Jahrhundert über ganz Europa. In mehr oder weniger unterschiedlichen Varianten, kleiner, runder, mit längeren, oben verstärkten Oberlängen gelingt ihr in Italien überraschend schnell der Durchbruch zur allgemeinen Verkehrsschrift, während in den angrenzenden Ländern Briefe, Akten und Urkunden in den jeweiligen Volkssprachen noch lange in Kursiven des gotischen Typus geschrieben werden, am längsten bekanntlich im deutschen Sprachgebiet.

Redondillo

Bastard-Schriften Auch im traditionsbewußten Spanien und in Frankreich finden die Lateinschriften Italiens zunächst kaum Anerkennung und Verwendung. Bis in die erste Hälfte des 16. Jahrhunderts bleibt die gotische Rotunda die typische Handschrift Spaniens, obwohl bereits die Schreibvorlagen hervorragende Proben der Antiqua und der Renaissance-Kursive aufweisen. Erste Einflüsse der humanistischen Kursive und zugleich eine formale Rückbildung zur gotischen Verkehrskurrent der *Bâtarde* und der Rotunda zeigen sich in einer reizvollen Schriftart, der *Retondilla*, die wegen ihrer mehr rundlichen Formen so genannt wird. Dieser mit der Breitfeder geschriebenen Schrift und der daraus entwickelten Variante, der *Lettra bâtarde*, bleiben Spanier und Portugiesen bis zum 18. Jahrhundert treu; das heißt bis zu einer Zeit, in der die spitze Feder in Nachahmung der Kupferstichtechnik im übrigen Europa die Breitfederschrift längst verdrängt hat.

Bereits Ende des Mittelalters wird es Brauch, profane oder private geistliche Bücher in freieren Schriftarten, wenn auch in sorgfältiger Reinschrift, zu schreiben und die strenge Textur ausschließlich den inhaltlich gewichtigen, liturgischen Büchern vorzubehalten. Die in dieser Zeit üblichen, nun völlig ausgereiften Handschriften, gotische Kursiven verschiedener nationaler Abwandlungen, unterscheiden sich voneinander nur durch ihre Eigenheiten und durch die dekorative Gestaltung einzelner Buchstaben. Begreiflicherweise widmen die Schreibmeister des 15. Jahrhunderts diesen zusammenfassend als *Notula* bezeichneten Buch- und Urkundenschriften große Aufmerksamkeit und legen in ihnen die Grundformen fest, die ein Jahrhundert später form- und stilbestimmend bei der deutschen Schwabacher werden.

Bâtarde coulée

Alle diese Buchschriften der ausklingenden Gotik und der nachfolgenden Renaissance haben sich wie die Notula aus den Verkehrs- und Urkundenschriften jener Länder weiterentwikkelt, die noch lange vom gotischen Geist beherrscht sind und den Lateinschriften Italiens ablehnend gegenüberstehen. Es sind die sogenannten *Bastard*-Schriften, deren ausgeprägte Formen vor allem in Frankreich zu finden sind. Sie versuchen als Buchschriften, im Gegensatz zu den festgeformten, erstarrten Drucktypen, den Charakter der aus der Feder fließenden Handschrift möglichst getreu zu faksimilieren. Aus der eleganten gotischen Lettre bâtarde entsteht im 16. Jahrhundert eine nationale Renaissanceschrift, die *Financière*, die, als Letter gegossen, den Namen *Civilité* erhält. Sie wird etwa wie die deutsche Kanzleischrift verwendet. Unter dem Einfluß des Barock und vermutlich auch der spanischen Retondilla werden ihre Formen runder. Nach wie vor bleibt hier auch im 17. Jahrhundert der gotische Charakter gewahrt. Besonders beeindruckend sind die schwungvollen, leicht und elegant geschriebenen Versalien.

Civilté

Ihr späterer Nachfahre, die *Rondé*, die noch stärker die Rundungen betont, fußt in der Zierform einer französischen Verkehrsschrift des 18. Jahrhunderts. Sie läßt sich aber ebenfalls aus der Lettre bâtarde und der Civilité ableiten, obwohl das Zeilenbild an eine italienische Kursive erinnert.

Länger und intensiver als in Frankreich verharrt die Gotik im Schriftwesen der Niederländer. Neben der strengen gotischen Buchschrift des 15. Jahrhunderts, die als Drucktype bis Mitte des 19. Jahrhunderts zum Bibeldruck verwendet wird, sind auch hier lange Zeit die gotischen Kursiven vorherrschend. Jedoch unter Einfluß der deutschen Kanzleischrift wirken sie im Gesamtbild spitzer als ihre Vorbilder, die mehr runden und offenen französischen Bastard-Schriften. Die Spielarten der Formen, die sich vor allem im 17. Jahrhundert herausbilden, sind erstaunlich groß und vielseitig. Hervorgehoben sei die *Bâtarde coulée* mit ihrem ornamentalen Linienspiel in den Schwüngen und Verschlingungen, die es ermöglichen, besonders elegant und zügig zu schreiben.

Quousque tandem abutêre, Catilina, patientiâ nostrâ? quamdiu etiam furor iste tuus nos eludet? quem ad finem sese effrenata jactabit *audacia? nihilne te nocturnum præsidium Palatii, nihil urbis vigiliæ, ni-*

M. TULLIUS CICERO

Giambattista Bodoni. Aus »Manuale Tipografico«. 1818

Charakteristische Merkmale, Serifen in lateinischen und Rautenfüße in deutschen Schriften

Antiqua Rustica | Antiqua | Mediäval | Klassizistische Antiqua

Klassizistische Kursive | Egyptienne | Grotesk | Unziale

Textura | Rundgotisch | Schwabacher | Fraktur

Court Hand

Noch schwerer als Holland trennt sich England von den Schriften im gotischen Stil. Als »Gothic letters« werden sie zuweilen sogar noch heute verwendet. Selbst die deutsche Fraktur und die Kanzleischrift werden lange von den englischen Schreibmeistern bevorzugt. Eigene Wege jedoch beschreiten die Engländer auf dem Gebiet der Urkundenschrift. Aus einer frühen *Chancery hand* des 14. Jahrhunderts entwickeln sich in den folgenden Jahrhunderten zahlreiche Varianten teils in weichem rundem, teils in härterem spitzwinkeligem Duktus, bis sich schließlich im 16. Jahrhundert die offizielle Kanzleischrift, die *Court hand*, herausbildet. Bei ihr zeigt sich die Neigung der Schreiber zu bizarren, umständlich zu schreibenden Formen, die vermutlich absichtlich unleserlich sein sollen. Doch schon Ende des 16. Jahrhunderts übernimmt England die italienischen Schriften der Renaissance. Die bis zuletzt erhaltenen gotischen Schriftformen treten zurück.

Der Einfluß der humanistischen Kursive dringt zu gegebener Zeit in das gesamte europäische Schriftwesen vor. In immer neuen, beispielhaften Schreibmusterbüchern werden laufend Varianten der »Cursiva humanistica« vorgestellt, daneben auch eine Menge nur wenig voneinander abweichender Kurrentschriften, jeweils benannt nach den Orten, in denen sie vorrangig geschrieben werden. Die meisten von ihnen neigen zur Kursive, einige norditalienische aber auch zur gotischen Bastard, vor allem in den Versalien mit ihren umständlichen Schwüngen und Schnörkeln. Diese verlieren sich jedoch nach und nach. In der weiterentwickelten *Breve*-Schrift des ausgehenden 17. und 18. Jahrhunderts sind die Grundformen der Großbuchstaben vielfältiger, eleganter, freier und schwungvoller.

In Spanien werden die lateinischen Kursiv- und Kurrentschriften, obwohl die einschlägigen Schriftmusterbücher aus Italien bekannt sind und die spanischen Schreibmeister sie für eigene Vorlagen übernehmen, lange Zeit nicht populär. Mit einer seltenen Konsequenz verwenden Spanier und Portugiesen bis ins 18. Jahrhundert ihre *Retondilla*, deren spätere Formen unter Einfluß des Kupferstichs prägnant, exakt und damit auch konventioneller werden. Mit der gleichen Konsequenz verharren sie in der Tradition der breitgeschnittenen Feder, die den Duktus der Retondilla lebendig und ausdrucksvoll erhält.

Früher als die Schreibmeisterbücher werden die Lateinschriften Italiens in Frankreich bekannt. Doch erst im beginnenden 17. Jahrhundert wird es Brauch, die bisherige Nationalschrift, die gotisch-französische Lettre bâtarde, durch jene zu ersetzen, zunächst für alle fremdsprachlichen Texte und danach auch für die in französischer Sprache. Bemerkenswert bei diesen nun französischen Kursiven sind die niedriggehaltenen, deutlich charakterisierten Versalien, die jede Verwechslung ausschließen. In der Folge zeigt sich auch hier der ungünstige Einfluß des Kupferstichs, dessen Kurven und Schwünge nur mit der sehr elasti-

Titelseite aus einem Schreibmeisterbuch. Urban Wyss. Zürich. 1549

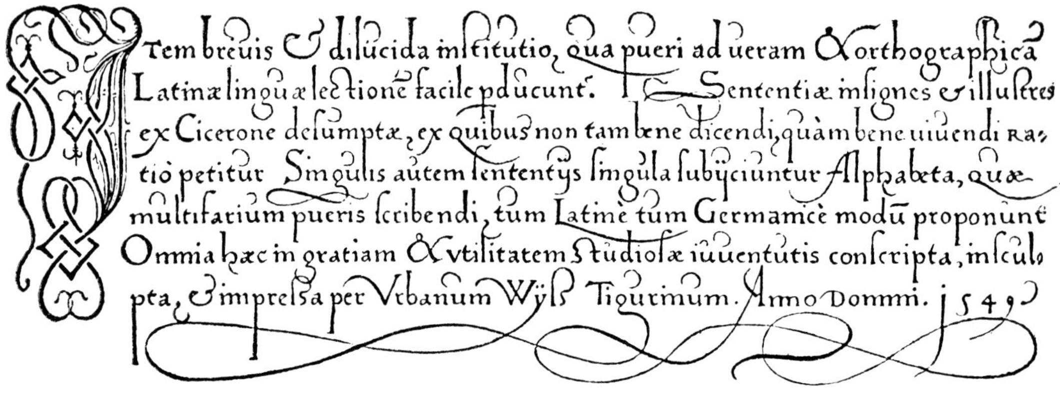

schen, spitz zugeschnittenen Kielfeder nachzuschreiben sind. Diese Spitzfederschrift ist zwar elegant und zierlich, jedoch dünn und kraftlos. Die keulenartig verdickten Ober- und Unterlängen, ausgefüllte Schleifen, sind keine federgerechten Formen. Die Zeilen enden vielfach in einem weit ausladenden Schwung mit übertriebener Schwellung. Ähnliche Schwünge zieren auch Initialen und dekorative Elemente bis ins 19. Jahrhundert.

Die Verwendung einer lateinischen Kursive, der *Chancery hand* nach italienischem Vorbild, ist in England in Urkunden der Hofkanzlei bereits im 16. Jahrhundert nachweisbar; im allgemeinen Schriftwesen taucht sie dagegen noch nicht auf. Die nächsten Zeugnisse stammen aus der Mitte des 17. Jahrhunderts. In diesen Kursiven offenbart sich deutlich der Einfluß französischer Schreibmeister: übertriebene Verdickungen in den Oberlängen, verschlungene Rahmenornamente, schwungvolle Initialen und kalligraphische Figurenmotive, die Federspiele. Der persönliche Duktus in der Kursive verliert sich während der folgenden Jahrzehnte mehr und mehr. Schließlich bildet sich im ausgehenden 17. Jahrhundert ein festgeformter Schrifttyp heraus, der zwar ein optimal sauberes und ausgewogenes Zeilenbild besitzt, inzwischen aber jede individuelle Eigenart eingebüßt hat. Als *Round hand* in zahlreichen Schreibbüchern des frühen 18. Jahrhunderts propagiert, dringt diese Schrift mit ihren strengen, beherrschten Formen ins gesamte öffentliche Leben Englands vor und wird mustergültig für die Geschäftsbücher der Kaufmannskontore diesseits und jenseits des Ozeans (Bilder Seite 58).

Englische Schreibschrift Gegen Ende des 18. Jahrhunderts wird die lateinische Kursive zum letzten Mal und am folgenschwersten umgeformt. Dies geschieht vor allem durch die virtuosen englischen Kalligraphen, die den schwellenden Druck der spitzen Stahlfeder willkürlich im Schriftbild verteilen. An die Stelle ursprünglicher, abwechslungsreicher, in den Haar- und Grundstrichen federgerechter Schriftformen tritt nun die monotone, rein abstrakte, »schöne« Linie, mehr gezeichnet als geschrieben. Die kraftvollen, lebendigen und charakteristischen Eigenheiten im Schriftduktus sind verschwunden. Es herrscht nur noch ein strenges Schema, langweilig und steril im Gesamtbild, weit entfernt von jeder persönlichen Handschrift.

An dieser englischen Schreibschrift und ihrer Variante, der *Spitzfeder Kurrent* des 18. Jahrhunderts, besticht wohl nur die Korrektheit. Nach den Kupferstichvorlagen in den Schulen gelehrt und sklavisch durchexerziert, verbreitet sich die englische Schreibschrift als allgemein verbindliche Verkehrs- und disziplinierte Schönschrift weltweit und gilt trotz ihrer Ausdruckslosigkeit mitunter heute noch als vornehm und traditionsreich.

Die deutsche Schrift seit Gutenberg

Die von Gutenberg um 1440 erfundene bewegliche Letter und die sich dadurch stetig ausbreitende Buchdruckerkunst verdrängt naturgemäß allmählich die Handschrift. Die klösterlichen wie auch die weltlichen Schreibwerkstätten verlieren ihr wichtigstes Arbeitsgebiet, das handgeschriebene Buch. Die große Schriftkultur des Mittelalters endet damit um 1500. Dies schließt jedoch nicht aus, daß vereinzelt auch in den folgenden Jahr-

hunderten hervorragende und kunstvolle Handschriften geschaffen werden. So vollendet diese Arbeiten sind, sie halten keinem Vergleich mit denen des Mittelalters stand.
Von nun an wird die Handschrift in den Kanzleien und Ämtern gepflegt, die Urkunden, Briefe oder Verträge nach wie vor manuell ausfertigen. Aber auch Schreibmeister und Kalligraphen widmen sich weiterhin der Handschrift und arbeiten Musterbücher zum Erlernen der unterschiedlichen Schriften aus. In ihnen wollen sie anschaulich darlegen, daß das Schreiben nicht nur Beruf, sondern Berufung ist. So begnügen sich die meisten nicht mehr mit der Lehre der klassischen Schriften, sie halten vielmehr das freie Spiel mit den Buchstaben und skurrile, kalligraphische Absonderlichkeiten für die echte Aufgabe der Schreibkunst. Damit erhält das Wort *Kalligraphie*, das Schönschrift bedeutet, eine abwertende Nebenbedeutung. Der seit 1500 zunehmende Verfall der Schreibkunst drückt sich auch darin aus, daß einige Schriftkünstler die überlieferten Alphabete durch Konstruktionen neu zu bilden versuchen und dabei vergessen, daß die Formvorstellung beim Gestalten den Ausschlag gibt und das Geschaffene allenfalls durch eine Konstruktion überprüft, nicht aber durch sie entstehen kann.
Sind es bis zur Erfindung der beweglichen Letter zwei Hauptfamilien von Schreibschriften, die Buch- und Kurrentschrift mit allen ihren Zwischenstufen, so tritt von nun an eine dritte hinzu: die aus Metall gegossene, mechanisch arbeitende *Druckletter*, die streng und gleichbleibend in der Form und frei von allen individuellen Bildungen ist. Zur Zeit Gutenbergs herrschen im Abendland die gotischen Buchschriften vor, allerdings mit unterschiedlichen, charakteristischen Besonderheiten in den einzelnen Kulturnationen: in Deutschland sind sie kräftig, streng, eckig und betont vertikal, in Frankreich zierlich und elegant, in Italien und Spanien weich und rundlich.
Vorbild für die ersten gegossenen Lettern Gutenbergs ist daher die gotische feierliche *Textur* nordischer Prägung, zu dieser Zeit vollendet durchgebildet im Stil und in der Form. Dahinter steht der Wunsch, daß die ersten Druckwerke den Handschriften möglichst gleichen und sie in Zukunft ersetzen sollen.
Die prächtige, großformatige 42zeilige Bibel, das bedeutendste Werk aus der Werkstatt Gutenbergs, liefert den Beweis für die tatsächlich gelungene Imitation einer Handschrift. Verstärkt wird der Eindruck durch die vielen zusätzlichen Buchstabenfiguren, Ligaturen und Abbreviaturen, die vom *Rubrikator* handschriftlich eingefügten Absatzzeichen, die farbliche Betonung einzelner Versalien, Überschriften und Zeilenfüller und die vom *Illuminator* geschaffenen kunstvollen Initialen und ornamentalen Randleisten (Seite 39).
Wenn auch das Schicksal der Handschriftenkunst nun besiegelt ist, so bleibt den Schriftkünstlern und Schreibmeistern fortan doch ein weites Betätigungsfeld offen, nämlich zeitgemäße neue Schriften und materialgerechte, technisch durchführbare Vorlagen für den Typenschneider zu entwerfen. Über das Herstellen einer Druckschrift Seite 114 f. Während sie in Italien die Antiqua zu ausgereiften, vollendeten Formen durchbilden, schaffen die Schreibmeister diesseits der Alpen jene Schriftarten, die als ausgesprochen »deutsch« gelten.
Schwabacher Die erste rein deutsche Schriftschöpfung trägt den Namen Schwabacher. In der beginnenden Renaissance als ausschließliche Druckschrift entwickelt, zeigt sie typisch handschriftlichen Charakter. Nicht nur die Textur wirkt nach, sondern ebenso die spätgotischen Kursiven und die Bastard-Schriften. Ihre Formen sind runder, offener und dadurch klar und lesbar. Die für die gotische Schrift bezeichnenden Rautenfüße fehlen. An ihre Stelle treten Abbiegungen und Spaltungen. Die Schriftzeile geht mehr in die Breite. Im Gegensatz zur feierlichen Strenge

Textur: Aus einem Missale von Georg Stuchs (?). Nürnberg. 16. Jh.

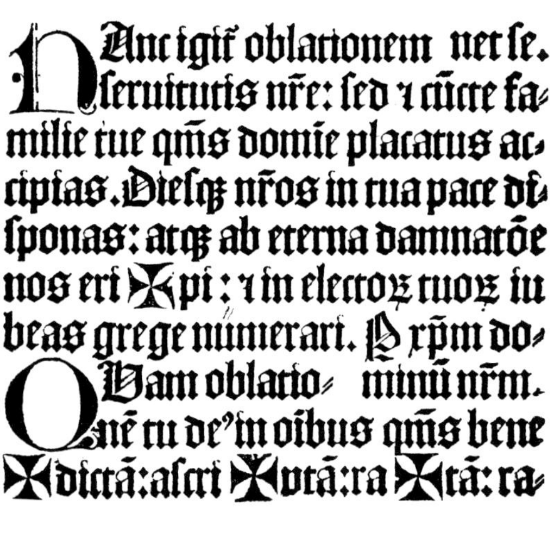

Schwabacher:
Aus Johann Schönsperger,
Äsop, Fabeln.
Nürnberg. 1491

Romulus seinem sun von der stat athenis heyl. Eso
pus ist gewesen ein sinnreycher man auß kriechen
der durch sein fabeln die menschẽ gelert hat. wie sy
sich in allem thůn vnd lassen halten söllen. Aber darũ das
er das leben der menschen vnd auch jre sitten erzeygen mö
chte hat er in seinen fabeln redent. vogel. bäum. wylde vnd
zäme thyer. hyrß. wolff. fuchs. lewen. schaff. geyß. vnd an
dere gezogen nach gebürlicheyt einer yeden fabel. darauß
man leicht vnd verstentlich erkennen mag. warũb dye ge-

der Textur, die durch die eng verflochtenen Einzelzeichen und die dicht nebeneinander stehenden vertikalen Buchstabenschäfte erzeugt wird, erscheint die Schwabacher insgesamt aufgelockert, offen und dadurch flüssig, lebendig. Erst bei dieser Schrift sind die eigens geschaffenen Großbuchstaben, die bei der Textur noch ein starkes Eigenleben führen, mit den Gemeinen zu einem einheitlichen Ganzen verschmolzen. Beide Buchstabentypen verbinden sich in ihrer originellen, zügigen Gestaltung organisch miteinander, so daß die Schwabacher erstmals dem germanischen Sprachwesen und Wortton entspricht.
Die derb bäuerlichen, bürgerlich behäbigen, oft fast grotesk anmutenden Buchstabenformen der Schwabacher sprechen die kraftvolle Sprache des frühen Holzschnitts und machen sie so zur volkstümlichen Schrift. Für profane

Schwabacher

Zwecke kommt sie damit dem Zeitbedürfnis nach größerer Klarheit und Offenheit anders entgegen als die Antiqua, denn sie ist aus der zeitgenössischen Handschrift und dem Gebrauch der Feder entwickelt.
In England und Frankreich zeichnet sich etwa zur gleichen Zeit ein ähnliches Bild ab. Dort sind es groteske, gewaltsam gebrochene Formen, hier die Bastard-Schriften mit bewegter, zierlicher Linienführung. Während aber in diesen Ländern erste Ansätze zu einer nationalen Druckschrift verkümmern, da sich die Antiqua allgemein durchsetzt, können sie sich im deutschen Sprachraum nun voll entfalten.
Neben der damals gepflegten, schlichten Urkundenschrift kommt ein *Kanzleistil* mit reichen Verzierungen auf, bei dem streng gereihte, gotische Lettern mit Verschnörkelung umkleidet sind. Auch im Buchdruck wird versucht, diese kontrastreiche Schwarzweiß-Wirkung wiederzugeben. Allein die Technik des Holzschnitts führt dazu, diese Linienzüge und Schnörkel in den Buchstabenkörper

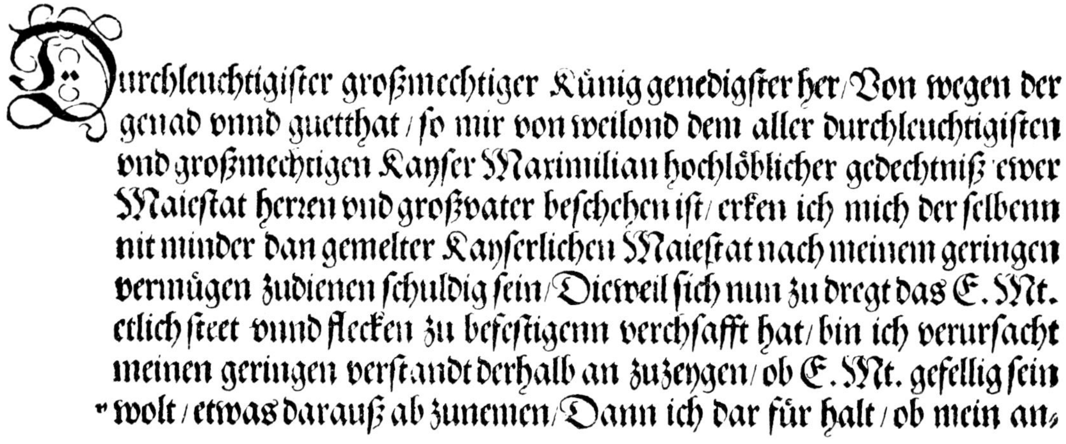
Durchleuchtigister großmechtiger Künig genedigster her/ Von wegen der genad vnnd guetthat / so mir von weilond dem aller durchleuchtigisten vnd großmechtigen Kayser Maximilian hochlöblicher gedechtniß ewer Maiestat herren vnd großvater beschehen ist/ erken ich mich der selbenn nit minder dan gemelter Kayserlichen Maiestat nach meinem geringen vermügen zudienen schuldig sein/ Dieweil sich nun zu dregt das E. Mt. etlich steet vnnd flecken zu befestigenn verchsafft hat/ bin ich verursacht meinen geringen verstandt derhalb an zuzeygen/ ob E. Mt. gefellig sein wolt/ etwas darauß ab zunemen/ Dann ich dar für halt / ob mein an-

Dürer-Fraktur von Johann Neudörffer d. Ä. und Hieronymus Andreä. Nürnberg. 1527

selbst einzubeziehen und dem Buchstaben eine zarte, elegante Schwingung zu geben. Einige bemerkenswerte Werke, die zum Teil am Hofe Maximilians I. entstehen, veranschaulichen die Entwicklung. Noch ringt die ältere Schwabacher mit der endgültigen Form, bis sie – als letzte gotische Abzweigung – die neugeschaffene Fraktur ablöst.

Fraktur Im Gegensatz zur bürgerlichen Schwabacher ist die Fraktur in höfischen Kreisen entstanden und von zünftigen Schreibmeistern zur vollen Entfaltung gebracht worden. Nur so erklären sich die sprühende Lebendigkeit, der Reichtum in der Bewegung und die beispielhafte Gestaltung, die dem Zeitgeist der deutschen Hochrenaissance entsprechen. Aus den Aufzeichnungen des Nürnberger Schreibmeisters *Johann Neudörffer d. Ä.* ist bekannt, daß der kaiserliche Geheimsekretär Vinzenz Rockner zum Druck des *Theuerdank* eine Schrift entworfen hat, die bereits alle wesentlichen Merkmale der Fraktur besitzt. *Albrecht Dürer*, Neudörffer, der Augsburger Drucker *Johann Schönsperger* und der

Nürnberger Formschneider *Hieronymus Andreä* tragen wesentlich zu ihrer Weiterentwicklung bei. Die endgültige Form der Fraktur aber, die sich schließlich durchsetzt, geht auf Neudörffer und Andreä zurück. Zu Beginn des 16. Jahrhunderts erhält sie ihre ausgereifte Gestalt; damit ist im wesentlichen die Entwicklung der deutschen Druckschrift abgeschlossen. Die Fraktur verbreitet sich außerordentlich rasch und verdrängt Ende des 16. Jahrhunderts im Druck deutschen Sprachgutes praktisch alle anderen Schriftarten.

Die leicht bewegten, an den Schaftenden gebrochenen Federzüge der Kleinbuchstaben des zunächst noch engen und dunklen, später leichteren und lichteren Schriftgitters werden von Großbuchstaben mit Schnörkeln und einleitenden Schwüngen, den »Elefantenrüsseln«, in harmonischem Wechsel durchspielt. Sie sind nicht weniger eigenwillig als die Versalien der Schwabacher, jedoch dynamischer im Duktus und eleganter im Detail. Die Ausgewogenheit zwischen Groß- und Kleinbuchstaben kommt den großgeschriebenen Hauptwörtern, deren Gebrauch sich im 16. Jahrhundert durchsetzt, zusätzlich entgegen; dies hat die Fraktur zur Idealschrift der deutschen Sprache werden lassen. Im Gegensatz zur Antiqua, bei der der Einzelbuchstabe isoliert ist, drückt sich in ihr organische Bindung aus. Sämtliche Buchstaben, ob groß oder klein, sind formal einander angepaßt. Gedankliche Konstruktion in der Antiqua ist bei der Fraktur schöpferischer Einfall und impulsiver Ausdruck. In den schwellend bewegten, auf Helldunkelkontraste bedachten Formen scheinen

sich der rhythmische, festliche Schwung des Barock und die sprühende Lebendigkeit des Rokoko bereits anzukündigen.
So organisch die Gemeinen mit den Versalien verschmelzen, so isoliert wirken vielfach die schwülstigen, oft übergroßen Initialen. Hier offenbart sich deutlich übertriebener kalligraphischer Ehrgeiz, gepaart mit meisterhafter manueller Begabung. Beispiele finden sich in den Schreibmeistervorlagen der Familie Neudörffer in Nürnberg, die über Generationen die Frakturkalligraphie entscheidend beeinflußt und durch gründliche Ausbildung zahlreicher Schüler dazu beiträgt, daß sich diese Schrift innerhalb des gesamten deutschen Sprachgebietes verbreitet.

Kanzlei Wie in früheren Epochen treten in der deutschen Renaissance drei Schriftarten auf: eine strenge Form, die Fraktur, eine halbkurrente, die Kanzleischrift, und eine flüssige Verkehrsschrift, die Kurrent. Obwohl die geschriebene Fraktur in allen Schreibvorlagen des 16. Jahrhunderts, selbst außerhalb Deutschlands, als mustergültig hingestellt wird, wird sie nur selten angewendet, da ihr korrektes Schreiben große Schwierigkeiten bereitet. Als Auszeichnungsschrift in groß angelegten Urkunden und Dekreten wird sie dagegen häufig benutzt.
Grundschrift in Urkunden kaiserlicher und fürstlicher Kanzleien des 16. Jahrhunderts ist zweifellos die Kanzleischrift. Sie ergibt mit Sorgfalt geschrieben ein gut lesbares, ausgeglichenes und tonwertreiches Schriftbild.

Auch sie ist nicht leicht zu schreiben und setzt eine sichere Federführung wie große Schreibgewandtheit voraus. Die Kanzleischrift weist viele Varianten auf, die sich hauptsächlich durch die Tätigkeit der einzelnen Schreiber herausgebildet haben, da fast alle ein ihrer Hand gemäßes, schreib- und federgerechtes Alphabet verwenden. Durch Mischung dieser Modifikationen entstehen neue Spielarten.
Die klassische Kanzleischrift der Renaissance zeigt einfache, ruhige, kraftvolle Formen. Die Großbuchstaben sind zum großen Teil der Fraktur entlehnt, teils vereinfacht, teils nach kalligraphischen Vorlagen reicher ornamentiert. Im Barock wird ihr Gesamtbild zierlich, bewegt und schließlich durch die weit ausholenden Schwünge wild, unruhig und unbeherrscht. Nach französischem Vorbild wird die

Kanzleischrift: Bernhard Jobin »Fundamentbuch«. Straßburg. 1570

Kanzleischrift nun rechts kursiv geschrieben. Erst Mitte des 18. Jahrhunderts kehrt man zur ursprünglich stehenden, steilen Schriftlage zurück. Im ausgehenden 19. Jahrhundert bestehen kaum noch Unterschiede zwischen einer geschriebenen Fraktur und der Kanzleischrift.

In der folgenden Stilepoche, in der als Reaktion auf das Rokoko die klassisch-antike Kunst wiederentdeckt und die Antiqua allgemein bevorzugt wird, tritt die Fraktur eine Zeitlang in den Hintergrund. Erst im ausgehenden 18. Jahrhundert, als die Ansprüche nach einer gepflegteren Buchausstattung wachsen, ersteht die Fraktur durch beachtenswerte, formal stark vereinfachte Schnitte zu neuem Leben. Diese Lettern, die von *Justus Erich Walbaum*, den Gießern *Johann Friedrich Unger* in Berlin und *Bernhard Christoph Breitkopf* in Leipzig herausgebracht worden sind, können sich bis ins 20. Jahrhundert behaupten.
Nach diesen fortschrittlichen Ansätzen im 19. Jahrhundert tritt abermals ein unschöpferischer Stillstand ein. Mitverantwortlich für diese Entwicklung ist die gegen Ende des 18. Jahrhunderts erfundene *Lithographie*, die mit der Zeichnung und der Gravur neue technische Möglichkeiten eröffnet und der Phantasie des Schriftgestalters keine Grenzen setzt. Das Ornament triumphiert. Unschöne, überladene, schlecht geformte und schwer lesbare Buchstaben sind das Ergebnis, vor allem bei der Fraktur. Besonders deutlich zeigt sich dies in den mißverstandenen, stillosen *Konturen-* und *Schattenschriften* und den skurrilen Phantasie- und Figurenschriften, die ihre vollendet ausgewogenen, älteren Vorbilder verleugnen.

Walbaum-Fraktur. Weimar. 1803–1828

A B C D E F G H I
K L M N O P Q R S T U
V W X Y Z
a b c d e f g h i j k l m n o p q
r ſ s t u v w x y z ä ö ü
. , : ; ch ck ff fi fl ll ſi ſſ ß ſt tz ? ' !
1 2 3 4 5 6 7 8 9 0

Deutsche Kurrent Den Schreibschulen, die im 16. Jahrhundert ihre Blütezeit erleben, sind nicht nur hervorragende schöpferische Leistungen ihrer Meister, sondern auch wertvolle Anregungen und Anleitungen für schulmäßiges Schreiben zu verdanken. Sie versuchen eine deutliche, gut lesbare und flüssig zu schreibende Verkehrsschrift mit einheitlichen Grundformen zu schaffen, die die unterschiedlichen, sehr individuellen Handschriften ersetzt. Das Ergebnis ist die Deutsche Kurrent. Diese neue Schrift zeichnet sich durch große Regelmäßigkeit und dennoch, dank der tiefgespaltenen Kielfeder, durch einen persönlichen Duktus aus. Alle Buchstaben der auf absolute Lesbarkeit bedachten Schrift sind typisiert, verhältnismäßig klein, kräftig im Strich und untereinander verbunden. Aus dieser geläufigen, »gemeinen oder gelegten«, nach links geneigten Grundform entwickeln sich, ähnlich der Kanzleischrift, drei zusätzliche Varianten: die »geschobene oder hängende« mit nach rechts geneigten Buchstaben, die »gewundene« mit S-förmig geschweiften Buchstabenschäften; schließlich die »gewölbte oder gewundene« Kurrent, bei der die Ein- und Ausgänge in einer leichten Rundung verlaufen. Obwohl die einzelnen Buchstaben dieser vier Varianten verschieden gebildet sind, ist ihr innerer Zusammenhang unübersehbar.
Der Frakturcharakter der Großbuchstaben ist verschwunden. In den frühen Alphabeten erfüllen sie noch die Forderung nach guter Lesbarkeit. Später weisen sie viele Spielarten mit so starken Verschnörkelungen auf, daß nur

Rudolf Koch (1876–1934), ABC aus einem Kurrent-Schriftblatt

schwer das Grundgerüst zu erkennen ist. Auch einzelne, zum Verwechseln ähnliche Großbuchstaben beeinträchtigen das schnelle visuelle Erfassen. Wiederum entspringen diese eigenwilligen Formen mit selbstgefälligen Schnörkeln, die vor allem im Barock und Rokoko kupferstichartige Eleganz besitzen, dem Spieltrieb der Kalligraphen.
Die Deutsche Schreibschrift, die letzte deutsche Schriftschöpfung des 18. Jahrhunderts, geht auf Grundformen zurück, die bereits im 16. Jahrhundert in der deutschen Kurrent-

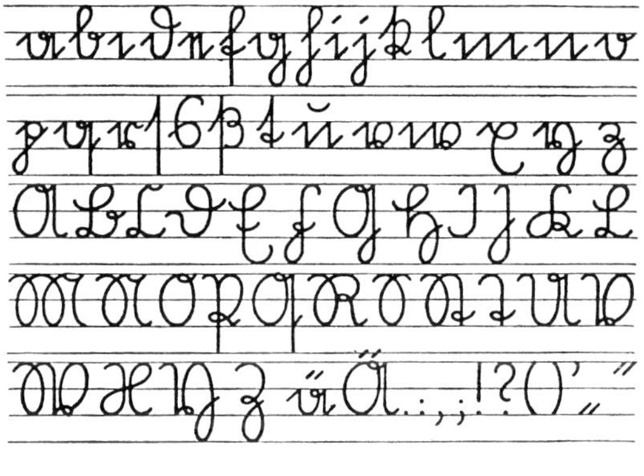

Sütterlin-Schrift

schrift vorgebildet sind. Bei ihren frühen, mit der breiteren Kielfeder geschriebenen Formen ist der Duktus noch kräftig und bewegt; später verliert er sich, ähnlich wie bei der englischen Schreibschrift, durch Einführung der spitzen Feder, die sich nicht der schreibenden Hand anpaßt, sondern umgekehrt sie zu einer bestimmten Haltung zwingt. Das Ergebnis ist eine verkrampfte, sterile und unpersönliche Schrift, die viele jedoch als ausgesprochene »Schönschrift« ansehen. Durch die sehr schräge Lage der Buchstaben, die übergroßen Ober- und Unterlängen bei ungewöhnlich kleinen Mittellängen ist sie zudem schwer lesbar. So erweist sich eine Reform als unerläßlich.
Noch kennt die ältere Generation die im Jahre 1915 in den Schulen als deutsche Schreibschrift eingeführte, andersgeartete »Sütterlin-Schrift«, die ihr in der Jugend beigebracht und auch täglich als Gebrauchsschrift von ihr verwendet worden ist. Der jüngeren Generation dagegen ist diese offene und eigenwillige Schnurzugschrift unbekannt, sie kann sie weder schreiben noch lesen. Die Gründe hierfür liegen in der nationalsozialistischen Zeit, in der einschneidende Maßnahmen für die Schriftkultur getroffen werden.

Abschaffung der deutschen Schrift und der Fraktur Der Nationalsozialismus lehnt zunächst die Antiqua in jeder Form als fremdländisch und »nichtarisch« ab. Als »arteigene« deutsche Schriften gelten von nun an ausschließlich die gotischen und Frakturschriften. Unter diesen Voraussetzungen erleben sie zwar eine Renaissance, doch das Ergebnis sind schriftgeschichtlich uninteressante, brutale und mißverstandene pseudogotische Mo-

Die Tannenberg iſt echt deutſch

numentalformen, geschaffen unter diktatorischem Zwang. So absurd es klingen mag, diese zur »deutschen Schrift« deklarierten Lettern bezeichnet man wenige Jahre später zu Beginn des Zweiten Weltkriegs als »Schwabacher Judenlettern« und verbietet 1941 ihre weitere Verwendung. Zur »Normalschrift« im gesamten Schrifttum einschließlich der schulmäßigen Schreibschrift wird statt dessen die »nichtarische« Antiqua erklärt. Sie ist es bis in die Gegenwart geblieben.

NATIONALSOZIALISTISCHE DEUTSCHE ARBEITERPARTEI

Der Stellvertreter des Führers — München 33, z. Z. Obersalzberg, den 3. 1. 1941
Stabsleiter

RUNDSCHREIBEN
(nicht zur Veröffentlichung)

Zu allgemeiner Beachtung teile ich im Auftrage des Führers mit:

Die sogenannte gotische Schrift als eine deutsche Schrift anzusehen oder zu bezeichnen ist falsch. In Wirklichkeit besteht die sogenannte gotische Schrift aus Schwabacher-Judenlettern. Genau wie sie sich später in den Besitz der Zeitungen setzten, setzten sich die in Deutschland ansässigen Juden bei Einführung des Buchdrucks in den Besitz der Buchdruckereien und dadurch kam es in Deutschland zu der starken Einführung der Schwabacher-Judenlettern.

Am heutigen Tage hat der Führer in einer Besprechung mit Herrn Reichsleiter Amann und Herrn Buchdruckereibesitzer Adolf Müller entschieden, dass die Antiqua-Schrift künftig als Normalschrift zu bezeichnen sei. Nach und nach sollen sämtliche Druckerzeugnisse auf diese Normalschrift umgestellt werden. Sobald dies schulbuchmässig möglich ist, wird in den Dorfschulen und Volksschulen nur mehr die Normalschrift gelehrt werden.

Die Verwendung der Schwabacher-Judenlettern durch Behörden wird künftig unterbleiben; Ernennungsurkunden für Beamte, Strassenschilder u. dergl. werden künftig nur mehr in Normalschrift gefertigt werden.

Im Auftrage des Führers wird Herr Reichsleiter Amann zunächst jene Zeitungen und Zeitschriften, die bereits eine Auslandsverbreitung haben, oder deren Auslandsverbreitung erwünscht ist, auf Normalschrift umstellen.

gez. M. Bormann

Entwicklung und Verfall der lateinischen Schrift im deutschen Sprachgebiet

In der beginnenden Neuzeit bleiben die deutschen Schreibmeister weiterhin der Fraktur, den Kanzlei- und Kurrentschriften verbunden, während die italienische Kursive als fremd zurückgewiesen wird. Sie ist die Schrift der Gelehrten und Geistlichen und beschränkt sich auf lateinische wie alle fremdländischen Texte.

Walbaum

Die italienischen Kursiven, die vereinzelt im deutschen Sprachraum als Schriftbeispiele auftauchen, sind mehr strenge Typographie als freie, flüssige Schreibschrift; sie lassen sich daher nicht mit den Prototypen vergleichen.

Lateinische Kursive Erst im 17. Jahrhundert finden sich die deutschen Schriftkünstler bereit, der italienischen Kursive, die nun die Bezeichnung »lateinische Kursive« erhält, allgemeine Anerkennung zu verschaffen. Mit dem ausgehenden 18. Jahrhundert beginnt der allmähliche Verfall der gesamten Schriftkunst. Die aus der klassischen Breitfeder-Kursive entwickelte englische Spitzfederschrift verbreitet sich durch zahlreiche Kupferstichvorlagen schnell über den gesamten Kontinent und verdrängt vor allem in Deutschland die bisher verwendeten Latein-Kursiven. Unter dem Namen Englische Kurrent oder *Englische Schreibschrift* wird sie im 19. Jahrhundert zur Normalschrift erklärt und in den Schulen gelehrt.

Die Buchstaben dieser Verfallszeit sind nicht nach künstlerischen, sondern nach logischen Gesichtspunkten aufgebaut. Die Proportionen der Groß- und Kleinbuchstaben entsprechen nicht den ausgewogenen, bisher üblichen Größenverhältnissen. Durch die eigenwilligen, in den Grundformen stets gleichbleibenden Schnörkel beim Ansetzen und Abschließen eines Buchstabens, durch die monoton an- und abschwellenden Linien und deren abgeschliffene Rundungen verliert die englische

Lateinische Schreibschrift: »Round Hand« (oben) und »Italian Hand«. London. 1743

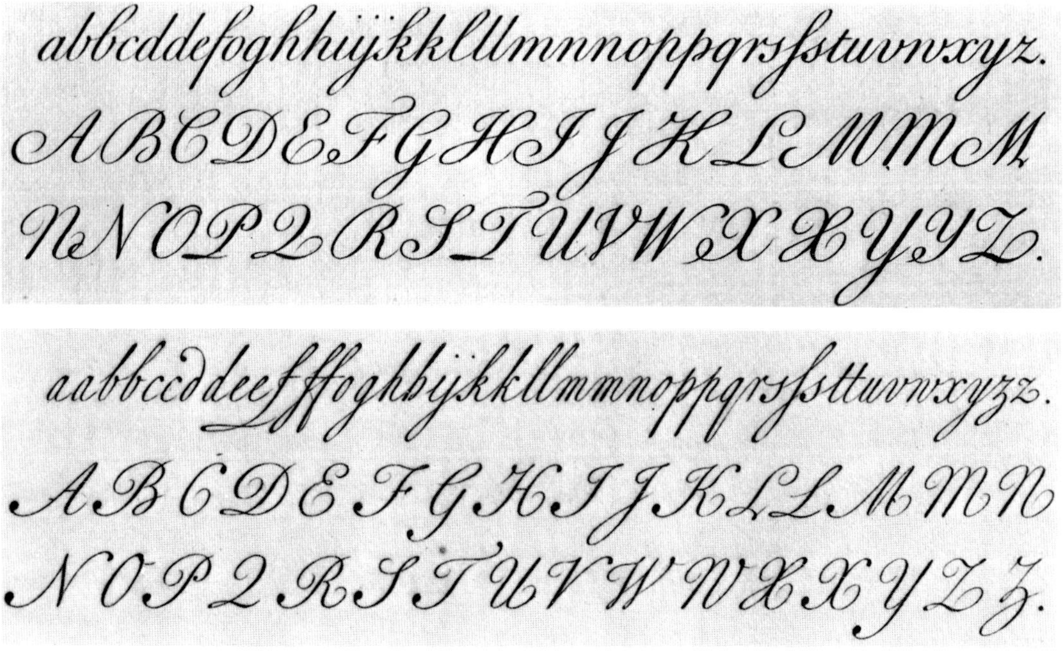

Schreibschrift jeden persönlichen Duktus. Hauptverantwortlich für den Niedergang ist die neu eingeführte, spitze, gespaltene Stahlfeder, die eine verkrampfte Schreibhaltung nach sich zieht. Die Schrift wird dadurch im allgemeinen härter, die typischen Kennzeichen der Buchstaben schwächen sich ab. Durch

Rondine

Lapidar

den regelmäßigen Wechsel von Haar- und schwellenden Grundstrichen wird ein unnatürliches Schriftbild erzeugt. Die lateinische Schrift, die mit der Breitfeder geschrieben eine Kunstform ist, erstarrt nun in einem manieriert eintönigen Linienspiel.

Rundschrift

Eine gewisse Erneuerung geht zwar von der berühmt-berüchtigten, mit der Breitfeder geschriebenen *Rundschrift* vom Ende des 19. Jahrhunderts aus, die eine modernisierte Form der spanischen Retondilla und der rundlichen, französischen Lettre bâtarde aus dem 17. Jahrhundert darstellt. Doch auch ihre Ausdrucksmöglichkeit ist sehr beschränkt, und durch die einfallslos gleichbleibende, schulmeisterliche Korrektheit, die von den zahlreichen Schreibmustern und Vorlagenbüchern mit ihren genauen Anleitungen herrührt, verliert sie schließlich jeden persönlichen und schriftkünstlerischen Reiz.

Schriftreform um die Jahrhundertwende

Bereits in den 80er Jahren kommt unter dem Namen »Münchner Renaissance« eine Bewegung auf, deren Anhänger sich von der Kunstauffassung der Gründerjahre abwenden und die Blütezeit der *Renaissance* zu ihrem allgemeinen Vorbild erheben. Auch in der Schrift- und Buchkunst gelten die Arbeiten aus jener Zeit als beispielhaft und nachahmenswert. Doch alle Schriften, die in diesem Stil geschaffen und den besten damaligen Vorlagen nachempfunden sind, wirken trotz ihrer überzeugenden Stilreinheit weder neu noch beständig und sind lediglich als gelungene Experimente zu werten. Unbestritten aber sind die Verdienste dieser Bewegung um die geschmackliche und handwerkliche Schulung, die sich bis in die Gegenwart bemerkbar macht.

Eine ähnliche Bewegung mit den gleichen Zielen geht wenig später von England aus. Hier versucht *William Morris* (1834–1896) die Schriftgestaltung zu reformieren, indem er eigenhändig Schrift- und Buchschmuck im Stil der Spätgotik und Renaissance entwirft, um sie hernach manuell zu drucken. Auch er hat keinen neuen Stil geschaffen, doch seine Pionierarbeit wirkt sich in der Folge nachhaltig im gesamten Schriftschaffen Europas und Amerikas aus.

Was Morris für die Druckkunst getan hat, leistet *Edward Johnston* (1872–1919) auf dem Gebiet der Schreibkunst. Er, der mit wissen-

Troy-Type von William Morris (1834–1896)

HERE ends the tale of the Wood beyond the World, made by William Morris, and printed by him at the Kelmscott Press, Upper Mall, Hammersmith. finished the 30th day of May, 1894.

ECKMANN

Rudhard'sche Gießerei in Offenbach am Main

schaftlicher Sorgfalt und großem Einfühlungsvermögen die Technik des stilgerechten Schreibens im Sinne der alten Schreibmeister ergründet hat und das Handwerk vollendet beherrscht, kann als Wiedererwecker der alten Schrift- und Schreibkunst gelten. Sein enormes Wissen um die Schriftformen und ihre Stilarten, seine logisch entwickelte Schreibmethode und die fachgerechte Anwendung des Arbeitsmaterials vermittelt er zahlreichen Schülern und leitet damit eine neue Epoche der Schreibkunst ein. Zu den bedeutendsten zählt *Eric Gill* (1882–1940), ein ebenso bekannter wie schöpferischer Schriftkünstler, der in seinem Sinne in England arbeitet und lehrt. Einen ebenso großen Ruf hat *Anna Simons* (1871–1951), die das fundamentale Wissen ihres Lehrers in Deutschland weitergibt.

Etwa zur gleichen Zeit gründet *Rudolf von Larisch* (1856–1919) seine »Pflegestätte für Schrift und Buchkunst« in Wien. Obwohl auch er seine Schriften und seine Methode aus dem Schreibwerkzeug entwickelt, stellt er in seiner Begeisterung für den »neuen Stil«, den Jugendstil, zusätzlich neue Gestaltungsprinzipien auf, die dem ornamental aufgefaßten Einzelbuchstaben und dem gestalteten Schriftbild Vorrang vor der Lesbarkeit einräumen. Seine Forderungen nach individuellem Ausdruck, die er anhand von eigenen schriftkünstlerischen Leistungen propagiert, tragen viel dazu bei, daß damals allgemein die ornamentale Funktion einer Schrift hervorgehoben wird und sich das Satzbild dekorativ belebt.

BEHRENS

Schrift und Zierat

Jugendstil Kurz vor der Jahrhundertwende werden diese vereinzelten schriftkünstlerischen Reformen ergänzt durch eine Bewegung, die fast gleichzeitig in mehreren Ländern Europas in Erscheinung tritt, den Jugendstil. Als echte Absage von allem Bisherigen, als Stil aus der Zeit und für die Zeit geschaffen, versucht er alle Äußerungen der künstlerischen Formgebung zu durchdringen, sie zu prägen und damit eine »Synthese der Kunst« zu erreichen. Diese Zielsetzungen bewirken auch in der Schriftkunst eine Erneuerung. Die Drucker überzeugen sich vom Wert einer individuellen künstlerischen Schrift, und die Künstler, mit der Gesetzmäßigkeit der Letter und dem technischen Herstellungsvorgang vertraut, sind zum gemeinsamen Werk bereit.

Otto Eckmann (1865–1902) ist der erste ernsthafte Reformversuch zu verdanken. Seine frei von jedem historischen Vorbild, bewußt ornamental und individuell gestaltete *Eckmann-Schrift*, um 1900 unter ostasiatischem Einfluß mit dem Pinsel entworfen und zur Drucktype weiterentwickelt, kann als Ausgangspunkt einer neuen deutschen Schriftkunst bezeichnet werden. Die malerisch weichen, bewegt schwellenden Linienzüge der harmonisch aufeinander abgestimmten Einzelbuchstaben ergeben ein kontrast- und tonwertreiches Schriftbild von großer Eindringlichkeit und eigenartigem Reiz. Diese Vorzüge und die kräftige, plakative Wirkung sichern ihr zeitlich einen bevorzugten Platz unter den Auszeichnungsschriften, doch bleibt es, wie auch bei anderen ähnlichen Schriftversuchen, beim einmaligen Experiment. Die schon kurze Zeit danach einsetzende Gegenbewegung, bei der die eigentliche und ursprüngliche Schriftfunktion – Leserlichkeit und Zweckmäßigkeit – wieder zielstrebig verfolgt und jeder ornamentalen Gestaltung übergeordnet wird, bereitet den originellen Schriftentwürfen des Jugendstils ein vorzeitiges Ende.

Bei *Peter Behrens* (1868–1940), einem der fähigsten Vertreter der neuen Bewegung und mehr Architekt als Maler, bestimmt nicht mehr der Pinsel den Duktus der Schrift, sondern diese Aufgabe erfüllt die breitgeschnittene Feder in konsequenter Schräghaltung nach

Rudolf Koch: Schriftblatt aus der Matthäuspassion. Offenbach. Vor 1930 ▷

das Grab mit Hütern und versiegelten den Stein.

Als der Sabbat um war und der erste Tag der Woche anbrach, kam Maria Magdalene und die andere Maria, das Grab zu besehen. Und siehe, es geschah ein groß Erdbeben. Denn der Engel des Herrn kam vom Himmel herab, trat hinzu und wälzte den Stein von der Tür und setzte sich drauf. Und seine Gestalt war wie der Blitz, und sein Kleid weiß als der Schnee. Die Hüter aber erschraken vor Furcht und wurden, als wären sie tot. Aber der Engel antwortete und sprach zu den Weibern: Fürchtet euch nicht; ich weiß, daß ihr Jesum, den Gekreuzigten, suchet. Er ist nicht hie; er ist auferstanden, wie er gesagt hat. Kommt her und sehet die Stätte, da der Herr gelegen hat; und gehet eilend hin und sagt es seinen Jüngern, daß er auferstanden sei von den Toten.

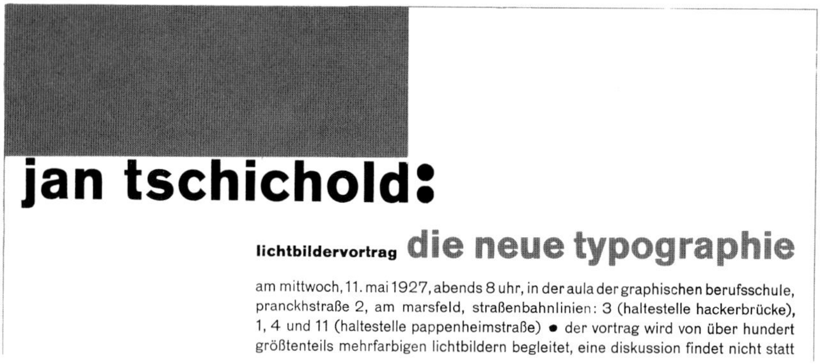

Oben links: Jan Tschichold, Ausschnitt aus einem Plakat. München. 1927

Mitte links: Jan Tschichold, Schriftblatt. 1923

Mitte rechts: Kurt Schwitters, Konzertplakat (Ausschnitt). 1927

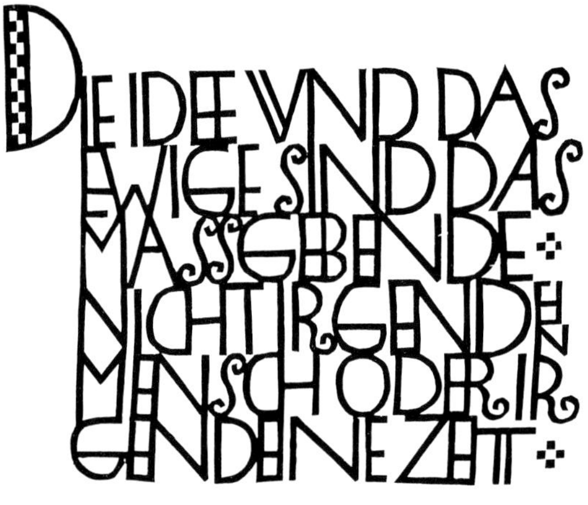

Links: Herbert Bayer, Neue Schriftzeichen. Dessau. 1926. Rechts: Jakob Erbar, »Lichte fette Grotesk«

Unten: Paul Renner: Erster Versuch für die »Futura«. 1925

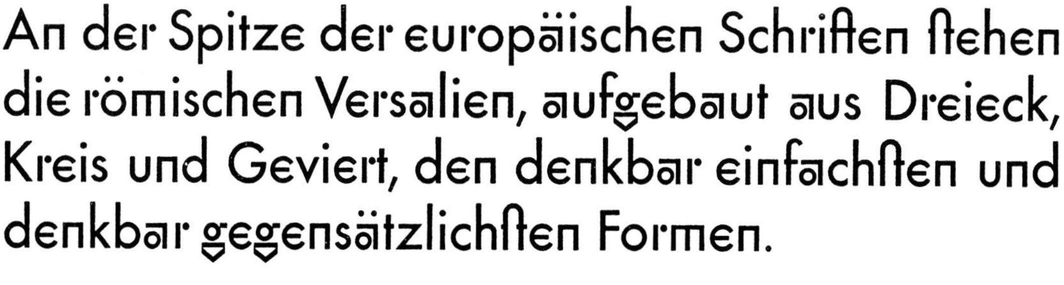

dem Schreibprinzip der Gotik. Die nach gotischen Größenverhältnissen und Strichstärken geschriebenen Buchstaben sind trotz ihrer strengen, fast architektonischen Gliederung lebendig bewegt. Sie stehen ganz im Zeichen des neuen Funktionalismus und sind zugleich ein erster, zeitgemäßer Beitrag zur großen Schriftfamilie der Antiqua, die damals in nüchternen, klassizistischen Formen den deutschsprachigen Druck beherrscht.

Auch *Fritz Hellmuth Ehmcke* (1878–1964), Mitbegründer des Werkbundes und langjähriger Lehrer an verschiedenen künstlerischen Ausbildungsstätten, zählt zu den Pionieren der neueren deutschen Schrift- und Buchkunst. Durch sein intensives Studium der Geschichte der Schrift und die genaue Kenntnis ihrer

F. H. EHMCKE

formbildenden Elemente gelingt es ihm, das ererbte Kulturgut in zeitgemäßen und stilreinen Nachbildungen zu neuem Leben zu erwecken. Alle seine Schriften sind aus der geschriebenen Form entstanden, auf das Wesentliche beschränkt, diszipliniert durchgestaltet und daher überzeugend klar im Buchstaben- und Zeilenbild. Erwähnt seien auch die Antiquaschriften von *Friedrich Wilhelm Kleukens* (1878–1956), mehr noch seine hervorragenden Leistungen auf typographischem Gebiet, die zu den besten dieser kurzen Zeitspanne zählen.

Nach dem Ersten Weltkrieg

Nach dem Ersten Weltkrieg erscheinen wieder zahlreiche neue, zum Teil interessante und eigenwillige Varianten aller klassisch historischen Elementarformen, neben Mediäval und Antiqua auch gotische und Frakturschriften. Ihnen liegen ebenfalls die überlieferten Schreib- und Drucktypen zugrunde, jedoch dem zeitlichen Stilempfinden entsprechend überarbeitet und individuell geprägt. In dieser fruchtbaren Zeit sind vor allem vier miteinander konkurrierende Lehr- und Werkstätten zu nennen, in denen die Schriftkultur besonders gepflegt wird und deren unterschiedlicher Einfluß bis in die jüngste Zeit richtungweisend nachwirkt.

RUDOLF KOCH

Rudolf Koch (1876–1934), wohl der bedeutendste, schöpferische Schriftschreiber und -reformer dieser Zeit, leitet die *Offenbacher Schule*. Während die von ihm entworfenen Drucklettern aufgrund der politischen Entwicklung Deutschlands in den 30er und 40er Jahren nur eine kurze Blütezeit erleben, gründen sich seine Verdienste vor allem auf die Wiederbelebung der künstlerischen Handschrift und auf seine Lehrtätigkeit, in deren Verlauf er eine neue Generation eigenständiger Schriftschreiber und -künstler heranbildet. Eine große Wirkung geht auch von seinem Werk selbst aus, das eine bezwingende Eindringlichkeit und expressive Ausstrahlung besitzt. Kochs Arbeiten lassen in ihrer Einmaligkeit keinen Vergleich zu.

Orpheus

Orpheus-Kursiv

Walter Tiemann (1876–1951), der Leiter der *Leipziger Akademie* mit hohen Qualitätsansprüchen fern allem zeitlich Modischen, eher konservativ und traditionsbewußt, aber dennoch erfindungsreich, darf als der fruchtbarste deutsche Schreib- und Buchkünstler dieser Generation gelten. Im Gegensatz zu Koch entwickelt Tiemann seine zahlreichen Schriften nicht nach geschriebenen Vorstudien, sondern nach gedanklich erarbeiteten, bis zur Vollkommenheit ausgewogenen und korrekt gezeichneten Entwürfen. Sei es eine strengere Antiqua, eine elegante Kursive oder eine beschwingte Fraktur, in allen offenbart sich eine meisterhafte Beherrschung der elementaren Form.

Zentenar-Fraktur

F. H. Ernst Schneidler

Ernst Schneidler (1882–1956), Leiter der graphischen Abteilung der *Stuttgarter Akademie*, beschränkt sich in seinem Schaffen weder auf überlieferte Grundformen noch auf bestimmte Schriftarten. Er sucht neue Wege und sieht seine Hauptaufgabe im Experiment. Sein Ziel ist, das Typische der unterschiedlichen Schriftzeichen eigenwillig zu variieren und charakteristische Schriften in interessanten einmaligen Formen wiedererstehen zu lassen. Schneidlers Phantasie offenbart sich am überzeugendsten in seinen meisterlichen kalligraphischen Studien, die in stets neuen Versuchen und Variationen einen unerschöpflichen Formenreichtum und auch völlig neue Wege des Schriftschreibens aufweisen. Sein Einfluß und seine Lehrmethode wirken sich auf den Nachwuchs bis in die Gegenwart aus.

Konstruktivismus und Funktionalismus sind die Grundprinzipien, auf denen die Schriftgestaltung des *Bauhauses Dessau* aufbaut. Alle Schriften, deren Grundskelett durch zusätzliche Elemente wie Schraffuren, rautenförmige Ansätze, Endungen oder Schwünge bereichert ist, werden abgelehnt, da sie dem Bestreben nach mathematischer Genauigkeit und optimaler Lesbarkeit widersprechen. Demnach erfüllt die geometrische, zeit- und stillose Groteskschrift mit ihrer präzisen optischen Wirkung als einzige diese Forderungen, so daß auch von ihr neue Schriftlösungen ausgehen. Beispielsweise schafft *Herbert Bayer*

E·R·WEISS

Weiß-Rundgotisch

LAPIDAR

auf ihrer Grundlage eine mit Zirkel und Lineal konstruierte Einheitsschrift ohne Unterschied von Groß- und Kleinbuchstaben. Da diese Typisierung durch Quadrat, Kreis und Dreieck jedoch ästhetisch nicht befriedigt, bleibt es beim Versuch. So kommen von dieser Seite zwar keine Impulse für das Schriftschaffen,

HERBERT BAYER

wohl aber für die Typographie, die in der »elementaren Typographie« neue Gestaltungsrichtlinien festlegt.

Futura Black

Paul Renners (1878–1956) weltweit verwendete, im ersten Entwurf rein linear konstruierte *Futura* der ausgehenden 20er Jahre ist nicht, wie allgemein angenommen, durch das Bauhaus beeinflußt. Sie folgt der Tradition und ist als zeitgemäße und zeitlose Grotesk entstanden. In ihrer endgültigen Gestalt stellt sie kei-

PAUL RENNER

nesfalls eine reine Linear-Antiqua dar, sondern sie ist optisch ausgewogen mit unterschiedlichen Strichstärken, abgeplatteten Rundungen und verjüngenden Verbindungen zwischen Geraden und Bögen.

H·POST

Besondere Bedeutung unter den Schriftkünstlern dieser Epoche kommt *Emil Rudolf Weiß* (1875–1942) zu. Seine edle, bis ins letzte Detail durchdachte *Weiß-Antiqua*, die *Kursive*, die *Weiß-Gotisch* oder die *Rundgotisch*, sie alle zählen zu den besten klassischen Schriften im herkömmlichen Sinn; jedoch sind sie zeitgemäß in ihrer künstlerischen Aussage und individuell im Duktus.

Herbert Post (geb. 1903) entwickelt wie sein Lehrmeister Rudolf Koch alle seine Schriften organisch aus der Federschrift. Sparsam, kraftvoll und lebendig in der Strichführung, vereinen die einfachen, prägnanten Typen feierliche Ruhe mit bewegtem Rhythmus.

Eric Gill

Das Schriftschaffen im Ausland
Auch das Ausland leistet in dieser reichen Periode wertvolle Beiträge zur Schrifterneuerung. Es entstehen hier neutrale, gut lesbare Schriften, vollendet und ausgewogen in der Form, vielfach mit Anklängen an die großen Vorbilder der Renaissance. Sie bereichern vor allem die breite Skala der Antiqua und der Antiqua-Kursive.

Times *Times*

Die englische *Times*, die aus einem Wettbewerb hervorgegangen und unter *Stanley Morison* zum Schnitt entwickelt worden ist, erzielt einen der größten internationalen Erfolge im Schriftschaffen dieses Jahrhunderts.
Amerika verdankt seinem erfolgreichsten Type-Designer dieser Epoche, *Frederick William Goudy* (1865–1947), zahlreiche Neuentwürfe,

GOUDY

würfe, doch sind seine Typen mehr oder minder Varianten bekannter Renaissanceschriften. Interessant ist *Victor Hammers* Versuch einer Erneuerung der Unziale, aber ihre Verwendung bleibt begrenzt.

abcdefghijklmnopqr
stuvwxyz ABCDEF

Jan van Krimpen (1892–1958) in Holland, ein Meister der Kalligraphie, knüpft an die große Tradition seiner berühmten Vorgänger aus dem 17. und 18. Jahrhundert an und gestaltet elegante, zarte Typen in zeitgemäßem Stil. Nicht minder elegant und formvollendet sind auch die neoklassizistischen Schriften von *S. H. de Roos*. Ob allerdings seine serifenlose Unziale ohne Groß- und Kleinbuchstaben, die auf eine weitere Vereinfachung des Alphabets hinzielt, sich in der Schriftentwicklung durchsetzen wird, bleibt zweifelhaft.
Erstaunlicherweise gehen von Frankreich und Italien, einst Ursprungsland der Antiqua und führend in der Entwicklung neuer Schriften, während dieser allgemein schöpferischen Phase keine Impulse aus. Dagegen ist der Einfluß

Imre Reiner

ABCDEFGHIJKL

fluß der Schweiz wichtig. Hier zeigen die aus Deutschland emigrierten Schriftkünstler und Typographen *Imre Reiner* (geb. 1900) und *Jan Tschichold* (1902–1974) mit ihrer avantgardistischen Typographie neue Wege auf, und später entstehen auf dieser Basis die konsequent

Univers

sequent gestalteten Groteskschriften *Univers* von Adrian Frutiger und *Helvetica* von Max Miedinger.

HELVETICA

Eine dominierende Rolle unter den europäischen Schriftkünstlern nimmt auch der tschechoslowakische Kalligraph *Oldrich Menhart* (1897–1962) ein. Vertraut mit der Schriftgeschichte und virtuos im Umgang mit dem Schreibgerät gestaltet er Schriften, in denen das Charakteristische des Urtyps mit individuellen künstlerischen Mitteln ausgedrückt wird – kräftig, temperamentvoll und spontan hingeschrieben die einen, maßvoll beherrscht, fast streng klassisch die anderen.

ABCDEFGHIJ

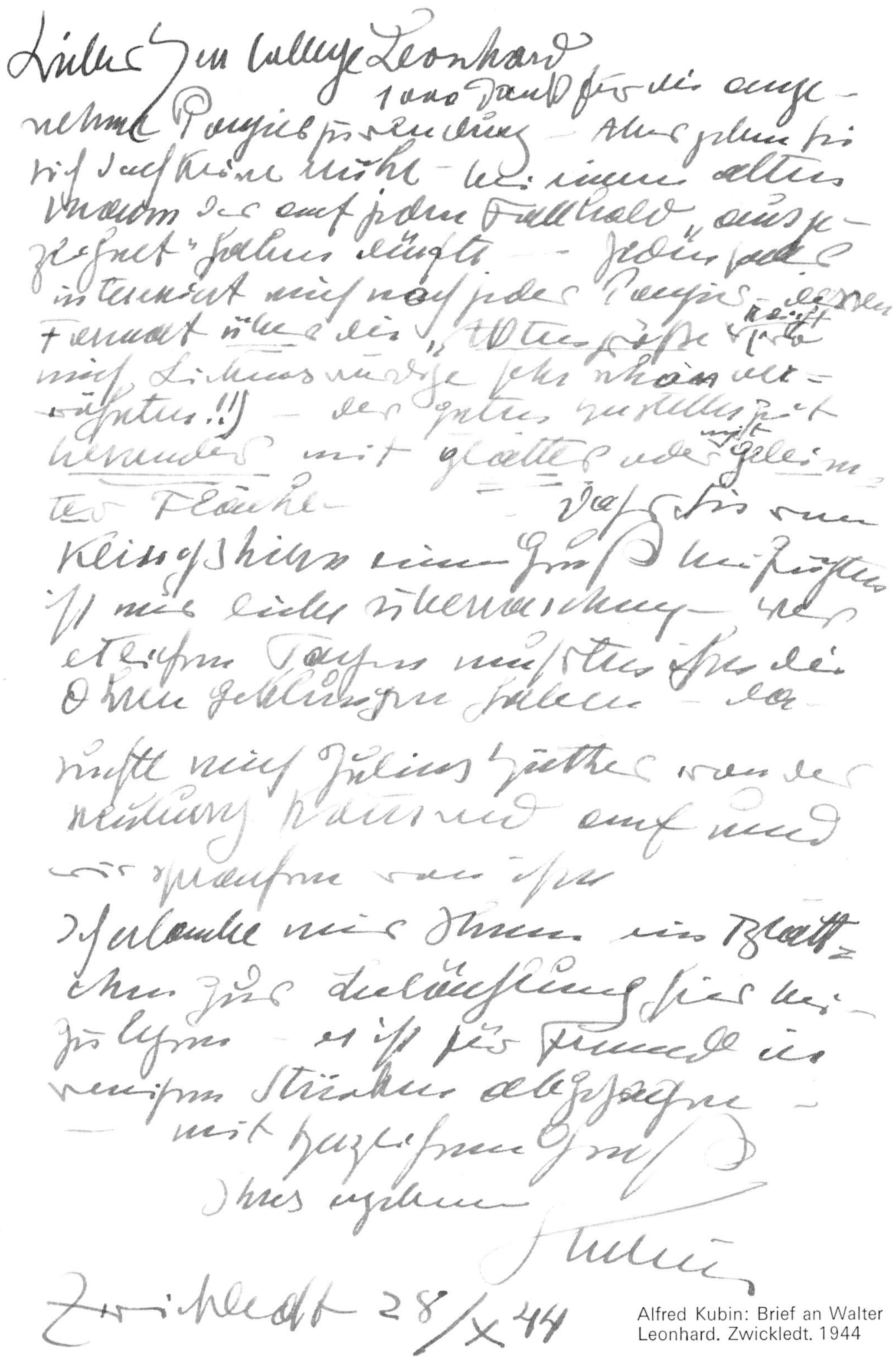
Lieber Herr Kollege Leonhard
1000 Dank für die angenehme Papiersendung – [illegible]
[illegible]
mit herzlichem Gruß
Ihr ergebener
Kubin
Zwickledt 28/X 44

Alfred Kubin: Brief an Walter Leonhard. Zwickledt. 1944

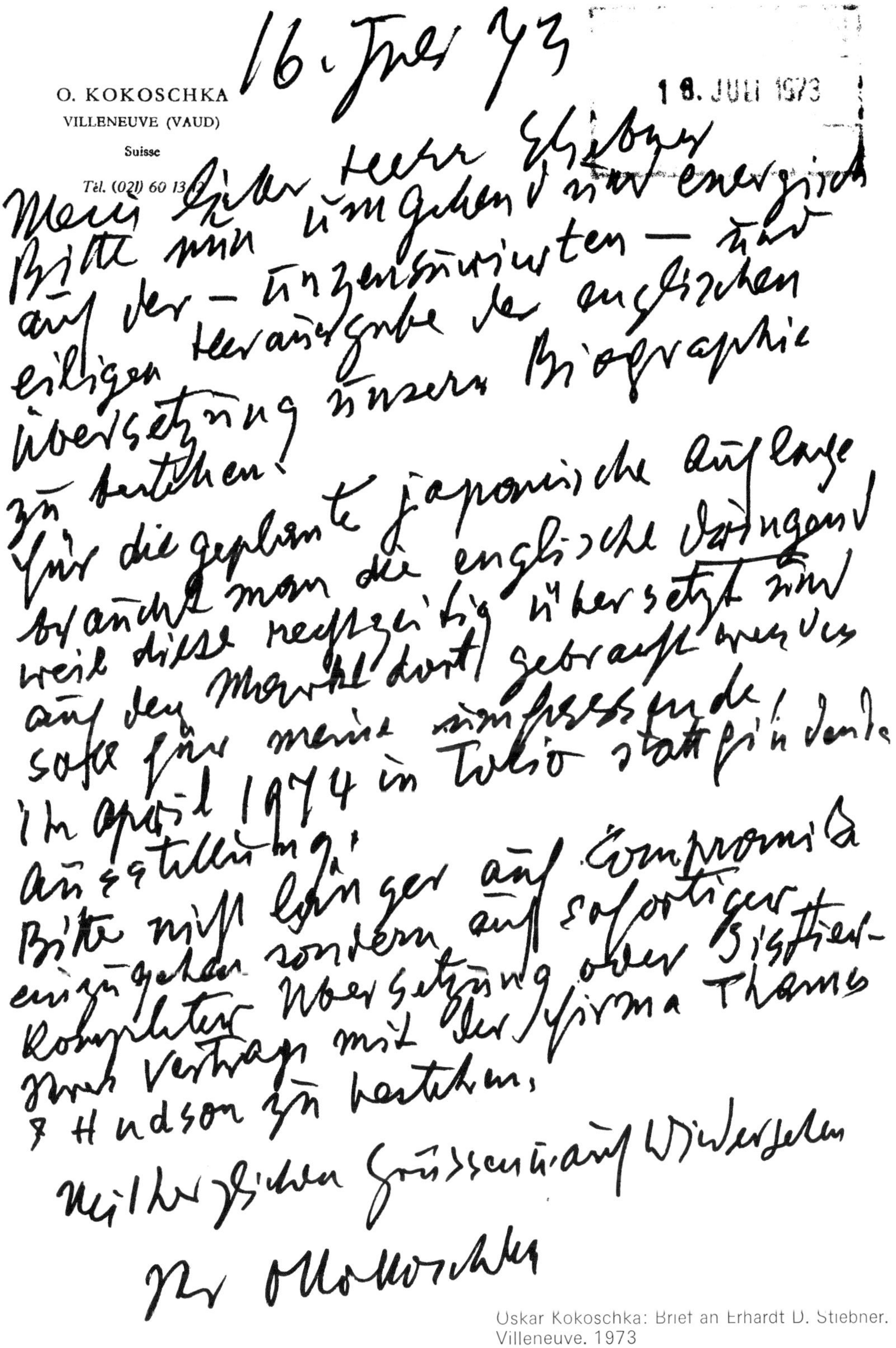

O. KOKOSCHKA
VILLENEUVE (VAUD)
Suisse
Tél. (021) 60 13 ..

18. JULI 1973

16. Juli 73

Mein lieber Herr Stiebner
Bitte nun umgehend und energisch
auf der – unzensurierten – und
eiligen Herausgabe der englischen
Übersetzung unserer Biographie
zu bestehen!
Für die geplante japanische Auflage
braucht man die englische Vorlage
rechtzeitig übersetzt, weil diese
auf dem Markt dort gebraucht werden
soll für meine umfassende
im April 1974 in Tokio stattfindende
Ausstellung.
Bitte nicht länger auf Kompromisse
einzugehen sondern auf sofortiger
kompletter Übersetzung oder Sistierung
des Vertrags mit der Firma Thames
& Hudson zu bestehen.
Mit herzlichen Grüssen u. auf Wiedersehen
Ihr OKokoschka

Oskar Kokoschka: Brief an Erhardt D. Stiebner. Villeneuve. 1973

Übergang zur Gegenwart

Der Bedarf an schönen, zeitgemäßen Schriften mit guten Lesequalitäten ist nach dem Zweiten Weltkrieg erstaunlich groß. Lücken durch Kriegseinwirkung sind zu schließen, und es gilt das allgemein zunehmende Interesse an der Literatur in vorbildlicher Gestaltung zu befriedigen. Darüber hinaus erkennt die Wirtschaft die große Bedeutung schnell erfaßbarer und aussagestarker Schriften für eine erfolgreiche Werbung. Dies sind die Voraussetzungen, die zum Wiederaufblühen der Schrift- und Buchkunst zu Beginn der Jahrhundertmitte führen. Bedeutenden und erfolgreichen Schriftgestaltern, bereits bekannt durch ihre Pionierleistungen aus der Vorkriegszeit, und jüngeren, bisher weniger bekannten, verdanken wir Entwürfe, die diesen Forderungen besonders gerecht und gleich ihren historischen Vorläufern auch weiterbestehen werden. Stellvertretend für viele andere seien hier zwei Schriftkünstler genannt: Georg Trump und Hermann Zapf.

Trump

Georg Trump (geb. 1896), Schüler von Ernst Schneidler und langjähriger Leiter der Meisterschule für Deutschlands Buchdrucker in München, hat mehrere außergewöhnliche Schriften hervorgebracht: schöne, klassische Buchschriften mit guten Lesequalitäten wie die *Trump Mediäval;* Kursivschriften im kalligraphischen Duktus, frei und individuell abge-

Delphin Time

Jaguar

wandelt durch eine Fülle neuer Details wie die Codex, die Delphin, die Jaguar und die Time und schließlich in ganz anderer Art die werbewirksame Egyptienne, die sich vorzüglich als Auszeichnungsschrift eignet.

Karlgeorg Hoefer: Pinselschrift. Offenbach. 1954

Hermann Zapf (geb. 1918), wohl der bedeutendste deutsche Kalligraph der Gegenwart, erkennt wie die Schriftkünstler der Generation vorher, daß Klarheit, Reinheit und Ausgewo-

PALATINO

genheit der Proportionen der formvollendeten Renaissanceschriften als bleibende Werte bis heute gültig sind. Auch er beweist mit seinen Schriftentwürfen, der *Palatino*, der *Aldus* oder der serifenlosen *Optima*, mit den Versalschrif-

MICHELANGELO

Optima

ten *Michelangelo* oder *Sistina*, daß jene ausgereiften Formen als Ausgangsbasis für neue Schriftentwürfe dienen können. Erwähnt seien auch seine Arbeiten auf typographischem Gebiet und im schrift- und satztechnischen Bereich des Photo- und Computersatzes.

SISTINA

Rückblickend läßt sich feststellen, daß die moderne Schriftkultur mit der Wiederbelebung der Kalligraphie und der Reform der Letternkunst um die Jahrhundertwende beginnt. Es ist die Zeit der großen Pioniere, die nach intensivem Studium historischer Vorbilder die Grundlage jeder schriftkünstlerischen und -gestalterischen Tätigkeit im Schriftschreiben erkennen und ihre Erfahrungen an die nachfolgende Generation weitergeben. Ihrem Kreis sind zahlreiche Neuschöpfungen zu verdanken: klassische Schriften in edlen Proportionen und zeitgemäßen Formen mit hervorragenden Lesequalitäten, Künstlerschriften in moderner, lebendig frischer Aussage und von eigenwilligem Gepräge, schließlich auch originelle modische Schriften in zahlreichen Varianten, die vor allem den stetig wachsenden Forderungen der Werbung gerecht werden. Da die Lebensdauer dieser Schriften, in Pinsel-, Kreide- oder Federtechnik allzufrei, spielerisch und spontan hingeschrieben, wie alles Modische begrenzt ist, besitzen nur wenige jene Qualitäten, die ihnen eine Verwendung über längere Zeiträume sichert.

Die jüngste Vergangenheit

Unter neuen Aspekten entwickelt sich die Schrift nach der Jahrhundertmitte bis zur Gegenwart. Lesbarkeit und schnelles Erfassen einer Schrift, aber auch psychologische Werte sind im Zeitalter der alles beherrschenden Kommunikation weit wichtiger als früher. Da Schrift und Typographie wesentliche Kommunikationsmedien sind, werden bei jedem Neuentwurf diese Voraussetzungen berücksichtigt. Demnach werden nicht Schriften mit künstlerisch individuellem Ausdruck, sondern nur solche von streng klassischer oder sachlich nüchterner Form, die aufgrund wissenschaftlicher Untersuchungen entwickelt worden ist, bevorzugt, denn sie eignen sich für das starre System des Bleisatzes ebenso wie für den ständig an Bedeutung gewinnenden, flexibleren Photo- und Lichtsatz.

Wie flexibel der Photosatz ist, zeigen anschaulich die unterschiedlichen Variationsmöglichkeiten aller herkömmlichen Schriftarten. Neigungen, Verzerrungen, Verfremdungen, Rasterungen, Licht- und Schatteneffekte, manuell mit Hilfe der Kamera und entsprechender Objektive erzielt, lassen Buchstabenbilder entstehen, die nur noch vage an die Ausgangs-

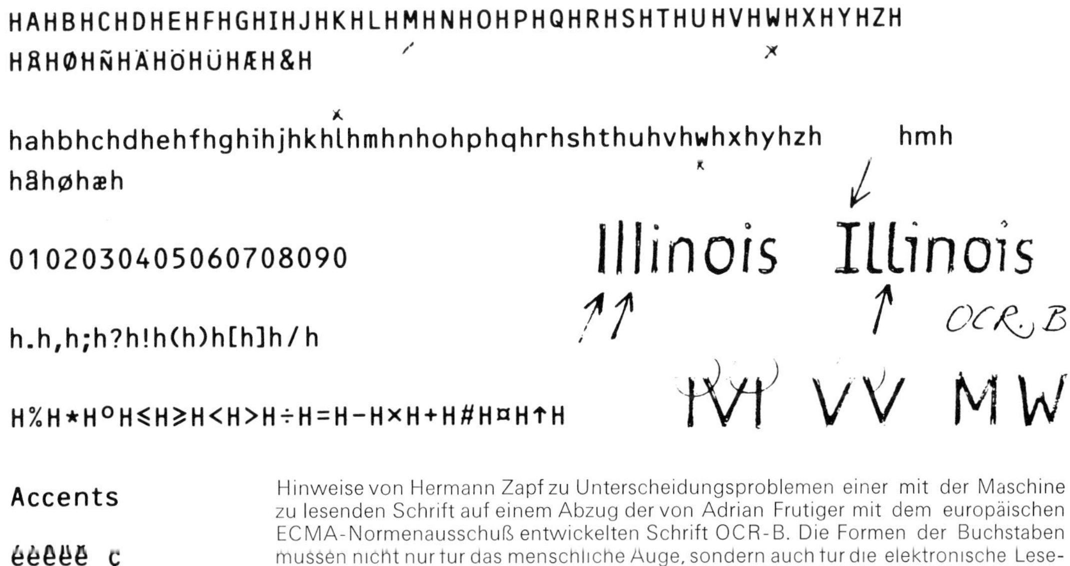

Hinweise von Hermann Zapf zu Unterscheidungsproblemen einer mit der Maschine zu lesenden Schrift auf einem Abzug der von Adrian Frutiger mit dem europäischen ECMA-Normenausschuß entwickelten Schrift OCR-B. Die Formen der Buchstaben müssen nicht nur für das menschliche Auge, sondern auch für die elektronische Lesemaschine geeignet sein (Seiten 161 und 183 ff)

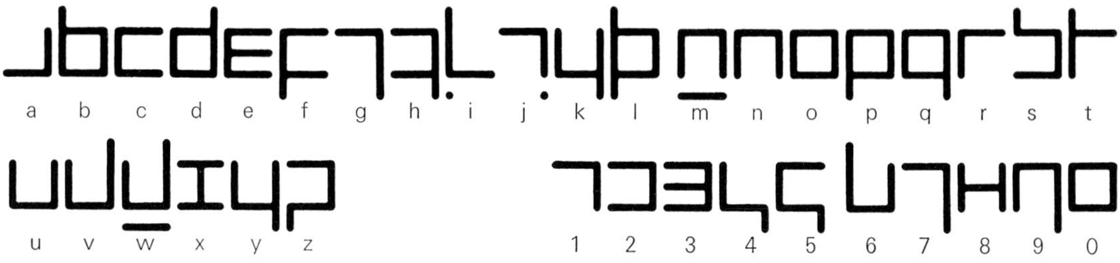

»New Alphabet« von Wim Crouwel. Die Typen sind auf dem Quadrat aufgebaut. Rundungen sind vermieden. Mit Computern einfacher Technik magnetisch lesbar

form erinnern und den Eindruck einer Neuschöpfung erwecken (Beispiele Seite 138). Auch zahllose wirkliche Neuschöpfungen bereichern die an sich schon breite Skala vorhandener Schriften, zu denen laufend neue hinzukommen: gute und schlechte, stilreine und stillose. Da bei diesen vorwiegend für den

»Stop« von Aldo Novarese, eine Auszeichnungsschrift

Layoutsatz bestimmten Schriften die Lesbarkeit eine geringere Rolle spielt als das einmalig Auffallende oder Aggressive, das Originelle, Modische oder das absurd Skurrile, und da auch hier der Photosatz bisher Unmögliches möglich macht, sind der Phantasie im Erfinden und Gestalten neuer Schriftformen praktisch keine Grenzen gesetzt (Beispiele Seite 74 bis 75). Begrenzt aber bleibt sicherlich ihr Gebrauchswert, ähnlich wie bei jenen Schriften, die Mitte des vergangenen Jahrhunderts von Lithographen erfunden und mit Akribie in Stein graviert, zum Verfall der traditionsreichen Schriftkultur geführt haben.

Die vorläufig letzte Neuerung in der Schriftgestaltung sind jene Alphabete, die sich auf die Laut- und Zahlzeichen der elektronischen Datenverarbeitung, die sogenannten Magnetschriften, gründen. Es sind stilisierte, serifenlose Blockschriften, konstruiert in einem vorgegebenen senkrechten Linien- oder Quadrat-Rasterfeld und dementsprechend starr im Gesamtbild, unharmonisch in den Proportionen und unorganisch im Duktus. Einen ästhetischen Genuß bereiten sie kaum. Über Elektronik und Schrift Seite 182 ff.

Solange das herkömmliche Alphabet die Aufgabe zu erfüllen hat, das gesprochene Wort optisch darzustellen, solange wird es Aufgabe aller Schriftkünstler sein, die überkommenen Schriftzeichen immer wieder neu zu gestalten, gleichzeitig aber in ihnen die derzeitigen Erkenntnisse der Physiologie und Psychologie zweckentsprechend wie auch ästhetisch zum Ausdruck zu bringen.

Magnetisch lesbare Schrift: Diese Typen können von Computern der »ersten Generation« mit einfacher Lesetechnik erkannt werden

Überblick: Die charakteristischen Kennzeichen der Grundschriften

1 Römische Capitalis
2 Capitalis quadrata
3 Rustika
4 Unziale
5 Halbunziale
6 Karolingische Minuskel
7 Gotische Minuskel
8 Gotische Kursive
9 Humanistische Minuskel
10 Textura
11 Rotunda
12 Schwabacher
13 Fraktur
14 Kanzleischrift
15 Antiqua
16 Mediäval
17 Klassizistische Antiqua
18 Egyptienne
19 Grotesk
20 Deutsche Schreibschrift
21 Lateinische Schreibschrift

Entwicklung der Minuskel, ausgehend von der Capitalis und Fixierung der gotischen und humanistischen Kleinbuchstaben, dargestellt an den Buchstaben d, g und r

Schriftproben im Fotosatz

Ein Schriftmusterbuch gibt Auskunft über das Schriftangebot einer Druckerei oder eines Satzbetriebes. Aus den im Bleisatz oft recht schmalbrüstigen Broschüren sind im Zeichen des Fotosatzes stattliche ‹‹Wälzer›› geworden. So legt KNAUER ein großformatiges, 350 Seiten starkes Buch mit annähernd 1500 Schriften vor. Die nachfolgenden Seiten sind ein Auszug aus diesem Schriftmusterbuch. Kenner der Materie aber wissen: Die Vielzahl von Schriften ist nur eine Seite, genauso wichtig ist die Qualität ihrer Wiedergabe. Zwar wird bei Vergleichen Bleisatz – Fotosatz stets die überlegene Qualität der Schrift im Fotosatz gerühmt, doch bezieht sich diese Feststellung meist ausschließlich auf die Schriftschärfe, nicht auf den Gesamteindruck, nicht auf die Ausstrahlung. Oft sind Schriften gleichen Namens nur ‹‹entfernte Verwandte››.

Es ist das uneingeschränkte Verdienst der Layoutsatzbetriebe auch für den Fotosatz Qualitätsmaßstäbe zu setzen, die richtungsweisend sind. Mit den ausgezeichnet aufgemachten Musterbüchern für Fotosatzschriften aber wird die Tradition der großen Schriftgießereien, die sich mit ihren typografisch hervorragenden Schriftproben im Bleisatz weltweit Anerkennung verschafften, im Fotosatz gebührend fortgesetzt.

Herbert Moll

Century Schoolbook Overweight extended
Century Schoolbook Overweight extra extended
Century Schoolbook Open
Century Schoolbook Open condensed
Century Schoolbook Open extra condensed
Century Schoolbook Open extended
Century Schoolbook Open extra extended
Century Schoolbook Shaded
Charleston
Cheltenham
Cheltenham italic
Cheltenham bold condensed
Cheltenham X 23
Cheltenham book ITC
Cheltenham book ITC condensed
Cheltemham ultra ITC
Cheltemham ultra italic ITC
Cheltenham Adweight
Cheltenham Adweight condensed
Cheltenham Adweight extra condensed
Cheltenham Adweight extended
Cheltenham Adweight extra extended
Cheltenham Heavyweight
Cheltenham Heavyweight condensed
Cheltenham Heavyweight extra condensed
Cheltenham Heavyweight extended
Cheltenham Heavyweight extra extended
Cheltenham Overweight
Cheltenham Overweight condensed
Cheltenham Overweight extra condensed
Cheltenham Overweight extended
Cheltenham Overweight extra extended
Cheltenham Open
Cheltenham Open condensed
Cheltenham Open extra condensed
Cheltenham Open extended
Cheltenham Open extra extended
Chetsworth
Chetsworth condensed
Chisel
Churchward Design 70 light
Churchward Design 70 regular

Churchward Design 70 medium
Churchward Design 70 demibold
Churchward Design 70 bold
Churchward Design 70 light italic
Churchward Design 70 medium italic
Churchward Design 69 ultrabold
Churchward Design 69 ultrabold italic
Churchward Mariela
City bold
Clarendon mager
Clarendon kräftig
Clarendon fett
Classic
Clearface bold
Clearface heavy
Clearface heavy condensed
Clearface Adweight
Clearface Adweight condensed
Clearface Adweight extra condensed
Clearface Adweight extended
Clearface Adweight extra extended
Clearface Heavyweight
Clearface Heavyweight condensed
Clearface Heavyweight extra condensed
Clearface Heavyweight extended
Clearface Heavyweight extra extended
Clearface Overweight
Clearface Overweight condensed
Clearface Overweight extra condensed
Clearface Overweight extended
Clearface Overweight extra extended
Clearface Open
Clearface Open condensed
Clearface Open extra condensed
Clearface Open extended
Clearface Open extra extended
Clearface Shaded
Clearface TrueCondensed
Clearface Gothic regular
Clearface Gothic bold
Cloister bold
Cloister Adweight

Cloister Adweight condensed
Cloister Adweight extra condensed
Cloister Adweight extended
Cloister Adweight extra extended
Cloister Heavyweight
Cloister Heavyweight condensed
Cloister Heavyweight extra condensed
Cloister Heavyweight extended
Cloister Heavyweight extra extended
Cloister Overweight
Cloister Overweight condensed
Cloister Overweight extra condensed
Cloister Overweight extended
Cloister Overweight extra extended
Cloister Open
Cloister Open condensed
Cloister Open extra condensed
Cloister Open extended
Cloister Open extra extended
Columbus
Consort
Cooper Black regular
Cooper Black italic mit Zierbuchstaben
Cooper Black condensed
Cooper Black outline
Cooper Oldstyle
Cooper Oldstyle italic
Cranston
Cueball
Coulson Black
DeVinne Ornamented
Diador
Didoni & vixen
Didoni condensed
Didoni extended
New Didoni
New Didoni italic
New Didoni condensed
New Didoni extra condensed
New Didoni extended
New Didoni extra extended
Dimensia

Century Schoolbook Heavyweight

ABCDEFGHIJKLL
NOPQRSTUVWXYZ
1234567890
abcdeffighijklmnop
rstuvwxyzß

Cheltenham book ITC

ABCDEFGHIJKLMNOP
QRSTUVWXYZ
1234567890
abcdefghijklmnopqrstu
vwxyzß

Century Schoolbook Open

ABCDEFGHIJKLL
NOPQRSTUVWXYZ
1234567890
abcdeffighijklmnop
rstuvwxyzß

Cheltemham ultra ITC

ABCDEFGHIJKL
MNOPQRSTUVW
XYZ
1234567890
abcdefghijklmn
pqrstuvwxyzß

Century Schoolbook Shaded

ABCDEFGHIJKLLM
OPQRSTUVWXYZ
1234567890
abcdeffighijklmnop
rsßtuvwxyz

Churchward Design 70 bold

ABCDEFGHIJKLMNOPQ
STUVWXYZ
1234567890
abcdefghijklmnopqrstu
wxyzß

Cheltenham

ABCDEFGHIJKLMNO
QRSTUVWXYZ
1234567890
abcdefghijklmnopqrstuv
wxyzß

Clearface Gothic bold

ABCDEFGHIJKLMNOPQ
STUVWXYZ
1234567890
abcdefghijklmnopqrstuv
xyz

Palateno Impact extra extended
Palatino
Palatino halbfett
Palatino kursiv
Pandora Black
Perpetua bold
Perpetua Super
Perpetua Adweight
Perpetua Adweight italic
Perpetua Adweight condensed
Perpetua Adweight extra condensed
Perpetua Adweight extended
Perpetua Adweight extra extended
Perpetua Heavyweight
Perpetua Heavyweight italic
Perpetua Heavyweight condensed
Perpetua Heavyweight extra condensed
Perpetua Heavyweight extended
Perpetua Heavyweight extra extended
Perpetua Overweight
Perpetua Overweight italic
Perpetua Overweight condensed
Perpetua Overweight extra condensed
Perpetua Overweight extended
Perpetua Overweight extra extended
Perpetua Open
Perpetua Open italic
Perpetua Open condensed
Perpetua Open extra condensed
Perpetua Open extended
Perpetua Open extra extended
Perpetua True Condensed
Perpetua Tru Condensed italic
Pierrot
Pistilli
Plantin bold
Plantin Adweight
Plantin Adweight italic
Plantin Adweight condensed
Plantin Adweight extra condensed
Plantin Adweight extended
Plantin Adweight extra extended

Plantin Heavyweight
Plantin Heavyweight italic
Plantin Heavyweight condensed
Plantin Heavyweight extra condensed
Plantin Heavyweight extended
Plantin Heavyweight extra extended
Plantin Overweight
Plantin Overweight italic
Plantin Overweight condensed
Plantin Overweight extra condensed
Plantin Overweight extended
Plantin Overweight extra extended
Plantin Open
Plantin Open italic
Plantin Open condensed
Plantin Open extra condensed
Plantin Open extended
Plantin Open extra extended
Plantin Shaded
Plantin True Condensed
Plantin True Condensed italic
Poppl-Antiqua
Poppl-Antiqua kursiv
Poppl-Antiqua halbfett
Poppl-Antiqua kursiv halbfett
Poppl-Antiqua fett
Poppl-Antiqua kursiv fett
Poppl -Antiqua extra schmalfett
Poppl -Antiqua extra breitfett
Poppl-Exquisit
Primus
Primus Malleable
Primus Malleable extra condensed
Promotor
Radiant Heavy
REPORT
REPORT BOLD
REPORT OPEN
Richmond Old Style bold
Richmond Old Style heavy
Ringlet
ROBERTA RAISED Shadow

Rockwell light
Rockwell bold
Rockwell extra bold
Rodeo
Romana mager
Romana halbfett
Ultra Romana
Romana Adweight
Romana Adweight italic
Romana Adweight condensed
Romana Adweight extra condensed
Romana Adweight extended
Romana Adweight extra extended
Romana Heavyweight
Romana Heavyweight italic
Romana Heavyweight condensed
Romana Heavyweight extra condensed
Romana Heavyweight extended
Romana Heavyweight extra extended
Romana Overweight
Romana Overweight italic
Romana Overweight condensed
Romana Overweight extra condensed
Romana Overweight extended
Romana Overweight extra extended
Romana Open
Romana Open italic
Romana Open condensed
Romana Open extra condensed
Romana Open extended
Romana Open extra extended
Romana Shaded
Scenario light
Scenario light italic
Scenario light condensed
Scenario light extra condensed
Scenario light extended
Scenario light extra extended
Scenario medium
Scenario medium italic
Scenario medium condensed
Scenario medium extra condensed

Perpetua bold

ABCDEFGHIJKLM
OPQRSTUVWXYZ
1234567890
abcdefghijklmnopq
rstuvwxyzß

Plantin Shaded

ABCDEFGHIJKLMN
OPQRSTUVWXYZ
11234567890
abcdeffighijklmnop
rsßtuvwxyz

Perpetua Super

ABCDEFGHIJKLMN
PQRSTUVWXYZ
1234567890
abcdefghijklmnopqrs
uvwxyzß

Poppl-Antiqua fett kursiv

ABCDEFGHIJKL
MNOPQRSTUVW
XYZ
1234567890
abcdefghijklmn
opqrstuvwxyzß

Perpetua Open

ABCDEFGHIJKL
NOPQRSTUUVW
YZ 1234567890
abcdefghijklmno
qrstuvwxyzß

Poppl-Exquisit

ABCDEFGHIJKL
MNOPQRSTUVW
XYZ 1234567890
abcdefghijklmnopqrstuvwxyz ß

Plantin Adweight condensed

ABCDEFGHIJKLMNO
QRSTUVWXYZ
1234567890
abcdefghijklmnopqrstuv
wxyzß

Romana Adweight

ABCDEFGHIJKLMNO
QRSTUVWXYZ
1234567890
abcdefghijklmnopqrstu
wxyzß

Century Old Style

6 Punkt DER BEGRIFF LAYOUTSATZ KOMMT URSPRÜNGLI
tzbetriebe als Service-Unternehmen der Werbeagenturen seit Jahr
Unternehmenstyp seit etwa 25 Jahren, und er ist maßgeblich mitge
ken des Layoutsatzes sind große Schriftauswahl, Satzausführur
lupenreiner Reproduktionsvorlagen in kürzester Zeit. Der Begriff L
Staaten, wo Satzbetriebe als Service-Unternehmen der Werbeage
kennt man diesen Unternehmenstyp seit etwa 25 Jahren, und er ist

7 Punkt DER BEGRIFF LAYOUTSATZ KOMMT URSP
aten, wo Satzbetriebe als Service-Unternehmen der Werbe
schland kennt man diesen Unternehmenstyp seit etwa 2
durch die Knauer-Betriebe. Die Charakteristiken des Lay
führung nach besten Regeln der Typografie, Erstellung lup
Zeit. Der Begriff Layoutsatz kommt ursprünglich aus d
Service-Unternehmen der Werbeagenturen seit Jahrzehnte

8 Punkt DER BEGRIFF LAYOUTSATZ KOMM
nigten Staaten, wo Satzbetriebe als Service-Unterne
ten bestehen. In Deutschland kennt man diesen Unte
ist maßgeblich mitgeprägt durch die Knauer-Betr
satzes sind große Schriftauswahl, Satzausführun
Erstellung lupenreiner Reproduktionsvorlagen in

9 Punkt DER BEGRIFF LAYOUTSATZ KO
Vereinigten Staaten, wo Satzbetriebe als Serv
ren seit Jahrzehnten bestehen. In Deutschland
seit etwa 25 Jahren, und er ist maßgeblich mit
Die Charakteristiken des Layoutsatzes sind gr
nach besten Regeln der Typografie, Erstellung

10 Punkt DER BEGRIFF LAYOUTSA
aus den Vereinigten Staaten, wo Satzbetrie
Werbeagenturen seit Jahrzehnten bestehe
sen Unternehmenstyp seit etwa 25 Jahren,
durch die Knauer-Betriebe. Die Charakt

12 Punkt DER BEGRIFF LAYOU
nglich aus den Vereinigten Staaten,
Unternehmen der Werbeagenturen
In Deutschland kennt man diesen
25 Jahren, und er ist maßgeblich m

14 Punkt DER BEGRIFF L
ursprünglich aus den Vereini
triebe als Service-Unternehm
seit Jahrzehnten bestehen. In I

Goudy Catalogue

6 Punkt DER BEGRIFF LAYOUTSATZ KOMMT URSPRÜ
wo Satzbetriebe als Service-Unternehmen der Werbeagenturen
man diesen Unternehmenstyp seit etwa 25 Jahren, und er ist maß
Charakteristiken des Layoutsatzes sind große Schriftauswahl, S
Erstellung lupenreiner Reproduktionsvorlagen in kürzester Zei
den Vereinigten Staaten, wo Satzbetriebe als Service-Unternehm
In Deutschland kennt man diesen Unternehmenstyp seit etwa 2

7 Punkt DER BEGRIFF LAYOUTSATZ KOMMT URS
Staaten, wo Satzbetriebe als Service-Unternehmen der W
Deutschland kennt man diesen Unternehmenstyp seit
geprägt durch die Knauer-Betriebe. Die Charakteristiken
Satzausführung nach besten Regeln der Typografie, Erst
in kürzester Zeit. Der Begriff Layoutsatz kommt ursprüı
betriebe als Service-Unternehmen der Werbeagenturen

8 Punkt DER BEGRIFF LAYOUTSATZ KOMM
einigten Staaten, wo Satzbetriebe als Service-U
Jahrzehnten bestehen. In Deutschland kennt ma
25 Jahren, und er ist maßgeblich mitgeprägt du
teristiken des Layoutsatzes sind große Schrifta
Regeln der Typografie, Erstellung lupenreiner Re

9 Punkt DER BEGRIFF LAYOUTSATZ K
den Vereinigten Staaten, wo Satzbetriebe als
agenturen seit Jahrzehnten bestehen. In Deu
nehmenstyp seit etwa 25 Jahren, und er ist
Knauer-Betriebe. Die Charakteristiken des
wahl, Satzausführung nach besten Regeln der

10 Punkt DER BEGRIFF LAYOUTSAT
aus den Vereinigten Staaten, wo Satzbet
der Werbeagenturen seit Jahrzehnten b
man diesen Unternehmenstyp seit etwa
mitgeprägt durch die Knauer-Betriebe.

12 Punkt DER BEGRIFF LAYO
rünglich aus den Vereinigten St
Service-Unternehmen der Werbe
bestehen. In Deutschland kennt n
typ seit etwa 25 Jahren, und er i

14 Punkt DER BEGRIFF LA
ursprünglich aus den Verein
betriebe als Service-Unterne
turen seit Jahrzehnten best

Futura mager

6 Punkt DER BEGRIFF LAYOUTSATZ KOMMT URSPRÜNGLICH AUS Service-Unternehmen der Werbeagenturen seit Jahrzehnten bestehe seit etwa 25 Jahren, und er ist maßgeblich mitgeprägt durch die Kn sind große Schriftauswahl, Satzausführung nach besten Regeln der lagen in kürzester Zeit. Der Begriff Layoutsatz kommt ursprünglich aus Unternehmen der Werbeagenturen seit Jahrzehnten bestehen. In etwa 25 Jahren, und er ist maßgeblich mitgeprägt durch die Knauer-

7 Punkt DER BEGRIFF LAYOUTSATZ KOMMT URSPRÜNGLIC betriebe als Service-Unternehmen der Werbeagenturen seit J diesen Unternehmenstyp seit etwa 25 Jahren, und er ist maß Die Charakteristiken des Layoutsatzes sind große Schriftaus Typografie, Erstellung lupenreiner Reproduktionsvorlagen in ursprünglich aus den Vereinigten Staaten, wo Satzbetriebe seit Jahrzehnten bestehen. In Deutschland kennt man diesen

8 Punkt DER BEGRIFF LAYOUTSATZ KOMMT URSPRÜN wo Satzbetriebe als Service-Unternehmen der Werb Deutschland kennt man diesen Unternehmenstyp seit geprägt durch die Knauer-Betriebe. Die Charakteristik wahl, Satzausführung nach besten Regeln der Typogr vorlagen in kürzester Zeit. Der Begriff Layoutsatz kommt

9 Punkt DER BEGRIFF LAYOUTSATZ KOMMT URS Staaten, wo Satzbetriebe als Service-Unternehm ten bestehen. In Deutschland kennt man diesen und er ist maßgeblich mitgeprägt durch die Kna Layoutsatzes sind große Schriftauswahl, Satzaus grafie, Erstellung lupenreiner Reproduktionsvorla

10 Punkt DER BEGRIFF LAYOUTSATZ KOMM einigten Staaten, wo Satzbetriebe als Servi turen seit Jahrzehnten bestehen. In Deutsch menstyp seit etwa 25 Jahren, und er ist Knauer-Betriebe. Die Charakteristiken des L

12 Punkt DER BEGRIFF LAYOUTSATZ aus den Vereinigten Staaten, wo Sa nehmen der Werbeagenturen seit Ja schland kennt man diesen Unternehr und er ist maßgeblich mitgeprägt du

14 Punkt DER BEGRIFF LAYOUTSA lich aus den Vereinigten Staat Service-Unternehmen der Werb ten bestehen. In Deutschland

Korinna normal

6 Punkt DER BEGRIFF LAYOUTSATZ KOMMT URSPRÜNGLIC betriebe als Service-Unternehmen der Werbeagenturen seit Jahrz Unternehmenstyp seit etwa 25 Jahren, und er ist maßgeblich mi istiken des Layoutsatzes sind große Schriftauswahl, Satzausführu lupenreiner Reproduktionsvorlagen in kürzester Zeit. Der Begriff L Staaten, wo Satzbetriebe als Service-Unternehmen der Werbeage kennt man diesen Unternehmenstyp seit etwa 25 Jahren, und er ist

7 Punkt DER BEGRIFF LAYOUTSATZ KOMMT URSPRÜ wo Satzbetriebe als Service-Unternehmen der Werbeag schland kennt man diesen Unternehmenstyp seit etwa 2 durch die Knauer-Betriebe. Die Charakteristiken des La ausführung nach besten Regeln der Typografie, Erstell kürzester Zeit. Der Begriff Layoutsatz kommt ursprüng betriebe als Service-Unternehmen der Werbeagenturen

8 Punkt DER BEGRIFF LAYOUTSATZ KOMMT ten Staaten, wo Satzbetriebe als Service-Untern zehnten bestehen. In Deutschland kennt man diese und er ist maßgeblich mitgeprägt durch die Kna Layoutsatzes sind große Schriftauswahl, Satzaus grafie, Erstellung lupenreiner Reproduktionsvorla

9 Punkt DER BEGRIFF LAYOUTSATZ KO Vereinigten Staaten, wo Satzbetriebe als Ser turen seit Jahrzehnten bestehen. In Deutsc menstyp seit etwa 25 Jahren, und er ist maßg Betriebe. Die Charakteristiken des Layoutsat ausführung nach besten Regeln der Typogr

10 Punkt DER BEGRIFF LAYOUTSATZ den Vereinigten Staaten, wo Satzbetrieb Werbeagenturen seit Jahrzehnten beste diesen Unternehmenstyp seit etwa 25 Ja geprägt durch die Knauer-Betriebe. Die C

12 Punkt DER BEGRIFF LAYOUT lich aus den Vereinigten Staaten, Unternehmen der Werbeagenture hen. In Deutschland kennt man seit etwa 25 Jahren, und er ist ma

14 Punkt DER BEGRIFF L ursprünglich aus den Vereini betriebe als Service-Unterne turen seit Jahrzehnten best

HAMBURGEFONS HAMBURGEFONS LW 1

HAMBURGEFONS HAMBURGEFONS LW 2

HAMBURGEFONS HAMBURGEFONS LW 3

Hamburgefons Hamburgefons LW 1

Hamburgefons Hamburgefons LW 2

Hamburgefons Hamburgefons LW 3

normal Hamburgefons

condensed Hamburgefons

extra condensed Hamburgefons

extended Hamburgefons

extra extended Hamburgefons

italic *Hamburgefons*

open Hamburgefons

gerastert Hamburgefons Raster A

gerastert Hamburgefons Raster B

Die Zahlzeichen

I	II	III	IV	V	VI	VII	VIII	IX	X	XI	XII	XIV	XX
1	2	3	4	5	6	7	8	9	10	11	12	14	20

XXXX oder XL	L	LXXXX oder XC	C	D	M
40 40	50	90 90	100	500	1000

Ĵ=½

Um ½ auszudrücken wird das I zum J verlängert und durchkreuzt:

IIIĴ 3½

Römische und arabische Zahlzeichen im Vergleich

Beispiele:	
MCCCCXLII MCCCCXXXXII	1442
MDCCCLXXXXVI MDCCCXCVI	1896
MDCCCCLXXVII	1977

Im Zusammenhang mit der Entwicklung der Schrift ist der Werdegang der Zahlzeichen aufschlußreich, denn sie bilden neben den Groß- und Kleinbuchstaben das dritte Element jeden Alphabets.
Die heutigen *arabischen Ziffern* sind seit den Kreuzzügen, also frühestens seit Mitte des 12. Jahrhunderts, in Europa bekannt. Sie werden im 14. Jahrhundert vereinzelt, im 15. Jahrhundert häufiger zur Wiedergabe konkreter Daten auf Siegeln, Grabsteinen und Bauinschriften verwendet. Als Ziffern dienen bis zu diesem Zeitpunkt Buchstaben der Capitalis, jene *römischen Versalien*, die bereits in der Antike als Zahlzeichen üblich waren. Die gotischen Schriftkünstler übernehmen die Zahlenwerte der Buchstaben, gebrauchen aber ihre eigenen Schriftzeichen, die Minuskeln. In Büchern nehmen sie die gotische Kursive und für monumentale Inschriften in Stein oder Bronze die strenge, feierliche Textur, gelegentlich aber auch gotische Majuskeln im Unzialcharakter. Sie alle unterliegen mit der Schrift dem Stil- und Formenwandel der Zeit.
Auch die seit Ende des 15. Jahrhunderts verwendeten arabischen Ziffern sind nach gotischem Stilprinzip gestaltet. Heute fremdartig, jedoch charakteristisch für diese Periode ist die runde oder eckige, unten offene Schlinge für die 4, die einer halben 8 gleichkommt. Ebenso typisch sind der aufgestellte spitze Winkel für die 7, die einem z mit Unterlänge ähnliche 3 und die wie ein geschweiftes langes s gestaltete 5, entweder mit oder ohne den oberen Querstrich.
Mit der Einführung des Dezimalsystems durch die Humanisten im beginnenden 16. Jahrhundert verbreiten sich schließlich die arabischen Zahlzeichen allgemein. Sie verlieren allmählich den gotischen Charakter und nähern sich immer mehr den heute gebräuchlichen Ziffern, während sie sich in Form und Duktus der Handschrift anpassen und als Letter dem Stilwandel der Schriftzeichen folgen.

Eine Kalendertafel. Blockbuch-Holzschnitt. Um 1470

1464. Stein

1475. Bronze graviert

1521. Holz

1553. Holz

1595. Holz

1624. Gemälde

1702. Handschrift

1713. Kupferstich

1756. Kupferstich

1804. Schriftsatz

1840. Schriftsatz

1855. Schriftsatz

1913. Bernhard-Fraktur

1925. Futura

1928. Weiß Antiqua

1984. Crouwel

Standuhr Philipps des Guten von Burgund. Aachen. Um 1430. Ausschnitt

Moderne Digitaluhr. Die Ziffernanzeige aus Flüssig-Kristallen (Seite 182) hat das herkömmliche Zifferblatt ersetzt

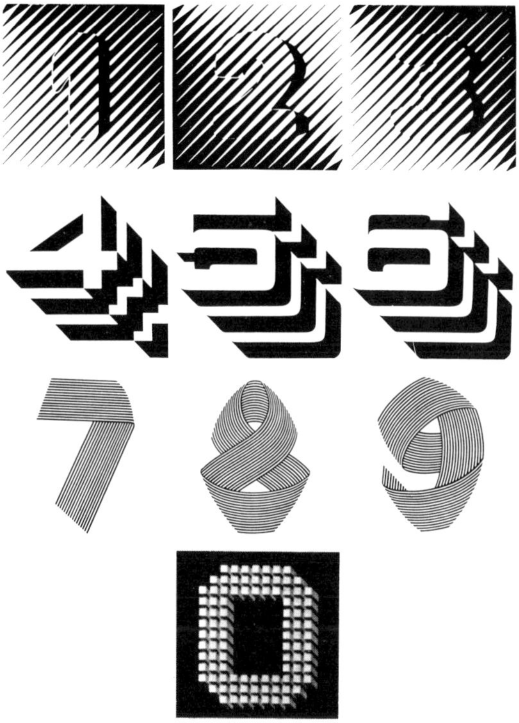

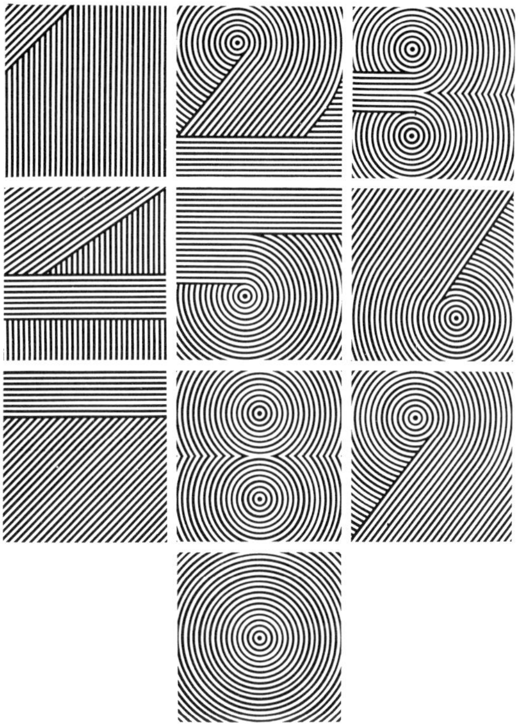

Experimente mit Ziffern. Warschau, Akademie der bildenden Künste.
Links: Krystyna Gajewska; Magdalena Wardas; Joanna Pawelska; Malgorzata Budyta. *Rechts:* Anna Motyka Trojnar

Versalziffern (Höhe der Versalien, oben) und Minuskelziffern (Mediäval-Ziffern, nautische Ziffern)

0123456789 VERSAL

0123456789 minuskel

Die zehn Ziffern haben keine Bindung an irgendeine Sprache. Man kann sie in allen Erdteilen lesen und verstehen. Dies hat immer wieder einmal den Wunsch geweckt, eine in ähnlicher Weise von der Sprache unabhängige Schrift als allgemeines menschliches Verständigungsmittel zu schaffen. Einstweilen müssen wir mit dem Gegensatz Sprache/Schrift leben, wie der Kybernetiker mit dem Gegensatz Binär: 0 / 1 zu Dezimal mit dem alten humanen System der zehn Ziffern, das letztlich auf der einfachsten Rechenmaschine beruht: den zehn Fingern unserer Hände, den *digits*, wie die Ziffern auf englisch heißen.

0002908010⑂ 000000800000⑁ 700700100⑀ 51⑂

Maschinell lesbare Codierzeile auf einem heutigen Bank-Überweisungsformular

Die Initiale · Buchstabe und Bild

Punktierte Initialen zur angelsächsischen Unziale

Romanische Initialen
aus dem Musterbuch für Illuminatoren

Romanische Zierbuchstaben aus einem Evangeliar. 10. Jh.

Stilgeschichtliche Entwicklung

Initium bedeutet Eingang oder Anfang. Von daher leitet sich die Bezeichnung Initiale für alle durch Größe, Farbe und Ornament hervorgehobenen Anfangsbuchstaben eines Buches, eines Kapitels oder eines Einzeltextes ab. Initialen verleihen dem Schriftbild durch ihren dekorativen Schmuck eine feierliche, festliche Note. In ihrer Ornamentik spiegelt sich der künstlerische Geist der einzelnen Zeit- und Stilepochen wider. Vielfach liegt ihr auch, wie zum Beispiel im Frühmittelalter, eine tiefe symbolische Bedeutung zugrunde.

Die ersten überlieferten Initialen, in aufgebauter Federtechnik nach dem Vorbild der *Capitalis* geschrieben, heben sich – analog dem linearen, farbigen Schmuck in der Architektur – nur durch Größe und Farbe von der Grundschrift ab. Ähnlich verhält es sich mit

Initial- und Zierbuchstaben aus gotischen Handschriften

den Zierbuchstaben der darauffolgenden frühchristlichen Zeit, die im Charakter der *Unziale* gehalten sind. Diese Unzialversalien behaupten sich über Jahrhunderte hinweg als Initialen, und zeigen als erste ornamentale Umformungen und zusätzlichen Schmuck, die nach allgemeiner Anschauung die Bezeichnung Initiale rechtfertigen. Damit beginnt die große Zeit der Initialkunst.

Die immer wiederkehrenden Motive in den frühen Initialen sind rein *geometrisch:* Punktierungen um den Buchstaben, lineare und farbliche Aufgliederung des Buchstabenkörpers, Füllung seiner Binnenflächen mit Spiralen und stilisierten Ranken. Während sich diese Ornamentik zunächst am Buchstaben selbst auswirkt, wächst sie bald über diesen hinaus, schafft sich ein neues Feld, das Raum genug für weiteren Schmuck bietet. Die Initialen werden allmählich größer und ersetzen als seitenfüllende Anfangsbuchstaben des Eingangswortes die *Titelseite*, die vor dem 16. Jahrhundert noch unbekannt ist.

Die Bildmotive dieser Initialornamentik, die vom 8. bis 11. Jahrhundert vor allem in der *irisch-angelsächsischen Buchkunst* ihren Höhepunkt erreicht, entstammen zwei verschiedenen Welten und sind gegensätzlich im Sinngehalt wie in der Gestaltung. Motive der spätantiken, byzantinischen Kunst, wie Mäander, Rosetten, Palmetten oder Vogel-, Fisch- und Drachenungeheuer einer phantastisch-dämonischen Welt, auch menschliche Figuren, die alle im Geist der Zeit stilisiert und zu einem übersehbaren, abstrakt-symbolischen Linienwerk geformt sind, wechseln mit eigenwilligen, in sich verschlungenen, unentwirrbaren, weder Anfang noch Ende kennenden Band- und Flechtornamenten germanisch-keltischen Ursprungs ab. In diesem streng linearen Buchschmuck offenbart sich durch Verschmelzung beider Elemente zu einem höheren Ganzen ein neues Gestaltungsprinzip, das später in den gleichermaßen präzise und gesetzmäßig aufgebauten Initialen der Schreibmeister des 16. Jahrhunderts noch einmal kurz auflebt.

In der *gotischen* Initialornamentik herrschen pflanzliche Motive wie Blatt- und Blütenranken vor, die zunächst an den romanischen Stil anklingen, später jedoch naturalistisch durch-

Gotische Initialen mit figürlichen Darstellungen aus einem Brevarium. Lombardisch. 15. Jh.

gebildet sind. Elegant gewunden und miteinander verflochten, delikat koloriert, lockern sie den kräftigen Buchstabenkörper im Unzialcharakter auf und umschließen den Text, ja wachsen mitunter auch über ihn hinaus. In den Wiegendrucken fügt der Illuminator derartige Initialen nachträglich manuell ein, um die gleiche künstlerische Wirkung wie bei einer Handschrift zu erzielen.

Während der Spätgotik wird das Ornament in den Binnenräumen der großen und wichtigen Initialen zunehmend durch minuziös gemalte, *figürliche Darstellungen* ersetzt. Sie beziehen

Initiale des »Mainzer Psalter«, dem ersten 2farbig gedruckten Buch. Fust & Schöffer. 1457

Renaissance-Initialen. Urach. 1481

sich inhaltlich auf den Text, illustrieren ihn und machen ihn so dem Leser verständlich.
Die ersten zweifarbigen, in einem Druckvorgang ohne Paßdifferenz gedruckten Initialen finden sich in dem Mainzer *Psalterdruck* von

Renaissance-Initiale mit Flechtwerk

Fust und Schöffer aus dem Jahre 1457. Sie sind Buchstaben im gotischen Unzialcharakter mit zartem Linienornament und stellen eine Meisterleistung des manuellen Metallschnitts dar, deren Vollkommenheit erst mit der Erfindung der photomechanischen Zinkätzung wieder erreicht wird. Ein blaues Rankenornament, unerhört elegant und sicher in der Linienführung, umspielt filigranartig die kräftige, sparsam ornamentierte Bildfläche der roten Buchstaben und breitet sich, nach oben und unten ausstrahlend, über den seitlichen Blattrand aus. Bei den zahlreichen ebenfalls gedruckten Initialen der folgenden Zeit, die vielfach in einem rechteckigen Feld angeordnet und durchweg in Holz geschnitten sind, kehren die spätgotischen Blatt- und Blütenranken wieder; daneben finden sich figürliche Darstellungen, teils negativ weiß auf dunkler, teils positiv schwarz auf heller Fläche. Zierbuchstaben mit ornamental verflochtenen Federzügen und im gebrochenen Duktus gotischer Versalien werden in deutschen Drucken dieser Zeit nur selten verwendet. Sie sind französischen Ursprungs.

Initiale D aus der Renaissance mit der Darstellung eines Schreibers. Frankreich. 2. Hälfte 15. Jh.

Erhard Ratdolt: Initialen mit dekorativem Flechtwerk. 1476–1486

Viele frühe gedruckte Anfangsbuchstaben, häufig nach Vorbildern der romanischen Epoche geschnitten und zum nachträglichen Ausmalen bestimmt, fallen im Schwarzweiß-Druck etwas dürftig aus. Dieser Mangel bei der stetig wachsenden Zahl an Büchern führt zu neuen Initialformen, die keine zusätzliche farbliche Belebung benötigen, sondern allein durch den kräftigen Schwarzweißkontrast und die körperhafte Gestaltung wirken. Es sind die klassischen *Renaissance*-Initialen, formvollendete Antiqua-Versalien, in der Regel negativ weiß auf dunkler Fläche und reich ornamentiert nach antiken Vorbildern: Masken, Vasen, Grotesken, Amoretten, nackte menschliche Körper und mythisch-allegorische Figuren, durchrankt von Akanthus oder einem nur vage an pflanzliche Motive erinnernden Linienwerk.

Neu im dekorativen Schmuck sind Arabesken und Mauresken, die strengen, konstruktiven Gestaltungselemente der *islamischen Ornamentkunst*. Sie verdrängen zum Teil die antiken Motive, und sie wirken auch bei den Schwabacher- und Fraktur-Initialen formbildend. Anfänglich maßvoll verziert, werden sie immer schwungvoller und üppiger und wachsen sich schließlich zu jenen großformatigen, unentwirrbaren Labyrinthen aus, wie sie die zahlreichen Vorlagen der Schreibmeister und Formschneider veranschaulichen. In der Druckpraxis werden diese Initialen jedoch selten angewandt.

Paul Franke: Fraktur-Initial aus dem Barock. 1655

Kanzleischrift: Initiale N

Die weniger schwungvollen, mäßig dekorierten *Fraktur-Initialen* zählen dagegen bis zum späten Barock zu den beliebtesten Schmuckbuchstaben und setzen so die Tradition der gebrochenen Zierbuchstaben fort. Doch sind die schwülstigen, von Ornamentwerk über-

Zwei Initialen L mit figürlicher Darstellung. Frankreich. 2. Hälfte 15. Jh.

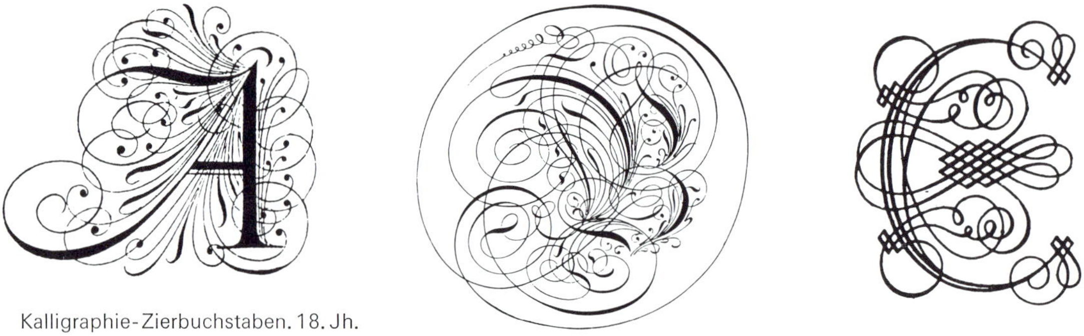

Kalligraphie-Zierbuchstaben. 18. Jh.

wucherten Zierversalien der Fraktur- und Kanzleischriften nicht vergessen. Sie dominieren in den Urkunden höfischer Kanzleien und sind der ganze Stolz versierter Schreiber.
Beschwingte Kurven, zarte Blatt- und Blütenornamente zieren die wesentlich kleineren Fraktur-Schmuckbuchstaben des *Rokoko*. Ebenso zart und elegant geschwungen sind die frühen Kursive-Initialen, die immer mehr an Bedeutung gewinnen. Beide Schriftcharaktere verraten den *Einfluß des Kupferstichs*, der um diese Zeit seinen Höhepunkt erreicht. Die schlichte Schönheit und Klarheit der Kursive weicht aber bald einer manieriert verkünstelten Kalligraphie, bei der zahllose Schnörkel, Windungen und schwellende Schwünge die Grundform des Buchstabens überspielen.
Neuartig in der Initialkunst sind die reizvollen *Wechselrähmchen* und die aus zierlichen Schmuckstücken gesetzten Umrahmungen, in die wahlweise vorhandene Lettern eingefügt werden. Es sind kleine Meisterwerke in den zeittypischen geometrischen, naturalistischen oder Rocailleformen, in subtiler Holzschnitttechnik gearbeitet.

Initial-Buchstaben in Egyptienne-Charakter. 19. Jh.

Giambattista Bodoni: Initialen mit Wechselrähmchen. Die Buchstaben können nach Bedarf ausgetauscht werden. Parma. 1771

Im *Klassizismus* wird entgegen dem höfisch-verspielten Rokoko nach klassisch-antikem Vorbild jeglicher Buchschmuck abgelehnt und mit ihm verschwinden auch die verzierten Initialen. An ihre Stelle treten, falls erforderlich, etwas größere Versalien der Grundschrift, die Aufbau und Gesamtbild der strengen typographischen Form nicht beeinträchtigen.
Bereits im beginnenden 19. Jahrhundert setzt sich eine Richtung durch, die die Initialkunst wieder aufblühen läßt. Gefragt sind *illustrative Lösungen*, bei denen der Buchstabe in eine szenische Vignette eingebaut oder aus unterschiedlichen figürlichen und künstlichen Gegenständen geformt wird. Die bisherigen Techniken, Holzschnitt und Kupferstich, werden ergänzt durch den neu entdeckten *Holzstich* und vor allem durch die inzwischen erfundene *Lithographie*. Bisher unbekannte Formmöglichkeiten werden durch diese neue

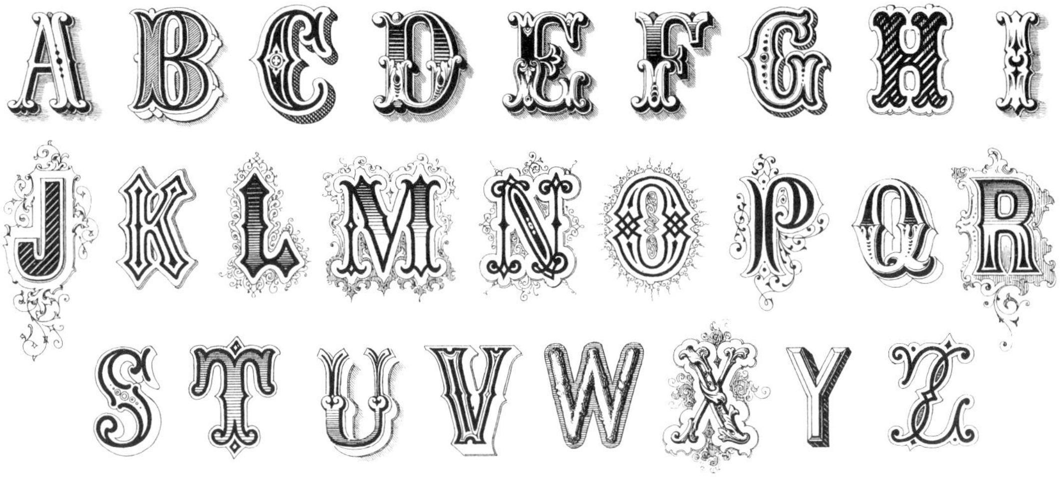

Muster-Alphabet »Roemisch« für Initialen. 19. Jh.

Technik erschlossen. Es entsteht sogar ein eigener Berufszweig, die Schriftlithographie. Ähnlich den Schreibmeistern früherer Epochen schaffen die *Schriftlithographen*, die ihre Werkzeuge, die Feder und den zur Steingravur dienenden Diamanten, meisterhaft beherrschen, eine geradezu verwirrende Fülle von Initial-Alphabeten. Wenn auch diese Phantasieschriften, die Band-, Baum-, Blatt- und Blumen-Initialen oder die aus Architekturelementen, Tier- und Menschenkörpern geformten Schmuckbuchstaben durch ihre technische Vollkommenheit und die originellen, vielfältigen Einfälle beeindrucken, so befriedigen doch die wenigsten ästhetisch. Mißverstandene Grundformen, Stilentgleisungen und beziehungslose Ornamente in den historisierenden Zierbuchstaben führen zu grotesken Experimenten, die den Tiefstand gegen Ende des 19. Jahrhunderts bezeugen.

Gegenüber diesem Verfall sind die Initialen des *Jugendstils*, obwohl sie in der Linienführung übersteigert sind und das rein Dekorative bei ihnen modisch betont ist, als gelungener

Muster-Alphabet aus dem Biedermeier im Charakter der Englischen Schreibschrift. 19. Jh.

Initial-Figuren aus dem Jugendstil: Otto Eckmann (links); Heinrich Vogeler; Ludwig F. Fuchs. Anonym

Versuch einer zeitgerechten Erneuerung und künstlerisch-handwerklichen Gestaltung zu werten. Doch es bleibt beim Versuch. Die erfolgversprechende Weiterentwicklung wird durch den Krieg und seine Auswirkungen auf wirtschaftlichem und kulturellem Gebiet abgebrochen.
Im folgenden Jahrzehnt zwischen 1920 und 1930, das von den Theorien des Funktionalismus und Konstruktivismus geprägt ist, gelten auch für die Schrift mathematische Exaktheit und nüchterne *Sachlichkeit* als Gestaltungsrichtlinien. Es siegt das geometrisch-lineare Prinzip, das ausschließlich die lapidare Grundform einer Schrift anerkennt und jedes schmückende Beiwerk ablehnt.
Während dieser kurzen Zeitspanne sind unermüdlich schöpferische Kräfte am Werk, die sich der herrschenden Normen der Sachlichkeit widersetzen. Sie erkennen, daß in der Grundform vollendete Initialen dem Schriftbild mehr »Farbe« verleihen als solche, deren Ornamentwerk alles überspielt. Aufgrund dieser Erkenntnisse sind in den letzten Jahrzehnten beispielhafte Initial-Alphabete entstanden. Lebendig, doch diszipliniert, kraftvoll, trotzdem elegant in der Linienführung und ohne jede ornamentale Spielerei wirken sie modern und zeitlos wie die Grundschriften, deren Versalien als Ausgangsform dienen.
Frei von üppigem und vordringlichem Ornamentwerk sind auch die Initialen neuerer *Original-Schriftgraphiken*, denen Urkunden, Diplome, Glückwunschadressen, Chroniken oder handgeschriebene Texte profanen und klerikalen Inhalts zuzurechnen sind. Die bewußt individuelle, doch formal im Stil und Charakter der Schrift gestalteten Schmuck-Versalien betonen den persönlichen Wert und verleihen dem Textbild durch farbige Akzente eine feierlich-ernste oder festlich-freudige Note.
Mit der Einführung des *Photosatzes* gegen Ende der 50er Jahre haben sich die Initialen zahlenmäßig um ein Vielfaches erhöht. Die breite Skala umfaßt neben allen im Bleisatz vorhandenen neueren Initiallettern auch viele alte Vorbilder des In- und Auslandes. Hinzu kommen neu entworfene, eigenwillige, mitunter problematische Kreationen: modische, avantgardistische, originelle neben phantastischen, konstruierten oder illustrativen in unterschiedlichen graphischen Aussagen und Techniken. Eine ungeahnte Renaissance erleben heute die verfemten Zierbuchstaben des späten 19. Jahrhunderts und des Jugendstils. Darüber hinaus bietet der Photosatz die Möglichkeit, jeden Buchstaben, ob gedruckt, geschrieben oder gezeichnet, mit geringstem technischem Aufwand zu *modifizieren*, um zusätzliche Varianten einer bereits vorhandenen Schriftform zu erhalten (Bilder Seite 138). Alle diese Photosatz-Initialen sind heute viel

Initialen aus der Zentenar-Fraktur von Ernst Schneidler. 1937

Schriftblatt von Walter Leonhard, 1940

verwendete Gestaltungselemente der Typo-Designer, um durch Schrifteffekte produktspezifische und optisch reizvolle Typographien zu erzielen oder einem Wort oder Text die richtige Atmosphäre zu verleihen. Sie sind daher primär für die Typo-Montage, die Reproduktion und die Vervielfältigung gedacht.

Das Monogramm

Das Monogramm setzt sich aus den kunstvoll, möglichst symmetrisch gestalteten Buchstaben eines Namens zusammen und symbolisiert die durch sie dargestellte Person. Erfinder dieses reinen Buchstabenmonogramms sind die Griechen, die es nachweisbar aus den be-

Beispiele von modernen Initial-Alphabeten im Photosatz: »Mahoney« (links oben), »Jubilee« und »Cheque«

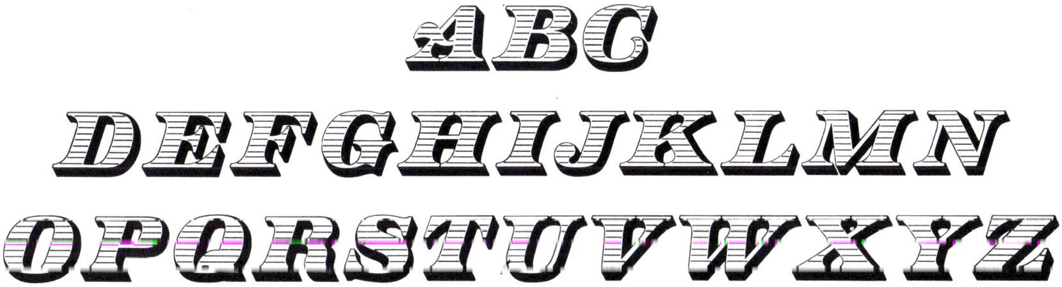

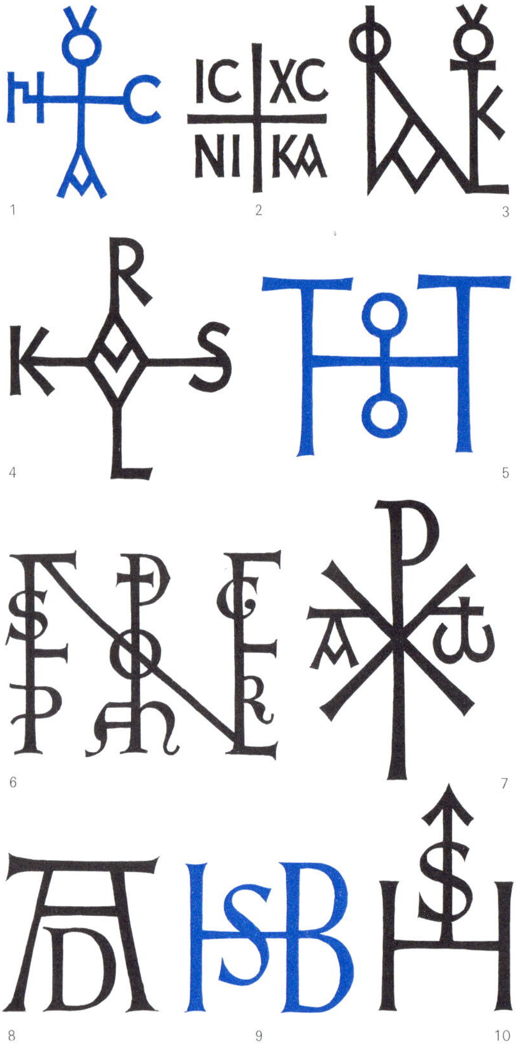

Beispiele von historischen Monogrammen 1 Byzantinisch, Narses 2 Griechisch, unbekannt 3 Byzantinisch, Justinian 4 Karl d. Gr. 5 Otto d. Gr. 6 Friedrich I. Barbarossa 7 Christusmonogramm 8 Albrecht Dürer 9 Hans Sebald Beham 10 Hans Sachs

Siegelabdruck und graviertes Siegel für ein Monogramm. 19. Jh.

reits bekannten und viel gebrauchten Ligaturen entwickelt haben. Das architektonische Gerüst des frühen griechischen Monogramms bildet das Kreuz, um dessen Mittelpunkt sich die Schriftzeichen in vier Teilen symmetrisch gruppieren. Im späteren griechisch-byzantinischen Monogramm erscheinen sie am Ende der Kreuzarme, wobei diese vielfach Teilformen einzelner Buchstaben bilden. Anstelle des Kreuzmittelpunktes tritt gelegentlich ein zentrales Schriftzeichen. In zahlreichen Fällen sind die Monogramme nur schwer zu deuten, da die Buchstaben versteckt und durch Teilformen vertreten sind, vereinzelt auch im Spiegelbild erscheinen oder sogar fehlen.

Im westlichen Abendland werden derartige Buchstaben-Monogramme als Zeichen für Namen und Titel erst im Mittelalter verwendet. Besondere Bedeutung erlangen die Herrschermonogramme, die auf Urkunden die eigenhändige Unterschrift ersetzen. Nirgends tritt die Persönlichkeit so sehr in den Vordergrund wie bei diesen Monogrammen, da der Herrscher das meist komplizierte, vom Kanzleischreiber vorgefertigte Zeichen eigenhändig durch einen Strich vollendet und damit der Urkunde Rechtskraft verleiht.

Vorbild der frühmittelalterlichen Herrschermonogramme ist das Karls d. Gr., das sich seinerseits in Aufbau und Formgebung an die byzantinischen Zeichen anlehnt. Zur Unterschrift von Urkunden sind Herrschermonogramme bis ins Hochmittelalter regelmäßig in Gebrauch, später werden sie nur noch willkürlich eingesetzt. Nach dem Reichstag von Worms im Jahre 1495 unterschreiben die Herrscher allein mit dem Namen. Die in späteren Jahrhunderten vorkommenden Monogramme auf fürstlichen Münzen und Medaillen sind vielfach kalligraphisch ornamentale Verschlingungen im Stil der Zeit.

Der allgemeinen Stilentwicklung folgen auch die Monogramme Bürgerlicher, die in Petschaften graviert zum Siegeln und zum Verschluß von Briefen bis ins späte 19. Jahrhundert dienen. Einfacher im Aufbau sind die Künstlermonogramme und die Werkzeichen der Handwerker. Schlicht und formschön im Duktus sind auch moderne Monogramme, die heute zur Kennzeichnung des persönlichen Besitzes dienen.

Blindenschrift

Grundform

1 4
2 5
3 6

Gruppe I: Die Punkte 3 und 6 fehlen

A B C D E F G H I J

Gruppe II: Den Zeichen der Gruppe I ist Punkt 3 zugefügt

K L M N O P Q R S T

Gruppe III: Den Zeichen der Gruppe I sind die Punkte 3 und 6 zugefügt

U V X Y Z ß, ss ST

Gruppe IV: Den Zeichen der Gruppe I ist Punkt 6 zugefügt

AU EU EI CH SCH Ü Ö W

Gruppe V: Umkehrung der Gruppe IV

ÄU Ä IE Zahlenzeichen

Gruppe VI: Die Zeichen der Gruppe I sind um eine Stufe heruntergesetzt

, ; : ? ! () „ * “

Gruppe VII: Die Zeichen der Gruppe I sind um zwei Stufen heruntergesetzt

. - ’

1 2 3 4 5 6 7

8 9 0

Sticktuch mit Vorlagenalphabeten. Die Buchstabenform folgt der Rasterstruktur des Grundgewebes. Die Rundungen sind in Stufen aufgelöst, deren Formen durch Nadel und Faden bestimmt werden. Holland 1843

Monogrammvorlagen für Bestecke, Schmuck, Tafelsilber. Ende 19. Jh.

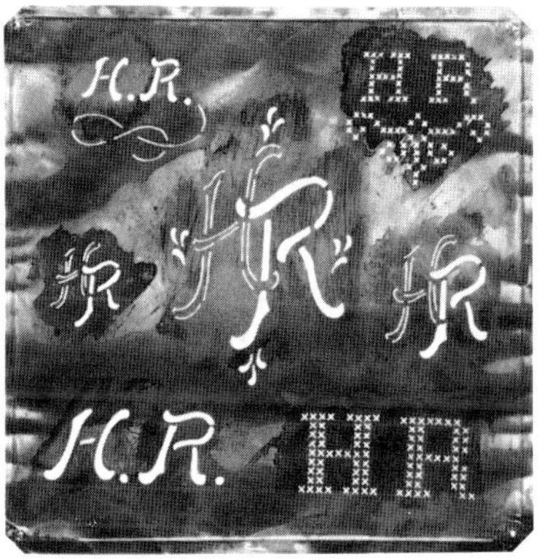

Gestanzte Monogrammblechtafel zum Übertragen des Monogramms auf das Wäschestück vor dem Sticken. Anfang 20. Jh.

Carl Pott, Solingen: Monogramm-Entwürfe für moderne Eßbestecke

Figurenalphabete und Bildbuchstaben

In der karolingischen Buchkunst wird erstmals das Bestreben offenbar, den schmucklosen, abstrakten Buchstaben des Alphabets durch gegenständliche, meist symbolische Bildelemente zu beleben, die, wie in allen späteren Epochen, die Geisteshaltung derZeit spiegeln. In den romanischen Initialen führen nordische und morgenländische Tierdämonen als Symbole des Bösen einen letzten Kampf gegen die mönchische Askese des Christentums. Die von der Aristokratie und der Mystik geprägte frühe Gotik verherrlicht in ihren Zierbuchstaben neben höfischen Tugenden und ritterlichen Idealen die tief religiöse Versunkenheit. In den spätgotischen allegorischen Figurenalphabeten werden das untergehende Rittertum und der Sittenverfall des Klerus unverhüllt kritisiert. Während der Renaissance entstehen

Romanische Initiale aus einer Handschrift. Kloster Zwiefalten. 12. Jh.

Meister E. S.: Aus dem gotischen Kupferstichalphabet. Süddeutschland. 1499

Schmuckbuchstabe K. Holzschnitt. Anfang 16. Jh.

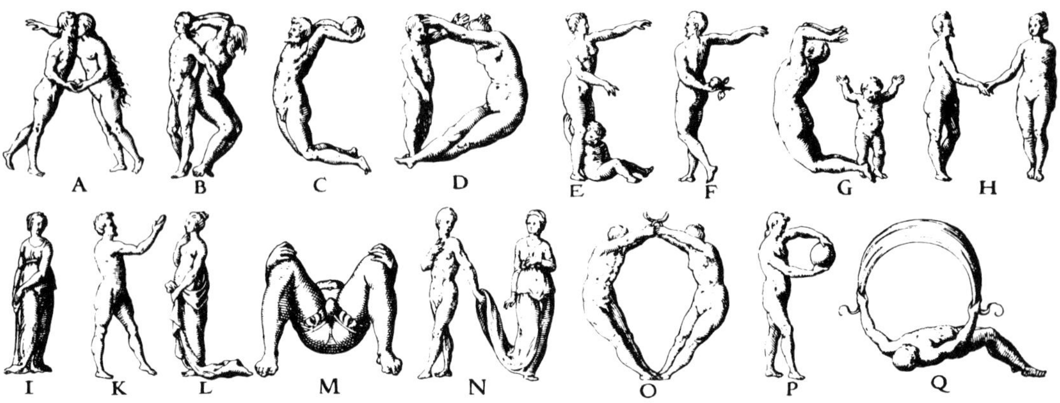

Aus dem Figurenalphabet von Johannes Theodor und Johannes Israel de Bry. Frankfurt/Main. 1596

Aus einem Figurenalphabet von Honoré Daumier. Paris. 1836

ganze Buchstabenfolgen, von A bis Z geformt aus Venusgestalten und Athleten in akrobatischen Verrenkungen.

Neue Impulse bringen erst das Biedermeier, die Romantik und der Historismus. Zeichner, Stecher und vor allem die Lithographen überbieten sich gegenseitig im Erfinden stets neuer Figurenalphabete, die skurril, grotesk, phantastisch, manieriert verspielt, humorvoll, aber auch beißend ironisch sein können. Wie beliebt die Figurenalphabete und Bildbuchstaben noch heute sind, beweisen die zahlreichen modernen Neuschöpfungen in der Art überlieferter Vorbilder.

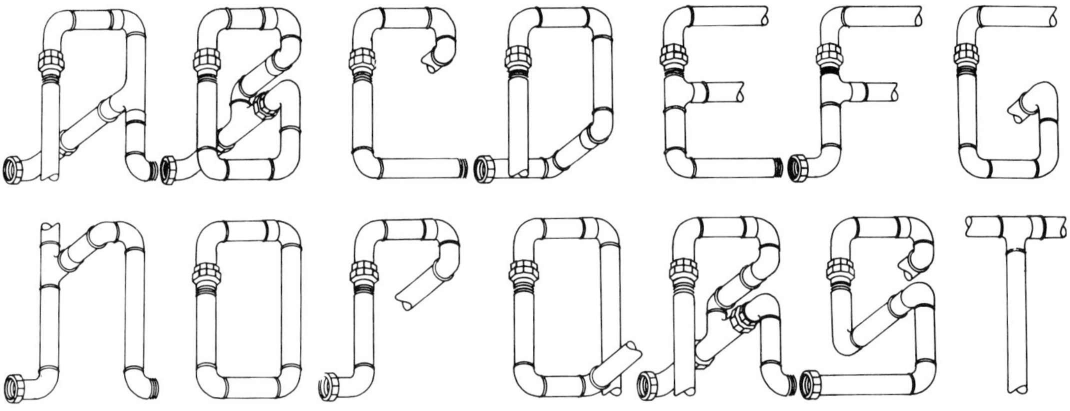

Buchstabenfiguren aus Installations-Rohren △

Richard Aeschlimann: Aus einem utopischen Alphabet ▽

Schriftzeichen – Schriftsymbole

Der Zeichen- und Symbolcharakter einer Schrift ist in den Piktogrammen und Ideogrammen frühzeitlicher Schriftsysteme deutlicher zu erkennen als in den abstrakten Buchstaben des Alphabets, mit denen sich allgemein die Vorstellung eines Lauts, seltener eines Zeichens verbindet. Der Symbolgehalt wird jedoch offenkundig, wenn Buchstabenkombinationen wie Monogramme oder mehrere Buchstaben als Abkürzung für Namen und Titel – wie in früherer Zeit auf Siegeln und Münzen – eine bestimmte Person verkörpern. Dies gilt auch für jene Einzelbuchstaben, die noch heute die Währung eines Landes auf Banknoten, Briefmarken und Münzen oder deren Prägestätten kennzeichnen.
Andere Buchstabenfolgen stehen als Abkürzungen für Wahlsprüche oder Losungen auf Fahnen und Wappen. Wieder andere, oft bewußt verschlüsselt und daher nur dem Wissenden bekannt, sind aus der Alchimie, der Magie und von geheimen Kulten überliefert.

Auch in den verschiedenen Weltreligionen werden Buchstaben und Buchstabenverbindungen verwandt, um bestimmte Begriffe symbolhaft zum Ausdruck zu bringen. Selbst in der heutigen Zeit, beim Staat, bei den Kommunen, den politischen Parteien, im Verkehr und im weltweiten Wirtschaftsleben sind Schriftzeichen geläufig. Neben anschaulichen Piktogrammen sind es einzelne abstrakte Lautzeichen des Alphabets oder einprägsame Buchstabenkombinationen. Sie versinnbildlichen wie früher Begriffe und sind für jeden Beschauer schnell und leicht erfaßbar.

Piktogramme – Bildzeichen zur allgemeinen Orientierung

1 Jugendlager,
2 Leichtathletik,
2 A Fußball, 2 B Reiten,
2 C Mod. Fünfkampf,
3 Sporthalle, Turnen, 3 A Handball

4 Schwimmhalle, Schwimmen, 5 Boxhalle, Boxen/Judo, 6 Volleyballhalle, Volleyball, 7 Radstadion, Radfahren, 8 Hockeyanlage, Hockey, 9 Ringerhalle Ringen, 10 Judohalle, Judo

11 Gewichtheberhalle,
12 Fechthalle, Fechten,
12 A Basketballhalle,
13 Flughafen, 14 Hafen,
15 Bundesbahn, 16 U-Bahn

17 S-Bahn, 18 Bus,
19 Straßenbahn,
20 Taxi,
21 Garage, 22 Tankstelle,
23 Autoreparatur

24 Parkplätze,
25 Eingang, 26 Ausgang,
27 Aufzug,
28 Treffpunkt,
29 Polizei, 30 Zoll

31 Fahrbereitschaft,
32 Feuerwehr,
33 Olympisches Dorf,
34 Eröffnungsfeier, 35 Schlußfeier,
36 Teilnehmerin, 37 Teilnehmer

38 Umkleideraum, 38 A Garderobe,
39 Wiegeraum,
40 Dopingkontrolle,
41 Meldestelle, 42 Ergebnisdienst,
43 Luftanschluß

44 Waffenkontrolle,
45 Trainingsstätte,
46 Lunchpakete, 47 Konditionshalle,
48 Kraftraum,
49 Turnhalle, 50 Massage

51 Ruheraum, 52 Segelvermessung,
53 Segelmacher,
54 Segelwäscherei,
55 Segeltrockenraum,
56 Mastkran, 57 Bootskran

58 Bootsanhänger,
59 Bootswerkstatt,
60 Bootsvermessung, 61 Bootswaage,
62 Feierplatz, 63 Barfußgang,
64 Regattabegleitboot

65 Ordner, 66 Offizieller,
67 Ehrengäste,
68 Bogenschießanlage,
69 Zuschauer, 70 Schwerbeschädigte,
71 Rotes Kreuz

72 Arzt, 73 Sanitäter,
74 Erste Hilfe, 75 Apotheke,
76 Med. Bad,
77 Presse,
78 Fernsehen

79 Rundfunk, 80 Film,
81 Schreibraum,
82 Dolmetscher,
83 Konferenz, 84 Kongreß,
84 A Interviewraum

85 Post, 86 Postinformation,
87 Telefon, 87 A Notruf,
88 Briefe,
89 Telegramme,
90 Briefkasten

85 86 87 87A 88 89 90

91 Telex, 92 Telefoto,
93 Sonderstempel,
94 Pakete,
95 Briefmarken, 96 Postausgabe,
97 Rauchen verboten

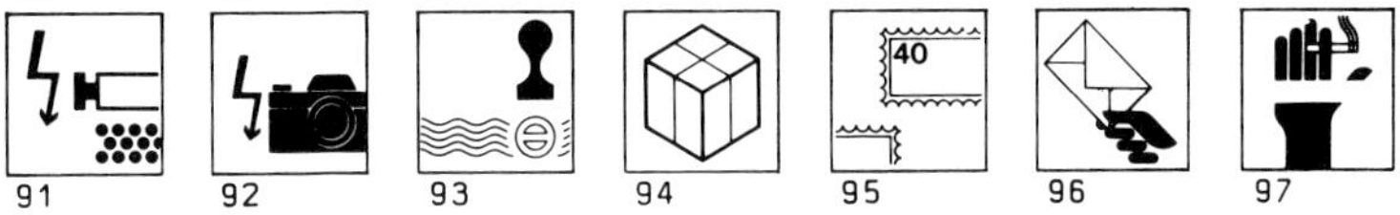

91 92 93 94 95 96 97

98 Berühren verboten,
99 Tiere verboten,
100 Feuerlöscher, 101 Elektrizität,
102 Durchgang verboten,
103 Abfall, 104 Information

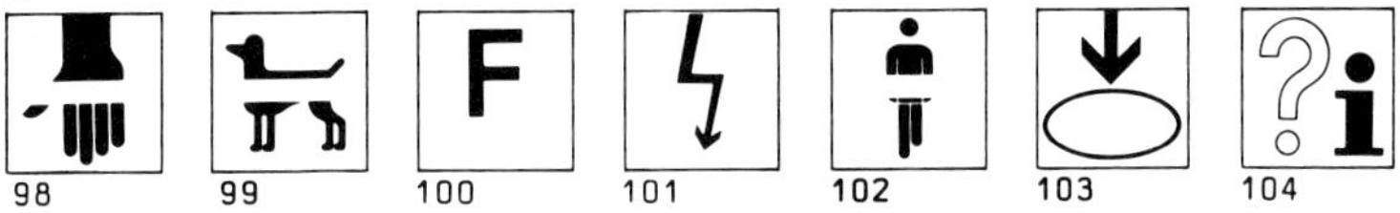

98 99 100 101 102 103 104

105 Fundstelle,
106 Kinderbetreuungsstelle,
107 Datensichtstation, 108 Fernsehstation, 109 Toiletten, 110 Toiletten, Damen, 111 Toiletten, Herren

105 106 107 108 109 110 111

112 Waschraum,
113 Trinkwasser,
114 Bad, 115 Dusche,
116 Sauna, 117 Club,
118 Golf

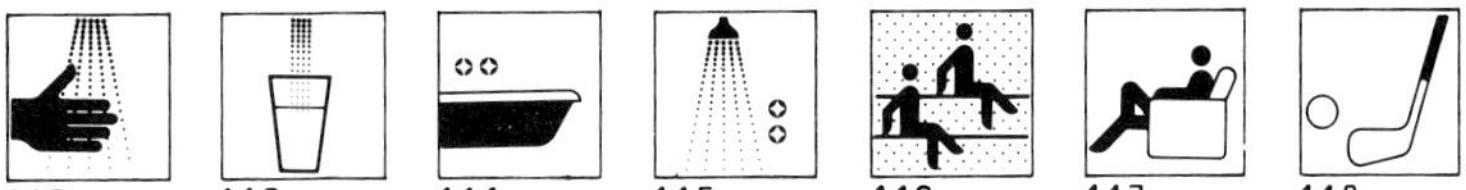

112 113 114 115 116 117 118

119 Großseglertreffen,
120 Freilichtmuseum,
121 Restaurant,
122 Bar, 123 Café,
124 Lebensmittel, 125 Küche

119 120 121 122 123 124 125

126 Obst, 127 Lebensmittelautomat,
128 Trinkautomat,
129 Selbstbedienung,
130 Kellnerbedienung,
131 Kasse, 132 Reinigung

126 127 128 129 130 131 132

133 Wäscherei, 134 Drogerie,
135 Friseur, 136 Hallenbad,
137 Bademeister,
138 Tischtennisraum,
139 Billardraum

133 134 135 136 137 138 139

140 Kino, 141 Leseraum,
142 Tanzraum,
143 Fernsehraum, 144 Diskothek,
145 Theater,
146 Andachtsraum

140 141 142 143 144 145 146

147 Lagerraum,
148 Gepäckaufbewahrung,
149 Trockenraum, 150 Bügelraum,
151 Stromanschluß,
152 Wasseranschluß, 153 Werkstatt

147 148 149 150 151 152 153

154 Kioske,
155 Programme, 156 Kartenverkauf,
157 Souvenirs, 158 Fotoartikel,
159 Zeitungen, Bücher,
160 Blumen

154 155 156 157 158 159 160

161 Bücher, 162 Schreibwaren,
163 Tabakwaren,
164 Getränke,
165 Süßwaren,
166 Milchprodukte, 167 Eis

161 162 163 164 165 166 167

168 Schnellimbiß,
169 Medaillenverkauf,
170 Touristik, 171 Filmentwicklung,
172 Bootsverleih, 173 Biergarten,
174 Regen- und Sonnenschutz

168 169 170 171 172 173 174

175 Bank, Geldwechsel,
176 Ersttagsbriefe, 177 Schießanlage,
178 Kanuanlage,
179 Haltestelle,
180 Regattaanlage, 181 Hotel

175 176 177 178 179 180 181

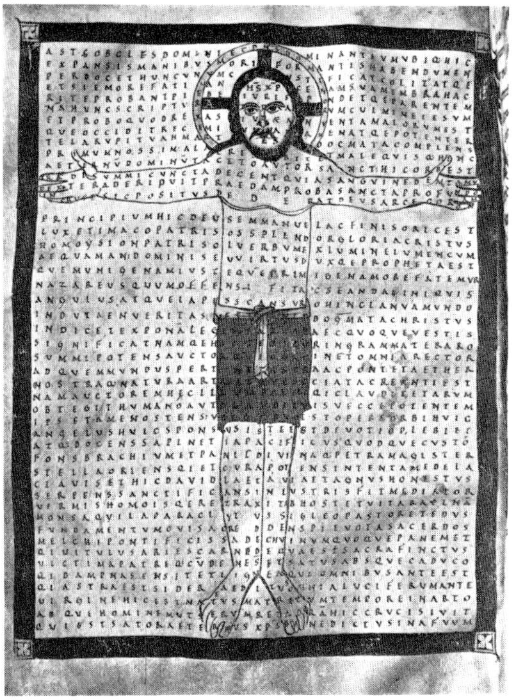

Bildergedicht aus einer Handschrift. Böhmisch(?). 11. Jh.

Rosette aus der Moschee von Sulaiman I. Konstantinopel. 16. Jh.

Adler oder Falke, aus einer Kalligraphie, nach einer islamischen Gebets-Anrufung

Angela Aigenmann: Typogramm

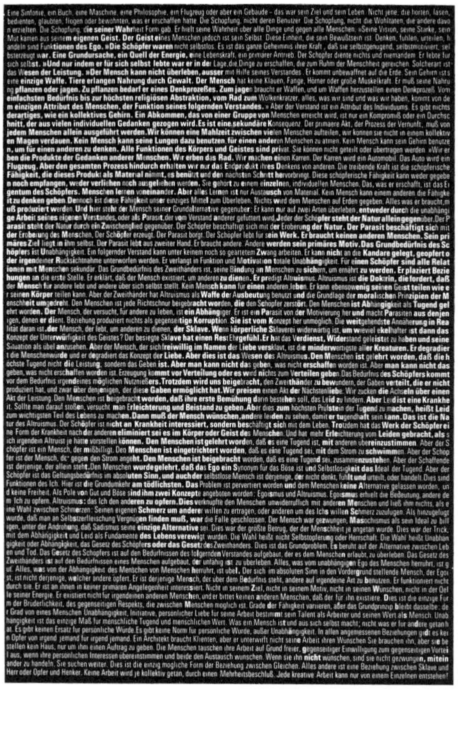

Geschriebene Malerei

Textbilder und Kalligramme, auch Figuren- oder Bildgedichte genannt, sind Ausdrucksformen, die im Grenzbereich zwischen bildender Kunst und Literatur liegen. Es sind Wort-Bild-Schöpfungen, die genau betrachtet und mit Verstand gelesen werden müssen, um ihren Sinn zu erfassen. Sie entstehen in der Antike und kommen in fast allen Ländern, Sprachen und Schriften vor.

Zu den interessantesten und dekorativsten zählen die meist streng geformten, frühen Figurengedichte im islamischen, indischen und chinesischen Sprachraum. Es sind Bildtexte von besonderem graphischem Reiz, deren künstlerische Aussage durch die malerischen, bildhaft-ornamentalen Schriftzeichen zusätzlich gesteigert wird. Im Gegensatz dazu wirken die phonetischen Zeichen der abendländischen Alphabete steril und trocken. Selbst die formvollendeten kalligraphischen Textbilder vergangener Epochen oder die typographisch unkonventionell gestalteten Schriftbilder der jüngsten Zeit reichen kaum an jene heran. Formelemente der Bildgedichte sind handgeschriebene Buchstaben, Zahlen und vereinzelt Zeichen, bei denen der subjektive Ausdruck betont ist. So tritt die Lesbarkeit hinter der persönlichen Handschrift und der Umsetzung des Wortes in visuelle Formen zurück.

Ausschnitt aus einem mittelalterlichen Bildteppich. Deutsch. 15. Jh.

Schriftzeichen in der Malerei und Graphik

Wie bereits in den mittelalterlichen Tafelmalereien, Bildteppichen, Buchminiaturen oder frühen Holzschnitten stellen die Schriftzeichen auch bei Bildern der Moderne meist ein graphisches oder räumliches Element der Gesamtkomposition dar. Ebenso können sie zur Gestaltung eines besonderen Themas herangezogen werden und eine bestimmte sprachliche Aussage enthalten, wie es vor allem in der angewandten Kunst und der Werbung geschieht.

In der Malerei werden Schriftzeichen zum ersten Mal von den Kubisten verwendet; sie sind entweder gemalt oder aus realem, meist gedrucktem Material in die Komposition eingeklebt. Dies ist der Anfang der Collage. Bis heute haben fast alle avantgardistischen Maler, Futuristen und Dadaisten oder die Künstler der Op- und Concept-art bedeutende Bild- und druckgraphische Werke mit Schriftzeichen geschaffen, in denen der Buchstabe von seinem ursprünglichen Zweck befreit und konkreten Bildelementen gleichgesetzt, wieder zur reinen Form geworden ist. Diese Bild-Buchstaben herrschen vielfach als einziges Gestaltungselement vor und erreichen, obwohl sie keine »lesbare« Aussage enthalten, in der Gesamtkomposition oft eine Monumentalität, die an die eindrucksvollen Schriftdenkmäler vergangener Kulturen erinnert.

Kurt Schwitters: Merzbild 273

Paul Klee: Schriftbild mit einem Text aus dem »Hohen Lied« Salomos: »Er küsse mich mit seines Mundes Kuß...«. 1921

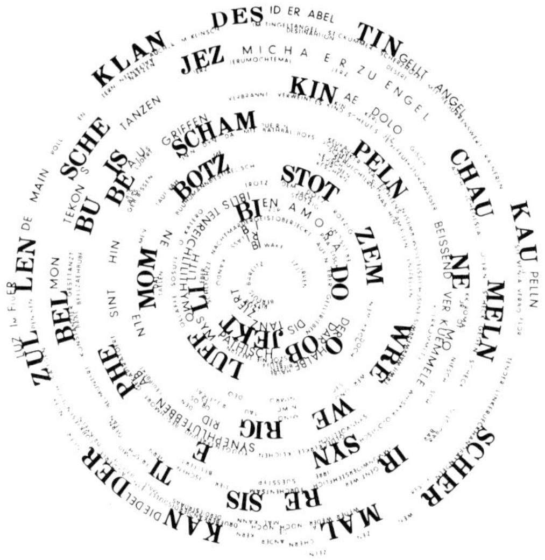

Ferdinand Kriwet: »Type is honey«

Pedro Friedeberg: El tiempo es oro

Robert Indiana: Love. 1967

Ad Parnassum, Zeichnung von Paul Flora (Ausschnitt)

Musikalische Schriftzeichen – die Notenschrift

Sie hat in erster Linie zwei Dinge auszusagen: die Tonhöhe und die Dauer des Tones. Die Versuche, den flüchtigen und nur hörbaren Ton in lesbare Schriftzeichen umzusetzen und somit der Nachwelt zu erhalten, sind bereits bei jenen Kulturvölkern des Altertums nachzuweisen, die schon in frühen Zeiten ein ausgebildetes Schriftsystem besitzen. Die Völker des alten Orients, Griechen, Inder und Chinesen verwenden zunächst Buchstaben oder Zahlen, auch Verbindungen beider Zeichen, jedoch noch kein Liniensystem, um lediglich die Lage der Töne auf ihren Musikinstrumenten festzuhalten. Diese Noten sind demnach zunächst reine Griffzeichen. Derartige Notenschriften sind in den sogenannten Tabulaturen für Zupfinstrumente bis in die Gegenwart nachzuweisen.

Erst im frühen Mittelalter gelingt es, das Tonbild selbst, den sinnlich wahrnehmbaren Eindruck des Ablaufs einer Melodie durch bestimmte Zeichen nachzubilden und zu fixieren. Diese Noten, die Neumen, entwickeln sich im Abendland in steter Wechselwirkung

Entwicklung der Notenschrift:

1. Codex 339 der Bibliothek in St. Gallen. 10. Jh.
2. Neumen und Buchstaben. Antiphonar von Montpellier. 11. Jh.
3. Neumen auf einer geritzten Linie ohne Farbe. Graduale von Albi. 11. Jh.
4. Neumen auf vier Linien. Graduale aus dem 12./13. Jh.
5. Auf Linien gesetzte Neumen mit viereckigem Notenkörper (Nota quadriquarta). Seit dem 12. Jh.
6. Schwarz-rote Mensuralnote. Tenor eines dreistimmigen Chanson von G. Binchois. 14. bis 15. Jh.
7. Weiß-schwarze Mensuralnote. Dasselbe Stück. 15. bis 17. Jh.
8. Dasselbe Stück mit heutigen Noten ohne Verkürzung der Werte
9. Dasselbe Stück, die Werte auf den vierten Teil verkürzt

mit der Musik zu einem hohen Grad der Vollkommenheit. Zur Festlegung der Tonhöhe werden die Neumen mit ihren quadratischen Notenköpfen zunächst in ein Vierliniensystem eingetragen. Die Grundform dieser aus dem 12. Jahrhundert stammenden Choralnoten, die bis in die Gegenwart zur Aufzeichnung der Gregorianik dienen, ist damit geschaffen. Die folgende Modalnotenschrift des 13. Jahrhunderts, vorwiegend für mehrstimmige Musik, ermöglicht zusätzlich die Darstellung der rhythmischen Gliederung einer Tonfolge. Doch es dauert noch etwa drei Jahrhunderte, bis in der Mensuralnotenschrift mit einem Fünfliniensystem die Zuteilung der bestimmten zeitlichen Geltungsdauer einer Einzelnote – das melodisch rhythmische Element – Eingang findet. Mit der Einführung des Taktstriches und der Ausprägung der Taktarten und Taktvorzeichnungen hat die Notenschrift ihren Abschluß gefunden und sich kaum noch gewandelt. Weiterhin folgende Veränderungen der Notation wie Umgestaltung der Notenform, nicht jedoch ihres Wesens, oder Vereinfachungen sind praktisch ohne Bedeutung. Bedeutungslos sind auch neuere Verbesserungsversuche, unter anderm die Bemühungen um eine chromatische Zwölftonschrift.

△ Pergamentmanuskript mit Miniaturmalerei. 1490/1500

◁ Handschrift (Autograph) von J. S. Bach (1685–1750): Beginn der ersten Sonate für Violine allein

Zwei Beispiele für moderne Partituren mit graphischer Notation:

John Cage »Fontana Mix«
▽

Anestis Logothetis »Mäandros« ▷

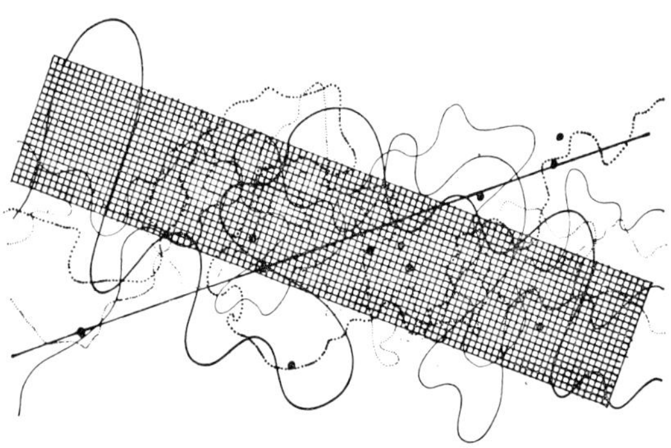

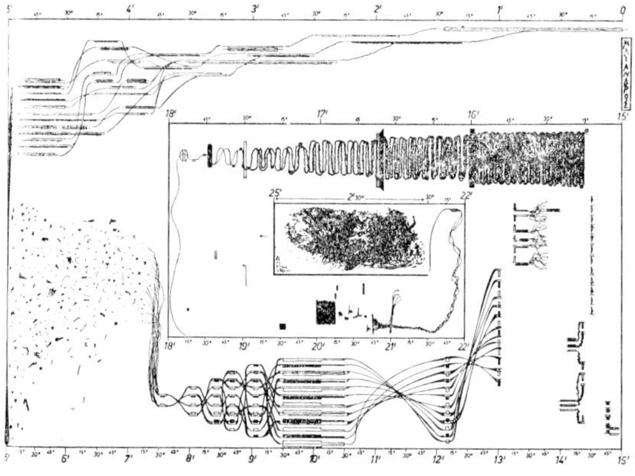

Schriften der außereuropäischen Weltkulturen

Vorderer Orient

Entscheidend wie für das Abendland wird das altphönikische Konsonantenalphabet auch für die Schriftentwicklung des Alten Orient. Die *Aramäer* erkennen als erste die große Bedeutung dieses neuen, aus nur wenigen Zeichen bestehenden und daher praktikablen Schriftsystems gegenüber den bisherigen, aus ideographischen und phonetischen Elementen aufgebauten, komplizierten Silbenschriften; sie benutzen es trotz anderer Sprache mit unterschiedlichen Dialekten.

Nach der Eroberung der aramäischen Kleinstaaten durch die *Assyrer* im 7. Jahrhundert v. Chr. übernehmen diese die Schrift der Besiegten. Mit der nun beginnenden Weiterverbreitung im gesamten Herrschaftsbereich gewinnt das Aramäische mehr und mehr an Bedeutung und gelangt durch Handel und Kriege über den Vorderen Orient nach Persien, Indien, Zentral- und Südasien; es wird dadurch zum allgemeinen Informations- und Verständigungsmedium dieser Völker und bildet die Grundlage aller Schriftformen, die sich später daraus entwickeln.

In der aramäischen Schrift ist auch die *hebräische Quadratschrift* vorbereitet, die von den Juden nach ihrer Rückkehr aus dem babylonischen Exil etwa um 400 v. Chr. übernommen, ihren Spracheigenheiten angepaßt und bis zum 2. Jahrhundert v. Chr. zur heute üblichen Quadratschrift mit 22 Konsonanten durchgeformt wird. Seit dem 5. Jahrhundert n. Chr. werden die Vokale durch Striche und Punkte über und unter den Buchstaben gekennzeichnet. Die endgültig festgelegte Punktation stammt aus dem 9. Jahrhundert. Die Quadratschrift dient zum Druck der Heiligen Bücher.

Aus der schnellgeschriebenen Quadratschrift entwickelt sich eine Kursive, die schließlich zur *Raschi-Schrift* führt, einer etwas vereinfachten, schreibgerechteren Kursive. Sie wird im Druck vorwiegend für die Kommentare verwendet. Da im Hebräischen auch zahlreiche andere nichtjüdische Sprachen, wie Jiddisch, Ladino, Arabisch, Tartarisch und Juden-Persisch, geschrieben werden, sind die hebräischen Schriftzeichen, selbst in unterschiedlichen Varianten, Symbole für all das, was jüdisch ist.

Das vor diesen hebräischen Schriften verwendete phönikisch-altsemitische Alphabet aus dem 11. bis 10. Jahrhundert v. Chr. lebt heute noch in erkennbarer Form in der kleinen Gemeinde der *Samariter* weiter, die sich schon früh aus religiösen und politischen Gründen vom Judentum getrennt haben.

Nach der Eroberung des großpersischen Reiches durch Alexander d. Gr. im Jahre 331 v. Chr. verliert zwar das Aramäische an Bedeutung, lebt aber in der Schrift und in den ost- und westaramäischen Sprachdialekten weiter: so im *Syrischen*, der herrschenden Literatursprache und Schrift des frühen christlichen Orients, die nach der Glaubensspaltung durch die ostsyrischen Nestorianer bis nach Innerasien und Ostasien getragen und zum Ausgangspunkt einiger asiatischer Schriften wird.

Ein anderer Volksstamm der Arabischen Halb-

וַיְהִי כַּאֲשֶׁר נוֹלַד

ויהי כאשר נולד

Hebräische Quadratschrift (oben mit Vokalbezeichnungen)

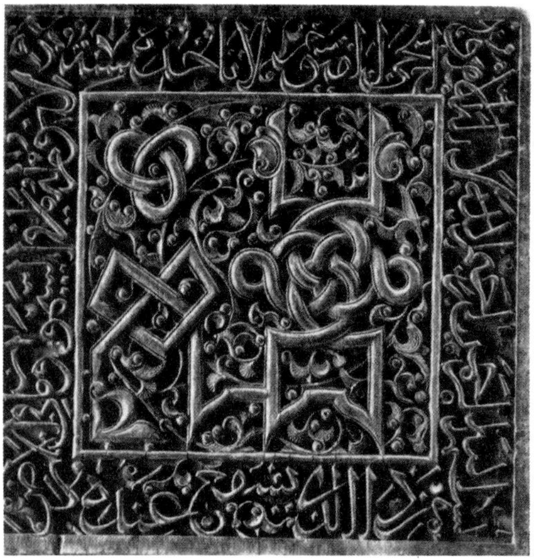

Koran-Faltpult in Holzschnitzerei. Schrift in Flechtkufi, ringsum ein religiöser Text in Tsuluts, beide über Arabesken. 13. Jh.

insel, die *Nabatäer*, das bedeutendste Handelsvolk um die Zeitenwende mit einem weiten Einflußbereich, übernimmt die aramäische Sprache und Schrift ebenfalls, durchsetzt sie jedoch mit arabischen Formelementen. Diese eigenwillige Schrift mit 22 Konsonanten zeigt als Kursive verbundene, vertikal betonte Schriftzeichen und auch Ligaturen. Sie ist Bindeglied zur späteren *arabisch-islamischen Schrift*. Aus ihr entwickelt sich eine einfache, kunstlose Kursive als Kurrentschrift, die wie alle semitischen Schriften *von rechts nach links* läuft, während die arabischen Zahlzeichen von links nach rechts gelesen werden.

Tsuluts-Schrift, zu einem Medaillon zusammengeschlossen. 18. Jh.

Die *arabische Schrift* besitzt 28 Zeichen, deren Einzelformen sich je nach Stellung und Verbindung im Wort verändern können; einzelne dienen zur Bezeichnung der langen Vokale, während die kurzen durch besondere Vokalzeichen ausgedrückt werden. Auch für die Vokallosigkeit und die Verdoppelung eines Konsonanten gibt es bestimmte Markierungen. Alle diese Lese-Hilfen dienen in wichtigen Texten zum Sichern der Aussprache, um Fehldeutungen zu vermeiden: im Koran, in der Dichtung und in wissenschaftlichen Werken. Im täglichen Schriftverkehr und in der Presse wird weitgehend darauf verzichtet.

Bereits vor dem Islam entwickelt sich aus den ältesten arabischen Inschriften die *kufische Schrift*, genannt nach der Stadt Kufa am Euphrat. Das Kufi, eine steife, schwere und eckige Schrift in strengem, horizontalbetontem Duktus, eine Monumentalschrift ähnlich der römischen Capitalis, verleiht bis ins hohe

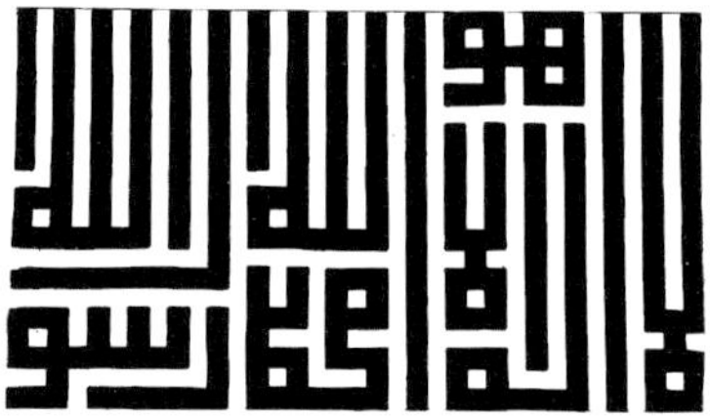

Neue Kufi, 20. Jh.,

Mittelalter Inschriften und Handschriften feierliche Würde und repräsentativen Charakter.

Im »blühenden Kufi«, vom 10. Jahrhundert an, werden die Schriftzeichen vertikal und der etwas gelockerte, jedoch noch kräftige Linienzug von zierlichem, rankenförmigem Ornamentwerk graziös umspielt. Bedingt durch das Bilderverbot, das nur in Persien nicht streng befolgt wird, entfaltet sich das Linienspiel der *Arabeske* immer üppiger; die Schrift, in vielen Varianten zum Ornament geworden, übernimmt die Rolle der Buchillustration. Eine besonders eigenwillige Spielart, die vage an die phantastische Welt der romanischen Zierbuchstaben erinnert, ist das »redende« Kufi mit seinen in Menschen- und Drachenköpfen auslaufenden Schriftformen. Kufi in modernen Schriftgestaltungen wird, wahrscheinlich durch die europäische Grotesk beeinflußt, zum rein abstrakten Ornament, das eine überraschende Ähnlichkeit mit

الحروف الجاهزة

Arabische Druckschrift: Naskhi

ذكرى زيارتي للاستاذ ليونهارد في منزله بميونخ

Schriftzeile in Arabisch, 20. Jh. (Talik-Schrift)

frühen chinesischen und japanischen Siegelschriften aufweist.
Im 12. Jahrhundert verdrängt die etwas jüngere *Neschi-Schrift* das monumentale, blockhaft wirkende Kufi. Sie ist weicher, gerundeter und mit ihrem schwellenden Linienzug flüssig und elegant im Duktus. Ihre fließenden Formen sind zum Schreiben wie vorherbestimmt. In ihren kursiveren Formen erobert sich die Neschi mit Ausnahme von Nordafrika und Spanien die gesamte Arabisch sprechende Welt; sie ist heute nach der lateinischen die am meisten verbreitete und verwendete Schrift. Fast jedes ihrer Zeichen wird in vier verschiedenen Formen geschrieben: je nachdem, ob es einzeln steht, ob es in einem Wort vor oder nach, ob es mit einem anderen Zeichen beidseitig verbunden ist.
In Persien bildet sich durch die Schreibweise mit schräger Federführung eine nationale Variante der Neschi, die *Talik-Schrift*, heraus. Die Schriftzeilen verlaufen leicht schräg von rechts oben nach links unten, die Einzelformen sind locker und bewegt, die schwellenden Linien betont, die Endungen gedehnt und die Punktation kapriziös hingetupft. Im Zusammenspiel mit den minutiös gemalten Miniaturen entfaltet sich die Talik als blühendes Ornament von unnachahmlicher Eleganz und Grazie.
Nicht minder bedeutend ist die von Persien stark beeinflußte Schreibkunst der *osmanischen Schriftkultur*, neben hervorragenden Koran-Handschriften vor allem die in kalligraphischer Vollendung geschriebenen Urkunden und Erlasse der höfischen Schreibkünstler. Sie beherrschen alle Spielarten der arabischen Schrift und entwickeln im 15. Jahrhundert eine türkische Variante, die *Rika-Schrift*, die bis zur Einführung des lateinischen Alphabets durch Kemal Atatürk im Jahre 1928 vorherrschend ist.
In Nordafrika und Spanien, im Maghreb, entwickelt sich nach der Trennung vom islamischen Orient im Jahre 756 eine eigenständige Kunstrichtung, der »maurische« Stil. Auch die Schrift geht ihren eigenen Weg. Das *Maghribi*, die bis heute gebräuchliche arabische »Westschrift«, etwa um 900 entstanden, leitet sich direkt von den kufischen Schriftzeichen ab. Daran erinnern besonders die betonten Vertikalen. Sie ist im Duktus zierlich, schwingend und geschmeidig, im Gesamtbild heiter und bewegt. Schrift und »Maureske« als schmückendes Ornament, zwei Komponenten gleicher Konzeption, unterstützt durch farbige Akzente, repräsentieren in Handschriften und Epigraphien überzeugend die Eigenwilligkeit dieser Stilrichtung.
Von allen semitischen Schriften hat die *arabische* die größte Verbreitung erlangt. Als

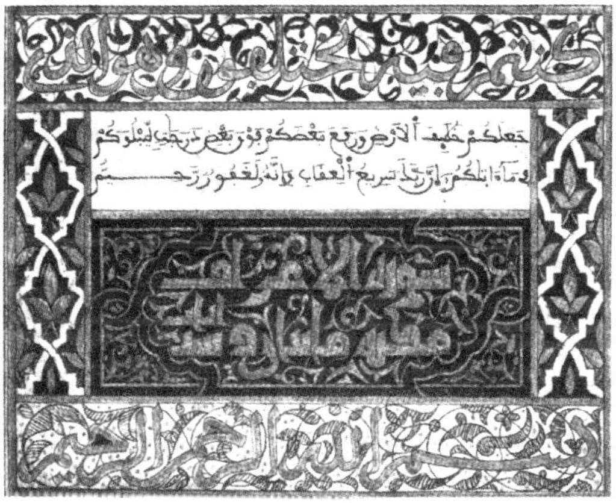

Zierseite aus einem Koran. Granada oder Marokko. 15. Jh. (Maghribi-Schrift)

Schrift des Koran wird sie mit dem Islam, der Buchreligion, von Volk zu Volk getragen; sie verdrängt zum Teil die einheimische Schrift, wie in Persien, oder sie wird zum ersten visuellen Verständigungsmittel bisher schriftloser Völker, wie in Afrika. Zur Wiedergabe der sehr unterschiedlichen Sprachen dienen unterscheidende Zusatzzeichen wie Punktationen und andere, die eine besondere Aussprache des Buchstaben anzeigen; oder es werden den arabischen Zeichen für bestimmte Sprachlaute, die dem Arabischen fremd sind, andere Lautwerte beigelegt. Rein stilistisch jedoch ist der Formwandel im Duktus einiger von der ursprünglichen Form abweichender Schriftvarianten.

Indien und Zentralasien

Die Herkunft der *Brahmi-Schrift*, der Urform der heute annähernd zweihundert, oft stark voneinander abweichenden Alphabete aller brahmanischen und buddhistischen Völker Indiens, Mittel- und Südasiens, ist ungeklärt. Da ihre Schriftzeichen, wie aus den Asoka-Inschriften um 300 v. Chr. ersichtlich, aus rein geometrischen Elementen aufgebaut sind, dürfte zu den frühen, stark stilisierten und noch nicht entschlüsselten Bildzeichen der Induskultur aus dem 3. Jahrhundert v. Chr. kaum eine direkte Beziehung bestehen.

Brahmi-Inschrift aus der Kushan-Zeit. 1.–2. Jh. n. Chr.

Eher ist anzunehmen, daß in der zunächst linksläufig geschriebenen Brahmi-Schrift ein Alphabet aus dem aramäischen Schriftbereich genial weiterentwickelt ist, das seinerseits im nordsemitischen wurzelt. Entstanden ist sie vermutlich zwischen 800 und 500 v. Chr.

Gupta-Schrift. 300–500 n. Chr.

Die Brahmi-Schrift verdrängt bereits frühzeitig die etwas ältere und neben ihr verwendete *Karesthi-Schrift*. Sie spaltet sich um die Wende unserer Zeitrechnung in zwei Stammformen, aus denen sich in den folgenden Jahrhunderten große Schriftgruppen, eine nördliche und eine südliche, mit zahlreichen Alphabet-Varianten entwickeln.
Zur nördlichen, indo-arischen Gruppe zählt als wichtigste die *Gupta-Schrift* aus dem 4. Jahrhundert. Von ihr leiten sich die meisten indischen Schriften ab, sie gewinnt als erste eine überregionale Bedeutung. Als kursive Variante erscheint sie im 6. Jahrhundert in Ostturkestan und als Sonderform der später entwickelten *Nagari* im 7. Jahrhundert in Tibet. Die Buchstaben des Gupta-Alphabets sind aus unterschiedlichen Linien geometrisch aufgebaut und werden fast durchweg oben von einer kurzen, horizontalen Linie begrenzt. Dadurch wirken sie wie aufgehängt und in der Textzeile aneinandergereiht als Streifen, die im Textblock untereinander geordnet ein ausgeglichenes, ornamentales Flächenmuster ergeben.
Besondere Bedeutung erhält der Nagari-Schrifttyp. In seiner modernen Form wird er auch *Dewanagari* genannt, weil er ausschließlich zum Schreiben und Drucken des Sanskrit verwendet wird: jener einheitlichen, grammatisch genormten Sprache und Schrift der Gebildeten, die für das indische Geistesleben bis heute die gleiche Bedeutung besitzt wie das Latein im europäischen Mittelalter. Da in der Nagari-Schrift seit dem 11. Jahrhundert auch das *Hindi*, die wichtigste Sprache Indiens, geschrieben wird, ist sie zugleich die meistverbreitete indische Schriftform.
Charakteristisch für die mit der Rohrfeder geschriebenen Dewanagari-Schriftzeichen sind die kontrastierenden Haar- und Grundstriche. Sie bestimmen den ornamentalen Duktus der Schrift, vor allem die durchlaufenden Deckstriche über den Einzelbuchstaben, die diese zu Worten zusammenfassen und zusätzlich die Ausrichtung der Zeichen und die Zeilenordnung erleichtern. Der Dewanagari-Schrift verwandt ist das neuindische *Bengali-Alphabet*. Es ist lebendiger im Aufbau der einzelnen Zeichen und durch die weniger betonten, häufig unterbrochenen Deckstriche offener und gelockerter im Zeilenbild. Mit den Dichtungen Rabindranath Tagores ist Bengali als Sprache und Schrift des neueren Kulturzentrums Kalkutta weiten Kreisen bekanntgeworden.

Dewanagari-Schrift. 1. Jh. n. Chr.

Werbeseite der Repro-Union, Augsburg.
Entwurf Pham Phu Oanh, München ▷

OFFSET
REPROS
OPTIMAL
ERPROBTE
SYSTEM-
LOSUNGEN
UN-
BESTECH-
LICHE
MESSUNGEN
STRENGE
QUALITATS-
KONTROLLEN
EXAKTE
TERMINE
PRO-
BLEM-
LOSE
FIL
ME
R
E
R
O
U
N
I
O
AUGSBUR
Repro-Union GmbH
Imhofstraße 11–13
8900 Augsburg 1
Ruf (0821) 57 30 15

Kalligraphie in Ostasien
Untei Akaba (oben rechts) und eine seiner Kalligraphien auf einem Stellschirm (oben links)
Sengai (1750–1837) Zeichen des Universums (links)
Sengai, Zeichen für Leere (rechts)

Kakizome
Über 3600 Menschen, Kinder und Erwachsene, nehmen an einer Kalligraphie-Zeremonie zur Feier des Neuen Jahres in Tokyo teil

Bengali

Zur nördlichen Schriftgruppe zählen auch die *Pali-Schriften*, in deren älterer geschriebener Form, der Pali-Quadrat, die heiligen Lehren Buddhas aufgezeichnet sind. Mit dem Siegeszug des Buddhismus und dem Handel indischer Kaufleute verbreitet sich diese Schrift weit über die Grenzen Indiens und wird in den ersten nachchristlichen Jahrhunderten von den einheimischen Völkern zur Wiedergabe ihrer Sprachen verwendet. In Indien selbst verschwindet die Pali-Schrift mit dem Buddhismus.
Durch das Übertragen dieser Schrift auf Palmblätter – sie wird mit einem Metallgriffel eingeritzt und anschließend schwarz eingefärbt –, deren durchlaufende Blattadern ein Schreiben der streng geradlinigen Pali-Quadrat nicht zulassen, wandelt sie sich zur in schmiegsamen Kurven gestalteten *Pali-Kursiv*. Sie bildet die Grundlage für die stark variierten Formen der heute noch verwendeten *birmanischen, javanischen, siamesischen* und *singhalesischen* Schriftsysteme: eine Vielfalt von unterschiedlichen und doch auf eine Urform zurückzuführenden Schrifttypen, deren Formenreichtum und elegante Linienführung den besonderen Reiz dieser Buchstabenfolgen ausmachen.
Von den unterschiedlichen Schriften der südlichen, nichtarischen, drawidischen Sprachgruppe, die sich etwa im 5. Jahrhundert zu selbständigen Alphabeten entwickeln, erlangt keine größere und bleibende Bedeutung. Erst im 10. Jahrhundert bildet sich im Altkaranesischen ein Schrifttyp heraus, der eine weitere Verbreitung findet und aus dem zwei wichtige, noch heute verwendete Schriften hervorgehen: die moderne *karanesische* und die *Teluga-Schrift*.
Aus einer westlichen Variante der *Grantha-Schrift*, deren Ursprung in südindischen Inschriften aus dem 5. bis 8. Jahrhundert zu suchen ist und die ursprünglich von den tamulischen Brahmanen zur Aufzeichnung ihrer heiligen Schriften benutzt wird, entwickelt sich in den folgenden Jahrhunderten die *Malayalam-Schrift*. Sie dient zunächst zur Wiedergabe des Sanskrit in südindischer Sprache und erst seit dem 17. Jahrhundert, nach Angleichung an die Besonderheiten der Sprache, auch als Allgemeinschrift der drawidischen Tulu-Sprache.
Die in ihrer Herkunft noch nicht ganz geklärte *Tamil-Schrift*, deren Alphabet an die Malayalam-Schrift erinnert, aber auch Einflüsse aus dem Norden zeigt und weniger

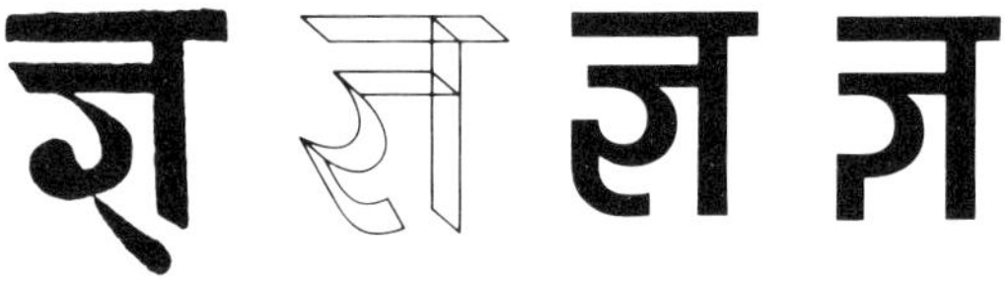

Moderner Schnitt der Dewanagari-Schrift nach Entwurf von Adrian Frutiger: traditionelle Schreibform, skelettierter Federzug, gleichmäßige Strichstärke, vereinfachte Form (von links nach rechts)

Sanskrit

Tamulisch

Singhalesisch

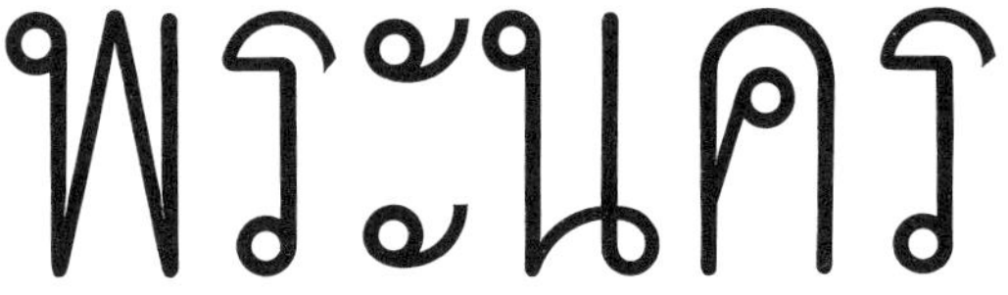

Siamesisch

Tibetisch

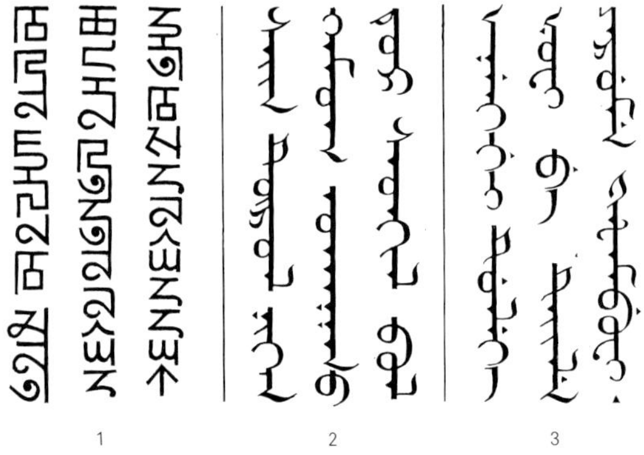

1 Mongolische »Parsepa«-Schrift, Anfang 14. Jh.
2 Moderne mongolische Schrift
3 Moderne mandschurische Schrift

Buchstaben als alle anderen indischen Schriftsysteme aufweist, wird zur Schrift der drawidischen Literatursprache. Tamil ist auch die erste indische Schrift, die portugiesische Missionare im Jahre 1577 als Druckschrift verwenden. Alle diese indischen Alphabete, die älteren und die heute gebräuchlichen, die nördlichen wie die südlichen, sprechen eine eigene, dem Europäer zwar fremde, aber geheimnisvolle und faszinierende Formensprache. Sie offenbaren eine seltene Verbindung von Phantasie, Formensinn und ornamentaler Gestaltung, die sich nur aus der Geisteshaltung erklären läßt.
Die jüngste Entlehnung aus dem aramäischen über das mitteliranische soghdische Alphabet dürfte nach neuesten Erkenntnissen die Schrift der *Uiguren*, eines Turkstammes Zentralasiens mit einer alten und hohen Kultur, sein. Das Uigurische wird zur herrschenden Schrift Innerasiens und wegen seiner Verbreitung durch Dschingis-Khan nach der Unterwerfung aller mongolischen, türkischen und tatarischen Steppenvölker im Jahre 1206 zur offiziellen Schrift seines Weltreichs erklärt. Versuche, die uigurischen Schriftzeichen den Lauten der mongolischen Sprache anzupassen und eine mongolische Schrift daraus zu entwickeln, führen jedoch zu keinem bleibenden Erfolg.
Bei einem weiteren Versuch unter Kublai-Khan dient eine *tibetische Schrift* als Ausgangsbasis. Die daraus entwickelte *Parsepa-Schrift* wird im Jahre 1269 als offizielle Schrift in der Mongolei und in China eingeführt und bis Ende des 14. Jahrhunderts verwendet.
Auf das Uigurische wiederum, ergänzt durch einige tibetische Buchstaben, gründet sich die *Galik-Schrift* des beginnenden 14. Jahrhunderts. Sie bildet die Grundlage des modernen mongolischen Alphabets, dessen Schriftzeichen und Wortzeilen senkrecht verlaufen und von links nach rechts gelesen werden. Auffallend bei dieser Schrift ist die strenge Vertikalität, betont durch die senkrecht durchlaufenden, die Buchstaben verbindenden Geraden, die nur ab und zu von ausschwingenden Kurven und Schwüngen unterbrochen werden. Varianten dieses mongolischen Alphabets sind die im 17. Jahrhundert entstandenen *kalmückischen* und *mandschurischen* Schriftsysteme.

Ostasien

China

Die *chinesische Schrift* ist die älteste, heute noch lebendige und weitaus am höchsten entwickelte Bilderschrift. Sie hat im Laufe ihrer viertausendjährigen Geschichte keine grundlegenden Umwandlungen erfahren; dies ist eine einmalige Erscheinung. Sie ist eine Wortbildschrift mit ideographischem und piktographischem Charakter geblieben. Bis ins 20. Jahrhundert hat sie weder den Weg zur reinen Lautschrift noch zur Silbenschrift, noch zum Alphabet gefunden. Im besonderen Maß ist dieses Schriftsystem als Eigenschöpfung einer hohen Kultur der Sprache angepaßt, sie gibt sie durch konzentriert stilisierte Zeichen visuell wieder. Allein 106578 Stichwörter mit rund 13,42 Millionen Schriftzeichen umfaßt ein modernes chinesisches Lexikon, das 1979 in Schanghai erschienen ist.

Yang-Yin-Zeichen, für »universale Harmonie«, umgeben von acht taoistischen »Trigrammen«

進健康國

Chinesische Schriftzeichen

Die chinesische Sprache ist einsilbig. Jedes Wort besteht aus einer einzigen Silbe. Dies bedeutet, daß durch ein einzelnes Schriftzeichen jeweils ein ganzes Wort oder ein Begriff veranschaulicht wird, jedoch nur sol-

Entwicklung des Zeichens »Fürst«: 1–3 Varianten der Ku-Wen 4 Siao-Tschuan 5–6 Li-Schu 7 Kiai-Schu 8–11 Varianten der Tsao-Schu

che einfacher Art. Nun gibt es im Chinesischen nur eine begrenzte Zahl dieser einsilbigen Worte: etwa 600; jedes Wort hat also mehrere, oft grundverschiedene Bedeutungen, die sich zwar durch festgelegte Tonhöhen voneinander unterscheiden, nicht aber

Acht chinesische Ideogramme in vier Schriftarten:
1 Kiai-Schuh 2 Tsao-Schuh 3 Li-Schu
4 Ta-Tschuan

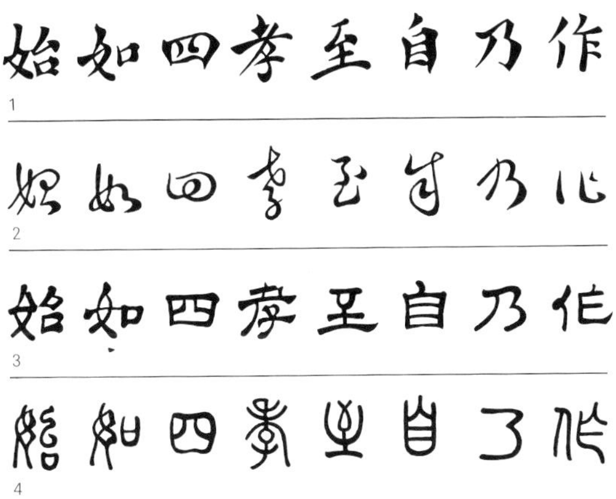

eindeutig lesbar sind. Die chinesische Sprache kennt weder Deklination noch Konjugation; sie hat auch keine mit dem Wort verbundenen Vor- und Nachsilben, sondern drückt durch die Stellung eines Wortes im Satzganzen dessen grammatikalische Funktion aus; auch dadurch kann die Vieldeutigkeit eines Wortzeichens nicht unmißverständlich und sinngemäß spezifiziert werden. Um nun diesen weiten Bedeutungsumfang auch als Wortschriftzeichen einzuengen, aufzuschlüsseln und erkennbar zu machen, ist es notwendig, den Sinn durch ein zusätzliches Deutzeichen (Determinative) zu kennzeichnen, für jeden Begriff durch ein eigenes Zeichen, auch für jene Begriffe, deren Unterschiede durch die Klangfarbe von vier Tonhöhen ausgedrückt werden.

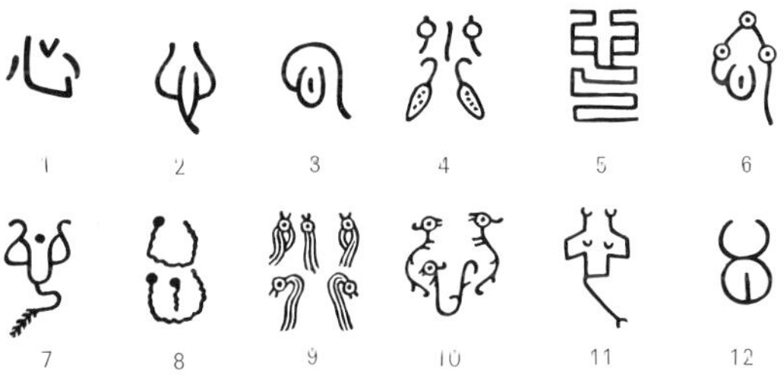

Das Zeichen Hsin (Herz) in Zierschriften: 1 Normalschrift (Kiai-Schu) 2 Schrift der kostbaren Steine 3 Wunderbare Schrift 4 Ähren-Schrift 5 Schrift der erhabenen Erde 6 Sternschrift 7 Wolkenschrift 8 Kaulquappen-Schrift 9 Vogelschrift 10 Drachenschrift 11 Goldfeilenschrift 12 Glocken- und Vasenschrift

Als Deutzeichen dienen die *Radikale*, die sinnbezeichnenden Grundelemente eines chinesischen Wortbildzeichens. Sie werden mit dem Stammwortzeichen zu einem neuen Schriftzeichen in meist quadratischem Aufbau vereint. In dieser Zusammensetzung werden die Deutzeichen nicht mitgesprochen.

Der unterschiedliche graphische Aufbau der Schriftzeichen wird dadurch dem chinesischen Wort mit seinem großen Bedeutungsumfang als Bild- und Klangsymbol gerecht. Die Formen sind verbindlich. Seit Einführung der Pinselschrift und eines papierähnlichen Beschreibstoffes, etwa um 200 v. Chr., liegt auch die Reihenfolge der Strichführung beim Schreiben der auf das Wesentliche konzentrierten Schriftzeichen unverändert fest. Selbst bei den kompliziertesten graphischen Gebilden mit einer Vielzahl von Strichkombinationen ist die Abfolge verbindlich und keinesfalls dem persönlichen Belieben überlassen. In ihrer heutigen Form gibt es dem chinesischen Wortschatz entsprechend etwa 50 000 dieser Wortbildzeichen, von denen für die Fachliteratur etwa 8000 bis 10 000, für den allgemeinen Schriftverkehr 2000 bis 4000 ausreichen. Auch mit dieser Einschränkung ist das Erlernen der chinesischen Schrift recht schwierig.

Bereits am Ende des 2. Jahrtausends v. Chr. ist die chinesische Schrift in ihrer abstrahierten, linearen, teils noch naturnahen Grundform voll ausgebildet, dies ist nach Inschriften auf frühem Bronzegerät und auf Orakelknochen bekannt. Inwieweit sie in ihren Anfängen ein genaues Abbild natürlicher Gegenstände war, ist bisher nicht feststellbar; auch der unmittelbare Einfluß der im Altertum verwendeten Knotenschnüre (ähnlich den altperuanischen »Quipu« oder der astrologischen »Trigramme«), die bereits eine Art Schriftzeichen darstellen können, ist historisch nicht nachweisbar. Vorstufen der Schriftzeichen dürften auch nachahmende, symbolische Gebärden sein, die sich in einigen älteren Formen nachweisen lassen.

Die älteste überlieferte, *Ku-Wen* genannte Bilderschrift aus der Zeit um 1750–1100 v. Chr. umfaßt bereits etwa 800 Grundzeichen in streng linearem Aufbau, die aus Realformen hervorgegangen sind und zum großen Teil bis heute den Grundstock der chinesischen Schrift bilden. In der Tschou-Dynastie (827 bis 781 v. Chr.) bildet sich daraus die elegante und ausdrucksvolle Große Siegelschrift *Ta-Tschuan*. Aus ihr entstehen im Laufe von vier Jahrhunderten zahlreiche provinziale Varianten, die mit der Einigung des Reiches durch eine vereinfachte, von nun an verbindliche Kleine Siegelschrift *Siao-Tschuan* mit etwa 3000 Schriftzeichen abgelöst werden.

Diese frühen Schriften wurden in Stein, Bronze, Knochen und Holz geritzt, später mit einem in Farbe getauchten Holzstab auf Seide oder Holz aufgetragen. Sie erfahren eine einschneidende Umformung im Schriftduktus durch den Haarpinsel als Schreibwerkzeug. Nahezu unverändert bestimmt von nun an seit fast 2000 Jahren die Pinseltechnik die ganze Schriftkunst Ostasiens. Die Zeichen werden einfacher, strenger und mehr und mehr quadratisch aufgebaut. In ihrer ausgereiften Form wird die *Li-Schu-Schrift* unter der Han-Dynastie zur offiziellen Amtsschrift. In der späteren Han-Zeit wird sie stilistisch zur *Pa-Ten-Schrift* umgeformt und dadurch im Duktus freier, in der Anordnung klarer und harmonischer.

Um 100 n. Chr. bringt die Erfindung des Papiers eine erneute Umwälzung in der chinesischen Schrift. Der neue Beschreibstoff wird weiten Kreisen zugänglich, die Kunst des Schreibens dadurch enorm gefördert. Der Schriftduktus wird zunehmend eleganter und gefälliger, die Schriftzeichen genauer und regelmäßiger.

Durch kaiserlichen Erlaß wird die *Kiai-Schu-Schrift*, angeblich von dem Kalligraphen Wang Schi im 4. Jahrhundert erfunden, zur neuen Normalschrift bestimmt. Ihre bis heute vorbildlich gebliebenen, in vollendeter Pinseltechnik gestalteten Schriftzeichen sind in Duktus und Bild besonders klar; sie werden später auch verbindliche Vorbilder für die Drucktypen. In ihrem freien, flüchtigen, skizzenhaften Charakter oder in malerisch temperamentvollen Kalligraphien lassen die zur gleichen Zeit für den täglichen Gebrauch verwendeten kursiven Formen der *Sing-Schu* und *Tsao-Schu* zahlreiche Variationen und individuelle Formgebungen erkennen, die zu bemerkenswerten und eigenwilligen Zierschriften in oft nur schwer lesbarem Duktus führen. Die chinesische Paläographie unterscheidet mehr als 100 derartige Schriften und gibt ihnen die seltsamsten Namen.

Die Erfindung des Blockdruckverfahrens läßt sich zeitlich nicht genau nachweisen; seine höchste Blüte erreichte es in China bereits im 11. Jahrhundert. Die frühesten erhaltenen Drucke mit *beweglichen, aus Ton geformten Lettern* in chinesischer Schrift stammen aus der Zeit der Ming-Dynastie (1368–1644). Sie sind sicher älter als die Gutenbergs.

Der eigenartige Reiz und die Schönheit der

1 在今天世界上許多國家裏，存在着一個照
2 在今天世界上許多國家裏，存在着一個照
3 在今天世界上許多國家裏，存在着一個照
4 在今天世界上許多國家裏，存在着一個照
5 在今天世界上許多國家裏，存在着一個照
6 在今天世界上許多國家裏，存在着一個照
7 在今天世界上許多國家裏，存在着一個照
8 在今天世界上許多國家裏，存在着一個照
9 在今天世界上許多國家裏，存在着一個照
10 在今天世界上許多國家裏，存在着一個照

normale Grotesk

1 在今天世界上許多國家裏，存在着一個照
2 在今天世界上許多國家裏，存在着一個照
3 在今天世界上許多國家裏，存在着一個照
4 在今天世界上許多國家裏，存在着一個照
5 在今天世界上許多國家裏，存在着一個照
6 在今天世界上許多國家裏，存在着一個照
7 在今天世界上許多國家裏，存在着一個照
8 在今天世界上許多國家裏，存在着一個照
9 在今天世界上許多國家裏，存在着一個照
10 在今天世界上許多國家裏，存在着一個照

fetter Schnitt

Traditionelles Chinesisch in modernem Setzverfahren: 1 Gewöhnlich 2, 3, 4 abgeflacht 5, 6, 7 geschmälert 8, 9, 10 Kursiv

chinesischen Schriftzeichen liegen im Ornament, in der Vielfalt der Linien und im dynamischen Duktus der abstrahierten Formen; sie spiegeln klar den Charakter des ursprünglichen realen Vorbilds. Jeder Strich hat zwar sein eigenes Gesetz, wirkt aber wie spontan und individuell variiert geschrieben. Dies zeigt sich vor allem in den Meisterwerken berühmter *chinesischer Kalligraphen*, die die ausgeprägten Formen der frühen Siegelschrift als Gestaltungselement benutzt haben. Eine besondere Bedeutung erlangen die Schriftzeichen in Verbindung mit dem Bild, oft darin übergehend, in der Zen-Malerei als künstlerischer Ausdruck der *Zen-Philosophie*.
Zu Beginn unseres Jahrhunderts bleibt eine Reform der chinesischen Schrift erfolglos. Unter Mao Tse-tung folgt ein neuer Versuch, die zweitausend Jahre alten, auch heute in allen Dialekten lesbaren Schriftzeichen zu vereinfachen und ein phonetisches Alphabet nach dem 1955 zur Nationalsprache erklärten *Pekinger Dialekt* zu schaffen. Die traditionellen Schriftzeichen werden als Zwischenlösung in der Strichführung vereinfacht, ihre Zahl auf etwa 800 reduziert. Die Schreibweise ist von links nach rechts.
Ein nächstes Ziel, die Lautschrift, wird nach vielen unterschiedlichen Vorschlägen nicht erreicht. Schließlich entscheidet sich die Volksrepublik China für das weltweit verbreitete lateinische Alphabet; erweitert um einen Vokal, einige Doppelkonsonanten, eine größere Anzahl Doppel- und Dreilaute; ausgestattet mit Akzenten zum Unterscheiden der vier verschiedenen Tonhöhen für den Wort- und Klangreichtum. Seit 1958 wird nun dieses Alphabet gelehrt und in wissenschaftlichen Werken verwendet. Damit wollen sich die Chinesen ihrer progressiven, von Wirtschaft und Technik geprägten Umwelt anpassen (s. Seite 18).
Daneben behält die traditionsreiche Bildzeichenschrift ihre Bedeutung, vor allem im kulturellen Geschehen.
In jüngster Zeit haben Forscher der Universität Cambridge eine Methode entwickelt, wonach 4300 der gebräuchlichsten chinesischen Schriftzeichen in Computern gespeichert werden können. Dieses System soll vor allem dazu dienen, die Übersetzung von Telegrammen zu beschleunigen. Außer China haben auch andere ostasiatische Staaten Interesse für dieses System bekundet.

Korea

Als Nachbarland Chinas übernimmt Korea in den ersten Jahrhunderten n.Chr. die chinesischen Schriftzeichen und verwendet sie bis zum Ende des 7. Jahrhunderts als Ideogramme für die entsprechenden koreanischen Wörter. Da jedoch das Koreanische im Sprachbau und in der Grammatik vom Chinesischen sehr abweicht, stellen sich mehr und mehr Schwierigkeiten ein, die zu einer der koreanischen Sprache angepaßten Schreibweise führen. Die *Nitok-Schrift*, eine Silbenschrift, wird im Jahre 692 durch den Gelehrten Soldschong erfunden; sie geht von ausgewählten chinesischen Wortzeichen aus, die geeignet sind, die koreanischen Endungen (Laut- und Silbenzeichen) den ideographisch geschriebenen chinesischen Stammwörtern anzufügen. Mit ihren nach und nach vereinfachten Formen, den *Ido-Schriftzeichen*, werden noch heute die koreanischen Nachsilben in chinesischen Texten bezeichnet.
Nach der Erfindung der *beweglichen Metall-*

Metallettern aus Korea

Tonlettern aus Korea

세제여러나라에서는사진판으로된인쇄물
세제여러나라에서는사진판으로된인쇄물

Koreanisch in modernem Setzverfahren, normaler und fetter Schnitt

Letter im Jahre 1403 zeigt es sich, daß diese Schriftlösung mit ihren Tausenden von Zeichen für den Buchdruck zu kompliziert ist. Eine einfachere Buchstabenschrift wird entwickelt. Sie ist seit ihrem Erscheinen 1446 als *Unmun-Vulgärschrift* bis heute fast unverändert in Gebrauch. König Sedschong (1419 bis 1453) wird diese geniale Erfindung als Alphabet mit einfachen Schriftzeichen zugeschrieben. Es ist das einzige, auf ostasiatischem Boden entwickelte, leicht erlernbare Buchstabenalphabet; es besteht aus 11 Vokalen und 14 Konsonanten in einfachen geometrischen Linienkombinationen. Einzelne, gekürzte chinesische Schriftzeichen waren sicher ihre Vorbilder. Auch die stets zu Silben zusammengeschriebenen Einzelzeichen erinnern daran. Die Anordnung der Buchstaben entspricht dem Chinesischen, von oben nach unten und in Kolumnen geordnet von rechts nach links. In modernen Druckwerken läuft die Zeilenordnung bereits von links nach rechts. Versuche, die koreanischen Zeichen durch das lateinische Alphabet zu ersetzen, sind bisher an der komplizierten Phonetik der Sprache gescheitert.

Japan

Zu Beginn unserer Zeitrechnung lernt Japan die chinesische Schrift kennen und übernimmt sie als Ideogramme zunächst unverändert zum Schreiben der japanischen Sprachbegriffe; nach unseren Kenntnissen hat Japan außer den in alten Tempeln gefundenen »Götterzeichen« kein eigenes frühes Schriftsystem. Die chinesische Schrift wird durch zwei koreanische Gelehrte verbreitet und gefördert, die als Erzieher im Jahre 404 an den japanischen Hof berufen werden. Sie verbreitet sich vor allem nach der Einführung des Buddhismus als Staatsreligion im Jahre 552. Seit dieser Zeit ist sie offiziell anerkannt; sie wird jedoch mit japanischer Aussprache gelesen.

Die folgenden Schritte des Angleichens der japanischen Schrift an die Sprache sind erheblich schwieriger: die Stellung der Wörter im Satz ist anders als im Chinesischen, oft umgekehrt; die chinesischen Wörter sind einsilbig, die meisten japanischen mehrsilbig. Während im chinesischen Wortzeichen Affixe (Endungen und Partikeln) fehlen, ist zum Schreiben der Formelemente der »agglutinierenden« japanischen Sprache eine phonetische Schreibweise notwendig. Dies führt zur *Kana-Silbenschrift* mit bestimmten chinesischen Zeichen, deren Lautwerte den betreffenden japanischen Silben ganz oder teilweise entsprechen. Die ursprüngliche Bedeutung der Schriftzeichen wird belanglos, wichtig ist nur der Lautwert; ein entscheidender Schritt, dessen genauer Zeitpunkt unbekannt ist.

Aus der Kana-Schrift entwickelt sich im 8. und 9. Jahrhundert zunächst die *Hiragana-Schrift*. Auch sie ist von chinesischen Schriftzeichen abgeleitet, jedoch nicht von der Normalschrift Kiai-Schu, sondern von der Kursive, der Tsao-Schu. In der Linienführung ist sie bedeutend komplizierter, in ihrer Lesbarkeit schwieriger durch viele Varianten für eine Silbe und das häufige Verbinden einzelner Zeichen beim flüchtigen Schreiben. Dennoch ist sie die bis heute am meisten verwendete Schrift Japans.

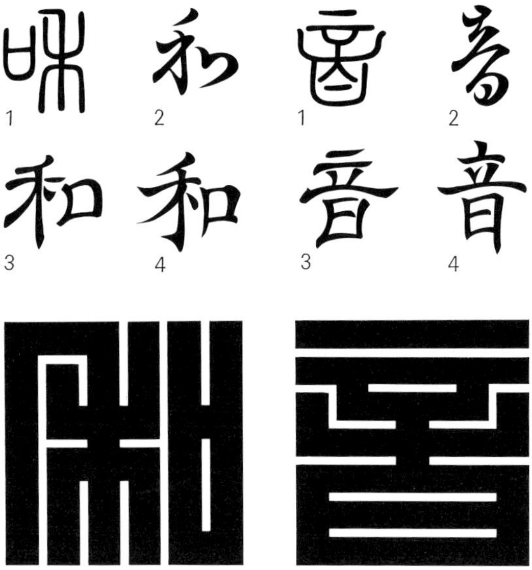

Umformung der ursprünglichen Schriftzeichen (1), über die Pinseltechnik (2), den Holzschnitt (3), den Kupferstich (4) bis zur flächenfüllenden, streng geometrischen Siegelform. Die Lesbarkeit wird zu Gunsten des graphischen Eindrucks vernachlässigt

ア	エ	ヰ	オ	ウ	ハ	ナ	サ	カ
あ	え	ゐ	お	う	は	な	さ	か
a	e	i	o	u	ha	na	sa	ka

ホ	モ	ソ	ケ	フ	ヌ	ニ	ヒ	ヤ
ほ	も	そ	け	ふ	ぬ	に	ひ	や
ho	mo	so	ke	fu	nu	ni	hi	ya

Japanische Schrift: Katakana (oben), Hiragana (Mitte) lateinische Umschrift (unten)

Titelseite »Wappenbuch« von Walter Leonhard

曾次第旋

Aus dem Chinesischen übernommene japanische Schriftzeichen

Etwas später, etwa im 12. Jahrhundert, folgt die Katakana, aus der chinesischen Kiai-Schrift entwickelt und für die phonetische Verwendung vereinfacht. Im Gegensatz zur älteren Hiragana mit mehreren Zeichen für jede Silbe kennt die Katakana nur ein Zeichen für eine bestimmte Silbe. Die 48 Schriftzeichen der Katakana werden in Form der »50-Laute-Tafel« nach dem Vorbild der südindischen Tamil-Schrift angeordnet.

Die Japaner verwenden also zwei ihrer Sprache angepaßte Silbenschriften. Sie haben sich aber nie von den chinesischen Wortzeichen ganz gelöst. Dies zeigt sich in Druckerzeugnissen, zum Beispiel in den Zeitungen, in denen beide, Wort- und Silbenzeichen, bevorzugt die Hiragana, in seltsamer Mischung nebeneinander stehen; vielfach zusätzlich die phonetischen Silbenzeichen der Kana neben den chinesischen.

In der Schule wird gegenwärtig zuerst Hiragana und anschließend Katakana gelehrt. Noch in diesem Jahrhundert werden in den Volksschulen chinesische Schriftzeichen gelehrt; ihre Zahl ist seit 1948 auf 881 herabgesetzt, 484 werden zusätzlich zum Studium empfohlen. Im Gegensatz zur älteren Hiragana mit 131 Schriftzeichen sind die der modernen Hiragana ebenfalls auf 48 Zeichen begrenzt. Alle Versuche, für die japanische Sprache nach einer ersten Anregung im Jahre 1885 die Lateinschrift zu verwenden, sind bis heute ohne Erfolg geblieben.

Japan, heute ein Land höchster industrieller Entwicklung, hat es verstanden, seine große Tradition zu bewahren und neu zu beleben. Dies zeigt sich in den meisterhaften Gestaltungen moderner Kalligraphen, den *Sho-Meistern*. Sie setzen sich leidenschaftlich für eine neue Form der traditionellen Schreibkunst als bedeutendster aller Künste ein. Sie dokumentieren ihre Zeit frei von allen konventionellen Bindungen, in monumentalen archaischen Schriftformen mit der Eigenwilligkeit abstrakter Aussage.

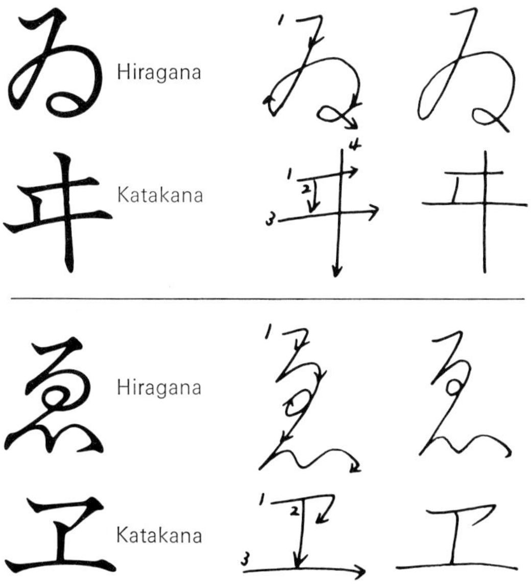

Die Abfolge der Pinselstriche beim Schreiben asiatischer Schriftzeichen ist verbindlich und keineswegs dem persönlichen Belieben überlassen. Moderne Hiragana und Katakana (oben), die traditionellen Formen (unten)

Japanisch in modernem Setzverfahren, normaler und fetter Schnitt

現在世界の多くの国々では、フイルムセ
現在世界の多くの国々では、フイルムセ

Amerika vor Columbus

Nur wenigen Minderheiten früher indianischer Jäger und Ackerbauern, die in Jahrtausenden zu großen Stämmen und Völkern herangewachsen sind, ist in vorcolumbischer Zeit die Entwicklung zu einer selbständigen, höheren Kultur beschieden. An zwei Stellen des großen amerikanischen Doppelkontinents sind sie nachweisbar: im Reich der Inka im westlichen Südamerika (Peru) sowie in Mittelamerika bei den Azteken (Mexiko) und den Maya (Yucatan).

Über das »Quipu«, die gegenständliche Knotenschrift der *Inka*, bestehen unterschiedliche Meinungen. Sie ist keine Vorstufe einer

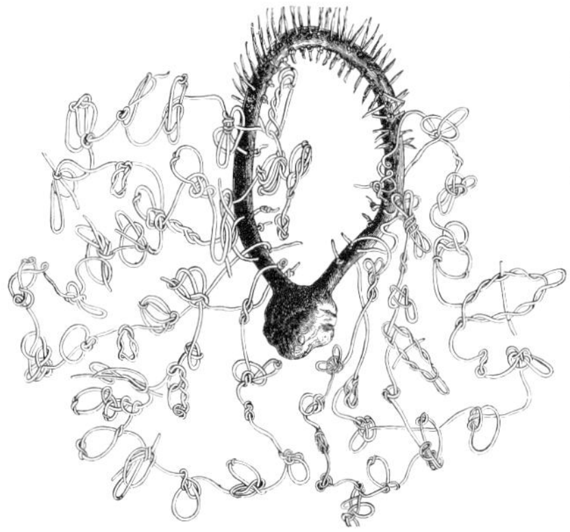

Quipu: altperuanische Knotenschrift

Schrift im heutigen Sinn, sondern mehr Gedächtnis- und Rechenhilfe. Die mehrfarbigen, nebeneinander angeordneten Schnüre mit Knoten in verschiedener Größe, Knüpfung und Stellung sind wohl zu statistischen Zwekken, zum Zählen und Registrieren der Untertanen, der Steuern und Waren benutzt worden. Da Quipus jedoch ausschließlich in Gräbern gefunden worden sind, werden sie auch als für die Toten bestimmte magisch-astrologische Zahlenkombinationen gedeutet; eine Erklärung, die bei dem hohen Stand der Astronomie und deren Bedeutung im Leben dieses Volkes wahrscheinlich ist.

Die bisher als Ornamentschmuck angesehenen, rein geometrisch gestalteten, rechteckigen Zeichen auf Trinkbechern und Textilresten von Prunkgewändern der Inkas sind zum Teil erst vor wenigen Jahren als abstrakte, symbolische Begriffszeichen mit kultisch-magischem und astrologisch-kalendarischem Inhalt entziffert worden. Durch diese aufsehenerregende Entdeckung dürfte der Beweis erbracht sein, daß die Inka neben der Knotenschrift ein weiteres, allerdings nur der Priesterkaste bekanntes Schriftsystem entwickelt und ausschließlich für kultische Zwecke verwendet haben.

In der Frühzeit Mittelamerikas, etwa um 1500 v.Chr., schaffen die *Olmeken* die Grundlage für ein Kalendersystem und hierfür eine erste Ideen- und Begriffsschrift, die als reine Bilderschrift auf natürlichen Vorbildern basiert. Aus ihr entwickelt sich bei den nachfolgenden Völkern in jahrhundertelangem Reifeprozeß mit unterschiedlichen Stil-

Bilderschrift der Azteken. Die Bilder geben phonetische Begriffe wieder, zum Beispiel Namen von Azteken-Stämmen

und Formmerkmalen die Bilderschrift der *Azteken*, die die letzte und bekannteste Schrift im mexikanischen Raum darstellt. Sie ist in historisch-mythologischen und kalendarisch-astrologischen Aufzeichnungen auf Steinmonumenten und in einigen Handschriften überliefert. Als Piktographie hat sie sich nie restlos von den natürlichen Vorbil-

Steinschrift der Maya aus Palenque, Architektur-Komplex 4

dern gelöst. Doch erscheinen bereits zusätzliche Symbolzeichen, reine Wortzeichen und vereinzelt sogar, bei Personen und Ortsnamen, Anfänge von Lautzeichen. Eine Weiterentwicklung in dieser Richtung findet jedoch nicht statt, da die aztekische Schrift nach der spanischen Eroberung durch die lateinische ersetzt wird.

Auch den Schrift- und Kalenderzeichen der *Maya*, deren Kultur sich nach einer archaischen Periode in der klassischen Epoche von etwa 300 bis 900 zur höchsten Blüte entfaltet, liegt sicherlich die bedeutend früher entwickelte olmekische Bilderschrift zugrunde. Während die Schriftsysteme anderer mexikanischer Völker meist gegenständliche Wortbildzeichen bleiben, finden die Maya bereits in der Frühform zu selbständigen, teils abstrahierten Symbolzeichen, die keinen Übergang aus einer Bilderschrift erkennen lassen und nur bedingt an das natürliche Vorbild erinnern. Der weitere Schritt, das Umformen dieser Zeichen in die abstrakten Lautzeichen einer reinen Buchstabenschrift, gelingt ihnen ebensowenig wie den Azteken, obwohl auch sie schon phonetische Elemente in ihrem Schriftsystem verwenden.

Die Hieroglyphen der Maya unterscheiden sich im Aufbau von allen anderen vorcolumbischen Schriftzeichen. Als Grundform dienen Ovale und Vierecke, in denen die mehr oder weniger komplizierten Einzelelemente dekorativ und flächenfüllend in gleichbleibendem Rhythmus komponiert sind; seien sie nun in Stuck reliefartig geschnitten, in Stein gemeißelt, in Metall gegossen, auf Tierhäute und Papier rein linear geschrieben oder auf keramische Gefäße gemalt.

Maya-Handschrift »Codex Dresdensis«: Ausschnitt aus einer Tabelle zum Berechnen von Mond- und Sonnenfinsternissen. Die Zeichen aus Strichen und Punkten sind Zahlenangaben

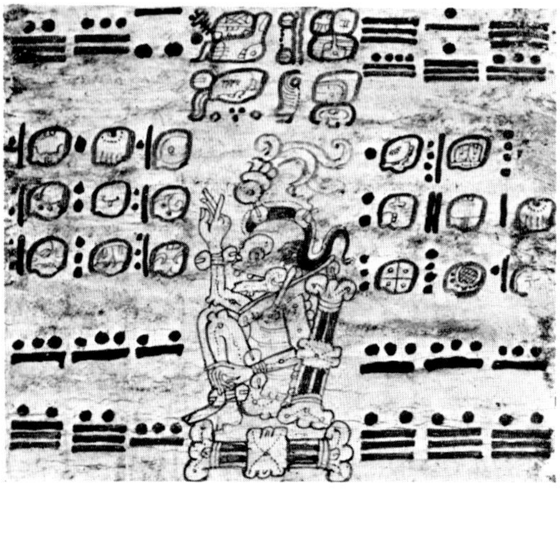

Maya-Inschrift aus Palenque, Mexiko

Die Schrift-, Kalender- und Zahlzeichen der Maya, selbständige Kleinkunstwerke von »monumentaler« Größe, faszinieren vor allem durch die bewußte Abstraktion einer ungewöhnlichen Formenwelt; sie beeindrucken durch die Kraft ihrer Aussage und ihres magisch-symbolhaften Inhalts. Dem Volk unbekannt und nur von Herrschern und einer auserwählten Priesterschicht verwendet, stehen sie ganz im Dienst ihres religiösen Kults, der Astronomie und Astrologie und des lebensnotwendigen Kalenders, dessen Genauigkeit erstaunlich ist. Beachtlich ist auch, daß die Maya unabhängig von den Indern die abstrakte Ziffer »0« verwenden, zurückliegende Daten berechnen und aufzeichnen.

Abschließend ist ein Vergleich der heute verwendeten, nichtalphabetischen außereuropäischen Schriftsysteme mit den Lautalphabeten des Abendlandes interessant. Beim Gegenüberstellen zeigen sich die Eigentümlichkeiten und Gegensätze, die das Charakteristische im Aufbau und in der Formgebung der Schriftsysteme erkennen lassen:

Die Buchstaben der *abendländischen Alphabete*, vor allem der Antiqua, aus geometrischen Grundelementen konstruktiv aufgebaut und daher auch mathematisch überprüfbar, sind lineare, unterschiedliche Zeichen für einen bestimmten Lautwert. Sie reihen sich im Wort in einer *Schriftlinie* einzeln und unverbunden in konstanter, statischer Regelmäßigkeit aneinander. Die abstrakte Liniensprache der Buchstaben bezieht sich auf kein

體能知盡

Ostasien: Signethaft um die Mitte des Quadrats angeordnet

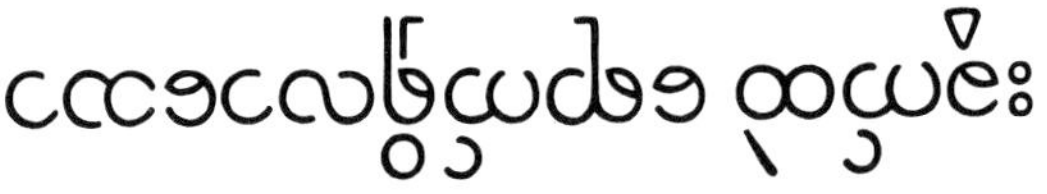

Südostasien: Weiche Rundungen wie Kettenglieder

रवीन्द्रनाथ ठाकुर

Zentralasien: Hängend am horizontalen Querbalken

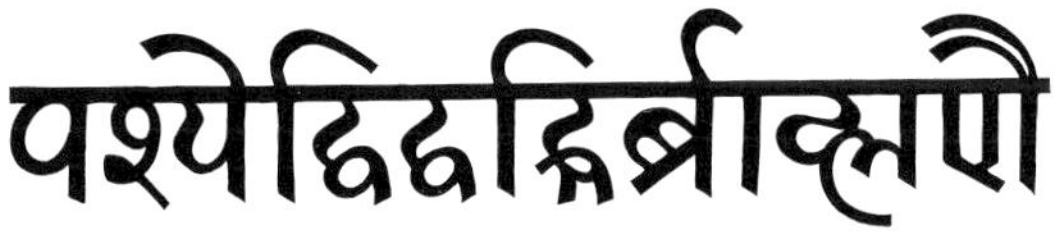

Zentralasien: Verbundene Buchstaben

Arabisch: Eleganter und fließend lockerer Rhythmus

Arabisch: Verschwenderischer Reichtum an schmückenden Einzelformen

Mm Rr Hh Kk L

Abendländisch: Auf einer Grundlinie stehend

reales Vorbild; sie manifestiert im Zeichen, auch im stilistisch variierten, ausschließlich den ihm beigelegten sprachlichen Laut.

Die *arabischen Schriften* in ihrer Vielzahl an Verzweigungen und Abwandlungen, bedingt durch unterschiedliche Sprachen, zeigen einen konstant fließenden Rhythmus in spielerischer Eleganz und lockerer Beweglichkeit. Ihr Duktus ist dynamisch, jedoch nicht streng. Jede Zeile scheint anders gestaltet, scheint ohne verbindliches Linienschema geschrieben und wirkt daher wie ein teppichähnliches Flächenornament mit einem verschwenderischen Reichtum an schmückenden Einzelformen in oft eigenwilligen, scheinbar unentwirrbaren Verschlingungen.

Weitaus klarer in den Schriftzeichen und strenger in der Anordnung wirken die durch die Vielsprachigkeit zahlreichen und unterschiedlichen Schriftsysteme der *indischen und zentralasiatischen Völker*. Charakteristisch für viele sind die kräftigen, horizontalen oberen Querbalken, an denen die im strengen Duktus gestalteten Zeichen gleichsam *hängen*. Diese Einzelbalken werden im Wort häufig zu einem durchlaufenden Deckstrich verbunden, der die Waagrechte der Zeilenordnung noch stärker betont. Bei anderen Schriftsystemen mit vertikaler Zeichengruppierung wirken die im Wort durch eine kräftige senkrechte Mittelachse verbundenen Einzelzeichen wie seltsam ornamentierte Stäbe.

Wieder andere, wie die südindischen und südostasiatischen, erwecken durch die weichen und rundlichen Formen, ihre eleganten Schleifen, Schwünge und Bögen den Eindruck einer aus dünnen Drähten geformten, zartgegliederten, filigranartigen Kette. Die streng stilisierten und doch konkret auf den Wortsinn bezogenen Schriftzeichen der *Chinesen und Japaner* sind vollendete Schrift-Embleme, gestaltet unter dem Aspekt der Wirksamkeit einer optimalen bildlichen Aussage. Jede dieser komplizierten, aber in der Strichfolge klaren Linienkompositionen ist in gleichbleibendem malerischen Pinsel-Duktus quadratisch um einen *zentralen Punkt* oder eine *gedachte Mittelachse* aufgebaut und dokumentiert in ihrer formelhaft vereinfachten, für uns marken- oder signethaften Gestaltung ausgeprägtes Formgefühl. Der konsequent durchgeführte formale Aufbau dieser Vielzahl von Einzelzeichen, mehr aber noch ihre schachbrettartige Anordnung, führt zu einem ungewöhnlich faszinierenden Rhythmus im Satzbild, der in diesem Gleichmaß bei anderen Schriftsystemen, vor allem bei den abstrakten alphabetischen, nicht in Erscheinung tritt.

Schrift in der Druckindustrie

Schrift ist nicht gleich Schrift. In den vorangegangenen Kapiteln dieses Buches ist hauptsächlich von *geschriebener Schrift* die Rede, aus der durch Gutenberg nach seiner Erfindung der beweglichen Letter *gesetzte und gedruckte Schrift* wurde. Die technischen Gegebenheiten des Setzens und Druckens in den verschiedenen Verfahren von Satz und Druck haben die Schrift seit Gutenberg bis heute neben den stilistischen und kulturellen Entwicklungen verändert, geprägt, beeinflußt: Geschriebene Schrift ist lebendig, der Puls des Schreibers fließt mit; gedruckte Schrift ist zuweilen steif und spröde, sie wird von Maschinen produziert, sie ist aber von hoher Lesequalität.

Schrift, wie der Leser sie sieht – Schrift, wie der Setzer sie verarbeitet

Der Leser wünscht Information. Die geschichtliche Entwicklung (Seite 25 ff) ist weniger wichtig, wenn wir jetzt eine richtige, also eine angenehm lesbare Form suchen. Was das ist, darüber gibt es zu verschiedenen Zeiten durchaus unterschiedliche Ansichten; es haben sich aber doch lesegerechte Formen entwickelt. Zeitung, Schulbuch, Telephonbuch, Taschenbuch, Bahnhofsbeschriftung, Plakat, Straßenschild stellen an die Schrift ganz unterschiedliche Anforderungen (Seite 218 ff).

In bestimmten Bereichen rechnet der Leser mit bestimmten Schriftformen. Die stilistische Botschaft soll mit der sprachlichen übereinstimmen, Schrift-Ausdruck und Sprachinhalt sollen aufeinander bezogen sein. Gute Gestaltung nimmt darauf Rücksicht, daß die Form den Inhalt nicht überlagert.

Man ist dabei, das Fachvokabular der Druckindustrie zu überarbeiten. Es wird bald nicht mehr von »Satz«, sondern von »Textherstellung« oder »Textverarbeitung« die Rede sein. Wörtlich bezeichnet der Begriff Textherstellung die Arbeit von Dichtern, Schriftstellern und Journalisten, während wir damit die Arbeit des Setzers bezeichnen wollen. Der Text erhält seine geistige Gestalt vom Autor, seine endgültige optische Ausbildung erfährt er vom Setzer, der die Texte erfaßt und verarbeitet.

Nun läßt Schrift, wie der Konsument sie sieht, nur bedingt Rückschlüsse zu auf die Schrift, wie der Techniker sie verarbeitet. Der Leser hält ein Stück Papier in Händen. Er sieht nicht die aus verschiedenen Arbeitsprozessen hervorgegangenen und zusammengefügten Teile. Er sucht die Mitteilung, will den Inhalt der Botschaft, nicht deren physischen und materiellen Aufwand kennenlernen. Vor ihm liegt geglättet, was nicht immer einer glatten Form entsprungen ist. Dem zweidimensionalen Buchstaben auf Papier kann ein zweidimensionaler auf Film oder ein dreidimensionaler aus Blei vorausgegangen sein. Die unterschiedlichen Schriftgrößen können das Ergebnis einer anderen Objektiveinstellung sein oder der Griff in einen anderen Setzkasten. Es lohnt sich zu beschreiben, wie ein Buchstabe für die Satzherstellung entsteht.

Druckschrift als technisches Erzeugnis – früher

Wie schon ausgeführt (Seite 51), ist es das große Verdienst Gutenbergs nicht allein, den Druck von Büchern erfunden zu haben; vielmehr schuf er alle technischen Voraussetzungen, mit den beweglichen Lettern umzugehen: ein »System«, wie wir heute sagen. Gießinstrument – ideale Metallegierung – bewegliche Letter aus Metall – Umbau der rheinischen Weinpresse zur Druckpresse – eine gute Druckfarbe – Behandeln des Papiers – eine wirtschaftliche Kombination, gleichzeitig von höchstem künstlerischem Rang. Gutenbergs Vater war Mitglied der Mainzer Münzprägezunft. Wir dürfen annehmen, daß der Sohn beim Vater das Prägen oder Schlagen von Münzen gesehen hat. Der Weg vom Prägen

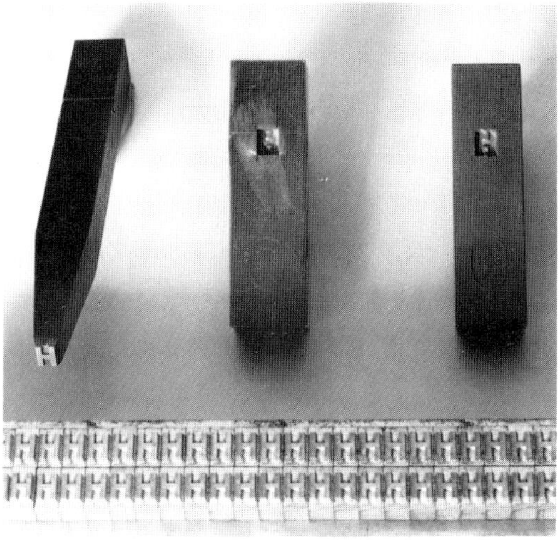

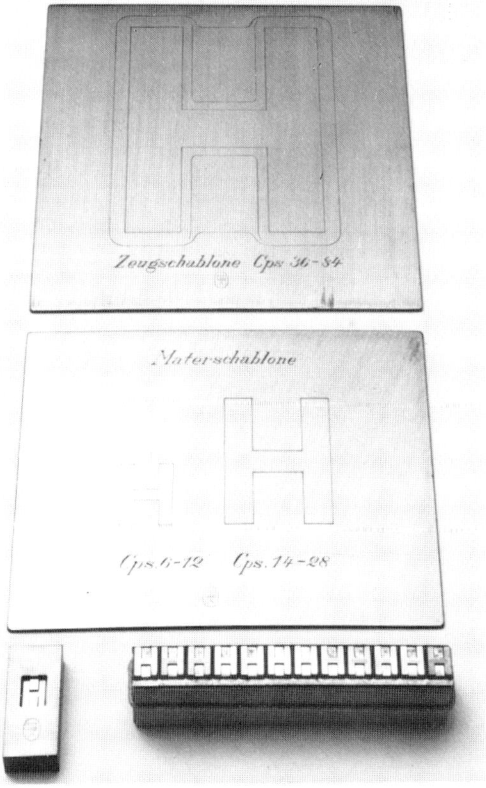

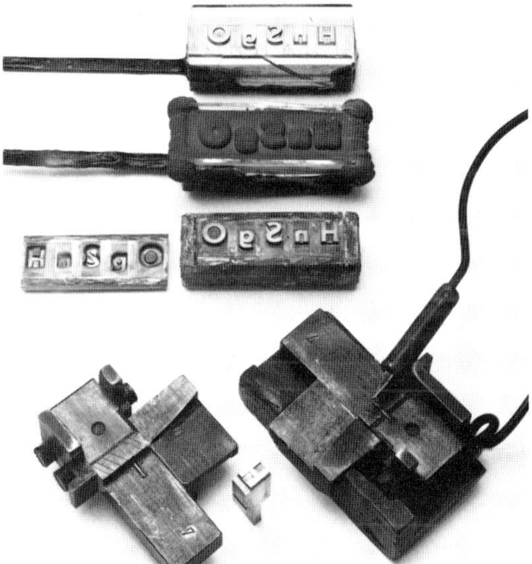

Links oben: Stahlstempelschnitt. Das handwerkliche Verfahren zum Gießen von Schrift. *Rechts oben:* Zeugschnitt. Das Herstellen der Gießmatrize über den Bleischnitt. *Links unten:* Matrizenbohren. Die Vorstufe des industriellen Schriftgießens, darunter die Matrize und eine Reihe von Buchstaben. *Rechts unten:* Unser Bild zeigt von oben nach unten mehrere, aus Letternmetall geschnittene Buchstaben, die seitlich und unten mit Glas abgedichtet sind; Kupferniederschlag auf der Stirnseite der Buchstaben; zugesägte und abgehobene Kupferhaut; daneben die ursprünglichen Buchstaben; ein Handgießinstrument und eine gegossene Letter. Der Gießzapfen wird später abgenommen

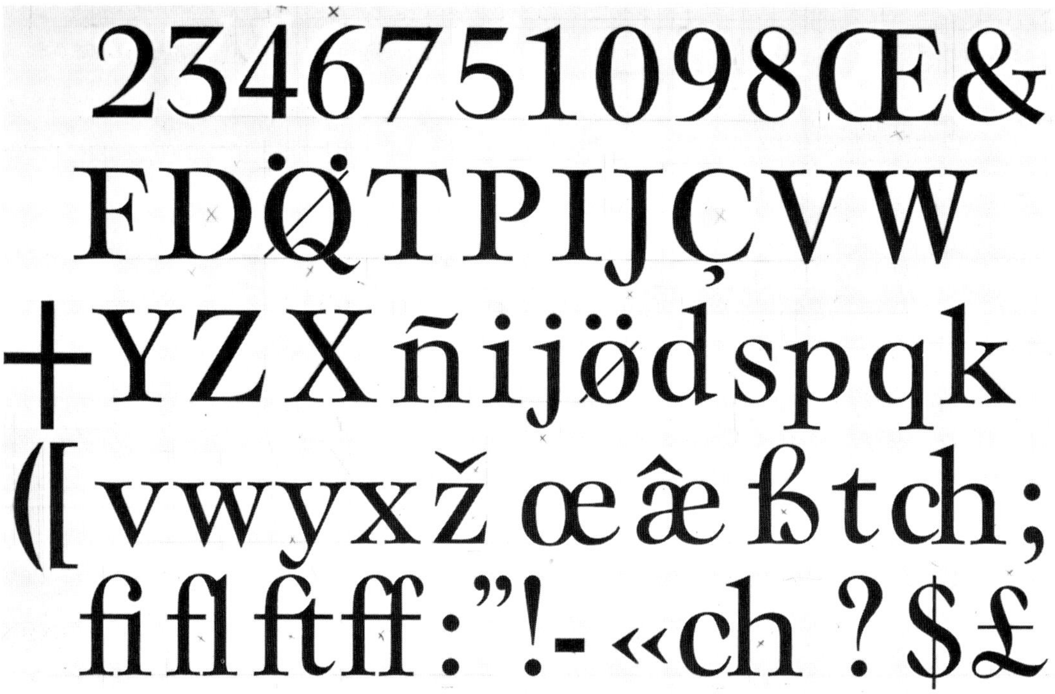

Zeichnung von Georg Trump für den Guß seiner Antiqua »Mauritius«

zum Gießen war nah, und Gutenberg verstand als Goldschmied sicher einiges vom Gießen.

Stahlstempelschnitt Dieses handwerkliche Verfahren zum Gießen von Schrift wurde seit Gutenberg über 400 Jahre angewandt. Der Stempelschneider arbeitet die Figur direkt aus dem Stahl, oft ohne gezeichnete Vorlage: für jeden Buchstaben in jeder Größe einen Stempel. Mit dem Stempel wird dann das Buchstabenbild in ein Kupferklötzchen eingeprägt; es entsteht die Matrize, von der nach dem Justieren und Härten im Gießinstrument beliebig oft abgegossen wird.

Zeugschnitt Der Fachmann nennt das Letternmetall aus Blei, Antimon und Zinn (Seite 154) »Zeug«. Schon immer verwenden Schriftgießer und Buchdrucker in ihrer jahrhundertealten Fachsprache anschauliche Ausdrücke für das, womit sie umgehen. Man schneidet im 19. Jahrhundert den Buchstaben nicht mehr in Stahl, sondern in Zeug. Die feinen Verästelungen der Schriften des 19. Jahrhunderts (Seite 58) erfordern dies. Der so gefertigte Buchstabe, von dem man ohne weiteres drucken könnte, wird in ein galvanisches Bad gehängt, das auf der Stirnseite einen Kupferniederschlag bewirkt. Das so entstehende Abbild wird zu einer Matrize vervollständigt.

Matrizen bohren Von jedem Buchstaben fertigt man stark vergrößert eine Zeichnung, deren Konturen auf ein Messingblech übertragen werden. Es dient als Schablone zum Bohren. Mit einer Bohrmaschine bohrt man ein Messingklötzchen, das die Matrize werden soll. Auf der einen Seite der Bohrmaschine ist die Messingschablone, in deren Rille der Metallstift entlangfährt, auf der anderen Seite, nämlich unter dem Bohrer, entsteht die Matrize.

Diese drei Techniken der Schriftherstellung und unsere Bilder zeigen, daß es kompliziert und zeitraubend ist, die gebrauchte Fülle von gleichen Lettern herzustellen. Die beschriebenen Arbeitsvorgänge müssen ja für jeden Buchstaben des Alphabets, für jede Schriftart und für jede Schriftgröße einzeln ausgeführt werden. Der Weg von der ersten Zeichnung einer Schrift bis zum fertigen Guß ist sehr lang und dauert oft mehrere Jahre. Drucktypen von früher sind deshalb selten modisch.

Druckschrift als technisches Erzeugnis – heute

Der Bleisatz wird nach und nach abgelöst vom Photosatz. »Photo« und »Licht« bedeuten zwar das gleiche, die Fachleute unterscheiden aber zwischen *Photosatz* und *Lichtsatz*. Mit Photosatz werden die Techniken beschrieben, die über ein Buchstaben-Negativ die Schrift auf das Papier oder auf den Film bringen. Lichtsatz ist die Technik, die die Buchstaben

Zeichnen einer Schrift für den Photosatz: links oben die erste Skizze; darunter die ausgearbeitete Skizze für ein Alphabet; darunter 2 Versuche: der feine Strich in den Buchstaben muß aus technischen Gründen etwas verbreitert werden. Rechts die sauber gezeichnete Schrift als »Headline«, für den Satz von Titelzeilen

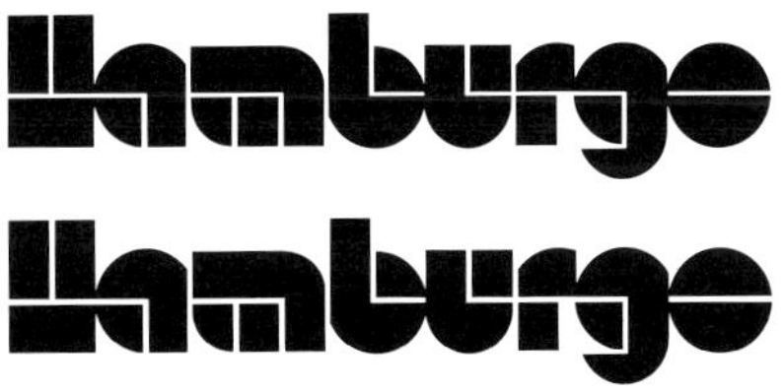

aus kleinsten Elementen elektronisch digital zusammensetzt. Wir beschränken uns im folgenden auf den Photosatz, über den Lichtsatz Seite 163 ff.

Brotschrift und Headline Die Fachleute der »Schwarzen« Kunst haben schon immer zutreffende Fachausdrücke benutzt. Eine Brotschrift ist die Schrift für täglich zu lesende längere Texte. Heute nennen wir sie *Lesegröße*. Sie wird überwiegend nach historischen Vorbildern gestaltet.

Headline bedeutet nichts anderes als Überschrift, die Fachleute sagen *Titelsatzschrift* oder *Schaugröße*. Hier kann der Künstler modisch beeinflußte Augenblicksideen verwirklichen. Besonders die Werbung verlangt täglich neue, extravagante Schriftschöpfungen.

So entsteht eine Titelsatzschrift Der Künstler hält seine Schriftidee in einer Skizze fest. Auf einem Rasterblatt fertigt er das ganze Alphabet, zunächst noch skizzenhaft. Mit dem Raster lassen sich die Breiten der Buchstaben gut ermitteln, auch die Schrift ist leicht in andere Größen zu übertragen. Ein Testwort wird 50–60 mm groß gezeichnet und photographisch verkleinert und vergrößert. Hier stellt man die *Eignung der Schrift* für mehrere Größen fest. Das Testwort wird korrigiert, von der Korrektur wieder eine Verkleinerung und Vergrößerung hergestellt. In der überarbeiteten Form zeichnet der Künstler sämtliche Buchstaben, Ziffern, Punkturen und Zeichen in den vorgeschriebenen Maßen. Nach mehreren Kontrollen und Verbesserungen entsteht so die Reinzeichnung, die die Grundlage für die Typenplatten oder Schriftscheiben bildet.

So entsteht eine Werk- oder Buchschrift Für unsere Werk- oder Buchschrift sind auch heute historische Vorlagen der beste und schönste Grundstock. Seiten aus Büchern vergangener Jahrhunderte werden reproduziert, dabei Buchstabe für Buchstabe stark vergrößert. Die so entstehende Schrift ist für das weitere Verarbeiten im Photosatz kaum brauchbar. Sie wird in der Form künstlerisch nachempfunden und neu gezeichnet. Optische Korrekturen, die auch technische Gründe haben können, werden in die endgültigen Reinzeichnungen eingearbeitet. So entsteht Figur um Figur. Schließlich werden von einer scharfen Astralonkopie alle Korrekturen zum letzten Mal nachgezogen.

Herstellen von Schrift für den Photosatz ist nicht nur eine Sache der Optik. Die Schrift

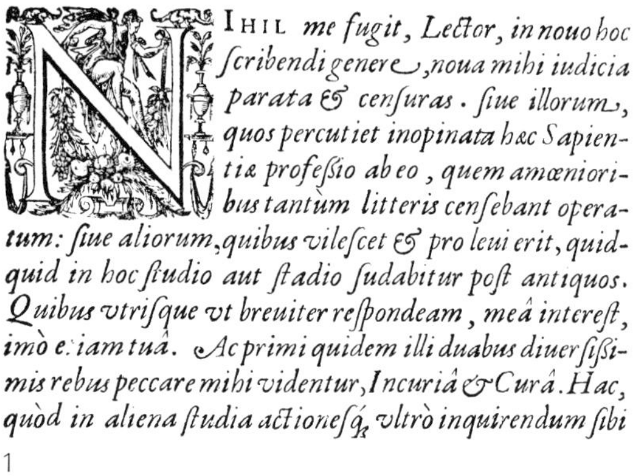
NIHIL *me fugit, Lector, in nouo hoc ſcribendi genere, noua mihi iudicia parata & cenſuras. ſiue illorum, quos percutiet inopinata hæc Sapientiæ profeſſio ab eo, quem amœnioribus tantum litteris cenſebant operatum: ſiue aliorum, quibus vileſcet & pro leui erit, quidquid in hoc ſtudio aut ſtadio ſudabitur poſt antiquos. Quibus vtriſque vt breuiter reſpondeam, meâ intereſt, imò etiam tuâ. Ac primi quidem illi duabus diuerſiſſimis rebus peccare mihi videntur, Incuriâ & Curâ. Hac, quòd in aliena ſtudia actioneſq; vltrò inquirendum ſibi*

1

2

3

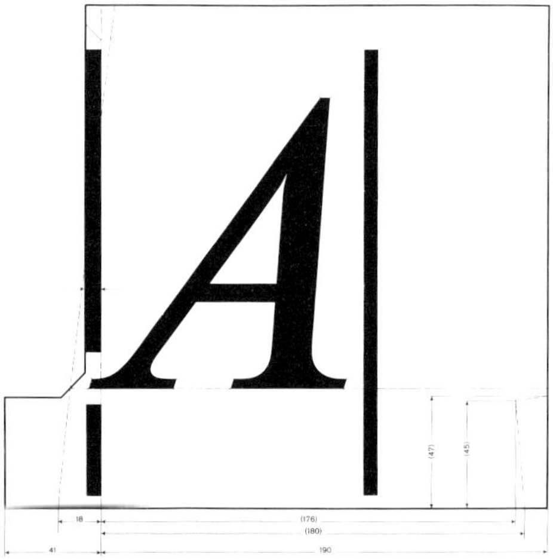

4

5

Zeichnen einer Werkschrift für den Photosatz: 1 die Vorlage aus der Renaissance; 2 das vergrößerte Zeichen; 3 die Reinzeichnung nach dem vergrößerten alten Zeichen; 4 das Schriftzeichenfeld, das die Dickte des Buchstabens und die Steuerelemente für die Abstände angibt; 5 eine Zwischenverkleinerung auf dem Schriftfilm

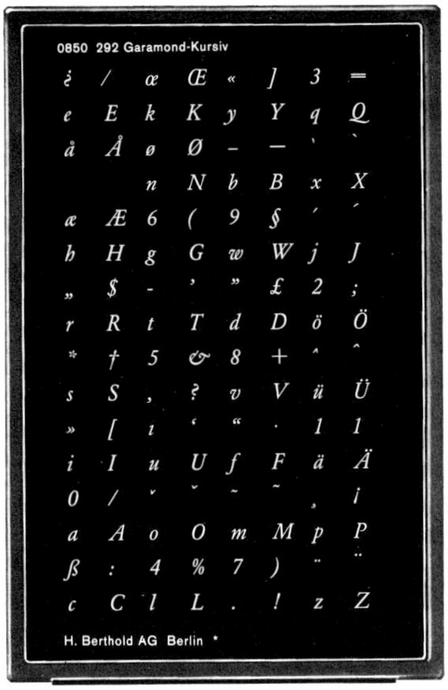

Die Photosatz-Werkschrift aus unserem Beispiel links als Scheibe des »Diatype«-Setzgeräts

Unser Schriftbeispiel als Scheibe für die »Diatronic«-Setzmaschine

Die fertige Schrift: Musterschutzfassung einer Garamond Kursiv für den Photosatz als Werkschrift

ABCDEFGHIJKLMNOPQ
RSTUVWXYZ
ÄËÖÜÏÈÉÊÅĞÑÇÆŒØ
abcdefghijklmnopqrstuvwxyzzß
äëöüèéêåğñçæœø
1234567890 1234567890% ¼ ½ ¾
*§§£$¢&.,:;?¿!¡„"""»«()[]/-–—††**

muß eine Reihe von technischen Erfordernissen erfüllen, je nach Art der Geräte oder Maschinen, für die sie eingesetzt werden soll. Es sind Daten nötig für die Steuerung, für die richtige Positionierung des Buchstabens, für Höhe und Abstand zu den Nachbarbuchstaben. Alle Justierungen werden peinlich genau und in immer wieder neuen Kombinationen vorgenommen. Schon minimale Unstimmigkeiten, die wir einzeln kaum wahrnehmen, würden sich nicht nur störend wiederholen und multiplizieren; sie beeinträchtigen auch das Lesen. Die angenehme, richtige Lesbarkeit hängt also auch von technischen Erfordernissen stark ab.

Optische Täuschungen Unser Auge ist für Täuschungen anfällig, es verlangt sie zuweilen sogar. Die Schriftkünstler wissen das

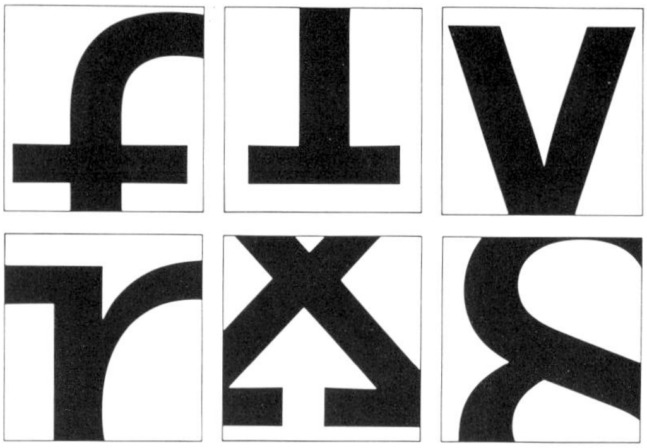

und berücksichtigen es bei ihren Schriften. Erst die Vergrößerung zeigt die Abweichungen.
Die waagrechten Striche eines Buchstabens sollen gegenüber den senkrechten gleich stark erscheinen: sie müssen etwas schlanker gehalten werden.
Die Waagrechte, die eine Senkrechte oben und unten abschließt, verjüngt sich zur Mitte hin leicht, sonst erschiene sie nach oben hin gewölbt.
Kleine Schriftgrößen haben offenere Buchstaben-Innenräume – vom Fachmann als »Punzen« bezeichnet – als die großen Schriftgrade. Die Druckfarbe würde die hellen Stellen bei kleinen Größen sonst ausfüllen. Deshalb sind Vergrößerungen oder Verkleinerungen auch nur bis zu einem gewissen Maßstab möglich. Beim handwerklichen Stahlstempelschnitt (Seite 115) wurde dies früher von Schriftgrad zu Schriftgrad berücksichtigt.
Die beiden Striche des kleinen v sind geringfügig gebogen, damit sie optisch gerade stehen. Der Buchstabe x hat eine deutliche Strichverschiebung in der Diagonale, anders würden die beiden Striche als verschoben erscheinen.

Peinliche Genauigkeit beim Entwerfen und Zeichnen einer Photosatzschrift. Mit optischen Geräten größter Präzision werden Schrift und Abstände gemessen

Aufbewahren von Druckschriften

Schriftleute müssen peinlich genau sein und in ihren Magazinen die denkbar beste Ordnung haben; sie kommen sonst nicht mit den Tausenden und aber Tausenden verschiedener Buchstaben zurecht, die sie jeden Tag in kürzester Zeit neu finden müssen.

Im Bleisatz Die Druckerei verwahrt ihre Schrift in Kästen und Regalen. Die Buchstaben werden vom Setzer in die Fächer des Kastens zurückgelegt, wenn der Auftrag gedruckt ist, um sie anschließend für den nächsten wieder bereit zu haben. Die Lettern wer-

Schrift kann so aufbewahrt werden...

... und so

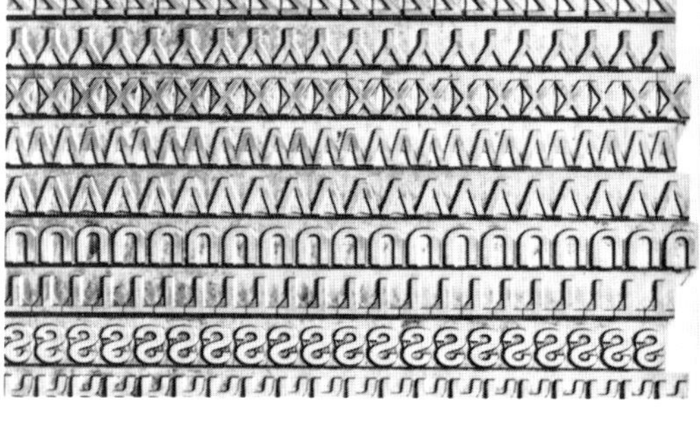

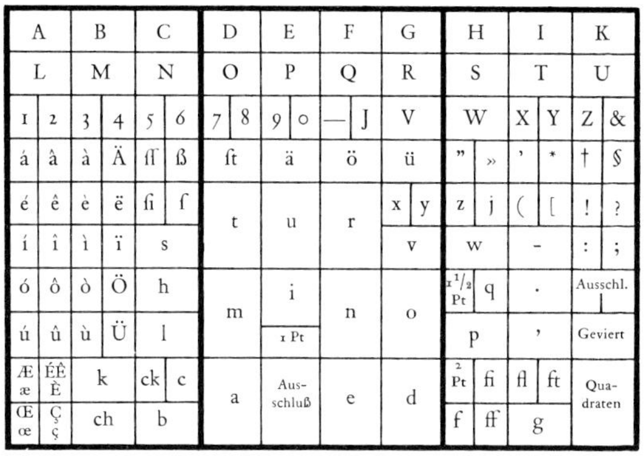

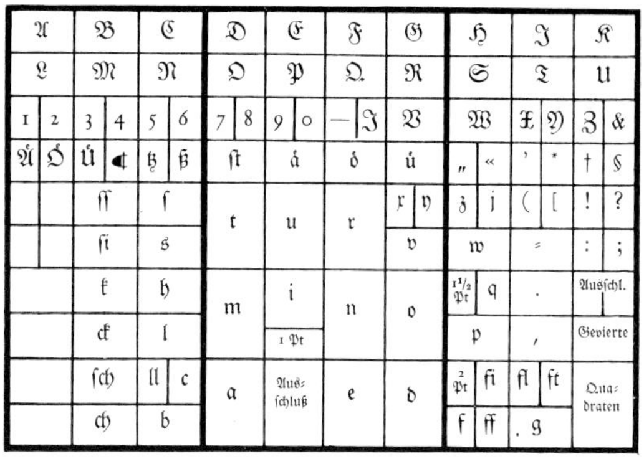

Einteilung des Setzkastens für Antiqua … … und Fraktur nach DIN 16502

den für die unterschiedlichsten Aufgaben eingesetzt: auf einem Buchtitel, in einer Zeitungsanzeige, in einer Karteikarte. Die Einteilung der Kästen hat sich durch die Jahrhunderte wenig verändert und ist heute nach DIN 16502 festgehalten. Die am häufigsten benötigten Buchstaben liegen der Hand des Setzers am nächsten. Zum Aufbewahren von Bleisatzschriften wird sehr viel Raum benötigt, viel Material und Gewicht gebunden. Dies gilt vor allem auch für den Maschinensatz aus Blei.

Im Photosatz Vorrätig sind die gebräuchlichsten Zeichen. Sie werden bei Photosetzgeräten je nach Gerätetyp auf einem Filmstreifen (Font), einer Typenplatte (Lineal), einer Typenscheibe oder auf Film in einer Kassette untergebracht. Pro Schriftart genügt ein Schriftträger, da die Buchstabenmenge sich hier aus der Anzahl der Belichtungen ergibt. Entgegen dem Bleisatz brauchen wir also jeden Buchstaben nur einmal. Auch von der Schriftgröße aus gesehen reicht einer: verschiedene Größen verlangen lediglich eine andere Einstellung der Optik. In der raumsparenden und rationellen Aufbewahrung des Photosatzes liegt einer seiner wesentlichen Vorteile (Bilder Seite 126f).

Das Bild der Schrift

Laute werden durch Zeichen dargestellt. Das kleine Kind lernt zuerst die Laute, etwa ab dem sechsten Jahr die Zeichen. Jedes Zeichen besitzt eine vom anderen klar abgegrenzte und genau definierte Form. Der Schreibende vollzieht je nach Geschick und Lust die Form beim Schreiben mehr oder weniger gut nach. Beim Drucken liegen die Zeichen von vornherein fest, sie werden vom Setzer angeordnet, verteilt, gegliedert.

Am Skelett der Schrift ist nicht zu rütteln, sonst würde ihre Aufgabe als Informationsträger nicht erfüllt. Die Verkleidung darf gewechselt werden. Sie ist ein wesentliches Element der Mode, der Interpretation. Aufgabe der Schriftkünstler und der Schriftverarbeiter beim Druck von Schriften ist es, nur soweit zu kleiden und verkleiden, daß die Information, die Botschaft nicht beeinträchtigt wird. Beides – sprachliche Botschaft und stilistische Botschaft – soll sich nach Möglichkeit decken. Ein sachlicher Text soll von einer zurückhaltenden, neutral wirkenden Schrift übermittelt werden. Der literarische Text verlangt nach der historischen Form. Das Empfinden des einzelnen beim Lesen, also beim Aufnehmen von Schrift, wird immer subjektiv bleiben. Eine konstruierte Schrift wird als etwas Technisches, eine geschwungene, verschnörkelte Schrift als etwas Modisches empfunden.

Schriftklassifikation Die große Zahl der in Gebrauch befindlichen Schriften verlangt nach Ordnung. Zunächst unterscheiden wir zwischen einer runden und einer gebrochenen Schriftform. Der Laie nennt sie häufig lateinische und deutsche Schrift, der Fachmann *Antiqua* und *Fraktur*. Eine heute sehr wichtige Schriftform ist die *Serifenlose*. Wir kennen sie

Versalien

A B C D E F G H I J K L M N O — A B C D E F G H I J K L M N O
P Q R S T U V W X Y Z Ä Ö Ü — P Q R S T U V W X Y Z Ä Ö Ü

Gemeine

a b c d e f g h i j k l m n o p — a b c d e f g h i j k l m n o p q r s ſ t u
q r s t u v w x y z ä ö ü ff fi fl — v w x y z ck ch ff fi fl ft ſi ſſ ſt ß tz ä ö ü

richtig: flach falsch: flach — richtig: ſteil falsch: ſteil

Ziffern und Punkturen

1 2 3 4 5 6 7 8 9 0 — 1 2 3 4 5 6 7 8 9 0
. , : ; ! ? - ’ ([« * † § — & — . , : ; ! ? - ’ ([„ * † § - &

Konto 310 nicht gut: KONTO 310 — Konto 310 oder KONTO 310

Akzente

á à â é è ê ë í ì î ï ó ò ô ú ù û
ç æ œ É È Ê Ë Æ Œ Ç

Figurenverzeichnis für Antiqua und Fraktur

Antiqua — Fraktur
runde — gebrochene
Form — Form

Eine Zeile vermittelt eine sprachliche und eine stilistische Aussage. Je mehr sich die Schrift von ihrer Skelettform (1) entfernt, je stärker sie also stilistische Aussage (5 und 6) wird, desto schwächer wird ihre sprachliche Mitteilung. Der Stil dominiert

Schriftform	1	Schriftform	4
Schriftform	2	Schriftform	5
Schriftform	3	Schriftform	6

Runde Form 1

Runde Form 2

Gebrochene Form 3

Gebrochene Form 4

Linearschrift 5

Linearschrift 6

Schreibschrift 7

Schreibschrift 8

Bei den Schriften 1, 4, 5 und 8 stimmt die sprachliche Aussage mit der stilistischen überein, während bei 2, 3, 6 und 7 die Schriftform dem textlichen Inhalt widerspricht

Einige Beispiele aus der Schriftklassifikation nach DIN 16518 ▷

Die Schriftklassifikation DIN 16518 hat zehn Gruppen:

Gruppe		
I	Venezianische	Renaissance-Antiqua
II	Französische	Renaissance-Antiqua
III		Barock-Antiqua
IV		Klassizistische Antiqua
V	Serifenbetonte	Linear-Antiqua
VI	Serifenlose	Linear-Antiqua
VII		Antiqua-Varianten
VIII		Schreibschriften
IX		Handschriftliche Antiqua
Xa	Gotisch	
Xb	Rundgotisch	
Xc	Schwabacher	
Xd	Fraktur	
Xe	Fraktur-Varianten	

Gruppe Französische Renaissance-Antiqua

Momberg

gesetzt aus der Schrift »Garamond«

Gruppe Barock-Antiqua (Vorklassizistische Antiqua)

Momberg

gesetzt aus der Schrift »Janson«

Gruppe Klassizistische Antiqua

Momberg

gesetzt aus der Schrift »Walbaum«

Gruppe Serifenbetonte Linear-Antiqua

Momberg

gesetzt aus der Schrift »Schadow«

Gruppe Serifenlose Linear-Antiqua

Momberg

gesetzt aus der Schrift »Futura«

Gruppe Schreibschriften

Momberg

gesetzt aus der Schrift »Künstler-Schreibschrift«

Gruppe Schwabacher

Momberg

gesetzt aus der Schrift »Alte Schwabacher«

Gruppe Fraktur

Momberg

gesetzt aus der Schrift »Zentenar-Fraktur«

Bezeichnung Din 16518	Bezeichnung früher	Duktus	Serife Groß-buchstaben	Serife Klein-buchstaben	Achse Rundungen	Beispiel Testwort
Venezianische Renaissance Antiqua	Mediaeval Ältere Antiqua Klassische Antiqua	fett halbfett	B	b	e	oder
Französische Renaissance Antiqua	Mediaeval Ältere Antiqua Klassische Antiqua	fett halbfett	B	b	e	oder
Barock Antiqua	Übergangs-Antiqua	fett halbfett	B	b	e	oder
Klassizistische Antiqua	Klassizistische Antiqua Jüngere Antiqua	fett fein	B	b	e	oder
Serifenbetonte Linear Antiqua	Egyptienne Clarendon	fett fett	B	b	e	oder
Serifenlose Linear Antiqua	Grotesk	fett	B	b	e	oder

Beispiele für frühere Bezeichnung, Duktus und Charakteristik der Buchstaben in der Klassifikation nach DIN 16518 (weitere Beispiele auf Seite 125)

auch unter dem Namen *Grotesk*. Serifen sind die Querstriche am Beginn und am Ende des Buchstabens.
Innerhalb der Gruppen gibt es Untergruppierungen, wobei für uns heute die Gruppe der Antiqua-Schriften wichtiger und am wichtigsten die ersten sechs Gruppen in unserer Beispielreihe sind. Die Klassifikation nach DIN 16518 mißt die Eigenheiten an drei Kriterien: am *Duktus*, an den Serifen und an den Buchstaben-Rundungen. Duktus ist der Strich, wie er beim Schreiben der Schrift aus der Feder

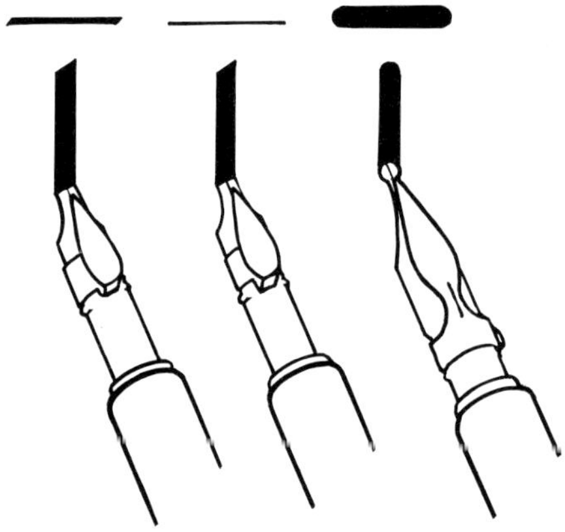

Federart und Federhaltung sind ausschlaggebend für die Strichform einer geschriebenen Schrift. Die beiden schräg geschnittenen Federn müssen zum Schreiben der waagerechten Striche etwas gedreht werden, beim dünnen Strich stärker als beim halbfetten. Die Strichführung nennt der Fachmann »Duktus«

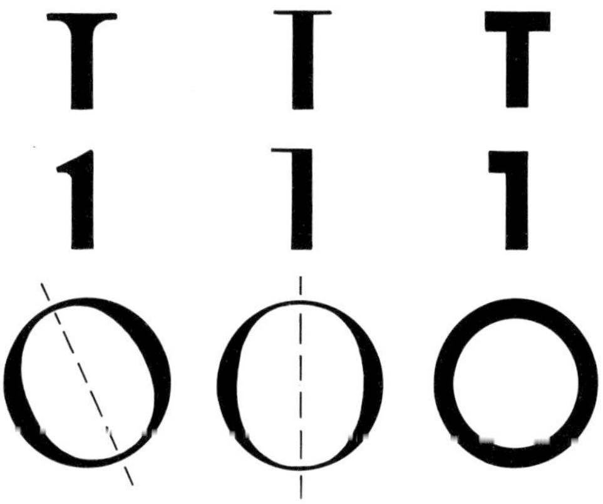

Die Klassifikation teilt die Schriften unter anderem ein nach der Art der Strichstärke, auch nach der Anordnung der waagrechten zu den senkrechten Strichen. Bei Rundungen gelten Strichschwellungen als Kriterium

II Französische Renaissance-Antiqua

ABCDEFGHIJKLMNOPQRST
UVWXYZ ÄÖÜ
abcdefghijklmnopqrstuvwxyz äöü
1234567890

Francesco Griffo Bembo-Antiqua 1495

III Barock-Antiqua

ABCDEFGHIJKLMNOPQRSTUVW
XYZ ÄÖÜ
abcdefghijklmnopqrstuvwxyz äöü
1234567890

Anton Janson Janson-Antiqua 1672

ABCDEFGHIJKLMNOPQRSTUVW
XYZ ÄÖÜ
abcdefghijklmnopqrstuvwxyz äöü
1234567890

John Baskerville Baskerville-Antiqua 1757

IV Klassizistische Antiqua

ABCDEFGHIJKLMNOPQRSTUV
WXYZ ÄÖÜ
abcdefghijklmnopqrstuvwxyz äöü
1234567890

J. E Walbaum Walbaum-Antiqua 1800

ABCDEFGHIJKLMNOPQRSTUV
WXYZ ÄÖÜ
abcdefghijklmnopqrstuvwxyz äöü
1234567890

Bauersche Gießerei Fette Antiqua 1850

V Serifenbetonte Linear-Antiqua

ABCDEFGHIJKLMNOPQRSTUVWXYZ
ÄÖÜ
abcdefghijklmnopqrstuvwxyz äöü
1234567890

Hans Wagner Welt-Antiqua 1932

ABCDEFGHIJKLMNOPQRSTUVW
XYZ ÄÖÜ
abcdefghijklmnopqrstuvwxyz äöü
1234567890

Prof. Georg Trump Schadow-Antiqua 1937

VI Serifenlose Linear-Antiqua

ABCDEFGHIJKLMNOPQRSTUVW
XYZ ÄÖÜ
abcdefghijklmnopqrstuvwxyz äöü
1234567890

Berthold AG Akzidenz-Grotesk 1896

ABCDEFGHIJKLMNOPQRSTUVW
XYZ ÄÖÜ
abcdefghijklmnopqrstuvwxyz äöü
1234567890

Bauer-Baum Folio-Grotesk 1957

VII Antiqua-Varianten

ABCDEFGHIJKLMNOPQRSTUVW
XYZ ÄÖÜ
abcdefghijklmnopqrstuvwxyz äöü
1234567890

Prof. Georg Trump Codex 1954

VIII Schreibschriften

ABCDEFGHIJKLMNO
PQRSTUVWXYZ ÄÖÜ
abcdefghijklmnopqrstuvwxyz äöü
1234567890

D. Stempel AG Künstler-Schreibschrift 1902

IX Handschriftliche Antiqua

ABCDEFGHIJKLMNOPQRSTUV
WXYZ ÄÖÜ
abcdefghijklmnopqrstuvwxyz äöü
1234567890

Prof. Georg Trump Delphin 1951

X Gebrochene Schriften

ABCDEFGHIJKLMNOPQRSTU
VWXYZ
abcdefghijklmnopqrstuvwxyz äöü
1234567890

Hausschnitt Manuskript-Gotisch 1905

ABCDEFGHIJKLMNOPQRSTUV
WXYZ ÄÖÜ
abcdefghijklmnopqrsſtuvwxyz äöü
1234567890

Luthersche Fraktur 1718

Beispiele von Druckschriften im Bleisatz aus heutigen Setzereien fließt. Über die Einzelheiten des Schriftschreibens Seite 196ff und 213ff. In diesen Kapiteln wird dargestellt, wie sich die Druckschrift aus der Handschrift entwickelt hat und wie sich für die gedruckten Schriften neue charakteristische Formen herausgebildet haben.

Der Photo-Layoutsatz kann durch Linsen und Vorsatzgeräte Schriften bis zur Unkenntlichkeit verändern (Seite 138). Auch hier suchen wir beim Klassifizieren nach den Merkmalen, wie sie für den Bleisatz in DIN 16518 festgelegt sind.

Der Buchstabe

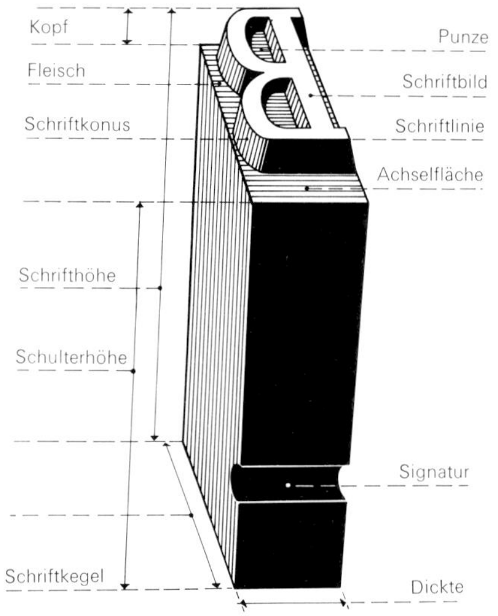

Der Buchstabe in Blei ist ein Körper mit genau definierten Maßen. Sein Bild ist spiegelverkehrt, damit es seitenrichtig auf dem Papier zu stehen kommt. Jede Schriftgröße benötigt einen eigenen Letternvorrat

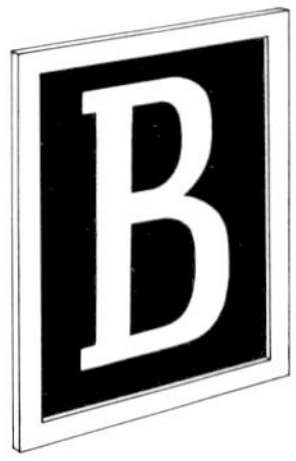

Photosetzgeräte haben für Ihre verschiedenen Schriftgrößen nur eine Negativform. Beim Belichten wird das Buchstabenbild durchstrahlt und gelangt so auf das Photomaterial

In den beiden großen Gebieten der heutigen Satztechnik ist der Buchstabe die kleinste Einheit.

Im Bleisatz Mittelpunkt der manuellen Satzherstellung mit Blei ist die Letter, eine kubische Figur, die auf ihrem Scheitel ein Relief trägt. Es wird eingefärbt und überträgt sein Bild als Buchstabe auf das Papier.

Die Kassette hat auf ihrem Filmstreifen sämtliche Buchstaben, Zeichen und Punkturen, die zum Setzen nötig sind. Der Filmstreifen kann nach links oder rechts bewegt werden, so daß der benötigte Buchstabe im Ausschnitt der Kassette und damit über der Optik des Photo-Titelsetzgerätes steht. »Font« ist der Filmstreifen, der Schriftnegative trägt

Typenplatte als Schriftträger
im Photo-Layoutsatz (Ausschnitt)

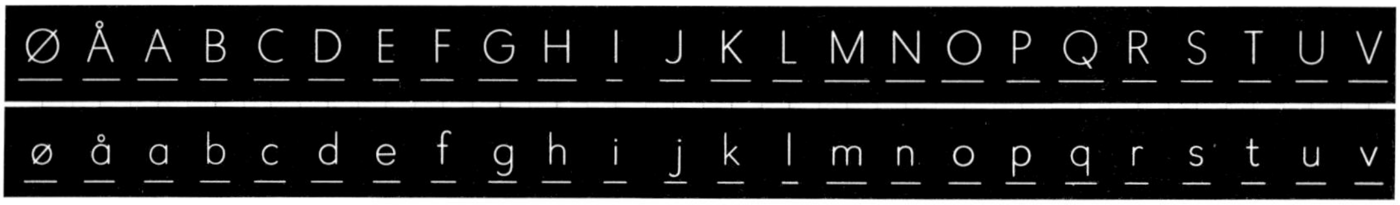

Der gegossene Buchstabe besteht aus einer Legierung von Blei (67%), Antimon (28%) und Zinn (5%). Blei ist das Grundmaterial, Antimon wird der Härte wegen und Zinn zum Flüssigmachen des Metalls beim Gießen beigemischt. Jeder Buchstabe stimmt innerhalb einer Zeile in der Höhe und Tiefe mit den anderen Buchstaben überein, nicht aber in der Breite.

Schrift ist in der Setzerei das wichtigste Material, aber nicht das einzige. So zählen zum weiteren Bestand Linien, Bruchziffern, Zeichen, Schmuck, Typosignale, Punkturen und Vignetten. Alle diese Elemente besitzen eine einheitliche Höhe, sie müssen ja in einer gemeinsamen Druckform unter gleichen Bedingungen drucken. Linien können aus Messing (sieben Teile Kupfer, drei Teile Zink) sowie aus einer Bleilegierung gefertigt sein.

Im Photosatz Das kleinste Element im Photosatz ist wie im Bleisatz der Buchstabe. Er ist zweidimensional. Seine Umgebung ist schwarz, er selbst lichtdurchlässig; es handelt sich also um ein Buchstaben-Negativ. Die Größe des Negativs hat nur technische Bedeutung, da die zu setzende Schrift in ihrer Größe durch die Optik bestimmt wird. Alle jene Elemente, die der Bleisatz außer den Buchstaben noch vorrätig hat, sind auch im Photosatz vorhanden; darüber hinaus bietet der Photosatz eine Fülle von Figuren, die der Bleisatz nicht kennt (Seite 143).

Typenscheibe im Photo-Layoutsatz und im Photo-Akzidenzsatz

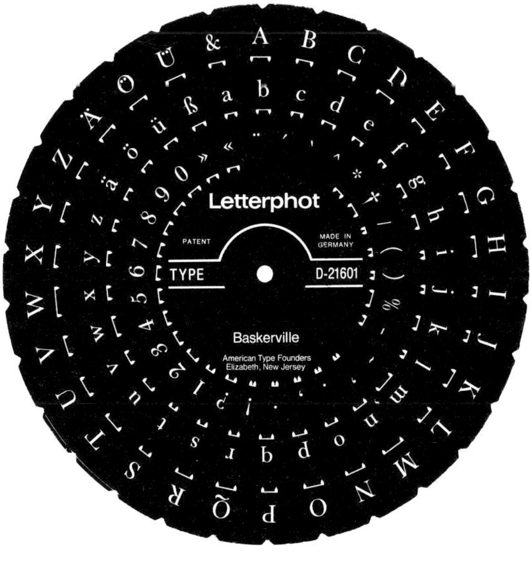

Maßsysteme Das metrische System, 1795 in Frankreich festgelegt, 1872 in Deutschland eingeführt, ist seit 1978 auch für die Textverarbeitung im Blei- und Photosatz gültig. Bisher wird hier in anderen Systemen gemessen und gerechnet.

Das Papier wird bei Druckarbeiten immer in mm und cm geschnitten, ebenso mißt man alle zu druckenden Bilder in mm und cm. Alles aber, was Satz ist, wird seit Jahrhunderten in typographischen Punkten gemessen. Im Photosatz wird teilweise metrisch, teilweise typographisch, teilweise nach anderen Systemen gearbeitet. Hier vereinheitlicht nun das allgemeinverbindliche metrische System allmählich die unterschiedlichen Maße.

Das typographische Maß, der Didot-Punkt (p), bezieht sich auf das alte französische Längenmaß, den Fuß:

1 Fuß = 12 Zoll
1 Zoll = 12 Linien
1 Linie = 12 Punkte.

Der Pariser Schriftgießer Didot faßt 1795 zwei solcher Punkte zu einem Didot-Punkt zusammen. Das typographische Punktmaß basiert also auf einem *Zwölfersystem*. Ein Didot-Punkt hat bisher die Stärke von genau 0,376065 mm. Man rechnet heute einen Punkt in 0,375 mm um, da die Praxis ohnehin gegenüber solch kleinen Toleranzen unempfindlich ist.

Schriftgrößen Größe ist ein relativer Wert. Eine große Schrift kann aus einer gewissen Entfernung zu einer mittleren oder kleineren werden, wie das bei Plakaten oder Hausbeschriftungen der Fall ist; bei Drucksachen hingegen, die ja aus der Nähe (etwa 35 cm) gelesen werden, ist die Schriftgröße ein Mittel der Ordnung. Eine größere Zeile bedeutet meistens einen wichtigeren Inhalt.

Grob gesehen lassen sich die Schriftgrößen in drei Gruppen zusammenfassen: Konsultationsgrößen, Lesegrößen, Schaugrößen.

Konsultationsgrößen Die erste Gruppe unserer Größen: sie reicht etwa von 2,25 mm (6 p) bis 3,375 mm (9 p). Konsultieren heißt Befragen. Aus dieser Größe werden Texte gesetzt, die nicht im herkömmlichen Sinn gelesen, sondern kurz nachgeschlagen werden. Wir verweilen bei ihnen nur so lange, bis wir Bescheid wissen und legen sie dann zur Seite: z. B. Telephonbücher, Adreßbücher, Le-

Konsultationsgrößen

6 p Kegelgröße
7 p Kegelgröße
8 p Kegelgröße

Lesegrößen

9 p Kegelgröße
10 p Kegelgröße
12 p Kegelgröße

Schaugrößen

14 p Kegelgröße
16 p Kegelgröße
20 p Kegelgröße
24 p Kegelgröße
28 p Kegelgröße

Im Bleisatz ist die Größe des Schriftbildes nicht mit der Größe des Buchstabenkörpers identisch. Größenangaben bezeichnen die Körpergröße des Buchstabens. Das heißt, gleiche Größenangaben bei verschiedenen Schriften können ein unterschiedlich großes Schriftbild zur Folge haben.

xika, auch Fußnoten, Marginalien und lebende Kolumnentitel (Seite 145). Die Zeit, die wir mit ihnen verbringen, ist kurz; das erlaubt, für diese Texte kleinere Schriften zu verwenden.

Lesegrößen Die zweite und mittlere Gruppe unserer Größen, etwa von 3,375 mm (9 p) bis 4,5 mm (12 p). Unter Lesen verstehen wir hier den Umgang mit Text über einen längeren Zeitraum. Der Text muß leicht und schnell erfaßbar sein und uns darüber hinaus ein Gefühl des Vorankommens vermitteln. Zu kleine und zu große Schriften scheiden aus, weil die einen den Leser vorzeitig ermüden, die anderen zu viel Platz beanspruchen würden.

Schaugrößen Die dritte Gruppe etwa von 5,25 mm (14 p) aufwärts. Es ist jene Größe, die entweder einen wichtigeren Informationswert ausdrücken soll, oder auf eine größere Entfernung lesbar sein muß. Sie kann unter anderem auf Plakaten oder Bucheinbänden, in Überschriften oder Titeln vorkommen. Große Schriften zu nahe gesehen, können nicht mehr gelesen, sondern nur noch buchstabiert werden.

Kegelgrößen In unserem Beispiel meint diese Bezeichnung das Tiefenmaß des Bleibuchstabens (Bild Seite 126). Hier ist nicht die Größe des Schriftbildes, sondern die Größe des Bleikörpers gemeint.

Konsultationsgröße		
6p	Kegelgröße 2,25	mm
7p	Kegelgröße 2,625	mm
8p	Kegelgröße 3,0	mm
Lesegröße		
9p	Kegelgröße 3,375	mm
10p	Kegelgröße 3,75	mm
12p	Kegelgröße 4,5	mm
Schaugröße		
14p	Kegelgröße 5,25	mm
16p	Kegelgröße 6,0	mm
20p	Kegelgröße 7,5	mm
24p	Kegelgröße 9,0	mm
28p	Kegelgröße 10,5	mm
36p	Kegelgröße 13,5	mm
48p	Kegelgröße 18,0	mm

Im Photosatz Die Schriftgrößen haben hier keinen anderen Informationswert als eben beschrieben, sie kommen nur anders zustande. Der Bleisatz braucht für jede Schriftgröße einen eigenen Kasten mit Lettern oder eigene Matrizen in der Setzmaschine; der manuelle Photosatz verstellt nur Optik, Belichtungszeit oder Blende.

Messen Gemessen wird im Photo-Akzidenzsatz bisher in Punkten (p) oder Millimetern (mm). Man kann die Größen auch stufenlos verändern. Die Tendenz zu messen, geht heute eindeutig zu den mm-Angaben.
Der Photo-Akzidenzsatz kann von der Konsultations- bis zur mittleren Schaugröße einstellen. Die Titel- und Layoutgeräte sind speziell für den Schaubereich gedacht und können Größen setzen, die im Bleisatz nicht mehr vorhanden sind. Hier liegt ein weiterer großer Vorteil des Photosatzes, der auch die Qualität der Schriftbilder in den Schaugrößen wesentlich gesteigert hat.

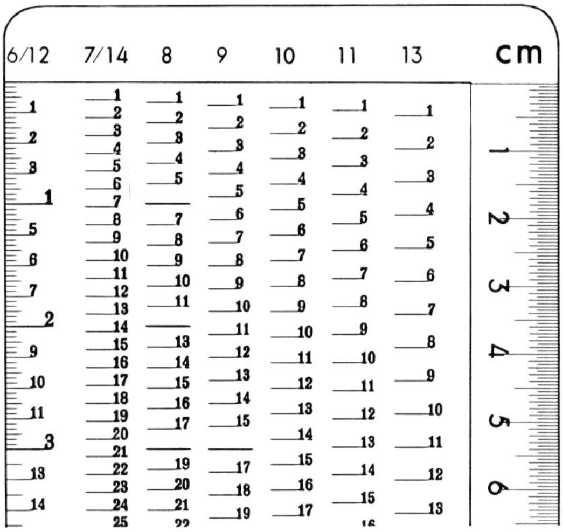

Das »Typomaß« für den Bleisatz zeigt rechts die metrische Skala, links die typographischen Maßeinheiten in Cicero. In der Mitte des Meßblattes sind jeweils 7, 8, 9, 10, 11, 13 und 14 Punkte zu Einheiten zusammengefaßt. Links werden je zwei Punkte, Sechser- und Zwölfereinheiten abgelesen (Abbildung leicht verkleinert)

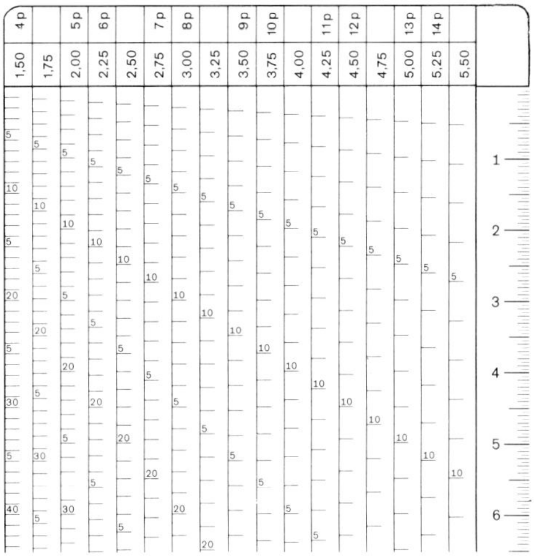

Meßblatt für den Photosatz: Im Anhang dieses Buches befindet sich ein »Typomaß« für den Photosatz, das auch die seit 1978 verbindliche Umrechnung in mm zeigt. Ähnlich wie bei der Bleisatzletter sind im Photosatz zur exakten Größenangabe eines Buchstabens zwei Daten erforderlich: die Größe des Schriftbildes, zweckmäßigerweise in der Höhe der Versalien gemessen; der kleinste benötigte Raum für den Zeilenvorschub bei Kompreßsatz (engstem Satz). (Abbildung leicht verkleinert)

Punkt	Alte Bezeichnung	bisheriger Modul ca. 0,376 mm	neuer Modul 0,375 mm
2	Viertelpetit (Non plus Ultra)	0,752	0,75
3	Viertelcicero (Brillant)	1,128	1,125
4	Halbpetit (Diamant)	1,504	1,5
5	Perl	1,880	1,875
6	Nonpareille	2,256	2,25
7	Kolonel (Mignon)	2,632	2,625
8	Petit	3,008	3,0
9	Borgis	3,384	3,375
10	Korpus (Garmond)	3,761	3,75
12	Cicero	4,513	4,5
14	Mittel	5,265	5,25
16	Tertia	6,017	6,0
18	1½ Cicero	6,769	6,75
20	Text	7,521	7,5
24	Doppelcicero	9,025	9,0
28	Doppelmittel	10,529	10,5
36	3 Cicero (Kanon)	13,538	13,5
48	4 Cicero (Kleine Missal)	18,050	18,0
60	5 Cicero (Sabon)	22,563	22,5
72	6 Cicero	27,076	27,0
84	7 Cicero	31,588	31,5

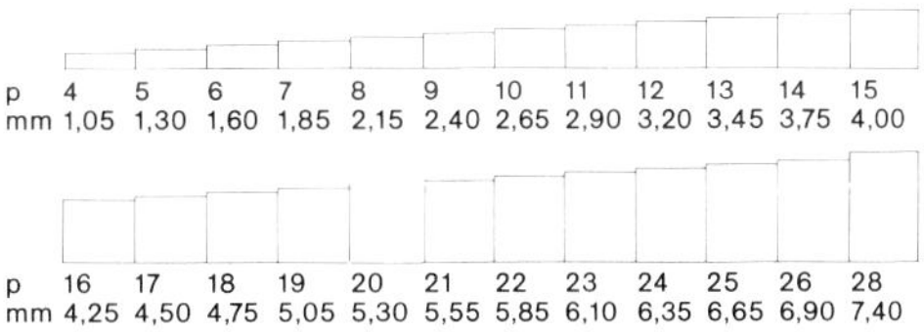

Im Typomaß für den Photosatz (oben) sind die Abstände für den Kompreßsatz von Zeilen gezeigt; die Umrechnungswerte oben und in der Tabelle links beziehen sich darauf. Auf dem Typomaß und in unserer Graphik zeigen wir ergänzend die Höhe der Versalien in p und mm (leicht verkleinert)

Beispiel für unterschiedlichen geringsten Zeilenabstand bei gleicher Höhe der Versalien: ältere Schriften haben größere Ober- und Unterlängen. Bei neu gezeichneten Schriften werden hohe Mittellängen bevorzugt. Als Meßwert für das Schriftbild im Photosatz bietet sich daher die Höhe der Versalien an

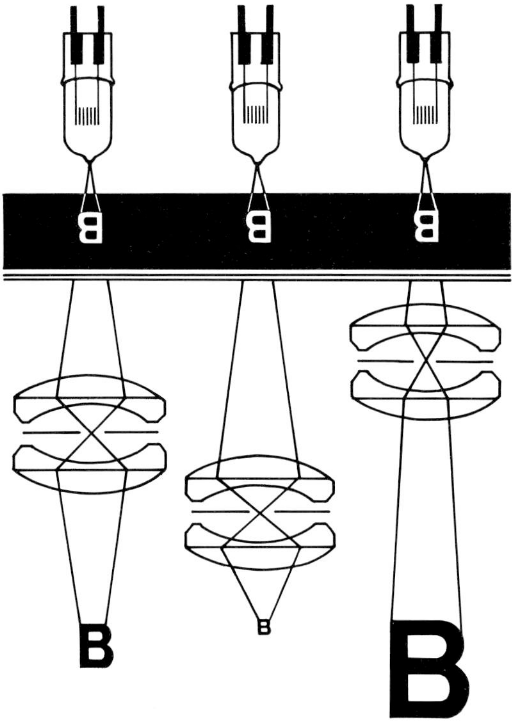

Ausgleichen einer Schrift im Bleisatz (oben) durch handwerkliches Unterschneiden bzw. Ausklinken der Bleisatzletter; im Photosatz (unten) durch Heranrücken des Buchstabens

ATH
ATH

◁ Wiedergabe in $^1/_1$ Größe, Verkleinern und Vergrößern eines Buchstabens im Akzidenz-Photosetzgerät

Das Wort

Technisch betrachtet ist das Wort eine Anzahl von Buchstaben. Unsere Sprache kennt klein- und großgeschriebene Wörter. Nur aus Großbuchstaben gesetzte Wörter ergeben durch ihre einheitliche Höhe ein ornamentales Band. Es kann weniger gelesen als buchstabiert werden. Durch unsere Buchstabenformen entstehen in ihnen und zwischen ihnen Leerräume. Sie addieren sich je nach Buchstabenkombination mehr oder weniger stark. Das Wortbild leidet darunter, oder es zerfällt in extremen Fällen sogar. Hier schafft der Setzer

Schriftbild	a	Schriftbild	b
Schriftbild	a	Schriftbild	b
Schriftbild	a	Schriftbild	b
Schriftbild	a	Schriftbild	b
Schriftbild	a	Schriftbild	b

richtig	Duktus	fett-fein
a	Schriftbild	rund
richtig	Duktus	fett-fein
a	Schriftbild	starr
falsch	Duktus	fett bis fein
a	Schriftbild	bewegt
falsch	Duktus	fett-fein
a	Schriftbild	statisch
richtig	Duktus	fett bis fein
a	Schriftbild	bewegt

einen Ausgleich, indem er die Buchstabenabstände optisch einander angleicht. Im Bleisatz mußte dafür früher der Buchstabe auch ausgeklinkt (ausgeschnitten) werden. Im Photosatz bevorzugen wir heute kompakt gesetzte, oft unausgeglichene Worte; ihr optischer Reiz entsteht aus den unterschiedlichen Dunkelwerten, sie sind dafür schwerer zu lesen.
Neben den Buchstaben als einzelne Figur gibt es Buchstaben-Verbindungen, sogenannte *Ligaturen*. Diese Verbindungen können eine sprachliche oder technische Ursache haben. Sprachliche Ligaturen sind Buchstaben, die durch ihre Verbindung den Lautwert ändern:

Antiqua	*Fraktur*
ch, ck, sch, ß, tz	ch, ck, sch, ß, tz

Technische Ligaturen existieren, weil diese Buchstaben einzeln versetzt sich gegenseitig behindern würden, oder aber einen zu großen Abstand ergäben.

Antiqua	*Fraktur*
ff, fi, fl, ft	ff, fi, fl, ft, ll, si, ss, st

Auch bei den Kleinbuchstaben haben die einzelnen Figuren innerhalb eines Wortes nicht den gleichen Abstand zueinander. Er wird durch den Schriftguß oder durch das Herstellen der Schrift im Photosatz von vornherein ausgeglichen. Der eine Buchstabe ist seitlich ein wenig breiter als er sein müßte, der andere schließt genau ab. Buchstaben mit senkrechten Strichen haben mehr, solche mit Rundungen weniger »Fleisch«, wie der Fachmann sagt. Große Schriften haben dies nicht, so vermittelt der Setzer unter Umständen hier auch zwischen den Kleinbuchstaben.

Die Schriftfamilie Die gezeigten Möglichkeiten, die Variationen einer Sprache schriftlich nachzuvollziehen, wenden wir hauptsächlich im Buchtext an. Unter *Auszeichnen* verstehen wir hier den Wechsel innerhalb einer Schriftfamilie. Sie umfaßt alle Schriften gleichen Namens. Der Begriff Antiqua bezieht sich auf die Stammschrift, Garamond z. B. ist der Name der Schrift nach dem historischen Vorbild ihres Schöpfers *Claude Garamond*. Kursiv ist die schrägstehende Schrift, Kapitälchen sind die Großbuchstaben in der Höhe der Mittellängen, halbfett ist die stärkere Type. Sämtliche Größen einer Kursiv oder einer Halbfetten bezeichnet man als *Garnitur*, eine Schriftfamilie besteht so aus mehreren Schriftgarnituren (Bilder Seite 132). Schriften, mit denen hauptsächlich Bücher gedruckt werden, haben meistens nur diese vier Garnituren. Schriftfamilien, die der Werbung dienen, besitzen manchmal bis zu zwanzig verschiedene Garnituren (Beispiele auch zwischen den Seiten 74 und 75).

Schrift mischen So problemlos Auszeichnungen sind, weil man innerhalb der Familie bleibt, so problematisch wird es, wenn Schriften verschiedener Familien zusammentreffen. Eine stilistisch einwandfreie Schriftmischung

◁ Beispiele für Schriftmischen

	Duktus	fett-fein
b	Schriftbild	gebrochen
	Duktus	fett-fein
b	Schriftbild	bewegt
	Duktus	fett-fein
b	Schriftbild	bewegt
	Duktus	fett-halbfett
b	Schriftbild	statisch
	Duktus	fein
b	Schriftbild	statisch

Das Alphabet unserer Großbuchstaben baut sich auf den Grundformen Kreis, Dreieck, Rechteck oder Quadrat auf. In der unterschiedlichen Kombination dieser Formen beim Bilden eines Wortes ergeben sich optisch ungleiche Buchstabenabstände. Diese zu regulieren ist der Sinn des Ausgleichens. Blindmaterial wird zwischen die Buchstaben gelegt

Beispiele für Ausgleichen

Schriftfamilie

Garamond-Antiqua

Garamond-Antiqua
Garamond-Antiqua
Garamond-Antiqua
Garamond-Antiqua
Garamond-Antiqua
Garamond-Antiqua
Garamond-Antiqua
Garamond-Antiqua
Garamond-Antiqua
Garamond-Antiq
Garamond-An
Garamond

Garamond-Kursiv

Garamond-Kursiv
Garamond-Kursiv
Garamond-Kursiv
Garamond-Kursiv
Garamond-Kursiv
Garamond-Kursiv
Garamond-Kursiv
Garamond-Kursiv
Garamond-Kursiv
Garamond-Kursiv
Garamond-Kurs
Garamond

Garamond halbfett

Garamond halbfett
Garamond halbfett
Garamond halbfett
Garamond halbfett
Garamond halbfett
Garamond halbfett
Garamond halbfett
Garamond halbfett
Garamond halbfett
Garamond halb
Garamond h
Garamon

Garamond Kapitälchen

GARAMOND-KAPITÄLCHEN
GARAMOND-KAPITÄLCHEN
GARAMOND-KAPITÄLCHEN
GARAMOND-KAPITÄLCHEN
GARAMOND-KAPITÄLCHEN
GARAMOND-KAPITÄLCHEN

Eine Schriftfamilie kann unterschiedlich viele Mitglieder (Garnituren) zählen. Das Anwenden der halbfetten oder fetten Schnitte gilt der Wortbetonung, während die anderen mehr der Verdeutlichung des Textes dienen

hat zwei Voraussetzungen: Strichführung (Duktus) und charakterliche Komponente. Gemeinsam verwendete Schriften sollen im ersten Punkt eine Einheit, im zweiten einen Gegensatz bilden.
Ihre Gemeinsamkeit soll im Duktus liegen, das heißt, wenn die erste Schrift eine fettfeine Strichführung zeigt, soll dies auch die zweite

	mager	normal	halbfett	fett
eng	ABCDEFGH IJKLMNOPQR STUVWXYZ abcdefghijklm nopqrstuvwxyz 1234567890	ABCDEFGH IJKLMNOPQR STUVWXYZ abcdefghijklm nopqrstuvwxyz 1234567890	**ABCDEFGH IJKLMNOPQR STUVWXYZ abcdefghijklm nopqrstuvwxyz 1234567890**	**ABCDEFGH IJKLMNOPQR STUVWXYZ abcdefghijklm nopqrstuvwxyz 1234567890**
standard	ABCDEFGH IJKLMNOPQR STUVWXYZ abcdefghijklm nopqrstuvwxyz 1234567890	ABCDEFGH IJKLMNOPQR STUVWXYZ abcdefghijklm nopqrstuvwxyz 1234567890	**ABCDEFGH IJKLMNOPQR STUVWXYZ abcdefghijklm nopqrstuvwxy 1234567890**	**ABCDEFGH IJKLMNOPQ STUVWXYZ abcdefghijkl nopqrstuvwx 1234567890**
breit	ABCDEFGH IJKLMNOP STUVWXYZ abcdefghijk nopqrstuvw 123456789	ABCDEFGH IJKLMNOP STUVWXYZ abcdefghijk nopqrstuvw 1234567890	**ABCDEFG IJKLMNOP STUVWXYZ abcdefghijk nopqrstuv 123456789**	**ABCDEFG IJKLMNOP STUVWXY abcdefghi nopqrstuv 12345678**
kursiv		*ABCDEFGH IJKLMNOPQR STUVWXYZ abcdefghijklm nopqrstuvwxyz 1234567890*	***ABCDEFGH IJKLMNOPQR STUVWXYZ abcdefghijklm nopqrstuvwxy 1234567890***	***ABCDEFG IJKLMNOP STUVWXY abcdefghi nopqrstuv 12345678***

Schriften, die überwiegend in der Werbung angewendet werden, bilden in der Regel eine größere Schriftfamilie als Schriften für den Buchsatz. Sie besitzen keine Kapitälchen, dafür aber enge und breite Schnitte

zeigen. Gegensätzliche Schriftmischungen, die auf Kontraste abzielen, sind heute beliebt. Das Grundsätzliche ist mehr in der psychologischen Aussage zu suchen. Eine starre oder statische Schrift verlangt nach einer bewegten oder geschwungenen, eine gebrochene nach einer runden und so fort (Bilder Seite 130).

Werden zwei Schriften in verschiedenen Farben gedruckt, so lenkt die Farbe als Element von der graphischen Qualität der Strichführung ab. Das heißt, die Farbigkeit setzt die graphischen Kriterien außer Kraft. Auf Duktus und charakterliche Komponente wird dann weniger geachtet.

Auszeichnen Die Sprache betont ein Wort innerhalb des Satzes durch Höhe, Tiefe oder Lautstärke. Die Schrift muß das, was die Sprache akustisch bewirkt, optisch ausdrücken. Dazu hat sie mehrere Möglichkeiten:

Die hier gezeigten Variationen dienen nicht alle dazu, sprachliche Betonungen visuell nachzuvollziehen. Sie gehören auch zur Gliederung eines Textes: eine wichtige Funktion, die der Leser vom gedruckten Text verlangt. Ein optisch anderer Wert braucht also nicht unbedingt einem sprachlich anderen Ausdruck zu entsprechen (Bilder Seite 134).

Stilmittel Typographie Was ist Stil, welches sind die Mittel dazu und weshalb ist Typographie eines davon? Unter Stil verstehen wir eine Form, häufig sogar eine materielle, die zur Aussage einer geistigen Einstellung geworden ist. So sehr Stil im Künstlerischen eine Begabung verlangt, so wenig muß

Das Wort	DAS WORT
Das Wort	*DAS WORT*
DAS WORT	DAS WORT
Das Wort	**DAS WORT**

Längerer Text wird aus einer gut lesbaren Schrift gesetzt. Ein *schräg* gedrucktes Wort unterbricht den gewohnten Leseablauf und fällt deshalb auf.

Wir können das gleiche Beispiel auch umgekehrt anwenden. Wir setzen einen Text aus einer kursiven Schrift und stellen in diesen dann ein geradestehendes *Wort.*

Eine andere Auszeichnungsart bei Überschriften

ist die freistehende Zeile.

Sie wirkt nur durch den sie umgebenden Raum.

Kursiv ist die beliebteste Art der Auszeichnung. Ihr Schriftbild entspricht dem Grauwert der übrigen Zeile. Auch Satz längerer Texte ist möglich.

KAPITÄLCHEN ergeben durch das ausgeglichene Schriftbild eine gute Gliederung. Besonders für Namen und römische Zahlen eignen sie sich.

V E R S A L I E N müssen ausgeglichen und etwas gesperrt werden. Innerhalb des Textes sind sie nicht geeignet, empfehlen sich jedoch für Titel.

Fettere Schrift ist als Betonung von Stichworten (Spitzmarken) im Lexikon gut brauchbar. Aber auch für Überschriften wird sie gerne verwendet.

S p e r r e n ist keine schöne Art der Auszeichnung. Da die Fraktur jedoch auf viele Möglichkeiten der Auszeichnung, die beim Satz von Antiqua möglich sind, verzichten muß, ist es ein notwendiges Mittel.

IN | LINIEN | AUSGEZEICHNET

Negativ als Auszeichnung

AUSZEICHNEN *mit anderer Schrift*

Beispiele für Auszeichnungen

er in der Typographie mit Kunst zu tun haben. Kunst setzt schöpferisches Handeln voraus, und zwar schöpferisch im Sinne von Erschaffen. Die Kreativität der Typographie liegt aber nicht im Erfinden von Dingen sondern in der Organisation schon vorhandener. Stil ist hier der richtige Einsatz des Materials.

Der Winkelhaken ist das wichtigste Werkzeug des Setzers im Bleisatz. In ihm werden die Buchstaben zu Worten gereiht und Zeilen gebildet

Damit sind wir beim zweiten Punkt unserer Frage angelangt, nämlich der nach den Mitteln. Für den Setzer sind es all die vorgefertigten Elemente, die er in Kästen und Regalen oder auf Typenplatten und Typenscheiben vorrätig hat. Ein entscheidendes Element darin bildet jenes Material, mit dem er die Textpausen einlegt. Der Freiraum ist vielleicht das am meisten stilbildende aller Satzelemente. Der Begriff »Typographie« ist also das Anwenden der Mittel, nicht das Erzeugen. Was die Arbeit in diesem Bereich kompliziert, ist, daß das Material stilistisch bereits geprägt ist. Der Typograph hat mehrere Vorstellungen zu koordinieren: jene, die der Schriftkünstler seinem Material mit auf den Weg gegeben hat, und seine eigenen. Er kann seine denen des Schriftkünstlers unterordnen. Er kann nachempfinden, sich ganz die Erfahrung anderer zunutze machen. Er kann stilisieren. Wir haben diese Art hier angedeutet. Sie verlangt keinerlei Mut, lediglich die genaue Kenntnis der technisch

Der Fachmann versucht, den Typus der
Schrift nach dem Textinhalt auszuwählen.
Damit schafft er eine wesentliche Vorarbeit für ein stilistisch richtiges Produkt.

literarisch

Ein weiteres Glied in der Kette stilistischer Merkmale ist die Zeilenform. In der Literatur wird der geschlossene Satz bevorzugt. Romane und Erzählungen sind so gesetzt.

modisch

Dritter und letzter Punkt ist der
Zeilenabstand. Er muß sowohl der
Schrift wie der Breite der Zeilen
angepaßt sein. Hier ist er sehr groß.

Typographischer Stil entsteht durch die Schriftart, ihre Zeilenform und Zeilenanordnung

Blick in eine Handsetzerei. Im Vordergrund der Setzkasten mit den Bleisatzlettern, darüber das Material für die Zwischenräume

Stilgeschichte. Der Typograph kann aber auch den entgegengesetzten Weg einschlagen und seine Vorstellung obenan stellen. Bedenkenlos wird er das nicht tun, es sei denn, er riskiert Stillosigkeit. Denn schon mit der Schriftwahl legt er eine Richtung fest, in die auch Zeilenform und -abstand tendieren müssen.
Stil ist die Kraft, Dinge zu formen. Dazu gehören Kenntnis des Materials und Vermögen zur Abstraktion. Die Typographie ist ein Mittel des Stils, weil sie dem Geist einer Sprache materielle Form gibt.

Was bei Photosetzgeräten das Aufblitzen der Lampe ist, das ist im Bleisatz der Griff in den Setzkasten. Die Buchstaben werden dabei im Winkelhaken gesammelt und zu Worten gereiht. Der *Winkelhaken* ist eine Metallschiene mit Winkelprofil. Sein rechtes Ende wird durch eine Metallbacke abgeschlossen. Die Metallbacke der linken Seite ist verstellbar. Ihr Abstand zur rechten bildet die Zeilenbreite.

Das Wort im Photo-Layoutsatz Das Wort kann hier, am Beispiel von Überschriften (Headlines), einen anderen Wert erhalten als im Bleisatz. Im Blei ist es möglich, ein Wort zu sperren, nicht aber es enger zu halten. Eine schräg projizierte Buchstabenfolge, in beliebiger Neigung, ist etwas anderes als eine Kursive, da sie ja auf eine andere Urform zurückgeht. Was in Blei unmöglich ist: das Ineinanderstellen von Buchstaben, führt im Photosatz zu reizvollen neuen Kombinationen.
In der Praxis soll ein Wort um so enger gehalten werden, je größer es gebraucht wird. Umgekehrt soll die kleinere Schrift etwas lichter

Sorgfältig bearbeitete Überschriftzeile im Photosatz

Literatur

Die Drucksache als Werbebotschaft
Die Drucksache als Werbebotschaft

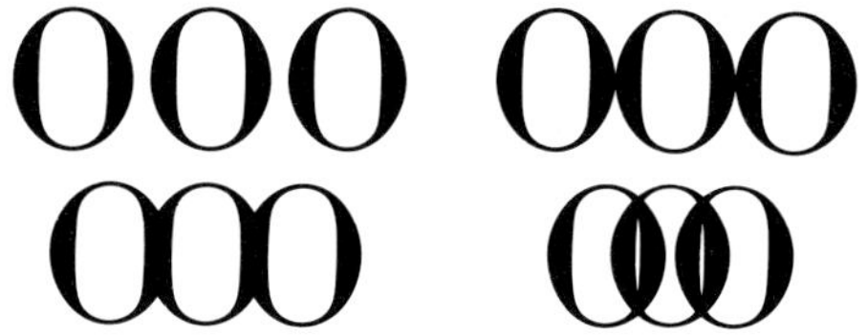

Die Laufweite einer Schrift im Photosatz kann unterschiedlich weit oder eng eingestellt werden; dadurch sind auch reizvolle Übereinanderbelichtungen möglich

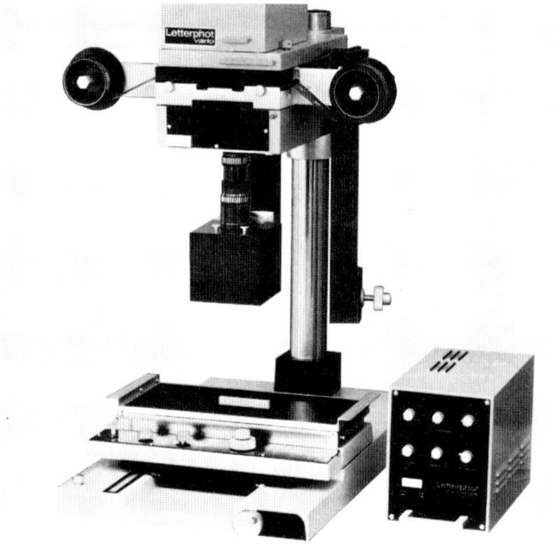

Photo-Titelsetzgerät »Letterphot« für Überschriften, Verpackungen, Plakate, Beschriftungen

Photosetzgerät »Diatype« für Akzidenzsatz, Tabellen, Formulare, Kataloge und Drucksachen aller Art

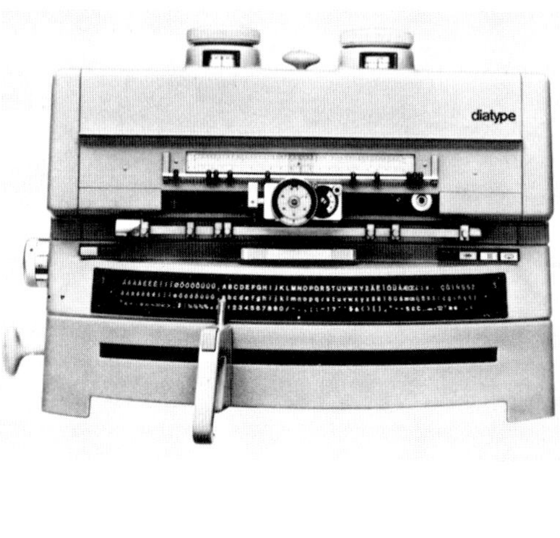

gesetzt werden. Lesegrößen photographisch besonders eng zu halten, ist für den Leser ungünstig. Aus Unkenntnis oder Mode wird bei Mengentext häufig etwas verlangt, was nur für Überschriften gültig sein sollte.

Manuelles Verarbeiten von Schrift Im Photosatz ist dann von Geräten und nicht von Maschinen die Rede, wenn die Wortabstände manuell festgelegt werden. Unter Photosetzgeräten verstehen wir drei Gerätegruppen:

das Photo-Titelsetzgerät
(Schriftgröße in mm)
das Photo-Layoutsetzgerät
(Schriftgröße in mm)
das Photo-Akzidenzgerät
(Schriftgröße in mm und p).

Zum Titelsatz zählen jene Geräte, die einzelne Worte oder Zeilen linear produzieren. Der Layoutsatz kann Worte oder Zeilen auch rund setzen oder auf andere Weise modifizieren. Der Akzidenzsatz befaßt sich mit Satzgruppen. Sein besonderer Schwerpunkt sind Tabellen (Bild Seite 177). Die meisten Geräte arbeiten nach dem Prinzip des Vergrößerungsapparates, einige mit Zoom-Optik. Jede Vergrößerung setzt vier Dinge voraus: Lichtquelle, Negativ, Optik, Photomaterial.
Maschinen oder Automaten steuern die Wortzwischenräume automatisch. Mehr hierüber Seite 151 ff.
Beim Setzen fällt das Licht zuerst durch das Buchstaben-Negativ und dann durch die Optik. Das Negativ enthält die Buchstabenform, die Optik sorgt für Größe und Schärfe. Jeder Buchstabe braucht also ein eigenes Negativ, jede Schriftgröße eine eigene Einstellung der Optik, der Belichtungszeit oder Blende. Die Buchstaben-Negative sind nicht einzeln vorhanden, sondern zusammengefaßt auf den Schriftträgern (Seite 165). Das Material, auf das belichtet wird, ist Photopapier oder Film. Je nach Gerätetyp wird das Material trocken oder naß (voraktiviert) verarbeitet.

Der Photosatz-Schriftfilm

Die Belichtungseinheiten der Photosetzanlagen produzieren einen Schriftfilm in Blatt- oder Rollenform. Der Schriftfilm garantiert zusammen mit der Technologie der Photosetzanlagen eine hervorragende Schriftqualität, gleichmäßige Dichte und Kantenschärfe. Der Schriftfilm dient zum Übertragen der Schriftinformation auf den Druckträger, die Druckform oder die Druckplatte. Unser Beispiel besteht aus einer 0,10 mm starken Unterlage auf Polyesterbasis, auf der die photographische Schicht aufgebracht ist. Schriftfilme dieser Art sind für alle gängigen Photosetzanlagen in den verschiedensten Formaten erhältlich.

Fragen Sie
DuPont de Nemours (Deutschland) GmbH
Geschäftsbereich Photoprodukte
Opernplatz 2 · 6000 Frankfurt am Main 1
Telefon (0611) 21951 · Telex 411484

DU PONT

Beilage zu »Bruckmann's Handbuch der Schrift«
Verlag F. Bruckmann KG, München

Links und oben: Im Photo-Layoutsatz werden Buchstaben oder Zeilen auf einfache Weise mit einem Muster versehen, indem man unter das Buchstaben-Negativ das Muster legt und belichtet

Unten: Von der positiven Zeile wird ein Negativ hergestellt. Anschließend kopiert man beide unter einer Folie. Dadurch entsteht ein minimal verkleinertes Positiv und ein unwesentlich vergrößertes Negativ. Übereinandergelegt lassen sie so viel Raum frei, daß ein dünner Rand sichtbar wird. Kopiert ergibt das die feinen Konturen des letzten Beispiels

Rechte Seite oben: Auch Modifikationen werden im Photo-Layoutsatz hergestellt. Sie benötigen eine Speziallinse, die je nach Einstellung eine der hier gezeigten Zeilen ergibt

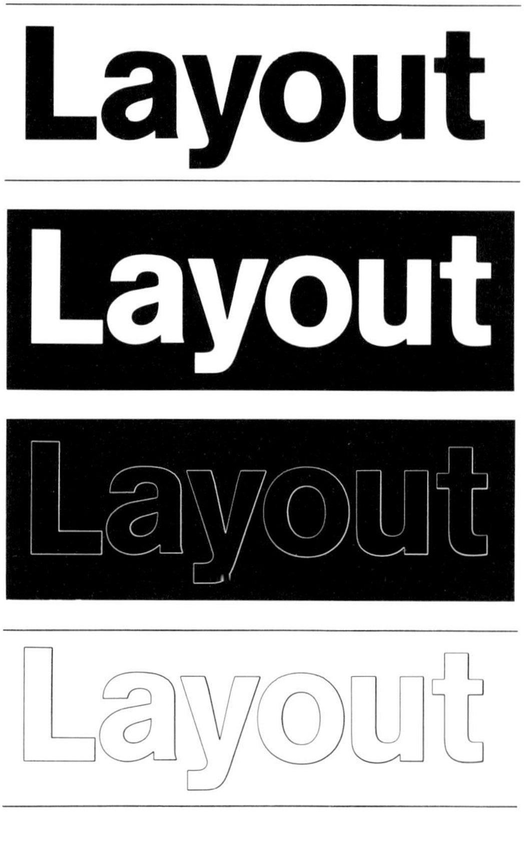

Kreissatz ist wie Wellensatz ein Produkt des Photo-Layoutsatzes; er verlangt eine Spezialvorrichtung. Wellensatz erfordert eine genaue Skizze, auch die Kenntnis der Schrift in ihren Verhältnissen

Die Zeile

Eine Zeile besteht nicht nur aus Worten, sondern auch aus Wortpausen. Beide sind im Bleisatz für den Setzer Material. Die Worte überragen im Buchdruck in ihrer Höhe die Zwischenräume, welche von der Druckfarbe nicht erreicht werden. Worte und Wortabstände summieren sich, bis das Maß der Zeile erreicht ist. Da diese Rechnung aber selten aufgeht, das heißt, die Zeile ihre vorgeschriebene Länge entweder nicht erreicht oder darüber hinausgeht, werden die Wortabstände erweitert oder verringert, bis die Zeile die gewünschte Breite erreicht hat. Sie ist dann »ausgeschlossen«, weshalb man das Material für die Wortpausen »Ausschluß« nennt. Es kommt nur selten vor, daß innerhalb einer Seite zwei Zeilen den gleichen Wortabstand besitzen. Da die Differenzen minimal sind, bleiben sie dem Leser meist verborgen.
Es gibt nur zwei Arten von Zeilen: gleich lange und unterschiedlich lange. Alle anderen sind Variationen dieser Arten. Die Länge einer Zeile leitet sich aus der technischen Notwendigkeit her, oder sie hat ein sprachliches Maß als Ursache. Gleich lange Zeilen *(Blocksatz)* werden bei gleichförmigem Text angewendet, etwa bei einem Roman oder einer Erzählung. Ungleich lange Zeilen nennt der Fachmann *Flattersatz* oder *Rauhsatz*. Diese Form wird aus formalen Gründen heute gern benutzt.
Eine Seite aus einheitlich langen Zeilen wirkt streng und statisch. Sie verbreitet Ruhe. Der freie *Zeilenfall* ergibt ein lockeres, unruhiges, aber rhythmisches Bild. Wer die folgenden Zeilen laut liest, wird erkennen, daß die erste sich normal lesen läßt, während die folgenden drei dem Text einen Rhythmus verleihen:

Eine Zeile besteht aus einer bestimmten Anzahl von Worten.

Eine Zeile besteht
aus einer bestimmten
Anzahl von Worten

Von n der abgese

Von n der abgesetzte

Von n der abgesetzten po

Der Abstand von einem Wort zum nächsten ist nicht immer konstant. Größere Schriften bedingen einen größeren Abstand als kleine, schmale Schriften einen engeren als breite. Richtwert für die jeweilige Schrift ist der Innenraum des »n«

Die Zeile als technisches Ergebnis Daß die Länge der Zeilen sich aus einer Summe von Worten und deren Pausen ergibt, ist nur eine unzulängliche Feststellung; denn das eigentliche Kriterium, die Größe der Summe, ist darin nicht enthalten. Der Leser wird bei der Lektüre eines Textes die Zeilenlänge als gegeben hinnehmen. Allein der Setzer weiß, daß sie sich im Bleisatz dem Didot-System einfügt, dort in der Regel auf eine 4,5-mm- oder 12-Punkt-Einheit ausgeht. Das hängt damit zusammen, daß in diesen Einheiten das nötige Blindmaterial für die Zeilenabstände vorrätig ist. Als mittlerer Wert eines Wortabstandes gilt ein Drittel der optischen Schriftgröße. Da es aber nicht nur normale, sondern auch enge und breite Schriften gibt, diese aber einen anderen Wortabstand verlangen, ist der innere Freiraum des kleinen n ein Meßwert.
Die *Zeilenlänge* kann selten für sich betrachtet werden. Sie ist bei mehreren Zeilen immer von der Schriftgröße abhängig, wobei hier der Zeilenabstand hinzukommt. Größe, Länge und Abstand der Zeilen sind drei Komponenten, die über gute oder schlechte Lesbarkeit eines Textes entscheiden. Wie die Wortpausen, so hat auch der Zeilenabstand seinen optimalen Wert im Drittel des Schriftkegels. All diese Werte werden aber nur selten nach ästhetischen Normen festgelegt. Weit häufiger be-

Unterschiedlicher Zeilenabstand bei einer Satzbreite von 50 Buchstaben. In unserem Beispiel ist ein Abstand von 0,75 mm = 2 p für das Auge angenehm

abcdefghijklmnopqrstuvwxyzabcdefghijklmnopqrstuvwx 50 Buchstaben

0,375 mm 1 p

Als die Erde sich im Schlaf von der einen auf die andre Seite warf, sah ich die Kriege tief geduckt springen von Land zu Land, Bomben und Zündschnüre im Mantel wie die Räuber einer Operettenbühne, angetan mit puderweißen Masken. Wie schrecklich die Täuschung war, wie falsch das Bild, sah ich erst, als die Erde, zu Tode getroffen im Schlaf, sich zurück auf die andere Seite warf. Als die Erde sich im Schlaf

0,750 mm 2 p

Als die Erde sich im Schlaf von der einen auf die andre Seite warf, sah ich die Kriege tief geduckt springen von Land zu Land, Bomben und Zündschnüre im Mantel wie die Räuber einer Operettenbühne, angetan mit puderweißen Masken. Wie schrecklich die Täuschung war, wie falsch das Bild, sah ich erst, als die Erde, zu Tode getroffen im Schlaf, sich zurück auf die andere Seite warf. Als die Erde sich im Schlaf

1,125 mm 3 p

Als die Erde sich im Schlaf von der einen auf die andre Seite warf, sah ich die Kriege tief geduckt springen von Land zu Land, Bomben und Zündschnüre im Mantel wie die Räuber einer Operettenbühne, angetan mit puderweißen Masken. Wie schrecklich die Täuschung war, wie falsch das Bild, sah ich erst, als die Erde, zu Tode getroffen im Schlaf, sich zurück auf die andere Seite warf. Als die Erde sich im Schlaf

1,500 mm 4 p

Als die Erde sich im Schlaf von der einen auf die andre Seite warf, sah ich die Kriege tief geduckt springen von Land zu Land, Bomben und Zündschnüre im Mantel wie die Räuber einer Operettenbühne, angetan mit puderweißen Masken. Wie schrecklich die Täuschung war, wie falsch das Bild, sah ich erst, als die Erde, zu Tode getroffen im Schlaf, sich zurück auf die andere Seite warf. Als die Erde sich im Schlaf

---

Bei einheitlich breiten Zeilen wird der Text als Abfolge gleichwertiger Gedanken verstanden. Die Zeilenbreite verändert den Textinhalt nicht. Sie ist vielmehr das Ergebnis einer Kalkulation, die einer gewissen Menge Papier eine gewisse Menge Schrift

Technisch bedingte Anordnung

Bei einheitlich breiten Zeilen
wird der Text
als Abfolge gleichwertiger Gedanken verstanden.
Die Zeilenbreite
verändert den Textinhalt nicht.
Sie ist vielmehr
das Ergebnis einer Kalkulation,
die einer gewissen Menge Papier
eine gewisse Menge Schrift zuweist.

Sprachlich bedingte Anordnung

Bei einheitlich langen Zeilen wird der Text als
Abfolge gleichwertiger Gedanken verstanden. Die
Zeilenbreite verändert den Textinhalt nicht.
Sie ist vielmehr das Ergebnis einer Kalkulation,
die einer gewissen Menge Papier eine gewisse

Formal bedingte Anordnung

Blockform

Krieg ist zuerst die Hoffnung, daß es einem besser gehen wird, hierauf die Erwartung, daß es dem anderen schlechter gehen wird, dann die Genugtuung, daß es dem anderen auch nicht besser geht, und hernach die Überraschung, daß es beiden schlechter geht.

Blockform versetzt

Krieg ist zuerst die Hoffnung, daß es einem bes-
ser gehen wird, hierauf die Erwartung, daß es
dem anderen schlechter gehen wird, dann die
Genugtuung, daß es dem anderen auch nicht
besser geht, und hernach die Überraschung, daß
es beiden schlechter geht.

Freie Form, linksbündig

Krieg ist zuerst die Hoffnung, daß es einem besser
gehen wird, hierauf die Erwartung, daß es dem
anderen schlechter gehen wird, dann die Genug-
tuung, daß es dem anderen auch nicht besser geht,
und hernach die Überraschung, daß es beiden
schlechter geht.

Freie Form, rechtsbündig

Krieg ist zuerst die Hoffnung, daß es einem besser
gehen wird, hierauf die Erwartung, daß es dem
anderen schlechter gehen wird, dann die Genug-
tuung, daß es dem anderen auch nicht besser geht,
und hernach die Überraschung, daß es beiden
schlechter geht.

Freie Form, versetzt

Krieg ist zuerst die Hoffnung, daß es einem besser
gehen wird, hierauf die Erwartung, daß es dem
anderen schlechter gehen wird, dann die Genug-
tuung, daß es dem anderen auch nicht besser
geht, und hernach die Überraschung, daß es beiden
schlechter geht.

Freie Form, Mitte

Krieg ist zuerst die Hoffnung, daß es einem
besser gehen wird, hierauf die Erwartung, daß es
dem anderen schlechter gehen wird, dann die
Genugtuung, daß es dem anderen auch nicht
besser geht, und hernach die Überraschung,
daß es beiden schlechter geht.

---

stimmt der Umfang des Produkts und dessen Preis ihre Größe. Das heißt, die Abmessungen eines Satzes richten sich nach dem vorhandenen Papierformat und dem darauf unterzubringenden Text. Bei industrieller und standardisierter Produktion von Drucksachen bleibt dem gestaltenden Fachmann noch genügend Spielraum für Individualität und Qualität.

Die Länge einer Zeile wirkt sich auch auf die Lesbarkeit aus. Der Leser liest nicht zu gern zu kleine Schriften und nicht zu lange Zeilen. Eine Zeile im Lesetext sollte zwischen 50 und 70 Anschläge haben. Unter Anschlägen verstehen wir die Buchstaben und die Wortzwischenräume. Kleinere Schriften sollen schmälere Zeilen haben als größere. Kurze Zeilen auf engem Raum werden sinnvoll im Flattersatz oder Rauhsatz gesetzt, zum Beispiel bei den Bildlegenden dieses Buches.

Im manuellen Photosatz sind die Titel- und Layoutsetzgeräte (Bild Seite 136) für umfangreichere Texte unrentabel. Praktikabel sind einzelne Zeilen, beispielsweise Überschriften. Eine exakte Zeilenbreite kommt am einfachsten dadurch zustande, daß die abgesetzte Zeile über eine Kamera auf das gewünschte Maß vergrößert oder verkleinert wird. Schriftgröße, Zeilenbreite und deren Abstand werden in Millimeter angegeben.

Der »Zeilenvorschub« transportiert den Film in einer Kassette so weit, daß in diesem Raum die Größe der Schrift und der Abstand zur nächsten Zeile enthalten sind.

Die Zeile als Kompositionselement Die zwei Arten von Zeilen werden, um dem formalen Einerlei zu entgehen, immer wieder variiert. Der Bleisatz, der von seiner Anlage her starr ist, begnügt sich mit Verschieben oder Versetzen der Zeilen. Die meisten Varianten dazu liefert der »Flattersatz«. Unter Flattersatz versteht man einen freien Zeilenfall, der nach optischen Grundsätzen so reguliert wird, daß die Zeilenschwankungen innerhalb einer bestimmten Bandbreite bleiben. Normal wird ein Wechsel zwischen längeren und kürzeren Zeilen gefordert. Trennungen sollen nach Möglichkeit vermieden werden. Allenfalls ist es gestattet, Vor- oder Nachsilben abzutrennen. Da der Zwang zur einheitlichen Länge hier entfällt, also die Wortpausen weder gedehnt noch verkürzt zu werden brauchen, werden sie über sämtliche Zeilen hinweg optisch gleich gehalten.

Musiknoten und Formeln Musiknoten können nicht aus dem normalen Schriftkasten oder mit einer üblichen Setzmaschine gesetzt werden. *Notensatz* wird aus riesigen Setzkästen von musikkundigen Setzern zusammengefügt. Man benutzte ihn früher für einfachere Werke wie beispielsweise Gesangbücher. Der *Notenstich* ist ein auch heute noch vielbenutztes Verfahren. In dünne Bleiplatten werden mit Stahlstempeln zunächst die Notenlinien, dann Taktstriche, Hälse, Notenköpfe und alle übrigen Zeichen seitenverkehrt eingeschlagen beziehungsweise eingeritzt. Das Bild erscheint negativ. Die Platte wird zuerst für einen Probeabzug und dann zu einem guten Abzug für den Offsetdruck gebraucht.

Seit etwa zehn Jahren macht das *Abreibeverfahren* »Notaset« dem Notenstich Konkurrenz. Bei ihm werden die Noten von Folien abgerieben und die Texte mittels Composer-Schreibsatz (Seite 177) unterlegt. Im *Photosatz*, dem neuen vielseitigen Verfahren, lassen sich Musiknoten sehr exakt herstellen.

Chemische und mathematische *Formeln* waren früher eine Spezialität des Einzelbuchstaben-Bleisatzes, der »Monotype«. Er konnte nur von wenigen, besonders geschulten Setzern vollzogen werden. Auch hier hat der Photosatz durch größere Beweglichkeit Vorteile gebracht. Die leichtere Verrechenbarkeit der Einheiten in den Abständen und in der genauen Position der Figuren bringt auch beim Formelsatz im Photoverfahren größere Wirtschaftlichkeit.

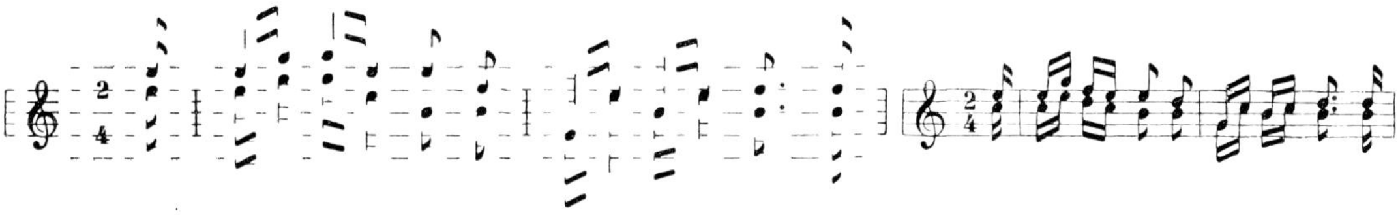

Musiknotensatz, Ende 19. Jh.

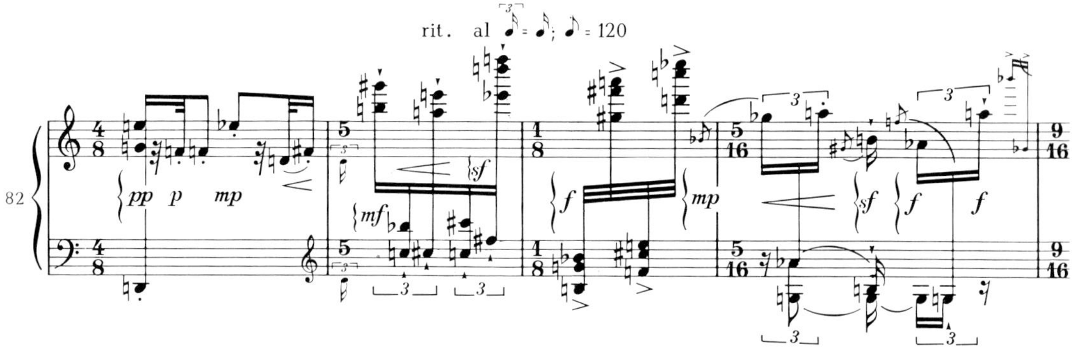

Musiknoten gestochen

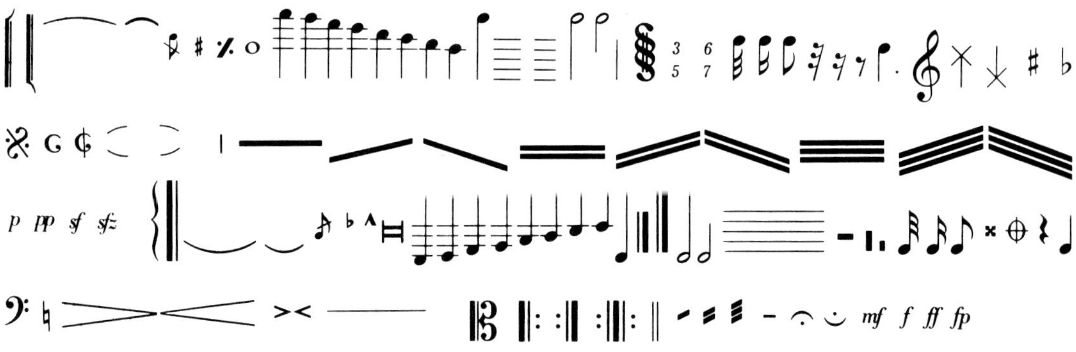

Musiknoten in Photosatz

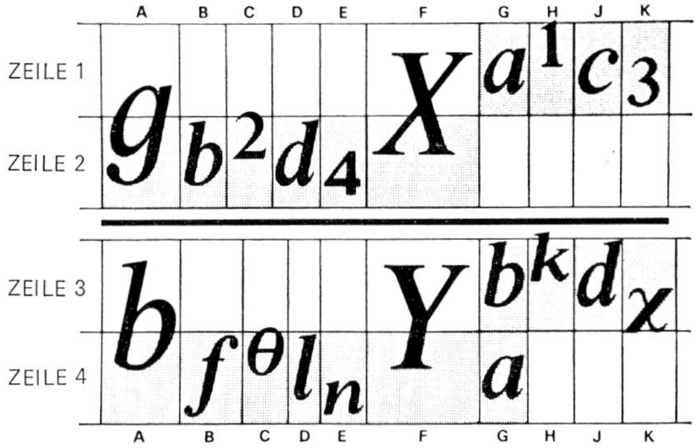

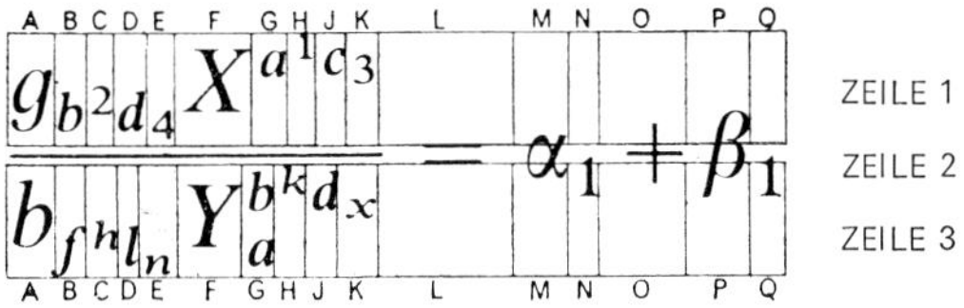

Satz von mathematischen Formeln im Monotype-Vierzeilensatz als Bleisatz (links), als dreizeiliger Monophoto-Satz (rechts oben). Eine fertige Formel (unten, Ausschnitt)

$$\left(\frac{\partial f_p}{\partial x}+\frac{1}{2x}f_p-\frac{\eta}{2x}\frac{\partial f_p}{\partial\eta}\right)+\varrho_p^*\frac{\partial f_p}{\partial x}\left(\frac{\partial^2 f_p}{\partial\eta\,\partial x}+\frac{1}{2x}\frac{\partial f_p}{\partial\eta}-\frac{\eta}{2x}\frac{\partial^2 f_p}{\partial\eta^2}-\frac{1}{2x}\frac{\partial f_p}{\partial\eta}\right)$$

$$\frac{\partial f_p}{\partial x}\frac{\partial\varrho_p^*}{\partial\eta}\left(\frac{\partial f_p}{\partial x}+\frac{1}{2x}f_p-\frac{\eta}{2x}\frac{\partial f_p}{\partial\eta}\right)+\frac{1}{2x}\varrho_p^*f_p\left(\frac{\partial^2 f_p}{\partial\eta\,\partial x}+\frac{1}{2x}\frac{\partial f_p}{\partial\eta}-\frac{\eta}{2x}\frac{\partial^2 f_p}{\partial\eta^2}\right)$$

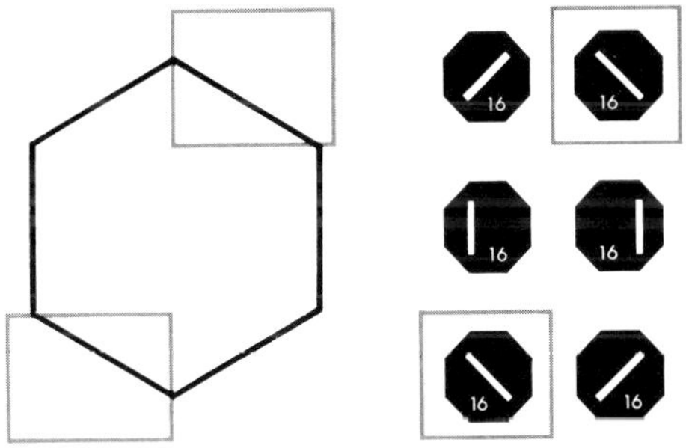

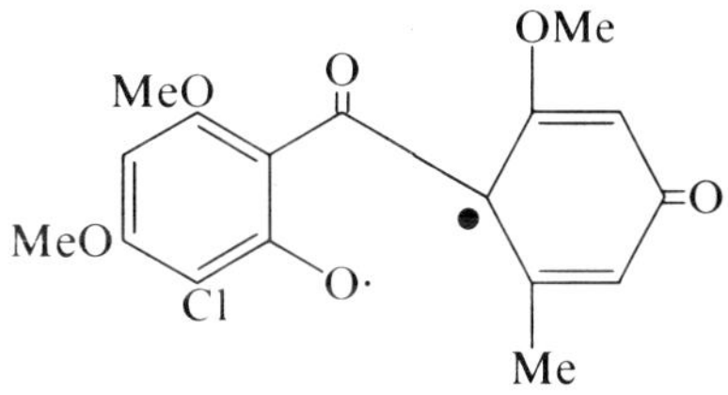

Satz von chemischen Formeln auf dem Monophoto-Taster (links) und die fertige Formel (rechts)

Symbole für den Satz technischer Zeichen im Photosatz

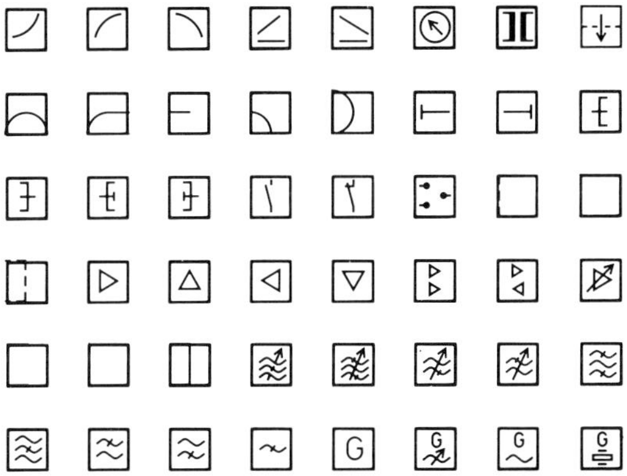

Symbole für den Satz von Ornamenten und Sonderzeichen im Photosatz

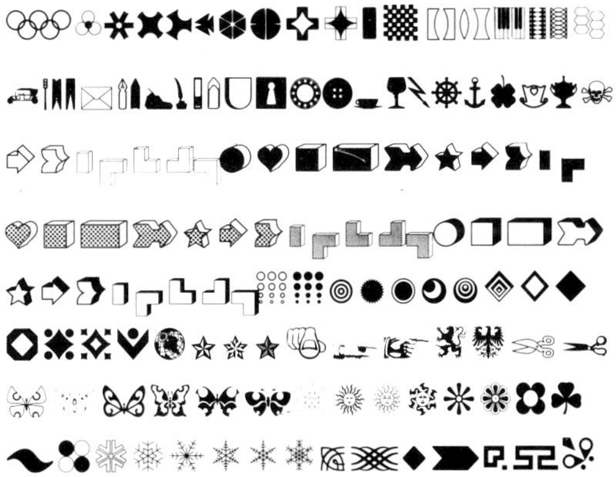

Die Seite

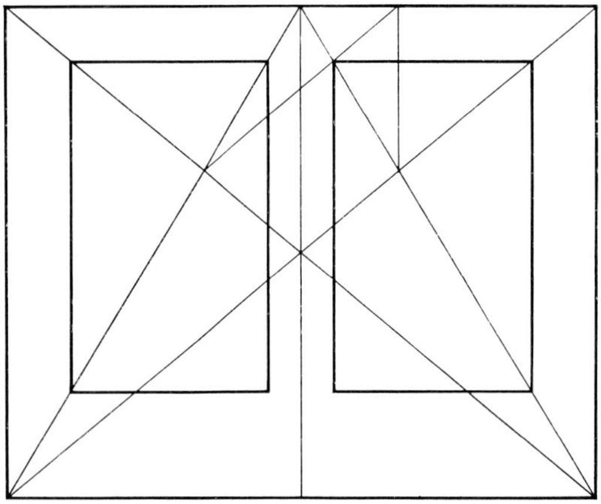

Satzspiegel eines Buches nach den Proportionen des Goldenen Schnitts (21:34)

Ungewöhnlich angeordnete Satzspiegel:
in breiter Form (oben), in schmaler Form (unten)

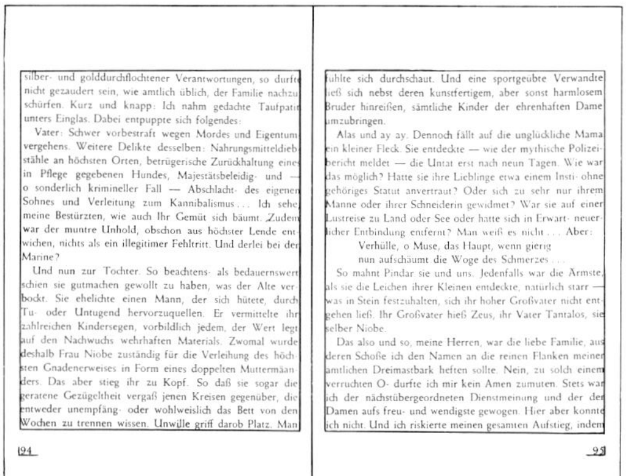

silber- und golddurchflochtener Verantwortungen, so durfte nicht gezaudert sein, wie amtlich üblich, der Familie nachzuschürfen. Kurz und knapp: Ich nahm gedachte Taufpatin unters Einglas. Dabei entpuppte sich folgendes:

Vater: Schwer vorbestraft wegen Mordes und Eigentumvergehens. Weitere Delikte desselben: Nahrungsmitteldiebstähle an höchsten Orten, betrügerische Zurückhaltung eines in Pflege gegebenen Hundes, Majestätsbeleidig- und — o sonderlich krimineller Fall — Abschlacht- des eigenen Sohnes und Verleitung zum Kannibalismus... Ich sehe, meine Bestürzten, wie auch Ihr Gemüt sich bäumt. Zudem war der muntre Unhold, obschon aus höchster Lende entwichen, nichts als ein illegitimer Fehltritt. Und derlei bei der Marine?

Und nun zur Tochter. So beachtens- als bedauernswert schien sie gutmachen gewollt zu haben, was der Alte verbockt. Sie ehelichte einen Mann, der sich hütete, durch Tu- oder Untugend hervorzuquellen. Er vermittelte ihr zahlreichen Kindersegen, vorbildlich jedem, der Wert legt auf den Nachwuchs wehrhaften Materials. Zwomal wurde deshalb Frau Niobe zuständig für die Verleihung des höchsten Gnadenerweises in Form eines doppelten Muttermäanders. Das aber stieg ihr zu Kopf. So daß sie sogar die geratene Gezügeltheit vergaß jenen Kreisen gegenüber, die entweder unempfäng- oder wohlweislich das Bett von den Wochen zu trennen wissen. Unwille griff darob Platz. Man

194

fühlte sich durchschaut. Und eine sportgeübte Verwandte ließ sich nebst deren kunstfertigem, aber sonst harmlosem Bruder hinreißen, sämtliche Kinder der ehrenhaften Dame umzubringen.

Alas und ay ay. Dennoch fällt auf die unglückliche Mama ein kleiner Fleck. Sie entdeckte — wie der mythische Polizeibericht meldet — die Untat erst nach neun Tagen. Wie war das möglich? Hatte sie ihre Lieblinge etwa einem Insti- ohne gehöriges Statut anvertraut? Oder sich zu sehr nur ihrem Manne oder ihrer Schneiderin gewidmet? War sie auf einer Lustreise zu Land oder See oder hatte sich in Erwart- neuerlicher Entbindung entfernt? Man weiß es nicht ... Aber:

Verhülle, o Muse, das Haupt, wenn gierig
nun aufschäumt die Woge des Schmerzes ...

So mahnt Pindar sie und uns. Jedenfalls war die Ärmste, als sie die Leichen ihrer Kleinen entdeckte, natürlich starr — was in Stein festzuhalten, sich ihr hoher Großvater nicht entgehen ließ. Ihr Großvater hieß Zeus, ihr Vater Tantalos, sie selber Niobe.

Das also und so, meine Herren, war die liebe Familie, aus deren Schoße ich den Namen an die reinen Flanken meiner amtlichen Dreimastbark heften sollte. Nein, zu solch einem verruchten O- durfte ich mir kein Amen zumuten. Stets war ich der nächstübergeordneten Dienstmeinung und der der Damen aufs freu- und wendigste gewogen. Hier aber konnte ich nicht. Und ich riskierte meinen gesamten Aufstieg, indem

95

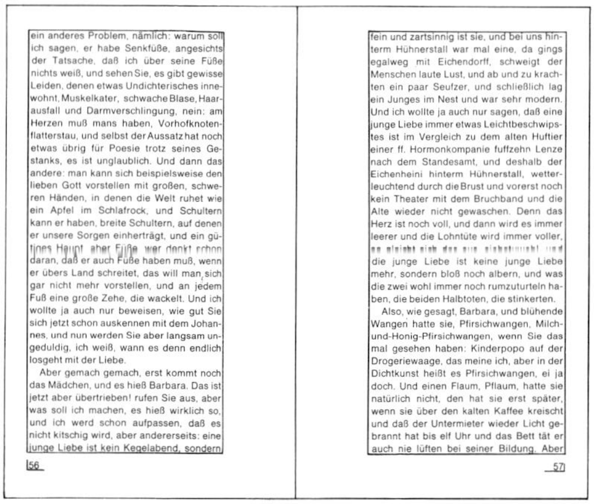

ein anderes Problem, nämlich: warum soll ich sagen, er habe Senkfüße, angesichts der Tatsache, daß ich über seine Füße nichts weiß, und sehen Sie, es gibt gewisse Leiden, denen etwas Undichterisches innewohnt, Muskelkater, schwache Blase, Haarausfall und Darmverschlingung, nein: am Herzen muß mans haben, Vorhofknotenflatterstau, und selbst der Aussatz hat noch etwas übrig für Poesie trotz seines Gestanks, es ist unglaublich. Und dann das andere: man kann sich beispielsweise den lieben Gott vorstellen mit großen, schweren Händen, in denen die Welt ruhet wie ein Apfel im Schlafrock, und Schultern kann er haben, breite Schultern, auf denen er unsere Sorgen einherträgt, und ein gütiges Haupt, aber Füße, wer denkt schon daran, daß er auch Füße haben muß, wenn er übers Land schreitet, das will man sich gar nicht mehr vorstellen, und an jedem Fuß eine große Zehe, die wackelt. Und ich wollte ja auch nur beweisen, wie gut Sie sich jetzt schon auskennen mit dem Johannes, und nun werden Sie aber langsam ungeduldig, ich weiß, wann es denn endlich losgeht mit der Liebe.

Aber gemach gemach, erst kommt noch das Mädchen, und es hieß Barbara. Das ist jetzt aber übertrieben! rufen Sie aus, aber was soll ich machen, es hieß wirklich so, und ich werd schon aufpassen, daß es nicht kitschig wird, aber andererseits: eine junge Liebe ist kein Kegelabend, sondern

56

fein und zartsinnig ist sie, und bei uns hinterm Hühnerstall war mal eine, da gings egalweg mit Eichendorff, schweigt der Menschen laute Lust, und ab und zu krachten ein paar Seufzer, und schließlich lag ein Junges im Nest und war sehr modern. Und ich wollte ja auch nur sagen, daß eine junge Liebe immer etwas Leichtbeschwipstes ist im Vergleich zu dem alten Huftier einer ff. Hormonkompanie fuffzehn Lenze nach dem Standesamt, und deshalb der Eichenheini hinterm Hühnerstall, wetterleuchtend durch die Brust und vorerst noch kein Theater mit dem Bruchband und die Alte wieder nicht gewaschen. Denn das Herz ist noch voll, und dann wird es immer leerer und die Lohntüte wird immer voller, [illegible] die junge Liebe ist keine junge Liebe mehr, sondern bloß noch albern, und was die zwei wohl immer noch rumzuturteln haben, die beiden Halbtoten, die stinkerten.

Also, wie gesagt, Barbara, und blühende Wangen hatte sie, Pfirsichwangen, Milch-und-Honig-Pfirsichwangen, wenn Sie das mal gesehen haben: Kinderpopo auf der Drogeriewaage, das meine ich, aber in der Dichtkunst heißt es Pfirsichwangen, ei ja doch. Und einen Flaum, Pflaum, hatte sie natürlich nicht, den hat sie erst später, wenn sie über den kalten Kaffee kreischt und daß der Untermieter wieder Licht gebrannt hat bis elf Uhr und das Bett tät er auch nie lüften bei seiner Bildung. Aber

57

Der Satzspiegel Ein Buch ist meist rechteckig, selten quadratisch, infolgedessen ist auch die Seite häufig ein Rechteck, selten ein Quadrat. Aber dieses Rechteck, das der Leser als Text sieht, läßt nicht all das erkennen, was der Setzer an druckenden und nichtdruckenden Teilen vor sich hat. Was der Leser gedruckt sieht, heißt Satzspiegel, was der Techniker zum Druck zusammenstellt, Kolumne.

Der Satzspiegel ist aber nicht nur die gedruckte Seite, er ist auch das Maß, das für alle Seiten eines Buches in der Höhe und Breite nicht über- und selten unterschritten werden darf. Die ersten und letzten Seiten eines Druckwerks dürfen etwas abweichen. Ansonsten gelten strenge Regeln, die wir im Kapitel Umbruch aufführen.

Wenn wir ein Buch aufschlagen, haben wir in der Regel zwei bedruckte Seiten vor uns, deren Zeilen in der Breite, im Abstand zueinander und in ihrer Anzahl gleich sind. Insgesamt betrachtet ergibt der Satz eine graue Fläche, die auf der weißen Fläche des Papiers steht. Sie steht aber nicht in der Mitte, sondern etwas nach oben und zur Blattinnenkante verschoben. Diese Art der Satzstellung auf dem Papier war schon im Mittelalter, zu Anfang des Bücherdruckens, üblich. Wenn wir sie als »konventionellen Satzspiegel« bezeichnen, so besagt das, daß es auch einen unkonventionellen gibt, der an keine Regeln gebunden ist, sondern sich nach dem Geschmack der Zeit und des Gestalters richtet.

Der konventionelle Satzspiegel beruht auf einem bestimmten Verhältnis von Satz, Papier, Papierrändern. Es gibt mehrere Methoden, sich den Satzspiegel und die Ränder zu errechnen. Wir haben eine der einfachsten hier abgebildet. Sie wurde von Jan Tschichold ermittelt.

Die beiden unkonventionellen Beispiele geben nur zwei von vielen Grundtendenzen wieder.

Umbruch Der Umbruch ist, genau betrachtet, ein Veredeln des Rohsatzes zur fertigen Seite. Umbrechen ist also die Tätigkeit, die ein von der Maschine erstelltes Produkt ergänzt und vervollständigt. So geht es beim Werk- oder Buchumbruch darum, die Textspalten zu korrigieren, sie in Seiten aufzuteilen, mit Seitenzahlen zu versehen und Überschriften einzufügen. Das Netz von Zeilen, das über jede Seite gelegt wird, darf in keiner Masche ver-

Unternehmer im Montansektor — Eisenbahnbau

Mit dem Bau der Eisenbahnstrecke Nürnberg-Fürth und deren Eröffnung im Jahre 1835 begann im Deutschen Zollverein die Eisenbahn als revolutionierender Verkehrsträger und als bedeutender Nachfrager nach Bau- und Betriebsmaterialien für die deutsche Wirtschaft von Jahr zu Jahr mehr an Bedeutung zu gewinnen. Bereits der Bau der ersten größeren Eisenbahnstrecke im Deutschen Zollverein von Leipzig nach Dresden, mit dem im Jahre 1836 begonnen wurde, zeigte, wie enorm der Bedarf an Eisen allein für die Schienen dieser Bahn war. Für die gesamte Strecke, die zunächst nur eingleisig gebaut wurde, benötigte man 113000 Ztr. Schienen[1]. Die Menge für diese relativ kurze Strecke hätte über 31% der Produktion des nach dem modernen Puddelverfahren in Preußen, dem wichtigsten eisenerzeugenden und eisenverarbeitenden Staat des Zollvereins, im Jahre 1837 erzeugten Stabeisens ausgemacht. Bezogen auf die gesamte preußische Stabeisenproduktion (d. h.: Produktion mit Steinkohle nach dem neuen und leistungsfähigen Puddelverfahren und Produktion nach der überkommenen Methode mit Holzkohle) des gleichen Jahres ergibt sich ein Anteil des Schienenbedarfs für die Leipzig-Dresdner-Eisenbahn von fast 10%[2]. Die deutsche Eisenindustrie war jedoch auf Grund ihrer Produktionsstruktur und dem Stand ihrer Produktionstechnik nicht in der Lage, die Schienen für die Leipzig-Dresdner-Eisenbahn zu liefern, was die Direktion der Bahn veranlaßte, die Schienen aus England zu beziehen[3]. In den späten 1830er Jahren erlangte die moderne und leistungsfähige englische Eisenindustrie eine monopolartige Stellung bei der Lieferung von Schienen für den in den Staaten des Deutschen Zollvereins stark zunehmenden Eisenbahnbau.

Puddelverfahren

Auffindung von Kohlen- und Erzlagern

Um die Rohstoffgrundlage für die beabsichtigte Produktion von Eisenbahnmaterial zu schaffen, erwarb Meyer seit 1837/38 systematisch vor allem Erz- und Kohlefelder bzw. bereits in Betrieb befindliche Gruben. Meyer schrieb darüber in einem Beitrag für die Berg- und hüttenmännische Zeitung folgendes: »Im Jahre 1838 begannen meine Operationen zur Auffindung von Kohlen- und Erzlagern, den Elementen für kolossale Hüttenanlagen im Mittelpunkt Deutschlands, in Thüringen.« Obwohl die Ausführung von Meyers Plan einer »Hanseatisch-süddeutschen Central-Eisenbahn« Ende März 1838 scheiterte, setzte Meyer den Erwerb bzw. die Aufschließung von Kohle- und Eisenerzgruben fort. Bis zum Jahre 1845 hatte Meyer Eisenerzlager in den herzoglich-sächsisch-meiningischen Bergrevieren Altenstein und Steinbach erworben. Außerdem gehörte ihm der größte Teil der Eisenerzgruben in den Revieren Saalfeld und Gräphental im Herzogtum Sachsen-Meiningen. Daneben verfügte er über Eisenerzfelder im Fürstentum Schwarzburg-Rudolstadt bei Könitz und im preußischen Henneberg,

Hanseatisch-süddeutsche Central-Eisenbahn

[1] Die Leipzig-Dresdner-Eisenbahn in den ersten 25 Jahren ihres Bestehens. [2] Vergleichende Statistik der Eisenbahnindustrie aller Länder. [3] Die Leipzig-Dresdner-Eisenbahn.

11

Die Seitenzahl, auch »Pagina« oder »toter Kolumnentitel« genannt, wird nicht zum Satzspiegel gezählt, wohl aber werden lebende Kolumnentitel und Fußnoten hinzugerechnet. Marginalien (Randbemerkungen) liegen außerhalb eines verengten Satzspiegels. Der »lebende Kolumnentitel« steht gewöhnlich am Kopf und gliedert sich in Seitenzahl und einem kurzen Text. Er wiederholt die auf die Seiten bezogenen Überschriften, und zwar jeweils links die Hauptrubrik und rechts die Unterrubrik. Da die Unterrubriken zahlreicher sind als die Hauptrubriken, wechselt der lebende Kolumnentitel rechts häufiger als links. So ist es auch in unserem Buch. Hat die Seitenzahl in der Regel Lesegröße, so der Text Konsultationsgröße. Auch Marginalien und Fußnoten sind Konsultationstexte und werden entsprechend kleiner als der Lesetext gesetzt

ändert werden, so daß die Zeilen der einen Seite Rücken an Rücken mit den Zeilen der anderen Seite stehen. Dadurch wird der Schatten, den die Zeilen der Rückseite bilden, durch die Zeilen der Vorderseite abgedeckt. Das ist notwendig, um beim Lesen ein Flimmern zu vermeiden, das sonst entstehen würde.

Auch an anderer Stelle gelten Vorschriften, die weniger mit Formalismus zu tun haben, als vielmehr mit Vernunft und einem sinnvollen Leseablauf. So darf zum Beispiel eine Seite nicht mit der auslaufenden Zeile des vorhergehenden Absatzes beginnen, umgekehrt mit der untersten Zeile nicht ein neues Kapitel eingeleitet werden. Steht eine Überschrift nahe am Seitenende, sollen ihr mindestens noch drei Zeilen Text folgen. Auch sollen die Leerräume zwischen Überschrift und Text im gesamten Buch einheitlich gehalten werden.

Gestaltungsraster Unter Gestaltungsraster versteht man ein Koordinatensystem, dessen Bezugspunkte auf einer gedruckten Zeile basieren. Das heißt, ehe der Raster erstellt wird, soll über die Schriftgröße und die Zeilenbreite des Textes Klarheit herrschen (Bilder Seite 146). Kleinstes Element eines Rasters ist das Rasterfeld. Seine Breite ist mit der Breite einer Textspalte identisch. Die Höhe umfaßt zwischen drei und fünf Zeilen, wobei als obere Feldbegrenzung die Mittellängen der oberen Zeile gelten, und zwar mit ihrer Oberkante.

Die untere Feldbegrenzung endet mit der Schriftlinie der unteren Zeile. Ist die Größe eines Rasterfeldes festgelegt, wird der gesamte Satzspiegel in diese Felder unterteilt. Der Satzspiegel erhält also ein Gitter, dessen vertikale Linien ihren Abstand nach der Länge einer Zeile bemessen. Enthalten im Gitter ist auch das Maß zwischen zwei Textspalten. Dieser Raster ist vor allem als Organisationsinstrument für mehrspaltige Arbeiten mit unterschiedlichen Abbildungen gedacht. Anhand der Koordinaten wird nicht nur die Größe der

Für einen »Gestaltungsraster« benötigt man Spaltenbreite, Schriftgröße und Zeilenabstand. Hier sind je drei Zeilen zu einem Rasterfeld zusammengefaßt und durch Linien gekennzeichnet. Das Bild zählt in der Breite ein, in der Höhe fünf Rasterfelder

Sind die Abmessungen eines Rasterfeldes festgelegt, so wird die Seite in Einheiten aufgeteilt, wobei eine Einheit mehrere Rasterfelder beinhalten kann. Die Aufteilung gilt als Organisationsplan für die zu gestaltende Arbeit

Diese Seiten lassen in ihrem Aufbau erkennen, daß ihnen der Gestaltungsraster zugrunde gelegt wurde. Breite und Höhe des Satzes, auch die Stellung der Zeilen entsprechen dem Organisationsplan

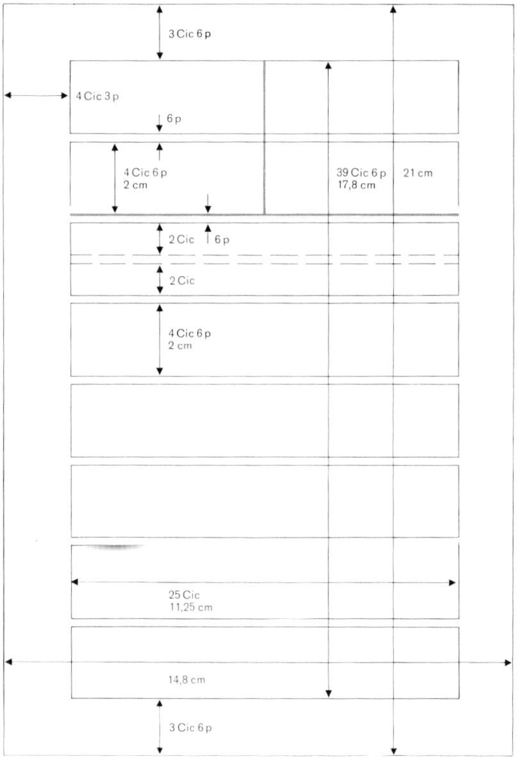

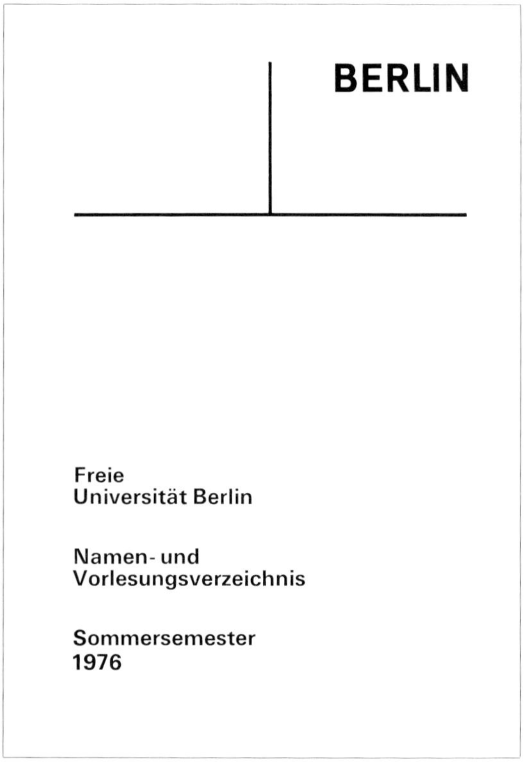

Abbildung, sondern auch deren Stand innerhalb der Seite festgelegt. Die Abbildungen können in der Höhe und Breite auch mehrere Felder umfassen, ebenso können sich zwei Abbildungen in ein Rasterfeld teilen. Der Text wird sich in der Breite an die Felder halten, in der Höhe ist er nicht an sie gebunden.

Seitenmontage Die Montage ist für den Photosatz, was für den Bleisatz der Umbruch ist. Dabei ist es von Anfang an wichtig zu wissen, welchem Druckverfahren die zukünftige Druckform angehört. Die Herstellung eines photographischen Bildes geht in der Regel über den Weg der »Verneinung«. Das heißt, eine weiße Stelle auf dem Original hat eine schwarze Stelle auf dem Film zur Folge und umgekehrt. So wie aber eine doppelte Verneinung wieder eine »Bejahung« ist, so wird die schwarze Stelle auf dem Film wieder eine weiße auf dem nächsten Film oder auf dem Photopapier. Die Verneinung nennen wir *Negativ*, die Bejahung *Positiv*.

Hinzu kommt noch ein anderer Punkt. Ich kann zwar bejahen, aber ich kann das Bild in sich wenden, das heißt es spiegel- oder seitenverkehrt wiedergeben. Ich kann das gleiche auch mit einer Verneinung tun. Wir haben dann im ersten Fall ein seitenverkehrtes Positiv, im zweiten ein seitenverkehrtes Negativ.

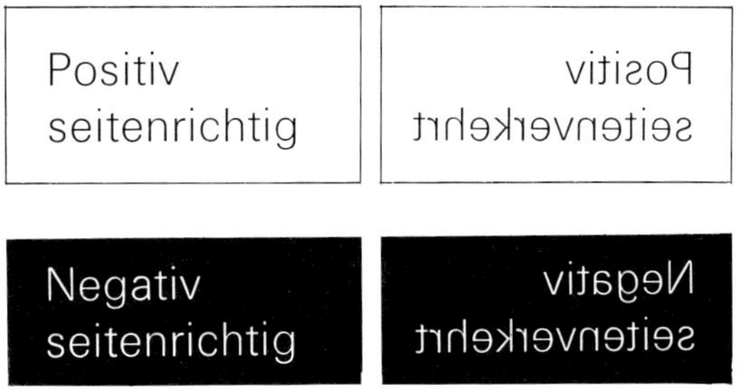

Hochdruck	seitenrichtig	Negativ
	seitenrichtig	Positiv
Tiefdruck	seitenverkehrt	Positiv
Flachdruck	seitenverkehrt	Positiv
	seitenverkehrt	Negativ
Durchdruck	seitenrichtig	Positiv

Erst mit den hier aufgezählten Aspekten kann entschieden werden, wie die Montage auszusehen hat. Wir geben hier eine schematische Übersicht. Ein Schriftfilm befindet sich auf Seite 137.

Bleisatz für die Filmmontage Wer anstelle des Photosatzes Bleisatz für Flachdruck, Tiefdruck oder Siebdruck verarbeitet, muß für die Montage zu einem transparenten Textträger kommen. Er zieht entweder auf transparentes Material ab oder stellt von Papier-

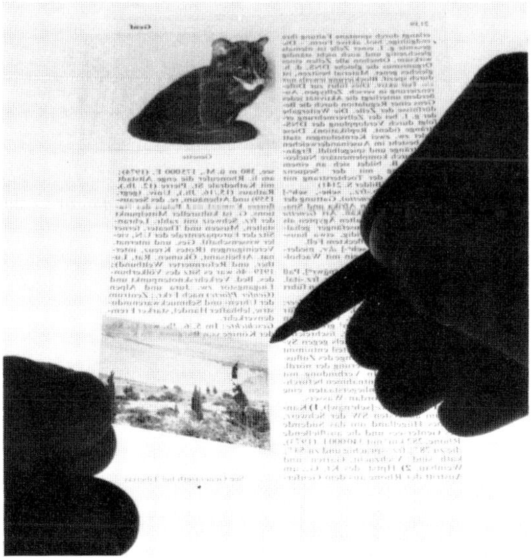

Seitenmontage im Photosatz ist die gleiche Tätigkeit wie Umbruch, nur ist das Material dazu nicht Blei oder Zink, sondern Film

Beim Umbruch im Bleisatz werden Bild und Text zu einer Seite zusammengefügt. Dabei wird die festgelegte Seitenbreite und -höhe eingehalten

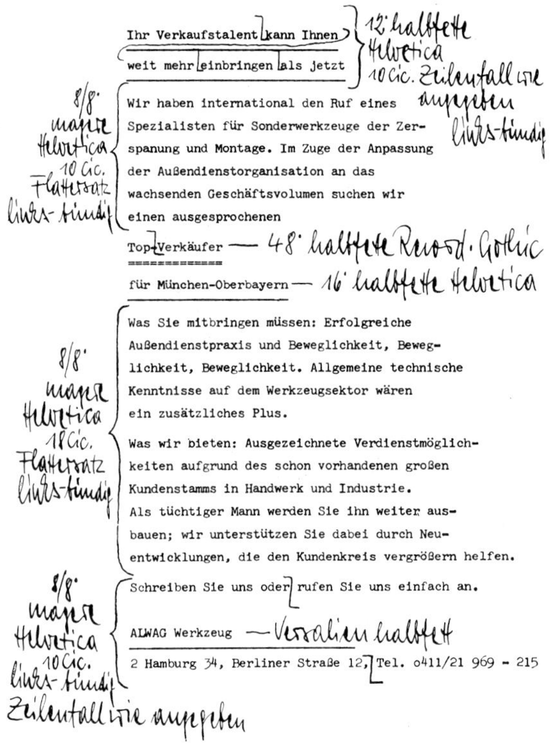
Ihr Verkaufstalent kann Ihnen
weit mehr einbringen als jetzt — 12' halbfette Helvetica 10 Cic. Zeilenfall wie angegeben links-bündig

8/8' magere Helvetica 10 Cic. Flattersatz links-bündig
Wir haben international den Ruf eines
Spezialisten für Sonderwerkzeuge der Zer-
spanung und Montage. Im Zuge der Anpassung
der Außendienstorganisation an das
wachsenden Geschäftsvolumen suchen wir
einen ausgesprochenen

Top-Verkäufer — 48' halbfette Record. Gothic

für München-Oberbayern — 16' halbfette Helvetica

8/8' magere Helvetica 18 Cic. Flattersatz links-bündig
Was Sie mitbringen müssen: Erfolgreiche
Außendienstpraxis und Beweglichkeit, Beweg-
lichkeit, Beweglichkeit. Allgemeine technische
Kenntnisse auf dem Werkzeugsektor wären
ein zusätzliches Plus.

Was wir bieten: Ausgezeichnete Verdienstmöglich-
keiten aufgrund des schon vorhandenen großen
Kundenstamms in Handwerk und Industrie.
Als tüchtiger Mann werden Sie ihn weiter aus-
bauen; wir unterstützen Sie dabei durch Neu-
entwicklungen, die den Kundenkreis vergrößern helfen.

8/8' magere Helvetica 10 Cic. links-bündig
Schreiben Sie uns oder rufen Sie uns einfach an.

ALWAG Werkzeug — Versalien halbfett

2 Hamburg 34, Berliner Straße 12, Tel. 0411/21 969 - 215

Zeilenfall wie angegeben

Plakat »Setze Dich ein für Amerika«, politisches Plakat aus den USA (oben), Schutzumschlag des Droemer-Knaur-Verlags (unten links), farbig angelegte Schriftkonturen im Photosatz (unten rechts) ▷

Skizzieren in der Druckindustrie: Ausgezeichnetes Manuskript (links), Typoskizze und fertige Anzeige (unten)

abzügen in der Kamera oder im Kontaktgerät einen Film her. Den ersten Weg gehen die Folienabzüge. Dazu wird der Satz in der Presse geschlossen. Mit einer Spezialfarbe wird auf eine transparente Folie abgezogen. Dann wird mit einem Dachshaarpinsel feiner schwarzer Puder über den Abzug verteilt und der Bogen mit Watte gesäubert, so daß an den Stellen mit Farbe die Staubpartikelchen haften und auf der Schrift eine lichtundurchlässige Schicht bilden. Den anderen Weg nehmen die Baryt- oder »Scotchprint«-Abzüge. Wieder wird von einem geschlossenen Satz mit Spezialfarbe abgezogen. Das Barytpapier wie auch Scotchprint zeigen eine matt-samten beschichtete Oberfläche, die die Farbe scharf und voll vom Satz abhebt. Von beiden Abzügen wird ein Schriftfilm hergestellt.

STAND
UP FOR
AMERICA

ohannes Mario
Simmel
Und
Jimmy
ging
zum
Regen-
bogen
Sonderausgabe
Droemer
Knaur

ÆNDERN
SIE MIT
FARBEN
KONTUR
SCHRIFT
SELBST!

1

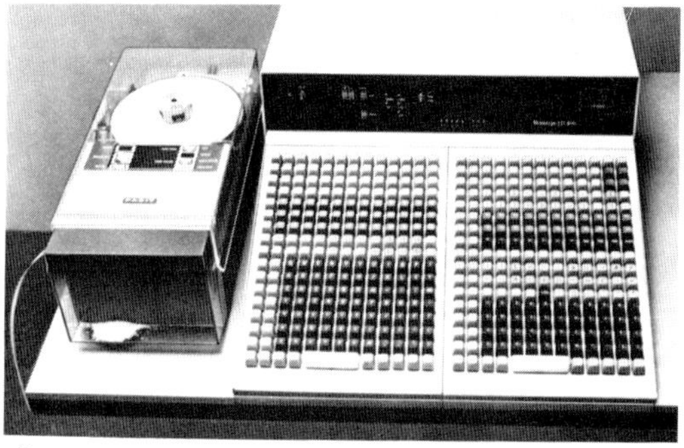

2

3

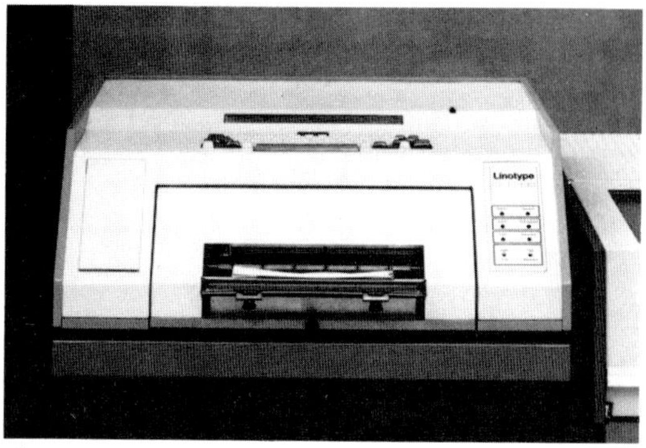

4

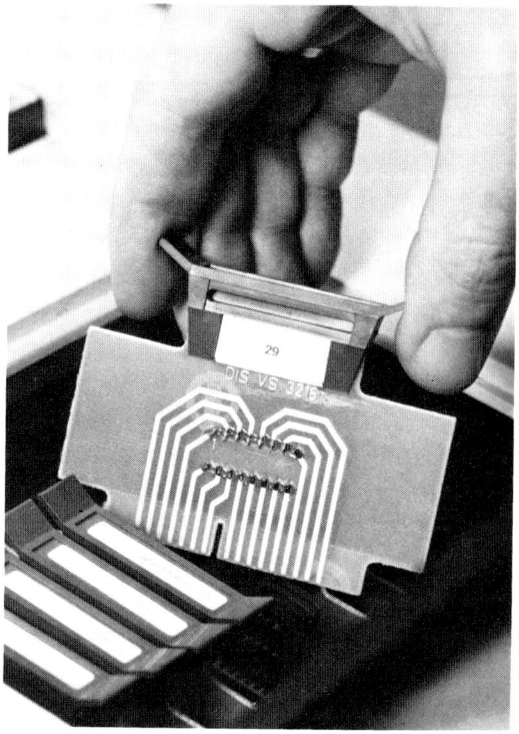

5

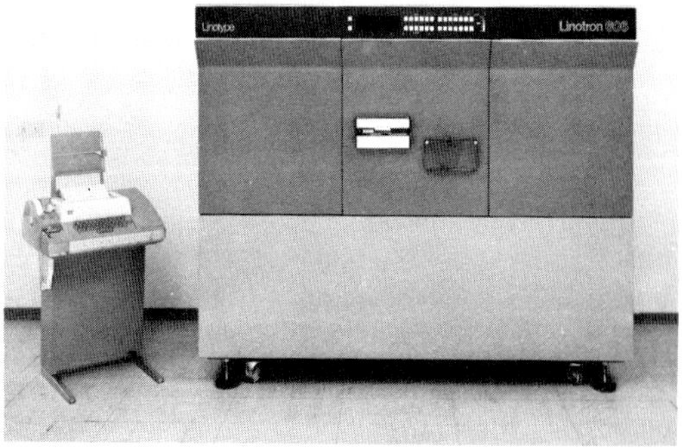

6

Schrift im Mengensatz

Vom Blei zur Elektronik

Schriften in Satz und Druck wurden seit 1450 als Einzellettern aus Blei im *Handsatz* verarbeitet, bis 1883 Otmar Mergenthalers »Linotype« und 1885 Tolbert Lanstons »Monotype« als Bleisetz- und -gießmaschinen die mechanische Textverarbeitung übernahmen. Mit diesen beiden Textsystemen stellt man *Maschinensatz* in Blei bis in die jüngste Vergangenheit her. Zur Zeit der Herausgabe dieses Buches ist ein großer Teil des Maschinensatzes in Blei bereits abgelöst durch den *elektronisch gesteuerten Photo- und Lichtsatz*. Wenn auch beide Systeme – Blei- und Photosatz – noch eine Reihe von Jahren nebeneinander arbeiten werden, so läßt sich leicht voraussagen: die elektronisch gesteuerten Techniken werden als *geschlossene Systeme* die Texterfassung und Textverarbeitung vom Redakteur oder Autor über die Korrektur bis zum Belichten einer fertig umbrochenen Seite übernehmen. Zur Zeit befinden wir uns noch in einem raschen, ja umwälzenden Wandel aus der einen Technik in die andere; deshalb werden im folgenden beide Verfahren dargestellt. Bleisetzmaschinen werden heute nicht mehr oder nur noch ganz vereinzelt gebaut. Mehr als der konventionelle Bleisatz interessiert uns daher die Computertechnik als Medium von heute und morgen.

Bleisatz

Mengensatz heißt maschinelle Satzherstellung. Maschinensatz in Blei findet heute noch für alle Druckverfahren Anwendung, wenn auch in erster Linie für den Hochdruck (Buchdruck), wo er entweder als direkter Druckträger dient oder über die verhältnismäßig billige und schnelle Stereotypie zum Einsatz kommt (Druck von Tageszeitungen usw. im Hochdruck). Für die übrigen Druckverfahren (Flachdruck, Tiefdruck, Siebdruck) werden vom Bleisatz Abzüge auf Barytpapier oder Folie gemacht und davon photographisch Filme hergestellt.

Der größte *Vorteil* des Bleisatzes ist seine Wendigkeit und bei bestimmten Arbeiten die Möglichkeit rascher Korrekturen und Änderungen. Sie können noch bis kurz vor Druckbeginn vorgenommen werden. Als größter *Nachteil* ist wohl die zu bewegende und zu lagernde »Masse« anzusehen. Ein weiterer Nachteil des Bleisatzes ist die bereits erreichte Leistungsgrenze. Der Kreislauf der Matrizen beim Zeilenguß zum Beispiel läßt sich nicht mehr beschleunigen, da die Matrizen sich auf einem Teil ihres Weges im freien Fall bewegen. Auch für die Kühlung des Bleigusses würden bei höherem Tempo Probleme auftreten. Mit den Fortschritten im Photosatz hat sich auch das Preis-/Leistungsverhältnis zugunsten des Photosatzes verschoben.

Zeilenguß

Die Zeilensetz- und -gießmaschinen liefern als Produkt in einem Stück gegossene Zeilen. Mit ihnen ist das Weiterverarbeiten (Ab-

---

1 Matrizenkreislauf durch eine »Linotype«-Zeilengieß-Setzmaschine. Der Maschinensetzer liest das Manuskript (1). Seine Finger bedienen die Tasten der Klaviatur (2), bei Schnellsetzbetrieb steuert der Automat (3) die Setzmaschine. Er liest ein Lochband mit den entsprechenden Codierungen. Jeder Fingerdruck auf die Taste bzw. die Codierung im Lochband löst eine Matrize aus dem Magazin (4), bei Zwischenräumen die Keile (9). Die Matrizen gleiten zum Sammler (5). Sie werden zum Gießmechanismus (6) gebracht, dort wird die Zeile ausgeschlossen und mit Blei ausgegossen. Die gegossene Zeile wird beschnitten und auf das Zeilenschiff (7) ausgestoßen, wo sich Zeile an Zeile reiht. Die Matrizen werden zur Überführung (8) emporgehoben, mit dem Arm (10) zum Ableger (11) transportiert. Die Keile der Zwischenräume wandern in einem eigenen Kreislauf in ihren Kasten (9) zurück. Der Ableger (11) sortiert die Matrizen automatisch an ihren Platz zurück

2 Tastbrett eines Monotype-Perforators mit großer Klaviatur für spezielle und schwierige Satzarbeiten, zum Beispiel wissenschaftliche Texte, Formeln, nichtlateinische Schriften

3 Gießen an der Monotype-Gießmaschine

4 OCR-Lesemaschine aus einem Linotype-Photosetz-System

5 Datenträger für die Schrift Helvetica in einer Photosetzmaschine: Von Buchstabenbildern ist nichts mehr zu sehen. Die Informationen sind auf der Magnetkarte gespeichert

6 CRT-Belichtungsanlage »Linotron 606«; u. a. ist die Ausgabe von ganzen Zeitungsseiten möglich

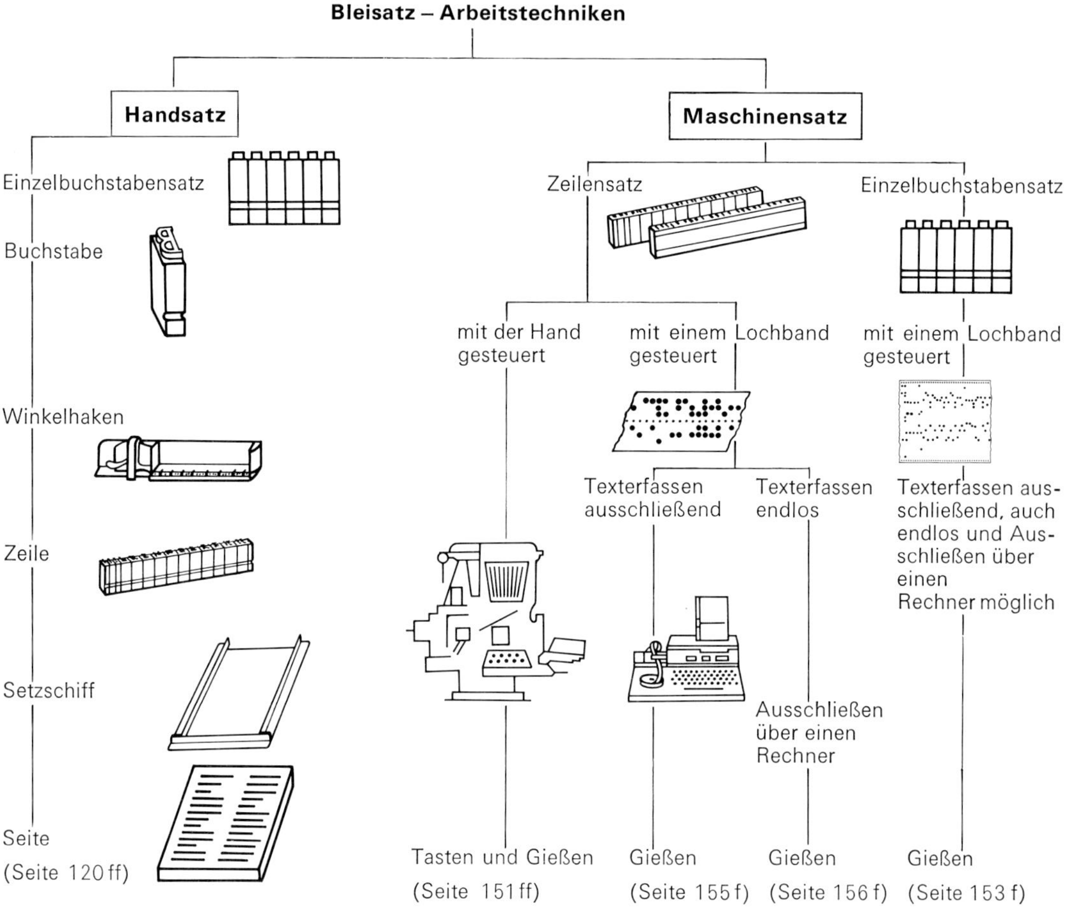

ziehen, Umbrechen usw.) natürlich viel leichter als mit Einzelbuchstaben. Bei einem Fehler muß allerdings immer eine ganze Zeile neu gesetzt und ausgetauscht werden. Einfügungen und Streichungen erfordern unter Umständen Neusatz bis zum Absatzende. Trotzdem ist die Korrektur von Zeilensatz schnell und preiswert.

Arbeitsweise Die Zeilensetz- und -gießmaschinen arbeiten heute noch nach dem von Otmar Mergenthaler (1854–1899) erfundenen Prinzip. Sie wurden zwar wendiger und schneller, aber in der Arbeitsweise hat sich nichts geändert (Bild Seite 150).

Modelle Wir unterscheiden zwei Grundmodelle, nämlich die »Einableger« und die »Mixer«. Einableger haben bis zu vier Schriftmagazine und werden besonders für Arbeiten mit einfacher Schriftmischung eingesetzt (Bücher, Zeitschriften, einfache Kataloge). Wird eine Schrift aus einem anderen Magazin benötigt, müssen vorher alle Matrizen der bisher verwendeten abgelegt sein.

Mixer eignen sich für alle Satzarbeiten, besonders vorteilhaft aber für schwierige, wie Anzeigen, Akzidenzen, wissenschaftlichen Satz usw. Sie haben zwei oder vier Magazine und bei der »Linotype« auch ebenso viele Ableger, die die Matrizen nicht nur in ihre Kanäle zurücksortieren, sondern auch auf die Magazine verteilen. So sind durch Magazinschaltung ohne Rücksicht auf den Ablegevorgang ständig alle Schriften zugriffsbereit. Schriften verschiedenen Kegels können im Zeilenguß nur gemischt werden, wenn sie nicht Linie halten sollen.

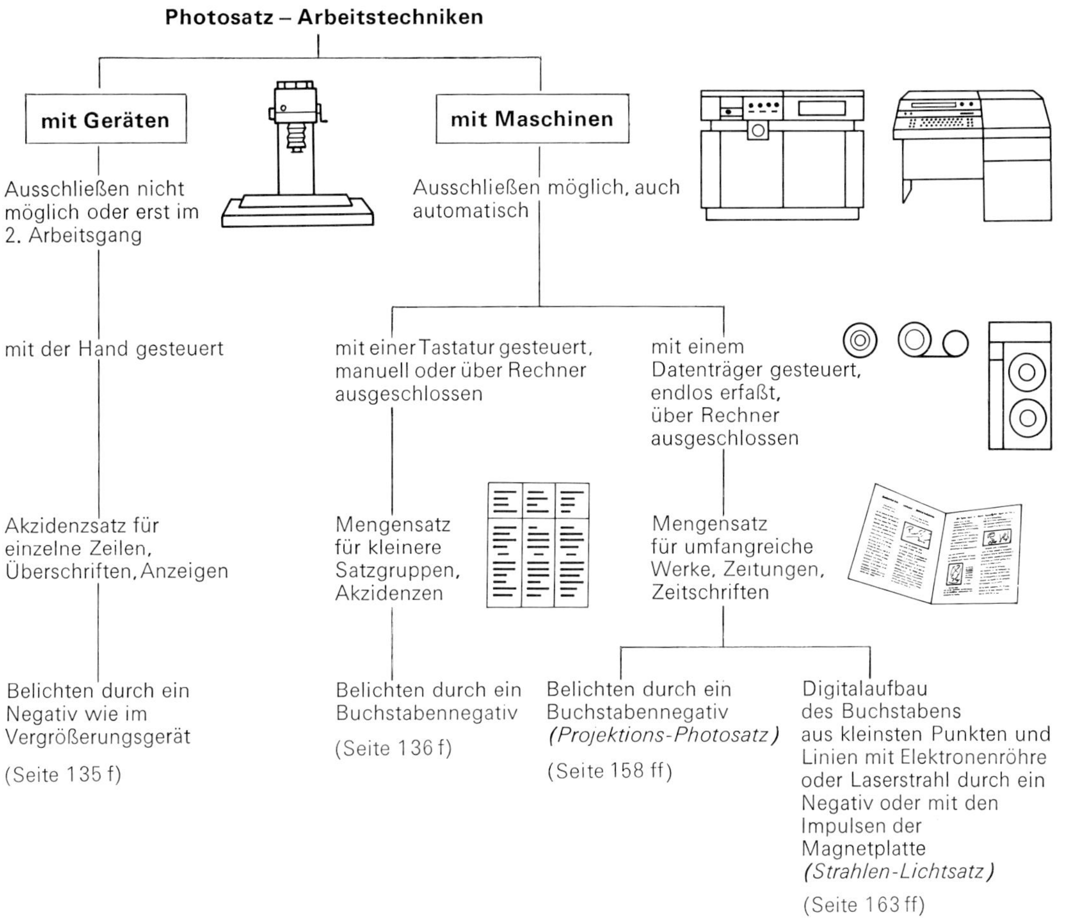

Auf Zeilensetz- und -gießmaschinen kann in den Schriftgraden 2,25 bis 15,75 mm (6 bis 42 p) und in Breiten von 18 bis 189 mm (4 bis 42 Cicero) gesetzt werden.

Matrizen Die heute verwendeten Matrizen sind fast immer Zweibildmatrizen; das heißt: in ihre dem Gießmechanismus zugewandte Schmalseite sind übereinander die Bilder einer Grundschrift und einer Auszeichnungsschrift eingefräst. Sondermatrizen gibt es als »Einhänger«, die der Setzer bei Bedarf von Hand in den Sammler einfügt. Die Verwendung dieser Einhänger bringt einen enormen Zeichenreichtum, verlangsamt aber bei häufigem Vorkommen die Satzleistung. Die Schriftprogramme der Matrizenhersteller sind so umfangreich, daß praktisch jeder Schriftwunsch für den Mengensatz im Blei erfüllt werden kann. Matrizen eines Herstellers kann man auch auf Maschinen anderer Fabrikate verwenden.

Sondervorrichtungen Eine Reihe von Sondervorrichtungen steigert die Wendigkeit und Einsatzfähigkeit der Zeilensetz- und -gießmaschinen beachtlich: die Zeilenfüll- und -zentriervorrichtung, die Zeilensäge zum Wechseln der Breiten, die elektrohydraulische Schaltung der Magazine.

Einzelbuchstabenguß

Die »Monotype« wird in erster Linie für schwierige, hochwertige Satzarbeit mit starker Schriftmischung, für wissenschaftlichen Satz, Tabellen, Formeln und große Breiten eingesetzt. Außerdem können Schriften und Blindmaterial für die Handsetzerei gegossen

Gießrahmen einer Monotype-Gießmaschine

werden. Als Produkt liefert das Monotype-System Einzellettern in den Größen von 1,9 bis 27 mm (5 bis 72 p). Die größte Zeilenbreite beträgt 252 mm. Tasten und Gießen sind hier zwei getrennte Arbeitsgänge und Berufe. Das Weiterverarbeiten von Einzelbuchstabensatz (Abziehen, Transport, Umbruch) ist schwieriger als im Zeilensatz. Dafür kann die Korrektur meistens in der Handsetzerei ohne nochmaliges Belasten der Maschinen ausgeführt werden.
Die mit Druckluft gesteuerten Taster haben drei Alphabete (je eines für gewöhnlich, halbfett und kursiv) sowie eine Anzahl Ausschließ- und Funktionstasten. Mit jedem Anschlag wird eine Kombination in einen 31-Kanal-Lochstreifen gestanzt, der anschließend die Gießmaschine vollautomatisch steuert. Die Breite der Buchstaben (Dickte) ist bei der Monotype nach Einheiten festgelegt (dünnster Buchstabe 5, Geviert 18 Einheiten). Die Werte werden beim Tasten addiert, und eine Rechentabelle (Settrommel) zeigt am Ende der Zeile die Ausschlußwerte an. Durch Anschlagen der entsprechenden Ausschließtaste wird eine Lochung für die Breite des Wortzwischenraums ausgestanzt. Da sich diese Ausschließlochungen am Ende der Zeile befinden, wird der Monotype-Satz immer vom Bandende her, also rückwärts gegossen.
Beim Abtasten des Lochstreifens in der Gießmaschine bringt ein Scherenmechanismus den Matrizenrahmen für jeden Buchstaben in die richtige Gießstellung. In diesem Rahmen sind bis zu 272 einzeln austauschbare Matrizen untergebracht. Die Gießform öffnet sich bei jedem Buchstaben und Wortzwischenraum auf die richtige Dickte, so daß am Ende alle Zeilen gleich lang sind.

Metalle

Das für den Bleisatz verwendete Metall ist eine Legierung aus Blei, Antimon und Zinn, die je nach Verfahren verschieden ist. Zum Beispiel hat die Zeilengußlegierung 5% Zinn, 12% Antimon, 83% Blei. Diese Legierung hat die Eigenschaft, daß sie beim Unterschreiten des Schmelzpunktes abrupt vom flüssigen in festen Zustand übergeht. Nur dadurch ist die schnelle Gußfolge möglich, da das gegossene Produkt ja unmittelbar nach dem Guß ausgestoßen wird. Maßhaltigkeit ist im Bleisatz eine wichtige Forderung.

Automation

Schon die erwähnten Sondervorrichtungen waren ein erster Schritt zur Automation. Der Zeilensatz konnte sich im sogenannten TTS-Betrieb (TTS = TeleTypeSetter = Fernsetzer) wesentlich beschleunigen. Hier wird die Setzmaschine vollautomatisch durch ein 6-Kanal-Lochband gesteuert. Tast- und Gießvorgang sind getrennt; dadurch kann die Gießleistung der Maschine voll ausgenützt werden (bis zu 30000 Buchstaben pro Stunde). Das ist die drei- bis vierfache Menge einer manuell bedienten Zeilensetzmaschine. Im TTS-Satz unterscheiden wir im wesentlichen zwei Verfahren:
1. *den stationären Betrieb.* Dabei wird der am Perforator gefertigte Lochstreifen direkt zum Steuern der Gießmaschine verwendet;
2. *die Fernübertragung.* Hier wird der Lochstreifen an einem Ort erstellt, in einem Sender in elektrische Impulse umgewandelt und über Draht, Funk oder Satellit an beliebige andere Orte übermittelt. Empfänger und Reperforator wandeln diese Impulse wieder in einen Lochstreifen um. Damit werden dann die Gießmaschinen gesteuert. Also: einmal Tasten, an mehreren Orten Gießen und Drucken.

TTS-Satz

Hier gehen wir heute zwei Wege:
1. Herstellen ausgeschlossener Lochbänder

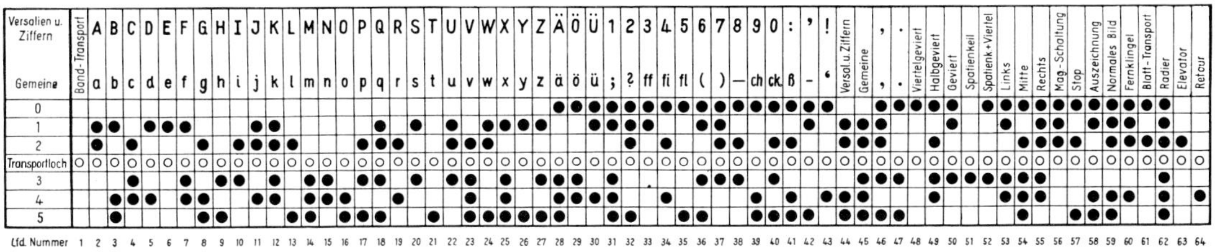

Codierung für die Perforation eines Lochstreifens zum automatischen Bedienen von Blei- und Photosetzmaschinen

(über ausschließende halbautomatische und automatische Perforatoren).
2. Herstellen von Endlos-Lochstreifen (mit Endlos-Perforatoren).
Die Tastatur entspricht in ihrem Hauptteil dem einer Schreibmaschine. Überhaupt wird einheitlich die Schreibmaschinentastatur bei den neueren Entwicklungen verwendet. Zusatztasten dienen zur Eingabe der Steuercodes für die Gießmaschine. Ausgabestation ist ein eingebauter (integrierter) oder angeschlossener Stanzer.

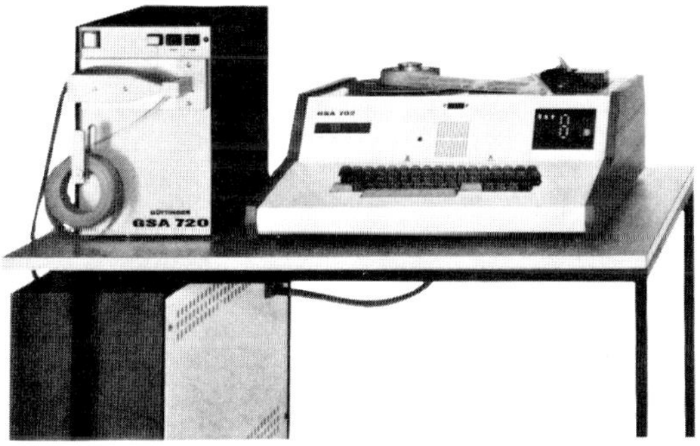

Vollautomatischer Perforator (rechts) mit Rechner (links unten); zusammen mit dem Lochstreifenleser (links) ergibt sich ein Arbeitsplatz für ausgeschlossene Bänder

Gerät zum Erfassen und Korrigieren von Text über Magnetbandkassette mit integriertem Bildschirm

Manuell ausschließende Perforatoren Sie sind mit einem Zählwerk und mehreren Zählmagazinen ausgerüstet. Mit jedem Tastanschlag wird ein 6-Kanal-Code ausgestanzt, im Zählwerk der Dicktenwert des Zeichens von der Gesamtbreite abgezogen und der Rest in einem Sichtfenster angezeigt. Ist die Zeile so weit gefüllt, daß die Zahl der Ausschließkeile ausreicht, wird sie durch das Zeilen-Endkommando abgeschlossen. Der Setzer entscheidet also, ob und wie getrennt werden muß, ob er noch ein Wort oder eine Silbe in die Zeile nimmt oder nicht, und bestimmt dadurch auch die typographische Qualität des Produkts. Tastfehler können durch »Radieren« eliminiert werden. Der zu löschende Text wird unter Benützung der Rückwärtstaste nochmals geschrieben. Die Radiertaste überstanzt die zu löschenden Lochungen mit einem 6er-Code, den der Leser überliest.

Halbautomatische ausschließende Perforatoren Diese Texterfassungsgeräte arbeiten mit einem kleinen Rechner, in dem die Dickten der Schriften und das Programm für den halbautomatischen Ausschluß gespeichert sind. Der Aufbau der Zeile ist praktisch derselbe wie oben, doch wird nicht jedes Zeichen sofort ausgestanzt, sondern im Rechner gespeichert. Geht ein Wort nicht mehr ins eingestellte Format, so beendet der Rechner die Zeile beim vorhergehenden Wortzwischenraum und gibt sie zum Ausstanzen frei. Bei langen Worten im Ausschließbereich gibt der Setzer eine sogenannte Trennfuge ein (Beispiel: halb-auto-ma-tisch). Der Rechner sucht sich dann die Trennfuge aus, die als letzte ins Format geht, verwandelt sie in ein Divis (-), beendet die Zeile und übernimmt den Rest des Wortes in die nächste. Die nicht benötigten Trennfugen werden eliminiert. Diese Art der Texterfassung entspricht schon fast dem Endlostasten, bringt dabei hinsichtlich der Qualität den Vorteil, daß die sinnstörenden »Computertrennungen« vermieden werden können.

Vollautomatische ausschließende Perforatoren Der Rechner dieser Geräte hat zusätzlich ein Silbentrennprogramm, so daß endlos getastet werden kann, als Produkt aber ein ausgeschlossener Lochstreifen erzeugt wird.

Endlos-Perforatoren Diese Perforatoren besitzen keine Zählwerke. Beim Tasten werden nur die Codes der Zeichen und Steuerbefehle gestanzt. Diese Endlosbänder werden in einem Satzrechner gießreif gemacht (Seite 153). Beim Endlostasten kann je nach Art der Arbeit eine Leistungssteigerung bis zu 30% gegenüber dem ausschließenden Tasten erreicht werden. Dies gilt natürlich auch für die halb- und vollautomatischen ausschließenden Perforatoren.

TTS-Gießmaschinen Die ausgeschlossenen Lochstreifen steuern dann Zeilensetz- und -gießmaschinen, die durch Konstruktionsverbesserungen dem höheren Tempo angepaßt wurden. Der Setzautomat verwandelt mit einem photoelektrischen Leser die Codes des Lochstreifens in Maschinenkommandos. Fast alle Funktionen können über den Lochstreifen vollautomatisch gesteuert werden.

TTS-Gießmaschinen arbeiten in großen Setzereien (z.B. bei einer Zeitung), sie haben dort die Anzahl der Maschinen wesentlich verringert. Dies war besonders dort sehr wichtig, wo ein räumliches Ausdehnen der Setzerei nicht mehr möglich ist, zum Beispiel bei den Zeitungsdruckereien in unseren Innenstädten.

Satzrechner

Wie schon erwähnt, müssen endlos getastete Bänder in einem Rechner aufbereitet, das heißt ausgeschlossen werden, um eine Blei- oder Photosetzmaschine zu steuern. Ein Rechner (Computer, besser EDV-Anlage) hat mindestens drei Bestandteile, nämlich die Eingabe, die Zentraleinheit (Verarbeitung) und die Ausgabe. Die Eingabe ist ein Leser, der den Lochstreifen, das Magnetband oder die Magnetplatte abtastet und die erkannten Informationen zum Verarbeiten in die Zentraleinheit weiterleitet. Sie besteht aus dem Rechenwerk, dem Kernspeicher und dem Steuerwerk. Als Ausgabe dient meistens ein Lochstreifenstanzer, eine Magnetband-Ausgabestation oder ein Schnelldrucker. Große Anlagen haben einen Magnetplatten-Massenspeicher. Zusätzlich können noch externe Speicher für seltener benötigte Programme oder zum Datenspeichern angeschlossen sein. Diese festen Bestandteile eines Rechners bezeichnet man als »Hardware«. Um arbeiten zu können, muß der Rechner programmiert werden. Die Programme (»Software«) werden mit einem Datenträger (Lochstreifen, Lochkarte, Magnetband, Magnetplatte) in den Arbeitsspeicher eingelesen. Die Software entscheidet letztlich über die Wirtschaftlichkeit eines Rechners; sie wird von den Herstellerfirmen vorbereitet, in vielen Fällen aber von den Anwendern für ihre speziellen Zwecke ausgebaut.

Es gibt heute für den Satz eine ganze Anzahl von Programmen, unter anderem Ausschließ-, Silbentrenn-, Fließsatz-, Korrektur-, Tabellen-, Umbruch- und Sortierprogramme. Satzangaben wie Schriftart, Schriftgröße, Zeilenabstand, Breite usw. werden entweder mit

Einfaches Schema für Aufbau und Trennen einer Zeile in einem Satzrechner

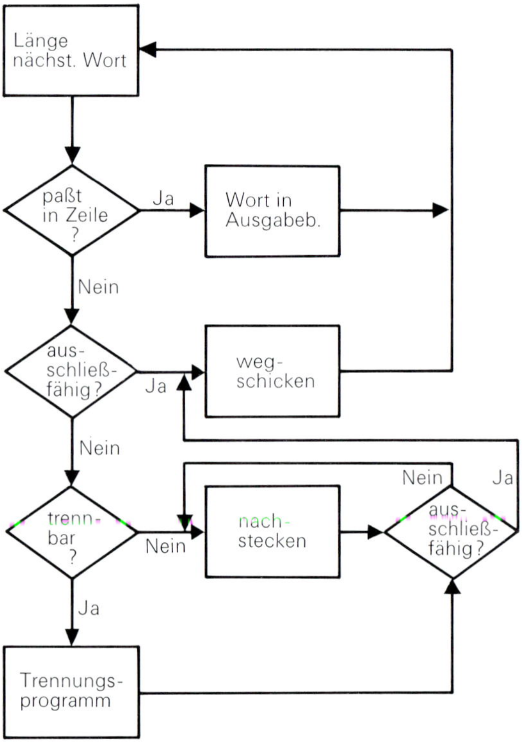

dem Datenträger oder über einen Bedienungsblattschreiber direkt eingegeben.
Ein Rechner kann weder denken noch selbständig handeln. Es muß ihm in seiner Sprache (codiert) gesagt werden, was er tun soll, zum Beispiel: Lies ein Zeichen aus dem Datenträger, entschlüssele den Code mit einer Tabelle, suche den Dicktenwert, addiere ihn zu den vorhergehenden Werten, vergleiche den Gesamtwert mit dem eingegebenen Format usw. Ein Programm besteht also aus vielen Tausenden solcher Anweisungen und erfordert manchmal mehrere »Mann-Jahre« bis zur Einsatzreife.

Die Arbeitsweise eines Rechners Sie beruht auf den Gegensätzen Loch – kein Loch, magnetisierte Stelle – nichtmagnetisierte Stelle, oder in der Rechnersprache 0 / 1. Deshalb kann eine Frage nur mit »ja« oder »nein« beantwortet werden. Der Rechner erarbeitet also die Lösung eines Problems, indem er dieses Frage-und-Antwort-Spiel durchführt, bis das Problem gelöst ist. Daraus ergeben sich natürlich sehr lange Wege, sie fallen aber durch die unvorstellbare Geschwindigkeit, mit der EDV-Anlagen arbeiten, nicht ins Gewicht. Durch die masselose Schaltung in der Elektronik werden Zeiten erzielt, die man nur mit einem Vergleich begreifen kann. Die in der Textverarbeitung eingesetzten Rechner arbeiten meist im Millisekunden- oder Mikrosekundenbereich. Um sich eine Vorstellung zu machen, was diese Werte bedeuten, sollen sie hier einmal in Beziehung zu einer Sekunde gebracht werden: 1 Millisekunde (= $^1/_{1000}$ Sekunde) verhält sich zur Sekunde wie diese zu 16$^2/_3$ Minuten, 1 Mikrosekunde verhält sich zur Sekunde wie diese zu 11$^1/_2$ Tagen.
Der Leser tastet also den eingegebenen Datenträger Code für Code ab und gibt diese Informationen blockweise (etwa 100 Codes) in den Arbeitsspeicher. Durch die am Anfang des Bandes befindlichen oder direkt eingegebenen Satzanweisungen stellt der Rechner seinen internen Zähler auf die gewünschte Zeilenbreite und schaltet sich in das entsprechende Zählmagazin. Nun beginnt das Verarbeiten des Textes. Der Rechner addiert die Dicktenwerte der Buchstaben des ersten Wortes und vergleicht diese Summe mit der eingegebenen Zeilenbreite. Eigentlich ein dummer Vergleich, möchte man meinen, denn das erste Wort wird wohl fast immer in eine Zeile passen. Aber er kann ja, wie schon erwähnt, nur mit »ja« oder »nein« antworten, und so fragt er also nach jedem Wort, ob es noch in der Zeile Platz hat. Einen solchen sich wiederholenden Vorgang nennt man eine Programmschleife. Kommt nun das Wort, das nicht mehr in die Zeile geht, so sucht er einen neuen Weg und fragt: Ist dieses Wort trennbar? Sagt das Trennprogramm »ja«, so nimmt er so viele Silben in die Zeile, bis auch hier ein »nein« kommt. Nun lautet die letzte Frage: Ist die Zeile ausschließfähig, das heißt, sind die in der Zeile befindlichen Keile (beim Bleisatz) in der Lage, sie voll auszutreiben? Wenn ja, versieht er sie mit dem Zeilenendkommando und gibt sie frei zum Ausstanzen. Lautet die Antwort nein, wird jeder Wortzwischenraum zusätzlich mit festem Ausschluß versehen und dann wieder gefragt: Ausschlußfähig oder nicht? Das wiederholt sich so lange, bis ein Ja kommt (wieder eine Programmschleife). Der Aufbau einer Zeile im Rechner ist also für menschliche Denkbegriffe sehr umständlich, weil er aus vielen, vielen Fragen und Antworten besteht; er ist nur durch die enorme Schnelligkeit der Rechner wirtschaftlich.

Trennprogramme Fast alle Satzrechner sind mit zwei Trennprogrammen ausgerüstet: dem sprachlogischen Programm und dem Ausnahmelexikon (Wörterbuch). Im sprachlogischen Programm befinden sich die wichtigsten Trennregeln einer Sprache, zum Beispiel die Vor- und Nachsilbenregel; ein Mitlaut kommt auf die folgende Zeile; st wird nie getrennt; sch und ch sind ein Mitlaut usw. Mit diesem Programm ist die Trenngenauigkeit, besonders im Deutschen, recht unbefriedigend. Große Schwierigkeiten bereiten vor allem die zusammengesetzten Wörter durch das Zusammentreffen vieler Mitlaute (Bierf-lasche statt Bier-flasche, Prämiens-paren statt Prämien-sparen) sowie der häufige Gebrauch von Fremdwörtern oder eingedeutschten Wörtern, die nach den Regeln der Ursprungssprache getrennt werden (Mik-roskop statt Mi-kroskop). Aber auch unechte st wie zum Beispiel bei den Wochentagen Dienstag, Donnerstag würden zu Dienstag werden usw. Um diese Fehlerquelle zu verringern, schuf man die Ausnahmelexika. In einen bei Lieferung des Rechners leeren Speicher werden im Betrieb die im Laufe der

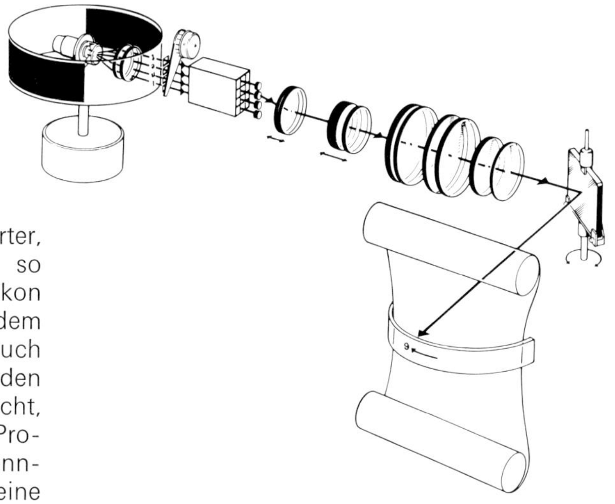

Schema des Belichtungsvorgangs in der Photosetzmaschine »Linofilm« VIP bei normalem Satz

Zeit entdeckten falsch getrennten Wörter, mit Trennfugen versehen, eingegeben; so wird ein betriebsbezogenes Ausnahmelexikon aufgebaut. Der Rechner sucht nun bei jedem zu trennenden Wort zuerst dieses Wörterbuch durch. Findet er es, so trennt er nach den eingegebenen Trennfugen. Findet er es nicht, arbeitet er nach dem sprachlogischen Programm. Trotz dieser aufwendigen Trennmethode ist bei den meisten Rechnern keine Verzögerung beim Ausstanzen der Lochbänder zu erkennen, das immerhin mit einer Geschwindigkeit bis zu 150 Codes pro Sekunde erfolgt. Die Trenngenauigkeit hängt selbstverständlich weitgehend vom Schwierigkeitsgrad des Textes ab, erreicht aber mit Ausnahmelexikon über 95%. Einzelne unlogische Trennungen wie Stau-becken statt Staubecken oder Wach-stube statt Wachs-tube lassen sich beim rechnergesteuerten Satz nicht verhindern.

Photosatz

Der Photosatz, in Versuchen bereits im 19. Jahrhundert vorbereitet und nach 1945 von den USA aus auch in Europa eingeführt, nimmt heute eine beachtliche Stellung im Mengensatz ein. Er hat einen großen Teil der Aufgaben des Bleisatzes übernommen. Es ist sicher, daß sich das Verhältnis zwischen Photosatz und Bleisatz in den nächsten Jahren weiter erheblich zugunsten des Photosatzes verschiebt. Über die Unterschiede von Photosatz und Lichtsatz auf Seite 163, ein Schema über die Arbeitstechniken auf Seite 153.

Photosatz wird vorteilhaft für den Flachdruck und den Tiefdruck eingesetzt, da beide Druckverfahren zur Formherstellung einen Film benötigen. Als Photomaterial wird Photopapier (für die Korrekturvorgänge und Montage) oder Film in Blatt- oder Rollenform (ebenfalls für die Montage) verwendet. Die Belichtungsleistung von Photosetzmaschinen reicht heute von 6000 bis 12000 Belichtungen pro Stunde bei manuell bedienten Maschinen, bis zu vielen Millionen bei Kathodenstrahl(CRT)-Maschinen. Siehe Bildseite »Setztechnik« Seite 150.

Klaviatur der Photosetzmaschine »Linotronic« mit allen Zusatzeinrichtungen

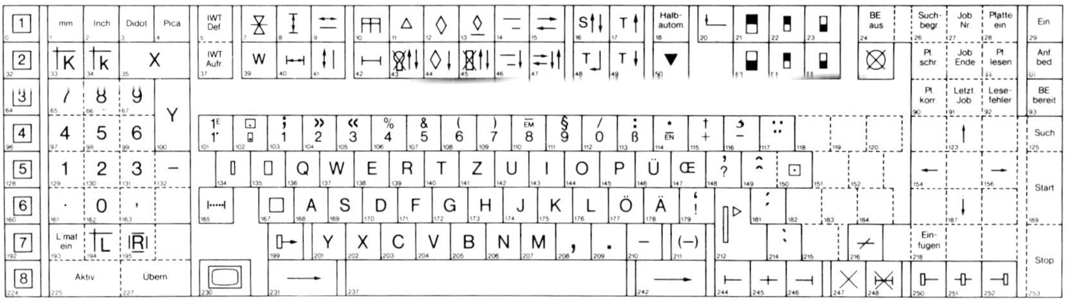

Die wichtigsten Vorteile

1. Bei gleicher Kapazität liegt der Raumbedarf je nach Geschwindigkeit der Belichtungseinheit um 40 bis 50% unter dem einer vergleichbaren Bleisetzerei.
2. Bei den meisten Maschinen kann von einem Schriftträger durch Vergrößern und Verkleinern eine ganze Anzahl von Schriftgrößen belichtet werden.
3. Die Abnützung der Schriftträger ist gegenüber dem Bleisatz unbedeutend.
4. Es wird kein Setzmaschinenmetall mehr benötigt; Ablegen des ausgedruckten Satzes, Umschmelzen und Transport fallen weg.
5. Die umfangreichen Stehsatzlager werden von einfachen, platzsparenden Archivsystemen abgelöst.
6. Teure Setzereimöbel (Schriftregale usw.) werden nicht mehr benötigt.
7. Bei gleichem Personalstand wird die Kapazität erhöht.
8. Die Schriftqualität (Schärfe) ist besonders in großen Schriftgraden wesentlich besser.

Der Photosatz hat natürlich auch schwache Stellen, so ist zum Beispiel das Schriftprogramm verschiedener, vor allem ausländischer Hersteller für den deutschen Markt bei hohen Ansprüchen nicht immer zufriedenstellend. Das Problem der Korrekturen wurde in den letzten Jahren weitgehend gelöst. Verschiedene Möglichkeiten dazu auf Seite 167ff.

Vorbereitung der Arbeit

Während im Bleisatz bisher in den meisten Betrieben von Arbeitsvorbereitung kaum die Rede war und man sich meist auf einige Satzangaben beschränkte, sind im Photosatz sorgfältige Vorauskorrektur und exakte, übersichtliche Satzanweisung unumgänglich für einen reibungslosen Arbeitsablauf beim Tasten und Belichten. Nur dadurch kann die Korrekturquote in einem wirtschaftlich vertretbaren Rahmen gehalten werden.

Photosatz-Systeme

Photosatz wird in einem geschlossenen System hergestellt. Wir verstehen darunter, je nach Betriebsgröße und Aufgabenstellung, eine Gruppe von Geräten und Maschinen, die peripher um eine »Zentraleinheit«, meistens die Belichtungsanlage oder den Rechner einer EDV-Anlage, angeordnet sind. Über den Rechner Seite 157. Übersicht der Photosatz-Arbeitstechniken Seite 153. Zwei Beispiele für ein System im Akzidenzsatz und Mengensatz Seite 160.

Die Hauptaufgaben der Elektronik sind Messen, Regeln, Steuern, Zählen, Speichern, Rechnen. Alle diese Arbeitsvorgänge werden in hohem Maße und in großer Dichte beim Photosatz angewandt. Die Setzarbeit mit ihrer Fülle von Tausenden und aber Tausenden Buchstaben und der Digitalaufbau mit der Kathodenstrahlröhre, wiederum aus Tausenden von kleinsten Teilchen, ist ein ideales Feld für die elektronische Technik (über Elektronik und Schrift Seite 182).

Der Rechner ist also neben der Belichtungseinheit beim computergesteuerten Photosatz das Herzstück des Systems. Über die Wirtschaftlichkeit der ganzen Anlage entscheidet

Tastgerät »Diasetter« mit Korrektureinrichtung ohne Bildschirm. Der Taster arbeitet mit Magnetbändern. Die Korrektureinrichtung übernimmt die eingegebenen Änderungen am Satz und umbricht bei verändertem Zeilenfall neu

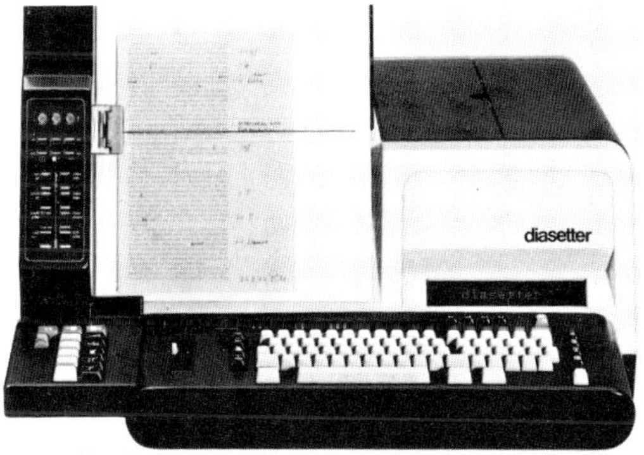

Blick in die Kamera einer Hochleistungs-Photosetzanlage »Digiset«

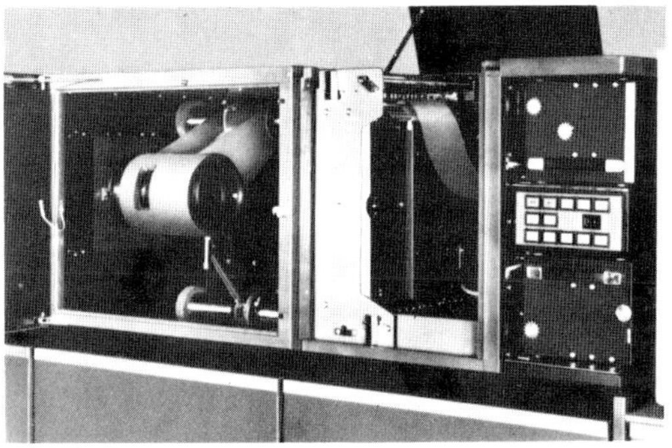

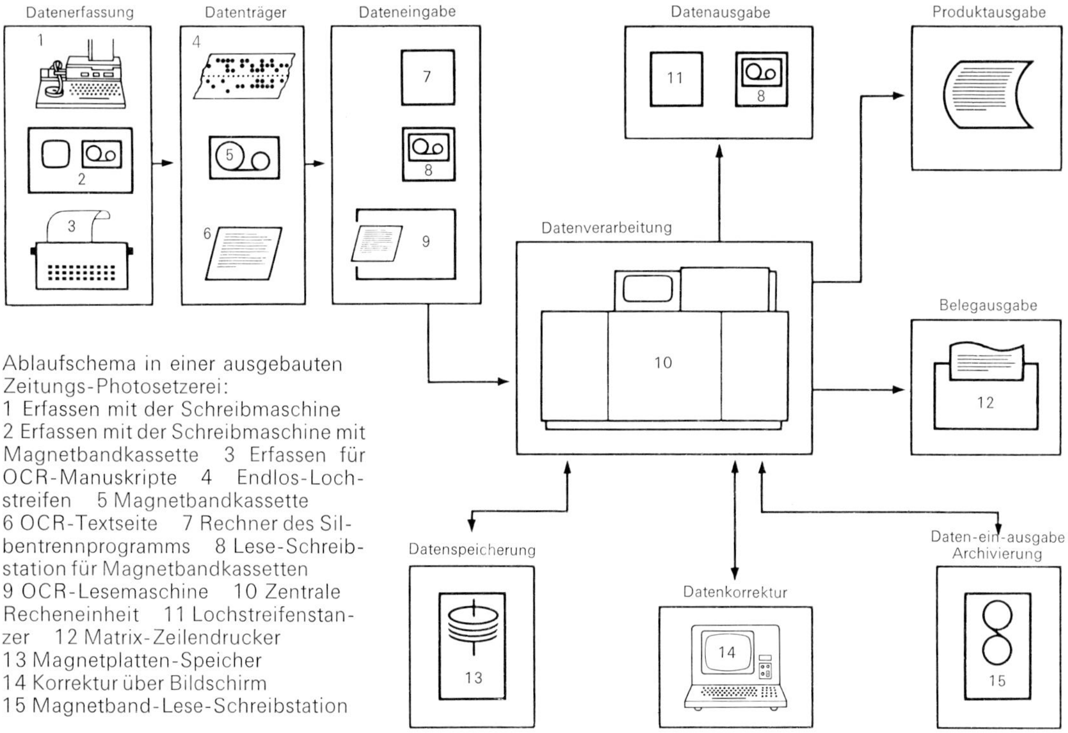

Ablaufschema in einer ausgebauten Zeitungs-Photosetzerei:
1 Erfassen mit der Schreibmaschine
2 Erfassen mit der Schreibmaschine mit Magnetbandkassette 3 Erfassen für OCR-Manuskripte 4 Endlos-Lochstreifen 5 Magnetbandkassette
6 OCR-Textseite 7 Rechner des Silbentrennprogramms 8 Lese-Schreibstation für Magnetbandkassetten
9 OCR-Lesemaschine 10 Zentrale Recheneinheit 11 Lochstreifenstanzer 12 Matrix-Zeilendrucker
13 Magnetplatten-Speicher
14 Korrektur über Bildschirm
15 Magnetband-Lese-Schreibstation

auch die »Software«: die Programme, die den erfaßten Text aufbereiten. Das richtige System für alle Arbeitsgänge (Manuskript bearbeiten, Text erfassen, korrigieren, Text verarbeiten, Text belichten, entwickeln, montieren) muß auf die Belange des Betriebs bezogen sein; es hat aber auch die Menschen zu berücksichtigen, die damit arbeiten sollen und für die es ja gemacht ist.

Texterfassung beim Photosatz

Manuell bediente Maschinen Der Text wird direkt über die Klaviatur eingetastet, die getasteten Zeichen dabei elektronisch gespeichert. Die Dicktenwerte addiert der Rechner und legt nach dem Beenden der Zeile den Wortzwischenraum fest. Das Silbentrennprogramm (Seite 157) übernimmt je nach technischer Ausstattung der Maschine die

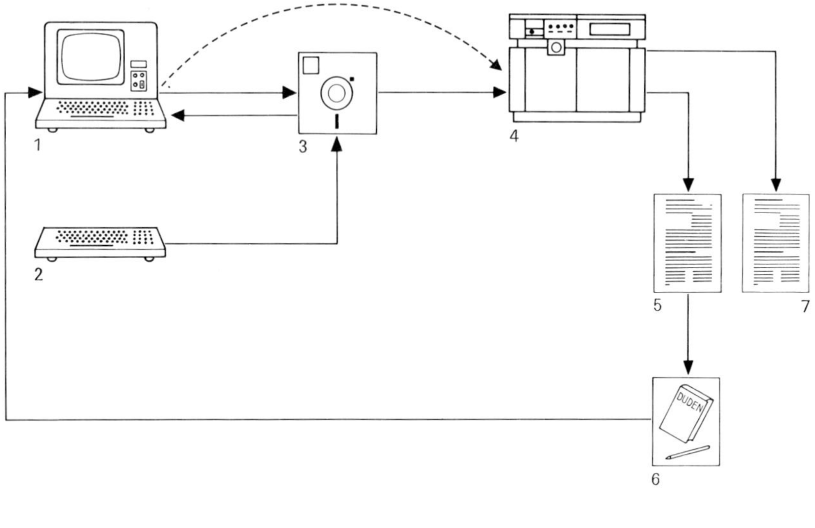

Ablaufschema in einer Photosetzanlage für Akzidenzsatz:
1 Taster A mit Bildschirm zum Ausführen von Korrekturen und zum Darstellen von kompliziertem Satz.
2 Taster B, einfache Grundausstattung für Texterfassung
3 Datenträger
4 Belichtungseinheit
5 Unkorrigierte Erstbelichtung 6 Lesen der Hauskorrektur
7 Fehlerfreie Zweitbelichtung
Dieses Schema zeigt den zweimaligen Kreislauf der Arbeit durch das System

Trennungen automatisch. Bis zum Kommando »Zeilenende«, wenn also die Zeile noch im Speicher ist, kann man erkannte Tastfehler korrigieren.

Über Datenträger gesteuerte Maschinen
Der Text wird erfaßt über
Perforatoren auf Lochband,
Texterfassungsgeräte auf Magnetband oder -platte,
Schreibmaschinen mit OCR-lesbarer Schrift.
Die jahrelang verwendeten Lochbänder gehen in ihrer Bedeutung mehr und mehr zurück. Die Aufzeichnung auf Magnetband oder Magnetplatte (»Floppy disc« oder große Magnetplatte) setzt sich durch. Diese Medien können durch Löschen und Überschreiben immer wieder verwendet werden. Auch Korrekturen sind leichter auszuführen.

OCR-Lesemaschinen

(OCR = Optical Character Recognition)
Das Erfassen von Texten nach Manuskripten über einen Perforator oder eine Schreibmaschine mit Magnetband zum Herstellen des gewünschten Datenträgers ist verhältnismäßig teuer. Man hat deshalb Wege gesucht, das Tasten auf preiswertere Büroschreibmaschinen zu verlagern. Die Entwicklung der Elektronik hat die Lesemaschine mit sich gebracht, die heute viel eingesetzt wird.
Die Büroschreibmaschinen sind mit einer maschinenlesbaren Schrift ausgestattet (»OCR-B, Courier 12« etc.). Auch die Korrektur wird auf diesen Schreibmaschinen ausgeführt. Die Manuskripte werden mit einem Abstand von zwei Zeilen auf gutes Papier mit Einmalfarbband geschrieben. Im Idealfall kann dies schon der Autor tun, aber auch ein Verlag, eine Redaktion oder ein Satzbetrieb. Große, nicht zu schwierige Manuskripte können auch von »Heimarbeiterinnen« außer Haus auf elektrischen Maschinen erfaßt werden. Schon beim Schreiben des Manuskripts ist es möglich, erkannte Fehler durch Löschen von Buchstaben, Wörtern oder Zeilen zu korrigieren.
Diese OCR-lesbaren Manuskripte gehen dann ins Korrektorat des Verlags oder der Druckerei und werden dort, verglichen mit der Vorlage, auf Fehler durchgesehen. Die Korrektoren benützen zum Anzeichnen der Fehler zwei Farben: nämlich Schwarz, das von der Lesemaschine erkannt wird, und eine Buntfarbe (meist Rot), die nicht erkannt wird. Mit dem

```
Beispiele, um ein Zeichens¤, ein

Wort Wörter¤¤ und eine Zeile

und eine ganze Zeile¤¤¤

an der Schreibmaschine zu annullieren.

Auch einen Wortzwischenraum  ¤kann

man löschen.

Das Manuskript wird manuell korri

giert: Ein Zeichen durch einen

senkrechten|, mehrere Zeichen

mit einem waagerechten Strichlinie.

Änderungen und Ergänzungen werden
          a
in Schw|rz angezeichnet, mit Farbstift
        #a#                 Schreibm
korrigiert und mit der |aschine
                           #Schreibm#
zwischen den Zeilen eingetragen.
```

Beispiel einer korrigierten Manuskriptseite für die OCR-Lesemaschine

Schwarzstift (Filzschreiber eignen sich gut) werden einzelne Buchstaben senkrecht, mehrere waagrecht ausgestrichen. Bei Streichungen ist die Korrektur damit erledigt, denn die Lesemaschine ignoriert schwarz ausgestrichene Zeichen. Änderungen und Einfügungen markiert der Korrektor ebenfalls mit schwarzer Farbe an der betreffenden Stelle und schreibt mit Buntfarbe handschriftlich den neuen Text darüber. Die korrigierten Manuskripte gehen dann wieder zurück an die Schreibmaschine. Dort wird nun der mit Buntfarbe geschriebene Korrekturtext unter die betreffende Zeile geschrieben und am Anfang und Ende mit einem Kennzeichen versehen (zum Beispiel #). Die Lesemaschine fügt diesen Text dann an der markierten Stelle ein. Gleichzeitig mit dieser Korrektur werden die Steuercodes für das Belichten eingetragen.

Die korrigierten und codierten Manuskriptblätter kommen nun in die Lesemaschine. Sie besteht aus drei Teilen, der Lesestation, der Erkennungs- und Bedienungsstation und der Steuereinheit. In der Lesestation wird jedes Schriftzeichen von einem Lichtpunkt abgetastet (vereinfacht etwa dasselbe wie bei der Digitalisierung der Buchstaben für die CRT-Maschine, Seite 164) und an die Erkennungsstation weitergegeben. Hier wird es mit den gespeicherten Zeichen verglichen und in einen Code umgewandelt. Ausgabestation ist entweder ein Lochstreifenstanzer, eine Magnetbandstation oder ein Anschluß »on line« an einen Rechner. Die Ausgabegeschwindigkeit beträgt bis zu 300 Zeichen pro Sekunde. Bei einwandfreiem Manuskript (sauberes Schriftbild) können wir mit einer Lesegenauigkeit von einem Fehler auf 10000 bis 25000 Zeichen rechnen. Kann die Maschine ein Zeichen nicht erkennen, so bleibt sie meist stehen: der Operator gibt dann das richtige über die Tastatur ein.

Wir dürfen annehmen, daß diese Art des Texterfassens sich in nächster Zeit noch weiter durchsetzen wird, besonders bei umfangreichen Arbeiten mit nicht allzu schwierigem Inhalt. Das Bild der Texterfassung in der graphischen Industrie wird sich damit weiter erheblich verändern.

Es gibt Lesemaschinen unterschiedlicher »Intelligenz«:

Intelligenzstufe 1 Sie kann eine Schrift lesen.
Intelligenzstufe 2 Sie kann verschiedenartige Schriften lesen, die jedoch innerhalb einer Zeile oder einer Seite nicht gemischt sein dürfen.
Intelligenzstufe 3 Sie kann verschiedene, auch vermischte Schriften lesen.
Intelligenzstufe 4 Sie kann alle Schriftarten lesen, auch vermischte. Sie ist in der Lage, weitere Schriften lesen zu lernen.
Intelligenzstufe 5 Sie kann Handschriften lesen, wenn sie als Ziffern in einem Kästchen stehen.
Intelligenzstufe 6 Das ist die Zukunftsvision: Sie kann alle freien Handschriften lesen.

Erkennen in einer OCR-Lesemaschine
Links: Matrix-Erkennung
Das einzelne Zeichen wird in eine bestimmte Anzahl von Feldern unterteilt. Die mit Schwärzungen belegten Felder befinden sich für ein bestimmtes Zeichen an bestimmten Stellen. So ergeben sich Vergleichswerte für den Computer. Ein verhältnismäßig grobes Verfahren, das eine bestimmte Stilisierung der Zeichen erfordert, zum Beispiel für die Schriftart OCR-B
Rechts: Bit-Erkennung
Die Aufteilung in Felder ist wesentlich feiner. Bei Lesemaschinen mit dieser »Intelligenz« gibt es nun die Möglichkeit, alle maschinenschriftlichen Zeichen zu erkennen. Es werden etwa 800 bis 900 Bits für die Aufnahme von Schwärzungspunkten zum Erkennen verwendet

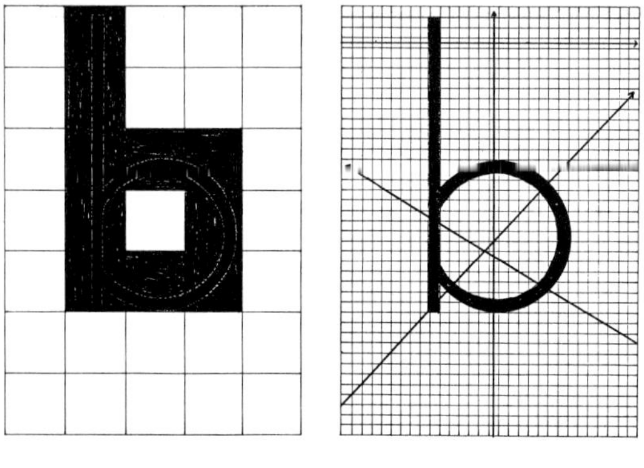

Belichten (Textausgabe)

Die zur Textausgabe eingesetzten Photosetzmaschinen teilen wir in drei Gruppen ein (Schaubild Seite 153):

1. über eine Tastatur gesteuerte Maschinen,
2. durch einen Datenträger gesteuerte Maschinen mit photographischem System,
3. durch einen Datenträger gesteuerte Maschinen mit Digitalaufbau des Buchstabens, Kathodenstrahlröhren(CRT)-Maschinen.

Dazu kommen in Zukunft Laserstrahl-Maschinen. Derzeit sind davon erst wenige in Betrieb.

Tastaturgesteuerte Maschinen Sie reichen vom Tischmodell bis zur Größe eines kleinen Schrankes. Einige Modelle können auch senkrechte Linien in verschiedenen Stärken mit der Genauigkeit von ca. $^1/_{10}$ mm für komplizierten Tabellensatz ohne nachträgliche Montage ziehen. Die Arbeitsstellung ist an einer Skala, manchmal auch an einer Digitalanzeige oder einem Koordinatenkreuz genau ablesbar. Jede Schrift im Photosatz besteht aus etwa 120 Zeichen, »Fliegende Akzente« (˘ ´ ` ^ ˒ ~) erhöhen diese Zahl noch wesentlich, denn sie können über die gewünschten Buchstaben belichtet werden. So wird für Fremdsprachensatz eine große Zahl zusätzlicher Zeichen vermieden. Der Schriftträger ist meistens auf einer rotierenden Trommel angebracht. Mit einem Xenon-Blitz wird das Zeichen vom Negativ über

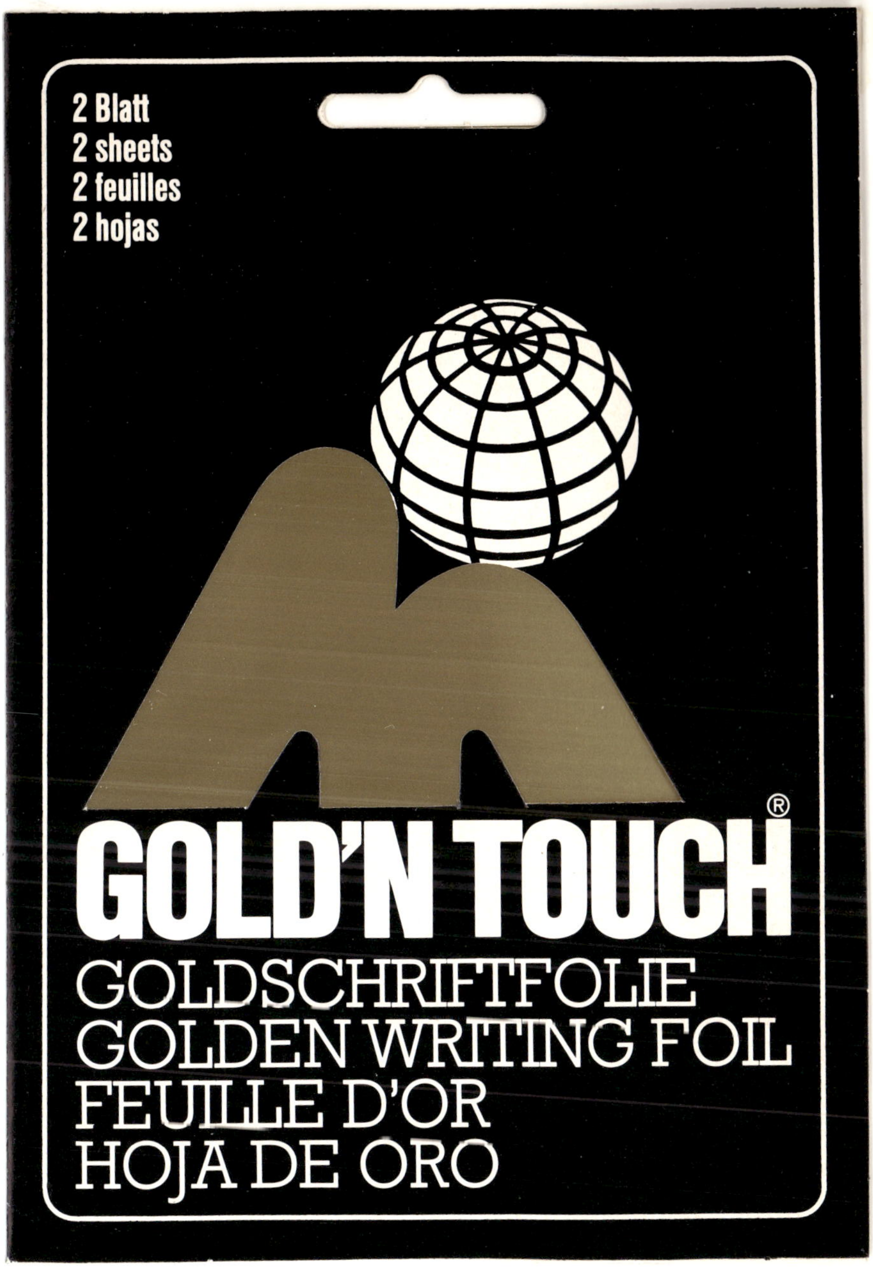

Schreiben Sie in Gold oder Silber:

Die Goldschriftfolie überträgt eine glänzende Gold- oder Silberfarbe auf Papier, Pappe, Glas, Holz, Kunststoff, Leder.

Zum individuellen Gestalten von Glückwunsch- und Tischkarten, Einladungen, Briefen, Servietten, Mappen, Alben, Geschenken.

Zu beziehen durch den Fachhandel oder durch die Firma
Dieter Drewing, Kayhuder Straße 3, 2061 Bargfeld-Stegen
Handelsüblicher Packungsinhalt: 2 Blatt Goldfolie oder 2 Blatt Silberfolie

---

Beilage zu Bruckmann's Handbuch der Schrift, Verlag F. Bruckmann KG, München

Oben: Schriftscheibe der Photosetzmaschine »Comp/Set« 550

Rechts, von oben nach unten: Schriftscheibe der Photosetzmaschine »Diatronic«; Schriftträger (Font) der Photosetzmaschine »Linofilm« VIP; Schriftscheibe der Photosetzmaschine »Linotron« 505, Schriftart Times Roman mit Kursiv

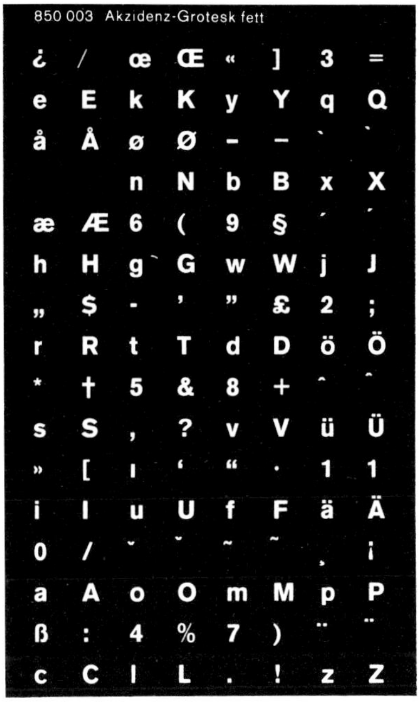

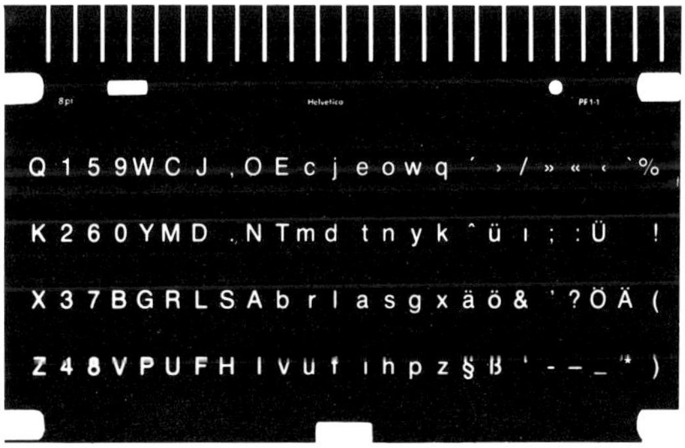

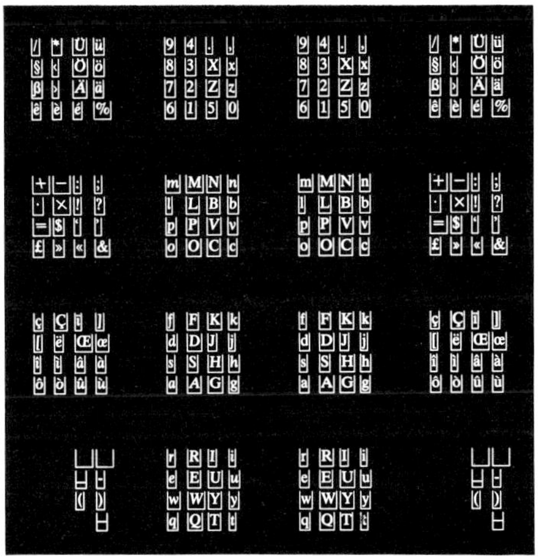

Blende und Optik auf das Photomaterial gebracht. Dies geschieht bei einfacher Optik im Maßstab 1:1, aber auch durch Vergrößerung oder Verkleinerung von einem Schriftträger in einen Schriftgrößenbereich von 2,25 bis 27 mm mit einer Zoom-Optik oder durch Einschwenken verschiedener Objektive. Viele Modelle haben für ein gutes Schriftbild in den kleinen und großen Graden einen Schriftweitenausgleich. Einzelne Buchstaben können auch unterschnitten oder angesperrt werden. Je nach Größe der Maschine sind zwei bis acht Schriften zugriffsbereit, weitere durch Wechsel der Schriftträger in kurzer Zeit verfügbar. Das Setzen von Tabellen ist durch eine Tabuliereinrichtung erleichtert. Eine Datensicherung speichert bei neuen Modellen dieser Klasse die getastete Arbeit, da bei Verlust oder Beschädigung des Satzprodukts (zum Beispiel beim Entwickeln) die ganze Arbeit manuell wiederholt werden müßte. Als Datensicherung dient das beim Tasten mitlaufende Lochband, das Magnetband oder die Magnetplatte (Floppy disc). Diese Datenträger dienen notfalls zum nochmaligen Belichten in der Maschine. Sie können aber

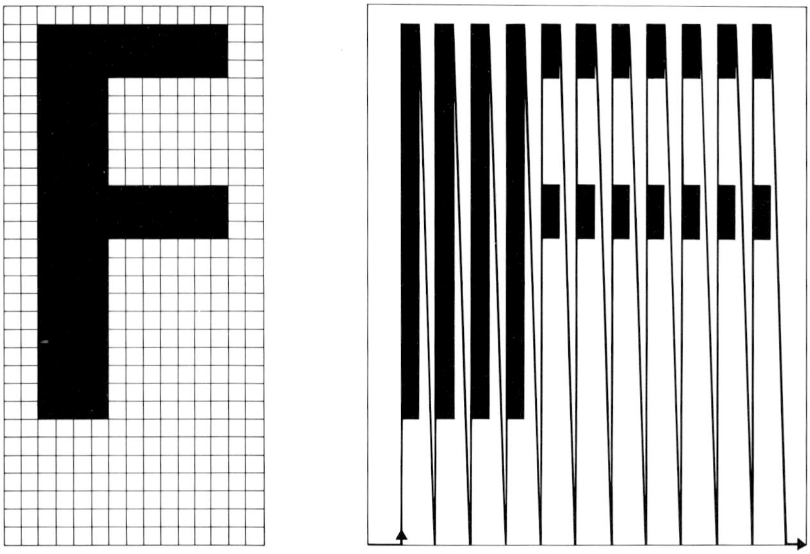

Links: Digitales Photosetzen. Zerlegen des Buchstabens in seine Schwarzweißwerte

Rechts: So wird der Buchstabe F in der CRT-Photosetzmaschine aus Stromimpulsen aufgezeichnet

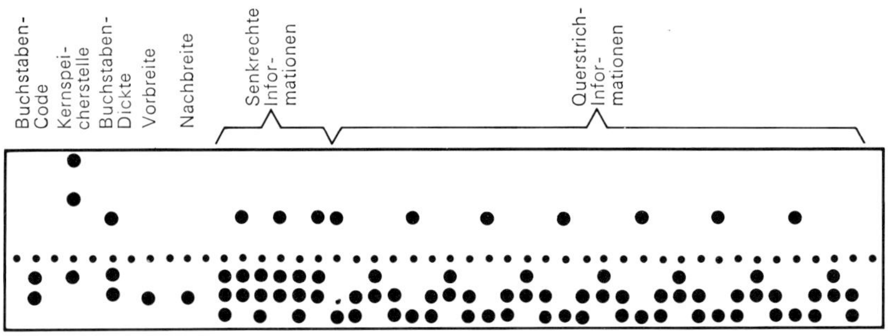

Kombination aus dem Text-Lochband zum Steuern der Photosetzanlage für das F im digitalen Photosatz

auch zur Korrektur verwendet werden: eine Einrichtung, die die tastaturgesteuerten Photosetzmaschinen neuerer Entwicklung mit einem einfachen Korrektursystem sehr beweglich und interessant gemacht hat.

Datenträgergesteuerte Maschinen In dieser Klasse ist das Tasten (Erfassen) und das Belichten (Textausgabe) üblicherweise getrennt. Mehrere Tastgeräte sind zusammen mit einem Belichtungsgerät denkbar. Die Leistung beim Belichten liegt hier bei ca. 30000 bis 300000 Buchstaben pro Stunde. Eingegeben werden entweder ausgeschlossene oder Endlosbänder. Das Endlosband wird über das Silbentrennprogramm im Rechner zu ausgeschlossenen Zeilen verarbeitet. Das Belichten geschieht durch rotierende Negativscheiben oder mit Fonts. Je höher die Geschwindigkeit, desto aufwendiger ist meistens das optische System. Mengensatzmaschinen arbeiten gewöhnlich mit Rollenfilm.

CRT-Maschinen Das eine System dieser Maschinenklasse arbeitet zwar mit einer Elektronenröhre (Kathodenstrahlröhre), tastet aber das Schriftnegativ von der Glasplatte ab. Beim anderen System sind die Buchstabenbilder, in Rasterpunkte zerlegt, elektronisch als codierte Information digital gespeichert; sie werden beim Belichten abgerufen und wieder zusammengesetzt. Der Aufbau des Buchstabenbildes und der Zeilen ist mit dem Fernsehbild vergleichbar (Zusammensetzen von Punkten, Aneinanderreihen von Linien). In diesen Maschinen ist also kein Schriftträger mehr vorhanden. Man nennt sie deshalb *Lichtsetzmaschinen*, weil hier die gespeicherten Werte in Licht umgewandelt, also nicht photographiert werden.

Der Buchstabe oder das Zeichen wird in Schwarzweißwerte zerlegt (digitalisiert). Die Schriftlinie sowie der Raum vor und nach dem Zeichen (Vor- und Nachbreite) wird

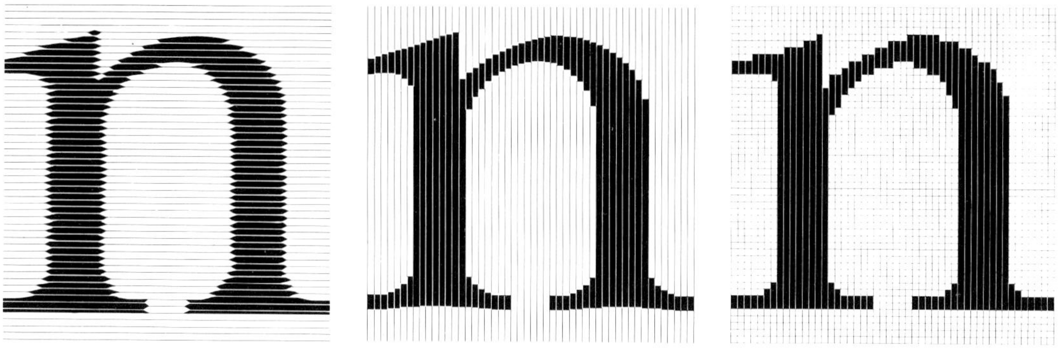

Zerlegen des Buchstabens mit dem Kathodenstrahl: in waagrechte Linien beim Fernsehen (links); in senkrechte Linien bei der Photosetzmaschine »Linotron« 505 (Mitte); in digital gespeicherte Impulse beim Lichtsatzsystem »Digiset« (rechts)

genau festgelegt (Bilder Seite 164). Nun zählen wir die Schwarzweiß-Werte von unten nach oben aus. In unserem Falle sind dies bis zur Schriftlinie sieben Quadrate weiß, dann 22 Quadrate schwarz. In der Praxis ist das Liniennetz selbstverständlich dichter, aber mit einer Lupe erkennen wir im großen Schriftgrad in den gebogenen Teilen der Buchstaben, daß die Kante wie haarfein ausgesägt ist. Die Senkrechte unseres F besteht aus vier solchen Bildlinien. Dann geht es weiter mit den beiden waagrechten Strichen: siebzehn Quadrate weiß, drei schwarz, sechs weiß, drei schwarz, und das siebenmal. Unser F besteht also insgesamt aus elf senkrechten Linien. Diese ausgezählten Schwarzweißwerte werden Zeichen für Zeichen auf Lochstreifen ausgestanzt, dazu der Erkennungscode für das betreffende Zeichen, die Angabe der Dickte und die Stelle, in der es im Kernspeicher (Bild Seite 182) abgelegt ist. Dieser Lochstreifen wird in den Kernspeicher oder auf die große Magnetplatte des Rechners eingelesen. Die Belichtungseinheit der Photosetzmaschine holt sich später die entsprechenden Werte aus dem Speicher.

Bei Abruf unseres F aus dem Speicher geschieht folgendes: ein Lichtpunkt zeichnet auf der Kathodenstrahlröhre von unten links beginnend die gespeicherten Werte auf, dies Linie für Linie. In unserem Fall zuerst zwei Linien Vorbreite, dann bei Beginn des F sieben Quadrate ohne Licht, 22 mit Licht; ohne Licht zurück nach unten, dann wieder sieben Quadrate ohne Licht, 22 mit Licht und so weiter, bis das Zeichen aufgebaut ist. Am Ende folgen wieder zwei Linien Nachbreite. In unvorstellbar großer Geschwindigkeit belichtet eine Optik die so aufgebauten Zeichen auf das Photomaterial.

Wie gesagt, es entstehen in runden und schrägen Teilen eines Buchstabens oder Zeichens mit dem Linienaufbau Unschärfen. Die Anzahl der Quadrate pro Geviert ist je nach Kegelgröße zwischen etwa 1500 und 1 500 000 Bildpunkten verschieden. Selbstverständlich ist die Belichtungsgeschwindigkeit von der Auflösungsdichte abhängig.

Der Reichtum an Zeichen in solchen CRT-Maschinen kann in die Hunderttausende gehen. Alle Zeichen können durch elektronisches Steuern in Höhe und Breite verändert, serifenlose auch schräggestellt werden. Optisch ist eine solch schräggestellte gerade Schrift nicht mit einer Kursive gleichzusetzen, da die Kursive vom Schriftkünstler eigens geformt wird. Der stilistische Unterschied, der auch ein Qualitätsabfall sein kann, wird als Konzession an das elektronische Zeitalter heute hingenommen (Seite 166). Auch Linien kann die CRT-Maschine senkrecht und waagrecht in verschiedenen Stärken mit dem Lichtpunkt in hervorragender Schärfe ziehen; bei wissenschaftlichem Satz

Zusammensetzung von Sonderzeichen am Bildschirm

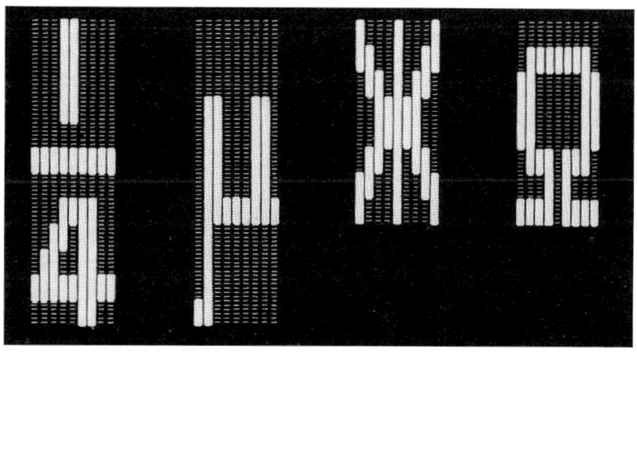

wird die Schriftlinie für Indices und Exponenten verschoben. Mit dem entsprechenden Rechnerprogramm sind auch schwierige chemische Formeln möglich. Für Zeitungs- und Zeitschriftensatz in großen Umfängen kann die Maschine als Vorumbruch direkt mehrspaltig belichten. Als Lichtquelle wird anstelle der Kathodenstrahlröhre neuerdings auch der *Laserstrahl* eingesetzt.

Variation von Digiset-Schriften
a ohne elektronische Variation
b elektronisch verbreitert
c elektronisch schmaler
d elektronisch kursiv gestellt
e elektronisch kursiv breit
f elektronisch kursiv schmal

Digiset-Schriften können innerhalb jedes Größenbereiches mit den Dickten der übrigen Schriftgrade aufgezeichnet werden. Das gestattet Variationen von sehr eng bis extra breit bei gleicher Kegelhöhe. Zusätzlich können alle Schriften (außer echten Kursiv-Schnitten) in drei Winkeln schräggestellt werden. Damit bietet der Digiset eine Vielzahl von Schriftvariationen von nur einem Schnitt. a

Digiset-Schriften können innerhalb jedes Größenbereiches mit den Dickten der übrigen Schriftgrade aufgezeichnet werden. Das gestattet Variationen von sehr eng bis extra breit bei gleicher Kegelhöhe. Zusätzlich können alle Schriften (außer echten Kursiv-Schnitten) in drei Winkeln schräggestellt werden. Damit bietet der Digiset eine Vielzahl von Schriftvariationen von nur einem Schnitt. b

Digiset-Schriften können innerhalb jedes Größenbereiches mit den Dickten der übrigen Schriftgrade aufgezeichnet werden. Das gestattet Variationen von sehr eng bis extra breit bei gleicher Kegelhöhe. Zusätzlich können alle Schriften (außer echten Kursiv-Schnitten) in drei Winkeln schräggestellt werden. Damit bietet der Digiset eine Vielzahl von Schriftvariationen von nur einem Schnitt. c

Digiset-Schriften können innerhalb jedes Größenbereiches mit den Dickten der übrigen Schriftgrade aufgezeichnet werden. Das gestattet Variationen von sehr eng bis extra breit bei gleicher Kegelhöhe. Zusätzlich können alle Schriften (außer echten Kursiv-Schnitten) in drei Winkeln schräggestellt werden. Damit bietet der Digiset eine Vielzahl von Schriftvariationen von nur einem Schnitt. d

Digiset-Schriften können innerhalb jedes Größenbereiches mit den Dickten der übrigen Schriftgrade aufgezeichnet werden. Das gestattet Variationen von sehr eng bis extra breit bei gleicher Kegelhöhe. Zusätzlich können alle Schriften (außer echten Kursiv-Schnitten) in drei Winkeln schräggestellt werden. Damit bietet der Digiset eine Vielzahl von Schriftvariationen von nur einem Schnitt. e

Digiset-Schriften können innerhalb jedes Größenbereiches mit den Dickten der übrigen Schriftgrade aufgezeichnet werden. Das gestattet Variationen von sehr eng bis extra breit bei gleicher Kegelhöhe. Zusätzlich können alle Schriften (außer echten Kursiv-Schnitten) in drei Winkeln schräggestellt werden. Damit bietet der Digiset eine Vielzahl von Schriftvariationen von nur einem Schnitt. f

Es wird sich erweisen, daß die Schrift allen Kopiertechniken und Druckverfahren gere

Das größere Schriftbild ermöglicht den Satz in einer kleineren Schriftgröße.

Das größere Schriftbild ermöglicht den Satz in einer kleineren Schriftgröße.

Schriften »Edison« und »Marconi« von Hermann Zapf, gleich in der Rasterstruktur für den Digitalaufbau entworfen; hohe Mittellänge, relativ kräftige Strichstärken und Serifen; fette Schnitte breiter, Kursive schmaler als das normale Bild: moderne Idealformen für den Lichtsatz

Diese hochproduktiven und schnellen, vielseitigen Photosetzmaschinen arbeiten immer in einem System, also in Verbindung mit einem Rechner, häufig on line mit dem Rechner verbunden. Ein wichtiges Einsatzgebiet der CRT-Maschinen ist die Dokumentation: sie sind wesentlich schneller als der Schnelldrucker des EDV-Systems und bringen ein besseres Schriftprodukt.
Die angegebenen Belichtungsleistungen sind rechnerische Idealwerte und entsprechen nicht den tatsächlichen Buchstaben-Leistungen. Bedingt durch Umrüstzeiten (»handling«) durch Schaltbewegungen in der Maschine (Einspannen des Datenträgers, Schriftwechsel, Spiegelrücklauf usw.) liegen sie oft weit unter den angegebenen Werten.

Schriftprogramme

Im Gegensatz zu den Photosetzgeräten, bei denen über »Adapter« auch Schriften anderer Hersteller benützt werden können, ist man bei den Maschinen für Mengensatz auf das Lieferprogramm der Maschinenhersteller angewiesen. Die Palette der jeweils angebotenen Schriften ist heute recht groß. In einzelnen Fällen, in denen sie noch nicht den Wünschen und Ansprüchen der Kunden gerecht werden, sind Neuzeichnungen notwendig.
Früher war eine Schrift im Bleisatz an eine bestimmte Schriftgießerei und Maschinenfabrik gebunden; der Schriftkünstler war über ein Stückhonorar am Schriftenverkauf beteiligt. Heute findet unter den Schriftherstellern ein großzügiger Lizenzaustausch statt. Die technischen Möglichkeiten des Photosatzes

haben auch zu zahlreichen Nachahmungen geführt. Man kann ja heute auf photographischem Wege in Sekundenschnelle und praktisch ohne nennenswerte Kosten ein Alphabet kopieren. Der umfassende Schutz auf internationaler Ebene für ein Alphabet und für das kreative Eigentum eines Schriftkünstlers wird erst heute international vorbereitet.
Die gängigen Mengensatzschriften gibt es, wie auch im Photo-Akzidenzsatz, bei den verschiedensten Systemen. Die Qualität der nachgezeichneten Schriften ist allerdings von Fabrikat zu Fabrikat noch recht unterschiedlich. Die abgebildeten Proben neuer Schriften im Digitalaufbau zeigen eine erfreuliche Entwicklung.

Korrektur im Photosatz

Die Ablauf-Schemen auf dieser und der folgenden Seite zeigen Satz- und Korrekturausführungen nach verschiedenen Systemen.
Es gibt folgende Korrekturmöglichkeiten:
1. **Ausschneiden** fehlerhafter Zeilen aus dem Film und Einmontieren der Korrekturzeilen. Diese Art der Korrektur ist zeitraubend und mindert die Qualität des Produkts (Schnittkanten, Ungenauigkeiten beim Montieren, Unterschiede in der Schwärzung und in der Strichstärke).
2. **Lochbandkorrektur** über Klarschrift. Ein Klarschrift- oder Schnelldruckerbeleg wird bei einfachen Texten vom Korrektor, vielleicht vom Autor, Redakteur oder Auftraggeber auf Fehler durchgesehen. Da sich auf diesen Belegen außer der Zeilennumerierung usw. auch alle Codes zum Steuern der Maschine befinden und alle Änderungen (Schriftgröße, Format, Auszeichnung, Sonderzeichen usw.) nur durch Symbole kenntlich gemacht sind, ist es schwer, das Einverständnis von Korrektoren, Autoren und Auftraggebern für dieses Verfahren zu erhalten.
Der Weg führt dann über eine Korrekturstation oder einen Satzrechner. Die angezeichneten Fehler werden unter Angabe der Zeilennummer auf einem neuen Lochstreifen berichtigt. Er wird in den zweiten Leser des Rechners eingelegt. Beim Durchlaufen der beiden Bänder ersetzt der Rechner die fehlerhaften Codes des ersten Bandes durch die Korrektur des zweiten Bandes und stellt ein neues, fehlerfreies Band zum Steuern der Maschine her. Diese etwas veraltete Korrekturmethode ist auch unter der Bezeichnung »Band- oder Textverschmelzung« bekannt.
3. **Korrektur nach Erstbelichtung** Beim ersten Durchlauf des Datenträgers durch die Belichtungseinheit wird auf Photopapier belichtet und auf diesem Haus- und Autorkorrekturen gelesen. Dies hat den Vorteil, daß das Satzprodukt zur Korrektur in seiner wirklichen Form vorliegt. Allerdings wird bei diesem Produktionsweg die Leistung der Maschine durch den zweimaligen Belichtungsvorgang halbiert, da der eigentliche Film später herzustellen ist. Dieser Weg ist deshalb nur bei schnellen Anlagen wirtschaftlich. Die Korrektur des Datenträgers kann wie unter 2, 4 oder 5 erfolgen.
4. **Korrektur von Datenträgern über Bildschirm** Der Inhalt des Datenträgers

Vereinfachtes Schema einer Korrektur über Band mit »Textverschmelzung« im Photosatz

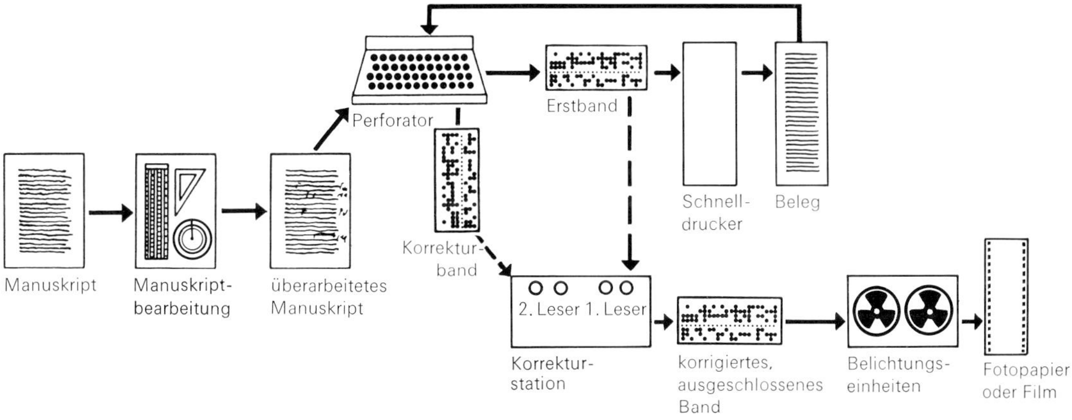

Datensichtgeräte zum Korrigieren von Photosatz

(Lochband, Magnetband, Floppy disc) wird auf einem Bildschirm sichtbar gemacht. Mit einem »Cursor« (Korrekturstellenanzeiger, von den Fachleuten auch »Maus« genannt) wird die gewünschte Stelle angesteuert. Über das Bedienungspult werden alle gewünschten

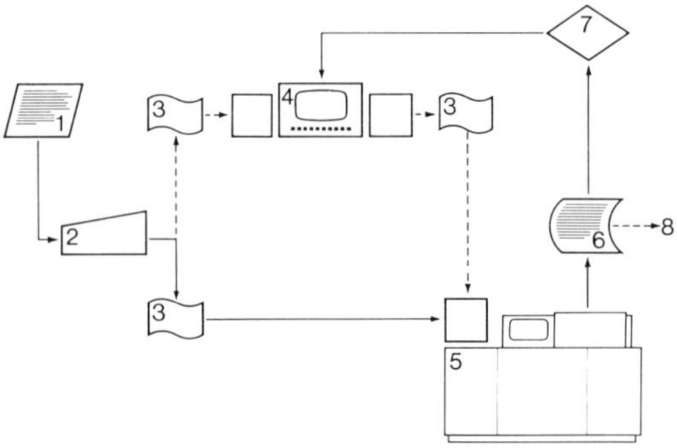

Beispiele von *off line* (oben) und *on line:*

1 Manuskript
2 Endlosperforator
3 Endloslochstreifen
4 Bildschirm
5 Rechnergesteuerte Photosetzanlage
6 Belichtetes Photomaterial (Film oder Papier)
7 Korrektur
8 zur Bestellerkorrektur oder zur Montage
9 Magnetplatten-Speicher

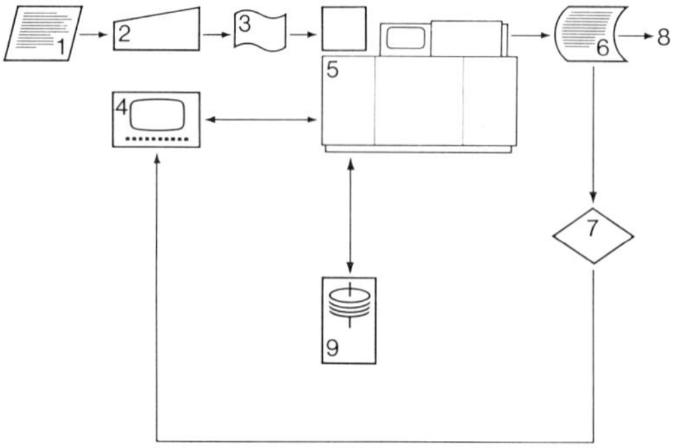

Änderungen vorgenommen, zum Beispiel Austausch einzelner Buchstaben, Wörter oder Absätze, Streichen, Einfügen, Code-Änderungen. Im On-line-Betrieb schließt der Rechner über das Silbentrennprogramm die Texte jeweils neu aus und macht dies auf dem Bildschirm sofort sichtbar. Ist der auf dem Bildschirm befindliche Textblock korrigiert, so wird er wieder auf den Datenträger (Lochband, Magnetband, Magnetplatte) ausgegeben und der nächste auf den Bildschirm geholt.

5. **Korrektur on line über Bildschirm, Rechner und Magnetplatte** Der Text ist in diesem Fall auf Magnetplatten gespeichert und wird durch einen Befehl direkt aus dem System auf den Bildschirm transferiert. Die kurze Zugriffszeit (im Millisekundenbereich und weniger) und die direkte Anwahl von mehreren Millionen Zeichen ermöglichen eine rationelle Korrektur. Die Ausführung der eigentlichen Änderung geschieht wie im letzten Absatz geschildert. Der korrigierte Text wird wieder über den Rechner auf der Magnetplatte abgelegt und kann erneut belichtet werden.

Diese Art der Textspeicherung und -korrektur ist für sehr schnelle Photosatzsysteme und für Arbeiten großen Umfangs mit mehreren Korrekturen und Änderungen (Telephonbücher, Gesetzeswerke, Kataloge) ideal.

Mit der hochentwickelten elektronischen Technik kann auch der Umbruch ganzer Zeitungsseiten am Bildschirm vorgenommen und dargestellt werden (im Bild hinten)

Auch im Photosatz geht es nicht ohne manuelle Korrektur (oben), bevor die Seite in der Reproduktionskamera zur Druckplatte abgelichtet wird (unten)

Selbstverständlich muß auch bei den beiden letzten Verfahren ein lesbarer Beleg (Schnelldruckerprotokoll, Erstbelichtung auf Papier) zum Korrekturlesen hergestellt werden.
Die Korrektur über Bildschirm (auch Video Display Terminal genannt) wird sich in den nächsten Jahren sowohl in den Redaktionen (Seite 170ff) als auch in den Verlagen und Druckereien stark durchsetzen. Trotz hoher Investitionen ist sie bei entsprechender Ausnützung und guter Vorarbeit wirtschaftlich.

Im Photosatz sollte nach guter Manuskriptvorbereitung (Seite 173) mit geschulten Mitarbeitern eine Hauskorrekturquote von etwa 6 Prozent nicht überschritten werden. Mit hohen Kosten verbunden sind umfangreiche und mehrfache Besteller- oder Autorkorrekturen. Es ist anzustreben, daß Haus- und Autorkorrekturen auf der gleichen Fahne gelesen werden: sie können so kostensparend in einem Arbeitsgang erledigt werden. Das Verfahren der Korrektur im Photosatz ist entscheidend für dessen Wirtschaftlichkeit. Die Lösung wird von Betrieb zu Betrieb, je nach Art der Aufträge, verschieden sein.

Montage

Die aus der Belichtungsanlage kommenden Filme sind in der heutigen Technik im besten Fall vorumbrochen. Sie müssen nun zur fertigen Seite montiert werden. Abgesehen von der »Montage« ganzer Seiten über den Bildschirm vor dem Belichten im Photosatz wird die Montage weitgehend Handarbeit sein. Als Layout dient ein liniierter Film mit Original-Zeilenabstand, den man unter der Montagefolie auf dem Leuchttisch befestigt. Es wird absolut paßgenau gearbeitet. Das Ausschneiden von einzelnen Korrekturzeilen in der letzten Korrektur geschieht mit Schneidegeräten, die rotierende Messer haben und damit absolut gratfreie Schnittstellen gewährleisten.
Zeitungen und Zeitschriften sowie andere Druckarbeiten, bei denen nicht zu sehr auf genauen Passer geachtet werden muß, werden meist mit Photopapier montiert. Als Montagevorlage dienen Layoutblätter, die in Hellblau aufgedruckte Linien haben. Diese hellblauen Linien werden beim Kopieren ver-

Montage von Photosatzseiten in einem Zeitungsbetrieb

schluckt. Korrekturzeilen kann man einfach über die fehlerhaften Zeilen kleben. Bei diesem Verfahren stellen wir vom Photopapier den zur Plattenkopie benötigten Film in der Reproduktionskamera her.

Korrekturabzüge Sie werden vom Photosatz entweder in Lichtpaus- oder Kopiergeräten angefertigt. Im Photosatz sind Korrekturabzüge teurer als die gewohnten Abzüge des Bleisatzes; der Auftraggeber wird sich also die Anzahl der benötigten Kopien überlegen, um Kosten zu sparen.

Künftige Redaktionssysteme

Die raschen Fortschritte im computergesteuerten Photosatz bringen große Umwälzungen auch in der Arbeit der Journalisten und Redakteure mit sich. Will man die elektronische Technik mit allen ihren Möglichkeiten wirklich wirtschaftlich nützen, so wird man sich schon weit vor Beginn der Setzarbeit auf die später folgenden Arbeitsgänge einstellen. Dies bedeutet: Schon der Verfasser, Autor oder Redakteur bearbeitet seinen Text so, daß alle seine Daten parallel zum Schreiben im Klarschriftbeleg (auf dem Papier), auf einem Magnetband oder einem anderen Datenträger erfaßt sind. Wir unterscheiden in einem neuen Redaktionssystem

Textschöpfung	Text*ver*arbeitung
Text*be*arbeitung	Satzherstellung.

Mit anderen Worten: nicht erst einmal setzen, dann korrigieren; sondern erst bearbeiten, ändern, aktualisieren, dabei elektronisch erfassen – dann nach Freigabe den korrigierten Text belichten. Spätestens zum Zeitpunkt der Textbearbeitung, also bei der Reinschrift des konzipierten und korrigierten Textes, wird sich diese elektronische Erfassung nützlich machen. Das in der Schreibmaschine des Redakteurs mitgelaufene Magnetband zum Beispiel wird in der Setzerei auf das Belichtungssystem konvertiert. Die Korrekturdaten aus dem Klarschriftbeleg (Papier) vereinigt man nun über Bildschirm auf dem Magnetband mit dem Urtext – alles ohne nochmaliges manuelles Erfassen (Tasten). Wie im Schaubild auf Seite 175 gezeigt, bedeutet dieses rechtzeitige Steuern der Manuskripte einen enormen Vorsprung.

Wie auf Seite 160 dargestellt, ist also in einem rechnergesteuerten System nicht mehr die Photosetzmaschine der Mittelpunkt, sondern

Redaktion in einem Zeitungsbetrieb mit kompletter Bildschirmausstattung

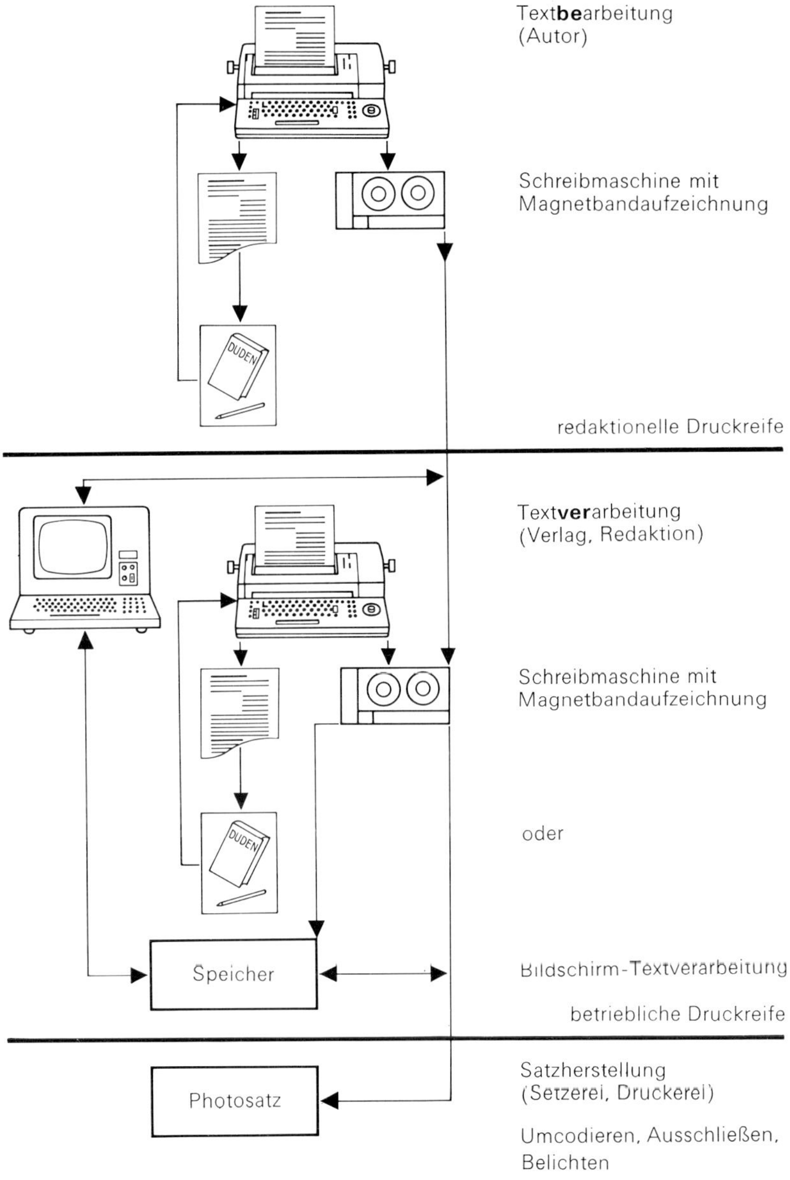

Der Weg eines Textes vom ersten Konzept des Autors über Textbearbeitung bis zum belichteten Photosatz ist je nach seinem Schwierigkeitsgrad unterschiedlich lang. Ein geschlossenes System aus Textbearbeitung und Textverarbeitung kann durchaus druckreife Texte hervorbringen und die leidigen Korrektur-Rückläufe innerhalb der technischen Satzherstellung vermeiden. Der Autor braucht dabei kein Bildschirmgerät zu haben; die Schreibmaschine mit Magnetbandaufzeichnung bietet eine praktische einfache Hilfe

der Rechner mit seinen Speichern. Die verschiedenen Peripheriegeräte können »on line« oder »off line« angeordnet sein. Zum Beispiel wird der Text in den Plattenspeicher eingegeben durch:

1. Einlesen der Datenträger (wie oben beschrieben)
2. on line über Perforatoren direkt
3. on line über OCR-Lesemaschinen
4. on line über Bildschirmgeräte (Korrekturen und Änderungen)
5. off line über Lochstreifen.

Das organisierte Programm des Rechners, von den Redakteuren achtungsvoll und kritisch »System« genannt, verwaltet die Texte und die dazugehörigen Daten. Über Kenncodes stehen sie dem Redakteur in Sekundenbruchteilen zur Verfügung. Zwischen dem Redakteur und dem Rechner findet über einen Bedienungsblattschreiber oder einen Bildschirm ein Dialog statt.

Man holt sich zum Beispiel den betreffenden Texteil, die Tabelle oder die Anzeige auf den Bildschirm. Dann kann man überprüfen, kor-

rigieren, redigieren, aktualisieren. Anschließend schickt man die Daten zurück. Im Computer werden sie neu berechnet, neu ausgeschlossen und auf der Magnetplatte abgelegt. Dies alles geschieht im rechnergesteuerten System durch die Redakteure und deren Mitarbeiter, weitgehend unter Ausschaltung der bisherigen Setzerei.
Sind die einzelnen Artikel inhaltlich und zeilenmäßig auf den gewünschten Stand gebracht, werden sie auf den *Umbruch-Bildschirmen* mit den nötigen Überschriften versehen und zu ganzen Seiten zusammengestellt. Auch hier besteht die Möglichkeit, die Raumaufteilung elektronisch zu verändern, Texte und Überschriften zu modifizieren. Das System kann auch Abbildungen digital aufbauen, wie auf Seite 164 mit dem Buchstaben F beschrieben. Diese Abbildungen können ebenfalls auf dem Umbruchbildschirm vergrößert und verkleinert werden. Die fertig umbrochenen Seiten werden auf Hochleistungs-Photosetzmaschinen mit Kathodenstrahlröhren oder Laserstrahl belichtet und sind unmittelbar zur Plattenkopie fertig.
Diese Arbeitsweise bringt, wie im Schaubild auf Seite 175 dargestellt, für die beteiligten Redakteure und die technischen Mitarbeiter der Zeitungs- und Zeitschriftenbetriebe eine einschneidende Umorientierung und Veränderung der gewohnten Arbeitsweise. Es bedarf einer guten Einfühlungsgabe und fachkundiger Ausbildungsmaßnahmen, um sich auf die neuen Techniken vorzubereiten. Die neuen Technologien werden von den Fachleuten als so einschneidend und wichtig bezeichnet wie die Erfindung der beweglichen Letter durch Gutenberg oder die Einführung der Setzmaschine am Ende des Handsatzzeitalters. Die in der Praxis schon laufenden Systeme zeigen vielversprechende Erfolge, wenn auch die herkömmliche und die neue Technik sicher noch über einen längeren Zeitraum nebeneinander betrieben werden.

```
ju507017,77.0 ========================================
17.1 se□L
*M2300
*F1*P12*WA02
FACHTHEMA TIEFKÜHLKOST□Z*WA00*VR0020*U81
*M2300
*F3*P34
Tiefgefrorene□Z
Frische□Z*VF0120
*M2300
*F1*P12
Das Tiefkühljahr 1976 läßt keine Pauschalbeurteilung
zu. Zu unterschiedlich entwickelten sich einzelne
Produktbereiche. Große Ernteausfälle des letzten
Jahres ließen den Preis für Tiefkühlerzeugnisse
ebenso anschwellen (bei Kartoffelprodukten sollen
es rund sieben Prozent gewesen sein) wie die zunehmend
knapper werdenden Fangzahlen beim Hochseefisch.
Selbst bei der Produktgruppe Eiskrem mußte trotz
des einmaligen Sommerwetters oftmals eine Plankorrektur
nach unten vorgenommen werden.□I□L
*M1100
*U46
Zwischen 8 und 9%□G
Steigerung□M
Im Zeitraum von 1970 bis 1975 hat
sich der Verbrauch von Tiefkühlkost
in der Bundesrepublik Deutschland
```

jt507017,77.1

17.1 se

FACHTHEMA TIEFKÜHLKOST

Tiefgefrorene Frische

Das Tiefkühljahr 1976 läßt keine Pauschalbeurteilung zu. Zu unterschiedlich entwickelten sich einzelne Produktbereiche. Große Ernteausfälle des letzten Jahres ließen den Preis für Tiefkühlerzeugnisse ebenso anschwellen (bei Kartoffelprodukten sollen es rund sieben Prozent gewesen sein) wie die zunehmend knapper werdenden Fangzahlen beim Hochseefisch. Selbst bei der Produktgruppe Eiskrem mußte trotz des einmaligen Sommerwetters oftmals eine Plankorrektur nach unten vorgenommen werden.

Zwischen 8 und 9% Steigerung

Im Zeitraum von 1970 bis 1975 hat sich der Verbrauch von Tiefkühlkost in der Bundesrepublik Deutschland mengenmäßig um

Photosatz mit CPT Schreibautomat 4200:
Ein Manuskriptausschnitt, mit Codierung, auf dem Schreibautomaten CPT geschrieben. In der Redaktion entsteht der Datenträger, das Magnetband. Die Schreibautomaten sind daneben voll für die normale Büroarbeit einsetzbar

Die fertige Satzfahne mit einem Vorumbruch. Das Geheimnis der Rationalisierung liegt hier in der engen Zusammenarbeit zwischen Redaktion und Satzbetrieb. Dieser Arbeitsweg kommt ohne Bildschirm aus

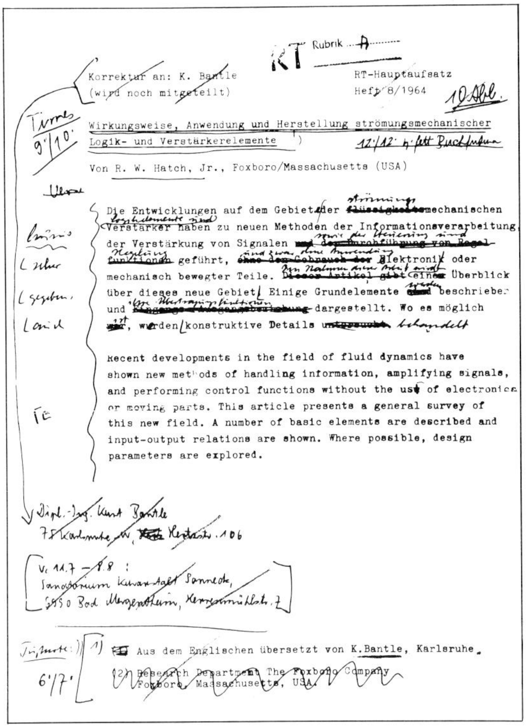

Korrektur an: K. Bantle
(wird noch mitgeteilt)

RT-Hauptaufsatz
Heft 8/1964

Wirkungsweise, Anwendung und Herstellung strömungsmechanischer Logik- und Verstärkerelemente)

Von R. W. Hatch, Jr., Foxboro/Massachusetts (USA)

Die Entwicklungen auf dem Gebiet der flüssigkeitsmechanischen Verstärker haben zu neuen Methoden der Informationsverarbeitung, der Verstärkung von Signalen und der Durchführung von Regelfunktionen geführt, ohne den Gebrauch der Elektronik oder mechanisch bewegter Teile. Dieser Artikel gibt einen Überblick über dieses neue Gebiet. Einige Grundelemente sind beschrieben und Eingangs-Ausgangsbeziehung dargestellt. Wo es möglich war, werden konstruktive Details untersucht.

Recent developments in the field of fluid dynamics have shown new methods of handling information, amplifying signals, and performing control functions without the use of electronics or moving parts. This article presents a general survey of this new field. A number of basic elements are described and input-output relations are shown. Where possible, design parameters are explored.

1) Aus dem Englischen übersetzt von K.Bantle, Karlsruhe.

2) Research Department The Foxboro Company Foxboro, Massachusetts, USA.

Ein Manuskriptblatt, wie es häufig in der Praxis vorkommt und wie es nicht sein sollte

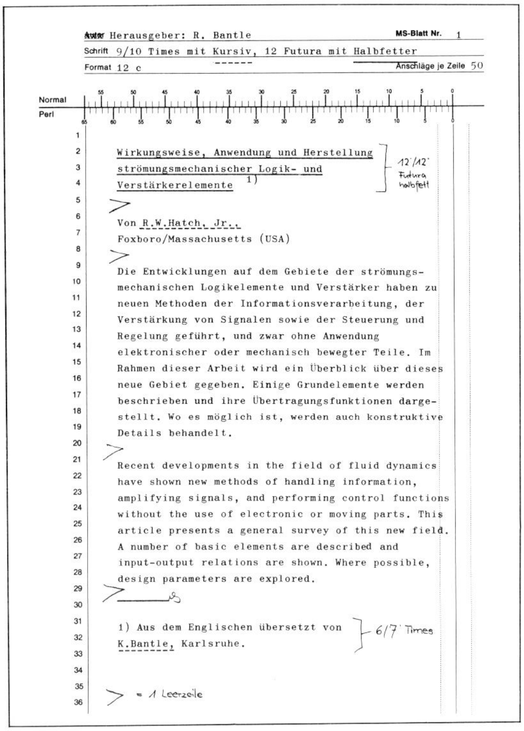

Autor Herausgeber: R. Bantle MS-Blatt Nr. 1
Schrift 9/10 Times mit Kursiv, 12 Futura mit Halbfetter
Format 12 c Anschläge je Zeile 50

Wirkungsweise, Anwendung und Herstellung strömungsmechanischer Logik- und Verstärkerelemente 1)

Von R.W.Hatch, Jr.,
Foxboro/Massachusetts (USA)

Die Entwicklungen auf dem Gebiete der strömungsmechanischen Logikelemente und Verstärker haben zu neuen Methoden der Informationsverarbeitung, der Verstärkung von Signalen sowie der Steuerung und Regelung geführt, und zwar ohne Anwendung elektronischer oder mechanisch bewegter Teile. Im Rahmen dieser Arbeit wird ein Überblick über dieses neue Gebiet gegeben. Einige Grundelemente werden beschrieben und ihre Übertragungsfunktionen dargestellt. Wo es möglich ist, werden auch konstruktive Details behandelt.

Recent developments in the field of fluid dynamics have shown new methods of handling information, amplifying signals, and performing control functions without the use of electronic or moving parts. This article presents a general survey of this new field. A number of basic elements are described and input-output relations are shown. Where possible, design parameters are explored.

1) Aus dem Englischen übersetzt von K.Bantle, Karlsruhe.

Ein Manuskriptblatt, wie es sich der Techniker wünscht

Das Manuskript

Zum Herstellen aller gedruckten Texte ist das Manuskript die Grundlage. Man kann es mit dem Plan des Architekten beim Bau eines Gebäudes vergleichen. Das Abwickeln eines Bauvorhabens würde nie reibungslos verlaufen, wenn keine exakten Baupläne zugrundeliegen, oder wenn ständig an ihnen herumgeändert wird. Es würde Ärger mit den Ausführenden und enorme Mehrkosten geben. Ein bis ins letzte durchdachter, mit äußerster Sorgfalt hergestellter und fehlerfreier Plan spart also beim Bauen Zeit, Geld und Nerven.

Genauso verhält es sich mit dem Manuskript; das sollten sich alle klarmachen, die für Inhalt und Beschaffenheit von Manuskripten verantwortlich sind. Wenn es der Autor beim Verlag oder der Auftraggeber in der Druckerei abliefert, sollte es zumindest inhaltlich endgültig sein und keine wesentlichen Änderungen mehr erfahren. Über neue Formen von Redaktionssystemen und das Schreiben mit Schreibmaschinen auf Magnetbänder Seite 171. Ist der Autor oder der Auftraggeber auch ohne Magnetband dazu zu bewegen, einige Forderungen an die äußere Form des Manuskripts zu erfüllen, so wird das die Arbeit in Verlag und Druckerei wesentlich erleichtern. Technisch gesehen meinen wir damit folgendes:

Auf Blättern DIN A4 einseitig geschrieben

Blätter deutlich numeriert (Einschaltblätter mit 7a, 7b usw.)

Zeilenabstand eineinhalb- bis zweizeilig auf jeder Seite gleich viele Zeilen

links 3 cm, rechts, oben und unten 2 cm Papierrand zum Anbringen der Satzanweisungen und der Vorauskorrektur

Rechtschreibung nach Duden (oder, wenn anders gewünscht, deutliche Vermerke)

einheitliche Schreibweise für Abkürzungen, Eigennamen, Daten, Uhrzeiten usw.

Autor und Auftraggeber werden auf solche Wünsche leichter eingehen, wenn die Druckerei vorgedrucktes Schreibpapier mit seitlichen Begrenzungslinien und Zeilennumerierung zur Verfügung stellt.
Manuskripte für Mengensatz werden heute in den Druckbetrieben vor Arbeitsbeginn durchgesehen und überarbeitet. Hier gilt der Grundsatz: »so viel wie nötig, so wenig wie möglich«. Die besten Kräfte, die zur Verfügung stehen, werden in der Arbeitsvorbereitung eingesetzt. Eine hohe Leistungssteigerung in den Setzereien ist die Folge.

Vorauskorrektur Das Manuskript wird vom Korrektor überlesen und alle Rückfragen in der Vorauskorrektur geklärt. Ist ein Blatt durch Einfügungen und Korrekturen so unübersichtlich, daß die Satzleistung und -qualität stark eingeschränkt wird, muß es teilweise oder ganz neu geschrieben werden. Arbeiten am Schreibtisch und an der Schreibmaschine sind billiger als Satzstunden an Maschinen und Erfassungsgeräten. Bei der Vorauskorrektur wird auf die Einheitlichkeit in der Schreibweise geachtet, zum Beispiel bei

Namen (Meier oder Maier, E. Hurt oder Erich Hurt, Gebr. oder Gebrüder),

Zahlwörtern (Mill. oder Mio.),

Wörtern mit verschiedener Schreibweise (Ski oder Schi),

Wörtern mit ph oder f (Photograph oder Fotograf),

Groß- und Kleinschreibung (Erster Weltkrieg oder erster Weltkrieg),

Art der Anführungszeichen („“ oder »«), Abkürzungen (Ltr. oder l, Gr. oder g),

Datumsangaben (1.10.1946 oder 1.X.1946 oder 1. Oktober 1946),

Preisen (0,60 DM oder –,60 DM),

Zeichen (° oder Grad, $ oder Dollar) usw.

Satzanweisungen Zusammen mit der Vorauskorrektur werden die Satzanweisungen auf dem Manuskript selbst angebracht. Das sind technische Angaben für den Setzer. Bei stark gegliederten Arbeiten werden zusätzliche Satzanweisungen auf speziellen Formularen erstellt. Nach einer guten Vorbereitung wird sich der Setzer voll aufs Tasten konzentrieren und sich dabei blind auf die Angaben im Manuskript verlassen. In einer arbeitsteiligen industriellen Produktionsweise ist dies eine wichtige Voraussetzung für wirtschaftliche Arbeit.

Unübersichtliche und schlechte Manuskripte Sie machen zunächst eine genaue Umfang- und Erschwernisberechnung unmöglich, so daß die Preise nur geschätzt werden können. Nachschlagen in Wörterbüchern, Beratungen mit Kollegen und Korrektoren, Suchen nach dem richtigen Anschluß führen zu zeitraubenden Satzunterbrechungen. Umfangreiche Haus- und Bestellerkorrekturen werden sich dann nicht vermeiden lassen. Sie gehen auch heute noch nicht selten bis zum Neusatz und stellen die gesamte Kalkulation in Frage. Wenn auch die sogenannten Umbruchkorrekturen (letzte Änderungen) sich nicht immer ganz vermeiden lassen, so sind sie doch in der Abwicklung eines Auftrags immer noch ein großes Hindernis.

Das vorbereitete ideale Manuskript Es ermöglicht eine umfangmäßig und preislich genaue Kalkulation, gezielte Bereitstellung von Material und Maschinen und bringt ein besseres Satzprodukt. Es senkt die Korrekturzeiten und -kosten und erleichtert die termingerechte Fertigstellung des Auftrags.

Korrekturlesen Eine der wichtigsten Abteilungen jedes Setzereibetriebs ist das Korrektorat. Zu den Arbeiten des Korrektors gehören die schon beschriebene Vorauskorrektur, die Hauskorrektur, das Prüfen von Bestellerkorrekturen nach deren Ausführung und schließlich die Revision. Der Korrektor vergleicht auf dem Abzug oder auf dem Photopapier Wort für Wort mit dem Manuskript und zeichnet die dabei entdeckten Fehler oder technische Mängel mit den genormten Korrekturzeichen an. Die Korrekturzeichen nach DIN finden sich auf einer Beilage zwischen Seite 120 und 121. Wenn vom Besteller nicht ausdrücklich anders verlangt, gilt der Duden für die Rechtschreibung in der Druckindustrie als verbindlich.
Nach der Hauskorrektur bekommt der Autor oder Besteller normalerweise einen bereits korrigierten Abzug, um seinerseits das Satzerzeugnis zu überprüfen. Bei guter Satzqualität und niedriger Hauskorrekturquote bürgert es sich, besonders im Photosatz, mehr und mehr ein, daß Autor oder Auftraggeber den Hauskorrekturabzug als erste Autorkorrektur

Bleisatz-Organisation

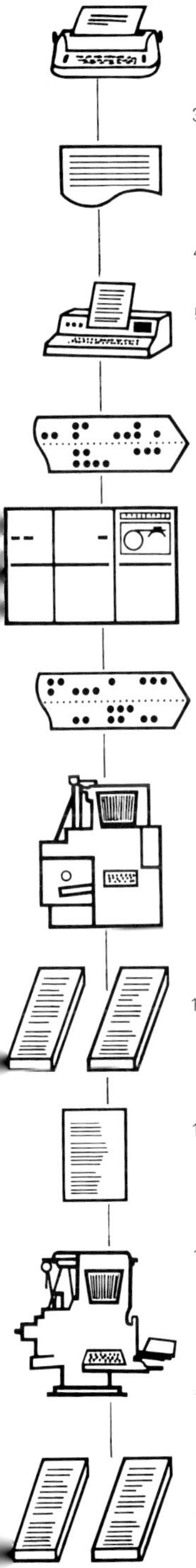

1. Der Redakteur schreibt auf der Schreibmaschine ein Manuskript.
2. Das Manuskript wird redigiert, das heißt verändert und verbessert (korrigiert). Gegebenenfalls werden Teile so stark geändert, daß ein neues Manuskript geschrieben werden muß.
3. Das redigierte Manuskript wird ausgezeichnet, das heißt, der Redakteur bestimmt den Umbruch (Satzbreite, Spaltenhöhe) und die Typographie (Schriftart und -grad).
4. Das ausgezeichnete Manuskript wird zum Perforator transportiert.
5. Der Manuskript-Inhalt (Text) wird zur maschinellen Satzherstellung erfaßt, über einen Perforator wird ein maschinengerechter Informationsträger (Lochstreifen) erstellt. Die satztechnischen Auszeichnungen werden über entsprechende Funktionstasten im Lochstreifen codiert.
6. Der Lochstreifen wird zum Satzrechner transportiert.
7. Der Lochstreifen wird in den Satzrechner eingelesen, der Satzrechner schließt den Text auf die codierte Satzbreite aus und erzeugt einen neuen Lochstreifen als Steuer-Streifen für den Gießautomaten.
8. Der ausgeschlossene Lochstreifen wird zum Satzautomaten transportiert.
9. Der Lochstreifen wird als Steuerband in den Bleisatzautomaten eingelesen. Der Automat gießt den Satz.
10. Vom gegossenen Bleisatz wird eine Fahne abgezogen und zur Korrektur gegeben.
11. Der Fahnenabzug wird vom Korrektor gelesen und die Fehler angezeichnet.
12. Anhand des angezeichneten Korrekturbeleges werden die Korrekturzeilen an manuellen Setzmaschinen gegossen.
13. Die Korrekturzeilen werden gegen die fehlerhaften Zeilen im Originalsatz ausgetauscht.
14. Der korrigierte Satz geht zur Mettage und kann umbrochen werden.

Elektronisches Redaktionssystem

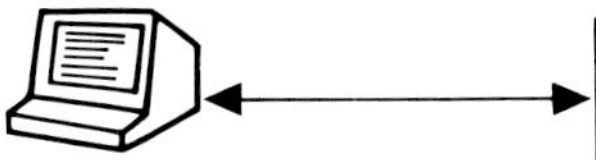

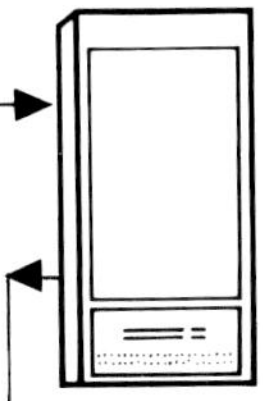

Rechner

1. Der Redakteur schreibt seinen Text mit der Video-Schreibmaschine, einem Terminal des Redaktionssystems.

Das System erfaßt den Text im Kernspeicher und reproduziert ihn gleichzeitig auf den Bildschirm der Video-Schreibmaschine.

2. Der Text im Bildschirm der Video-Schreibmaschine wird redigiert, also verändert, verbessert (korrigiert). Korrekturen werden durch einfaches Überschreiben, Einfügen oder Ausfügen erledigt.

Das System unterstützt das Redigieren, indem es definierte Textteile auf Tastendruck austauscht, auseinanderschiebt, für Einfügungen Teile löscht und die Lücken schließt und den Text zeilenweise oder bildschirmweise verschiebt. Der Kernspeicher als Informationsträger ist so flexibel und frei manipulierbar, daß alle Veränderungen unmittelbar erfolgen können. Der vorherige Zustand wird einfach mit dem neuen überschrieben.

3. Der redigierte Text wird ausgezeichnet. Im Bildschirm ist ein Formularkopf abgebildet, in den die Ordnungs- und Formatbegriffe eingeschrieben werden (Objekt, Ausgabe, Erscheinungstermin, Satzbreite, Spaltenhöhe, Schriftart, Schriftgrad usw.).

Das System prüft die Auszeichnung auf Plausibilität und Vollständigkeit, es meldet z. B., wenn Schriftgrad und Satzbreite einer Überschrift nicht zueinander passen oder wenn der Text mehr Zeilen als vorgegeben ausmacht.

Das System legt den Artikel entsprechend seinen Ordnungsbegriffen in der Text-Datei ab.

4. Der ausgezeichnete Artikel (Text im Bildschirm) wird gesendet, das heißt in den System-Speicher auf die Magnetplatte übertragen.

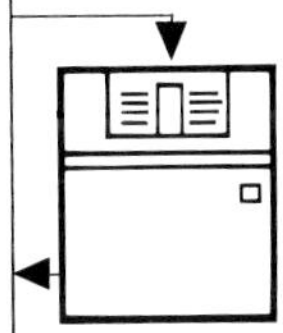

Magnetplatte

Das System verwaltet die Artikel nach Objekten, Ausgaben, Ressorts, Terminen und Themen.

Die abgelegten Artikel können jederzeit im Bildschirm einer Video-Schreibmaschine zur erneuten Bearbeitung aufgerufen werden oder auch über Druckausgaben als Manuskript dokumentiert werden.

Belegdrucker

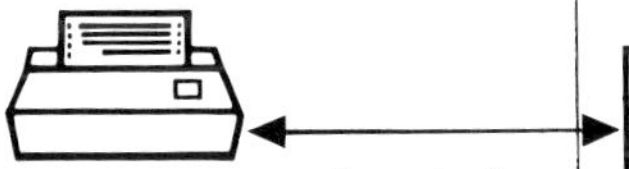

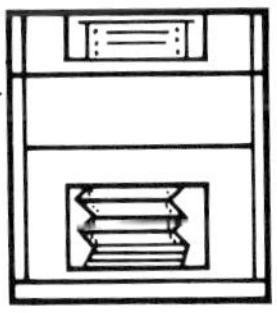

Schnelldrucker

Ein körperlicher Transport der im System erfaßten Texte erübrigt sich, solange der Text nicht körperlich reproduziert ist.

Fernschreiber

Über Telephon-Leitung kann der digitalisierte Text beliebig oft und weit transportiert (übertragen) werden.

Konsole

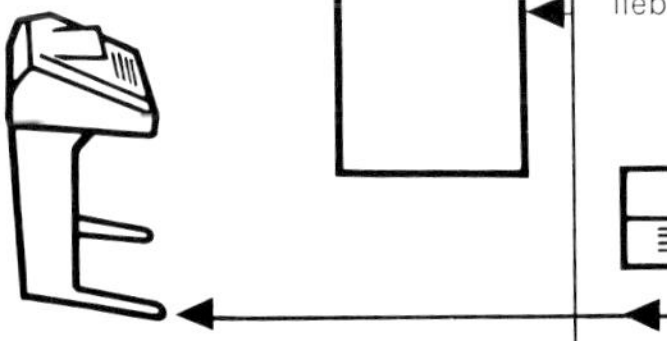

Agenturen

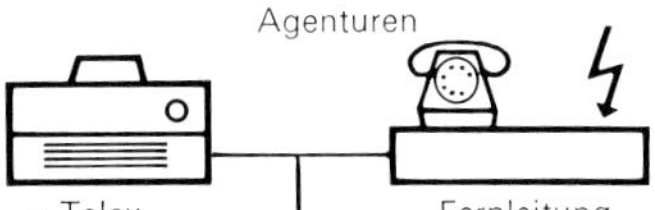

Telex

Fernleitung

5. Das System erhält den Befehl, einen Artikel oder die Artikel einer Seite oder eines Ressorts aus dem Textspeicher abzurufen, satztechnisch aufzubereiten und als Steuer-Informationen an die Lichtsetz-Anlage zu übertragen.

Satztechnisch Aufbereiten heißt, die Informationen im Text zum Umbruch und zur Typographie in satzautomatengerechte Befehle umwandeln sowie Zeilenausschluß und Silbentrennung durchführen.

Lichtsetzmaschine

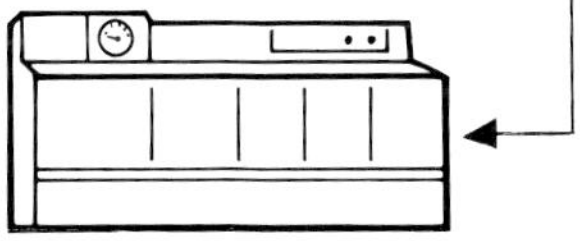

Der aufbereitete Satzinhalt wird automatisch an die Lichtsatz-Anlage als Steuer-Informationen zur Satzbelichtung übertragen.

6. Die Lichtsetz-Anlage belichtet die Texte als Satzform montagefertig.

BERLINER JAZZ TAGE 1–5 NOVEMBER 72
·DEREK BAILEY·KENNY WHEELER·EVAN
PARKER·PAUL RUTHERFORD·BARRY GUY·
TONY OXLEY·PAUL LYTTON·HOWARD RILEY·
·MARK CHARIG·HARRY BECKETT·DAVE
HOLDSWORTH·MIKE GIBBS·PAUL NIEMAN·
DICK HART·TREVOR WATTES·DAVE WHITE·
·MIKE OSBORN·ALAN WAKMAN·BUXTON
ORR·KARL JENKINS·CHRIS LAWRENCE·
JEFF CLYNE·RON MATHEWSON·★★·PHIL
WOODS·GORDON BECK·DANIEL HUMAIR·
JULIAN CANNONBALL ADDERLEY·NAT AD-
DERLEY·GEORGE DUKE·WALTER BOOKER·
ROY MC CURDY·JIMMY SMITH·CLARK TERRY
·ART FARMER·ILLINOIS JACQUET·JOHNNY
GRIFFIN·KENNY BURRELL·ROY HAYNES·
ALI AHKBAR KHAN·JOHN HANDY·ZAKIR
HUSSAIN·TERJE RYPDAL·BARRE PHILLIPS·
JON CHRISTENSEN·DON CHERRY·DOLLAR
BRAND·NANA·JOHNNY DYANNI·GUNTER
HAMPEL·GARY BURTON·CHICK COREA·
·PIERRE FAVRE·EUBI BLACK·ROLAND KIRK·
DAVE BRUBECK·GERRY MULLIGAN·PAUL
DESMOND·JACK SIX·ALAN DAWSON·ELVIN
JONES·ART BLAKEY·DAVE LIEBMAN·STEVE
GROSSMAN·GENE PURLER·BOBBY JONES·
CAT ANDERSON·JOHN FOSTER·CHARLES
MC PHERSON·CHARLES MINGUS·LONNIE
·LISTON SMITH·STANLEY CLARKE·GATO
BARBIERI·LENNY WHITE·ROY BROOKS·
EDWARD WATKINS·BERLINER JAZZ TAGE

bekommen. Anschließend werden beide Korrekturen auf einmal ausgeführt und damit Kosten gespart. Die Druckerei kann bei dieser Arbeitsweise einen günstigeren Satzpreis anbieten.

Manuskriptvorbereitung für Akzidenz-Photosatz Auch im Photosatz von Akzidenzarbeiten ist das Vorbereiten der Arbeit wichtigste Voraussetzung. Das Layout wird auf Millimeterpapier ausgearbeitet. Es enthält alle seitlichen und Höhenmaßangaben, die Schriftart und -größe, die Linienstärken und die Zwischenräume. Der Setzer verläßt sich auf eine gut vorbereitete Angabe hundertprozentig. Die moderne Photosetzmaschine stellt dann das fertige Produkt in einem Arbeitsgang her, und Korrekturen werden auf ein Minimum beschränkt. So lassen sich die Vorteile des Photosatzes auch auf diesem Gebiet voll nützen.

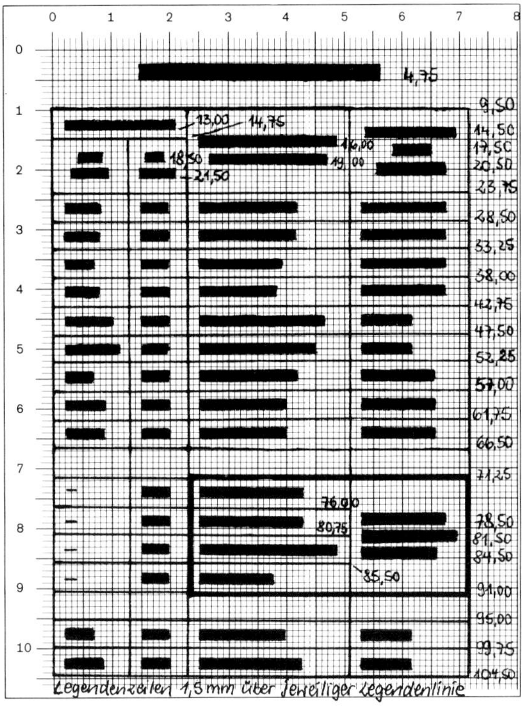

Satzvorbereitung einer Akzidenzarbeit, hier einer Tabelle, die im Photosatz hergestellt werden soll

Schreibsatz

Mit leistungsfähigen modernen Schreibmaschinen kann auf Barytpapier ein überraschend guter, sehr preiswerter Schriftsatz hergestellt werden. Schreibsetzmaschinen haben mehrere Buchstabenstärken pro Geviert (bis zu sieben Dickten) und ergeben ein ausgeglicheneres Schriftbild als die normale Schreibmaschine. Einmal-Kohlefarbbänder ergeben eine gleichmäßige Schwärzung der Schrift.

Das Haupteinsatzgebiet des Schreibsatzes sind Aufträge für den Flachdruck (besonders Kleinoffset), bei denen die Ansprüche an die Schriftqualität nicht allzu hoch sind, ferner Drucksachen, die vorwiegend der Information dienen wie Register, Verzeichnisse, Dissertationen usw. Besonders preisgünstig lassen sich schwierige Satzarbeiten wie Formeln und Tabellen herstellen. Das Produkt als seitenrichtiges Positiv kann auch direkt auf Spezialfolien als Druckträger in Offsetvervielfältigungsmaschinen geschrieben werden. Schriftträger sind austauschbar und stehen für mehrere Schriften in den Größen 7 bis 12 p zur Verfügung. Auf jedem Schriftträger ist nur eine Schrift, so daß er bei Auszeichnung und bei Sonderzeichen gewechselt werden muß.

IBM »Composer 82« Diese Maschine hat einen Arbeitsspeicher für 8000 Zeichen; sie bietet Möglichkeiten für Flattersatz und Blocksatz, Tabellensatz mit senkrechten und waagrechten Linien und mehrspaltigem Satz in einem Tastvorgang. Zugleich mit dem Tasten entsteht auf normalem Papier ein linksbündiger Beleg. Mit einer Rückwärtstaste können Tastfehler schon beim Schreiben korrigiert werden. Auch Korrekturen, Einschübe, Streichungen, Änderungen der Satzbreite und des Zwischenraums sind im Rahmen der Möglichkeiten des Speichers auszuführen. Nach Erreichen der 8000 Zeichen nimmt man die Reinschrift vor, da anschließend der Speicher gelöscht werden muß. Das automatische Ausschreiben nach Angaben der typographischen Befehle geht sehr schnell.

Vorteile des Schreibsatzes: Platzersparnis,

◁ Günther Kieser: Plakat für die Berliner Jazztage

Auswechselbare Schreibköpfe für den IBM »Composer« 82

Aldine Roman has a delicate beauty of letter which makes it an outstanding face. It has an even balance throughout between thick and thin lines. Because of its strong visual appeal, Aldine Roman can be employed as a text type

Schriftprobe der Schreibsatz-Antiqua »Aldine Roman«

kurzer Arbeitsweg, Bedienen durch angelernte Mitarbeiter, hohe Schreibleistung, geringe Materialkosten. Nachteile: Schriftqualität bei kleinen Graden und bei fetten Schriften nicht optimal, Schriftlinie nicht immer einwandfrei, häufiger Schreibkopfwechsel, unruhiges Schriftbild. Für gute Lesbarkeit ist beim Schreibsatz reichlich Durchschuß zu empfehlen.

Der Schreibsatz hat sich für eine Reihe von Druckarbeiten als interessant und wirtschaftlich erwiesen und durchgesetzt. Voraussetzung sind auch hier wie beim Photosatz gute Vorbereitung des Manuskripts und genaue Satzanweisungen mit Skizzen. Siehe auch unser Kapitel »Textverarbeitung«, »Schreiben wie gedruckt«, Seite 179 ff.

$$n \cdot S_n \cdot \frac{r}{2}\sqrt{1-\frac{S_n^2}{4r^2}} = u \cdot \frac{r}{2}\sqrt{1-\frac{S_n^2}{4r^2}} = f : \left(1-\frac{S_n^2}{4r^2}\right) (V)$$

Mathematische Formel im Schreibsatz

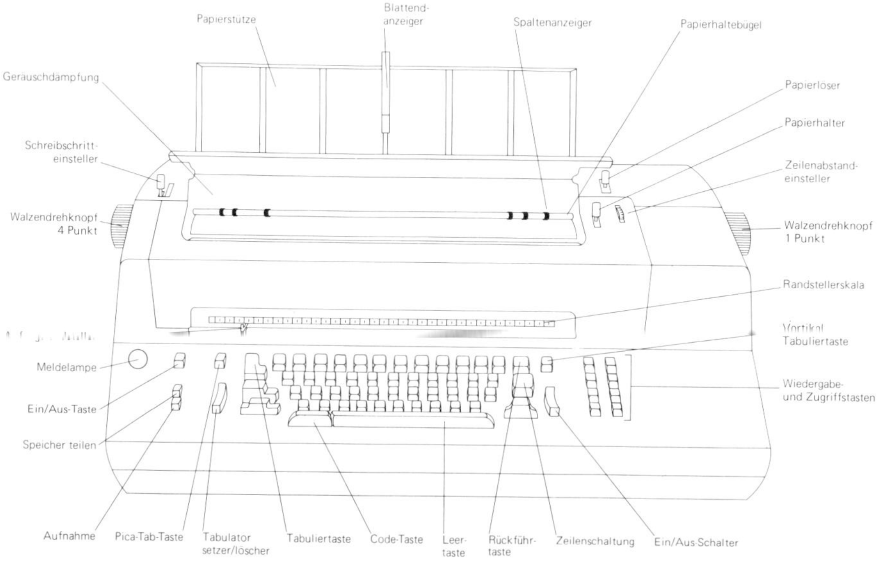

Zum IBM »Composer« 82 weiterentwickelte Schreibmaschine mit ihren Zusatzeinrichtungen

Textverarbeitung und Schreibtechnik – Schreiben wie gedruckt

Mit der technischen Reife mittlerer und kleinerer elektronischer Datenverarbeitungsanlagen ist die Automatisierung auch ins Büro vorgedrungen, das sich unter ihrem Einfluß allmählich vollständig verändert.
Wenn *Daten*verarbeitung sich hauptsächlich auf das Zählen und Rechnen mit Zahlen bezieht, so umfaßt *Text*verarbeitung das satzreife Verarbeiten des Manuskripts vor dem Drucken (Seite 170ff) und die Automatisierung von textinformativen Büro-Arbeitsgängen auf elektronisch gesteuerten Maschinen.
Der erste Schritt hierzu ist eine Schreibmaschine, bei der die Typenträger nicht mehr Hebelarme sind. Statt dessen werden die Buchstaben auf einem kugelförmigen Trägerkopf zusammengefaßt, der sich mit kurzem Handgriff leicht gegen einen anderen Schrifttyp austauschen läßt. Die Abstände der Typen sind auch nicht mehr gleich breit, wie früher; dadurch wirkt das Schriftbild ausgeglichener und ästhetischer. Über Schreibsatz Seite 177.
Schreiben auf Magnetträger Mit Hilfe der Elektronik ist es möglich geworden, den auf der Schreibmaschine geschriebenen Text gleichzeitig auf einem mitlaufenden Magnetband oder einer Magnetkarte aufzuzeichnen. Er wird dadurch gespeichert und kann ohne nochmalige manuelle Arbeit beliebig oft weiterverwendet und -verarbeitet werden. Bei einer Korrektur oder Änderung zum Beispiel werden das betreffende Wort oder der Satz einfach überschrieben, wobei sich auch die Bandaufzeichnung an dieser Stelle ändert. Sobald sich im Büro sehr ähnliche Arbeitsvorgänge dauernd wiederholen und sie in ähnlicher oder gleicher Form ausgeführt werden können, ist der Einsatz der Elektronik sinnvoll.
Schreiben und Bildschirm Die Anschläge der Typenträger-Schreibmaschine lassen sich auch auf einem Bildschirm darstellen, wenn das Magnetband entsprechend umgewandelt wird. Im Gegensatz zur Magnetbandaufzeichnung ist die Information hier leichter sichtbar, und es ist einfacher mit ihr umzugehen; die Arbeitsvorgänge sind Korrigieren, Ändern, Einfügen, Herausnehmen, Prüfen.
Der Abruf einer Information aus dem elektronischen Speicher geschieht unglaublich schnell. Änderungen bereiten keine Schwierigkeiten. Hierfür wird das bewegliche Steuergerät (»Maus« genannt) über die Vorlage geführt, das elektronische Schreibwerk bewegt sich auf das Wort oder den Satz, die geändert werden sollen. Rückt das Steuergerät nach links, so geht auch der elektronische Anzeiger in diese Richtung. Bei Betätigung der Löschtaste wird gelöscht, auf das Kommando »Überschreiben« wird der Absatz oder das

Titelseite einer Olivetti-Hauszeitschrift

IBM »Textsystem 6«: Ein moderner Automat zur Textverarbeitung mit Bildschirmkorrektur und Anschluß an ein elektronisches Rechensystem. Rechts als Ausgabe-Einheit der »Ink Jet«-Drucker zum Ausgeben der über den Automaten hergestellten Schriftstücke

Wort in die vom Anzeiger markierte Stelle eingefügt.

Ist der auf dem Bildschirm aufgezeichnete Text in Ordnung, so wird er durch Knopfdruck erneut auf Band oder auf einer Platte gespeichert und anschließend mit der Schreibmaschine ausgedruckt.

Ein Beispiel aus der Praxis mag dies illustrieren. Eine Bausparkasse erhält von ihren vielen Kunden Anfragen, die meist sehr ähnlich sind und sich deshalb standardmäßig bearbeiten lassen. In einer Textverarbeitungsanlage werden alle Möglichkeiten eingespeichert. Der Sachbearbeiter kann nun eine bestimmte Anfrage etwa mit dem Aufruf der Sätze 9, 13 und 18 beantworten, während für eine Reklamation beispielsweise die Sätze 7, 16 und 20 passend sind. Danach werden die Briefe vom Schreibautomaten sauber, schnell und auch rationell ausgeschrieben.

Mikrofilm Um die wachsende Informations- und Papierflut zu bewältigen, bietet sich heute als Alternative zur Elektronik die Mikrofilmtechnik, durch die sich bedeutende Mengen an großformatigen Informationen raumsparend aufbewahren lassen. Sie ist vorteilhaft für Verwaltungen mit großen Aktenbeständen, für Bibliotheken und Zeitungsarchive, kurz für alle Informationen, die über einen längeren Zeitraum als wichtige Quellen erhalten bleiben müssen.

Mit einem Lesegerät werden die Mikrofilme auf ein lesegerechtes Format vergrößert. Ein Such- und Leseindex führt durch Verschieben der Bühne das Gerät an den gewünschten Kreuzungspunkt einer Buchstaben-Zahl-Kombination und damit an die gesuchte Seite des Textes. Die Mikrofilmtechnik beschränkt sich auf punktmäßige Informationen, auf Konsultation und Nachschlagen.

Längere und intensive Lektüre wird auch weiterhin vom gedruckten Medium leichter sein.

Daten-Fernübertragung Textverarbeitung führt zur Text*fern*verarbeitung. Geschäftspartner untereinander oder Zentrale und Zweigstelle haben in ihren Arbeitsräumen die entsprechend aufeinander abgestimmten Geräte. Sie sind durch Telephon- oder Fernschreibleitungen miteinander verbunden und

Mikrofilm (Originalgröße) einer Preisliste für Installationsmaterial. Hier sind 358 Seiten untergebracht

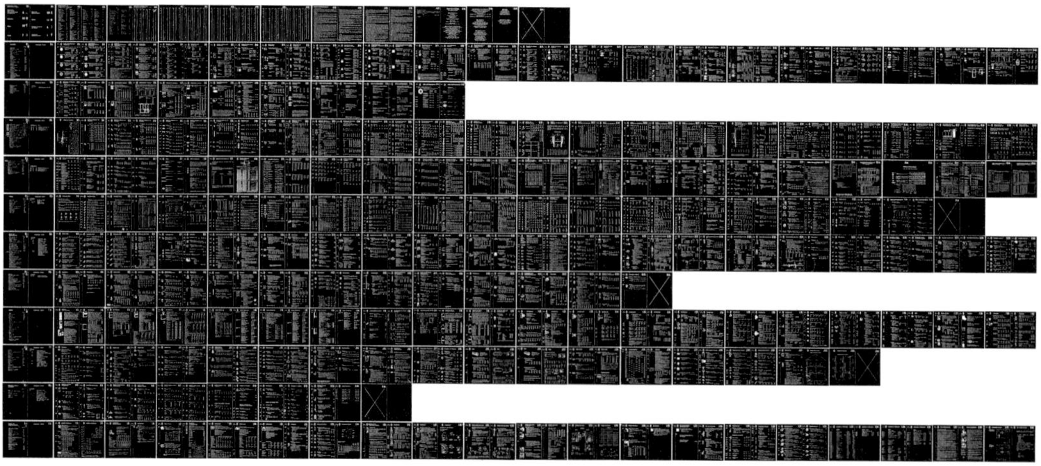

geben sich in kürzester Zeit redigierbare und weiterverwertbare Informationen, die dank des Mediums Elektronik vielfältig einsetzbar sind: innerbetrieblich in Liste, Statistik, Kalkulation – außerbetrieblich als Brief, als Manuskript, als Preisliste, als Versandanschrift.

Textverarbeitung – Vorstufe zum Setzen und Drucken Wie auf Seite 170ff bereits ausgeführt, leistet eine rationell und ideenreich aufgebaute Textverarbeitung in einem Büro oder einer Redaktion ideale Vorarbeiten für Manuskripte, die in irgendeiner Form zum Druck verwendet werden. Die Daten sind spätestens beim Schreiben eines redigierten Schriftsatzes magnetisch erfaßt; damit sind sie zum Umwandeln bis hin zum druckreifen Photosatz geeignet.

Die Technik gibt Schreibhilfen, die das Maschinenschreiben wesentlich erleichtern:

Die Korrekturtaste Durch Anschlag der Korrekturtaste und nochmaliges Tasten des falsch getippten Buchstabens bleibt dieser am Korrekturband hängen; er wird vom Papier abgelöst. Danach wird der richtige Buchstabe auf die gleiche Stelle getippt, und die Korrektur ist in Sekundenschnelle tadellos beendet.

Sauber korrigieren Die Chemie hat Korrekturflüssigkeiten entwickelt, die auf Original-Schriftstücken schnell, sicher und genau Korrekturen ermöglichen. Ein ähnliches Material gibt es für Photokopien.

Zum Abdecken von Tippfehlern dienen auch beschichtete Papiere, deren weiße Farbschicht mit Hilfe der Schreibmaschinentype auf den falschen Buchstaben übertragen wird. Der Fehler läßt sich nun neu beschreiben.

Schreibbänder Die Schärfe und Farbdichte heutiger Schriften aus modernen Schreibmaschinen ist bestechend. Voraussetzung dafür sind kunststoffbeschichtete Karbonbänder, die ebenfalls im Schreibsatz (Seite 177) verwendet werden. Solche Schriftstücke sehen wirklich aus »wie gedruckt«.

Arbeiten im Büro ohne Papier? Zu kompletten Systemen zusammengeschlossen, lassen sich Arbeitsvorgänge heute schon weitgehend in einem immateriellen Regelkreis mit wenig Papier als Datenträger bearbeiten:

elektrische Schreibmaschine
Magnetaufzeichnung

00	Textbearbeitung	24	Datei löschen
10	Scheibe einrichten	30	Tagesdaten erfassen
11	Datei einrichten	31	Tagesdaten drucken
12	Formular einrichten	40	Bausteine aufnehmen
20	Scheibe kopieren	41	Erfassen über Formular
21	Programm kopieren	42	Selektionsbegriffe aufnehmen
22	Datei kopieren	43	Selektionsbegriffe sortieren
23	Brief kopieren	44	Texthandbuch drucken

Die »Software«, die Programmorganisation des Siemens-Textsystems 580, eines modernen Textverarbeitungssystems

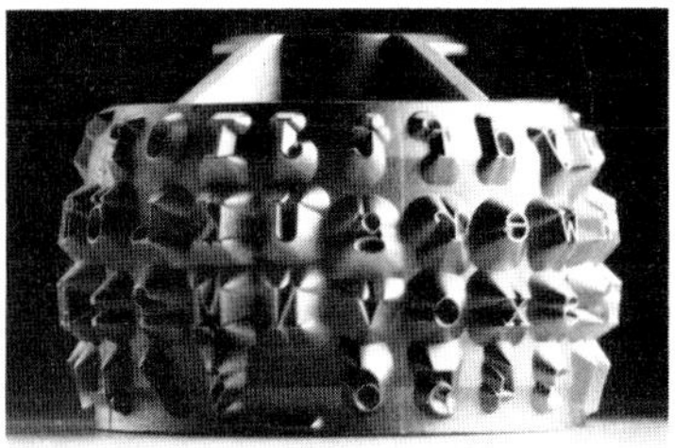

Schreibkern einer modernen elektrischen Büro-Schreibmaschine von Triumph-Adler

Veränderungen über Bildschirm
Speichern in EDV-Anlagen
Abrufe und Kontrollen über Bildschirm
Übertragen mit Fernkopieren
Ausdrucken mit Laserdruckern
Archivieren mit Mikrofilm

Lediglich zum Eingeben (Input) und für eine Zwischenausgabe (Output) wird noch Papier benötigt. Eine Zukunftsvision? Schon heute steht die immaterielle Textverarbeitung auf dem Rationalisierungsprogramm von Großbetrieben. Das alptraumartig anwachsende Papiervolumen einer Großbank oder einer Versicherung wird damit auf ein erträgliches Maß herabgesetzt. Es wird über die Daten-Fernübertragung sicher auch möglich sein, elektronische »Briefe« ohne Papier im Speicher der EDV-Anlage und auf dem Bildschirm zu empfangen.

Viele dieser neuen Arbeits- und Übermittlungsmethoden sind noch in der Entwicklung, einige bereits im Stadium des Einsatzes. Die elektronische Datenverarbeitung hat sich ihr Arbeitsgebiet schon erobert, die Textverarbeitung wird folgen und die Wirtschaft sie sich zunutze machen.

Schrift und Elektronik

Messen, Steuern, Regeln, Zählen, Speichern, Rechnen sind die wichtigsten Arbeitsgebiete der modernen industriellen Elektronik mit Halbleiter-Bauelementen und Kathodenstrahlröhren. Diese Arbeitsvorgänge kommen täglich unzählige Male beim Herstellen von Büchern, Zeitschriften, Zeitungen oder Drucksachen in allen Formen vor. Riesige Mengen von Schriftzeichen werden verarbeitet, bewegt, zusammengefügt, auseinandergenommen, sortiert, gegliedert, korrigiert, abgeformt und übertragen.
Die Stärke der industriellen Elektronik, die in Geschwindigkeit und Speicherfähigkeit auf kleinstem Raum ungeahnte Möglichkeiten bietet, liegt beim Verarbeiten großer Mengen digitalisierter Daten. Hierdurch ist sie geradezu ideal für die Schrifttechnik; besonders da die elektronische Datenverarbeitung (EDV) heute eine technische Stufe mit praktikablen, kleineren und mittelgroßen Geräten hat, wird sie der herkömmlichen Setztechnik und Schriftverarbeitung zunehmend überlegen.
Über die Arbeitsweise eines elektronischen Rechners Seite 157, über rechnergesteuerten Photosatz Seite 163; über den elektronisch aufgebauten Digital-Lichtsatz Seite 164. Im Zusammenhang mit den Setztechniken in Druckereien und Verlagen ist es aufschlußreich, wie die elektronischen Rechenmaschinen (EDV-Anlagen, Computer) ihre Ergebnisse erreichen, die dann in Form einer Schrift mit Buchstaben, Ziffern und Zeichen visualisiert werden.

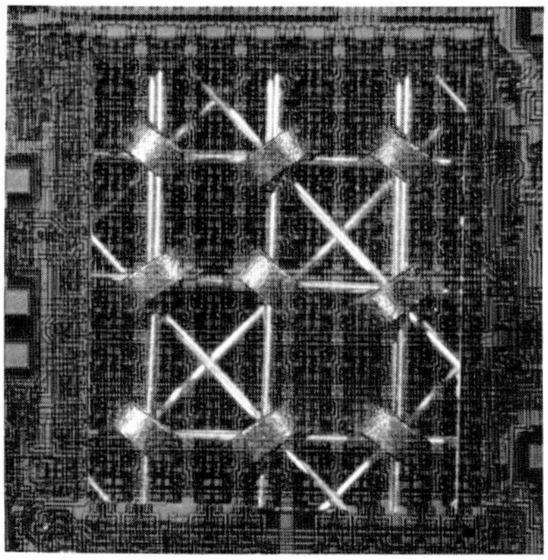

Arbeitsinstrument für Druckschrift heute: Magnetspeicher einer EDV-Anlage. Von der Druckschrift selbst ist nichts zu sehen. Die Einheiten des Magnetkernspeichers sind Träger der Ja-Nein-Funktion, aus denen der Buchstabe über Stromstöße digital zusammengesetzt belichtet wird. Der Magnetkernspeicher nach der Abbildung links gehört schon zur vergangenen Rechnergeneration. Rechts eine starke Vergrößerung eines Speicherbausteins in neuester Technik, der Magnetkernspeicher zum Größenvergleich darüberprojiziert. Die natürliche Größe der abgebildeten Fläche ist 2,2 × 2,5 mm, also etwa 5,5 mm². Diese Fläche enthält 1008 Bauelemente mit ihrer Verdrahtung. In kurzer Zeit ist durch die Fortschritte der Elektronik eine bislang ungeahnte Verfeinerung möglich geworden. Die Ja-Nein-Entscheidung des Rechners und damit die Impulse zum Belichten der digital zusammengesetzten Schrift und die Kommandos finden in unvorstellbarem Tempo auf kleinstem Raum statt

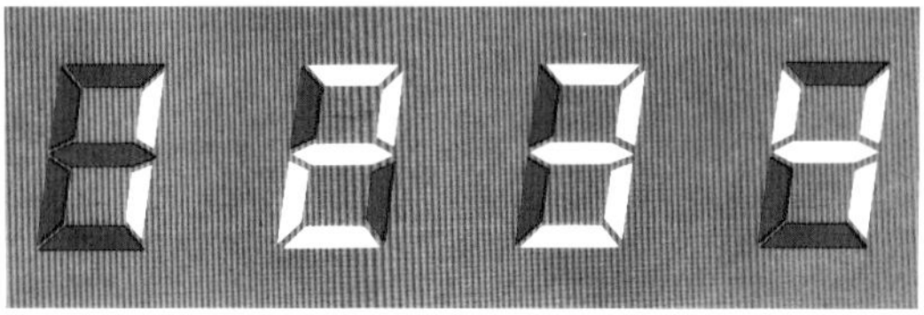

Anzeige von Ziffern mit Hilfe von Halbleiter-Leuchtdioden oder Flüssigkristallen. Kleinflächige Anzeigen in Meßinstrumenten oder kleinen Taschenrechnern mit hoher Leuchtkraft und langer Lebensdauer; bald auch in unseren Autos auf den Armaturenbrettern. Große Anzeigen, beispielsweise auf Flughäfen oder Überwachungseinrichtungen mit Flüssigkristallen und niedrigem Stromverbrauch

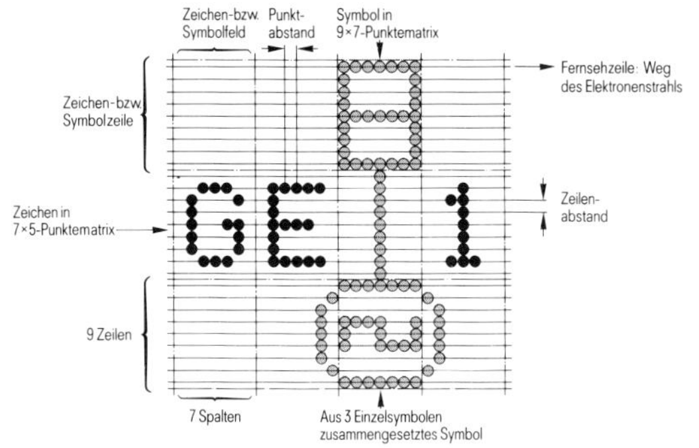

Matrix-Zusammensetzung der Schrift am Bildschirm des Prozeßrechners. Der Elektronenstrahl läuft von links nach rechts und baut das Bild in senkrechter Form auf. Die Matrix-Punkte fügen das stilisierte Schriftbild nahtlos zusammen

Der Bildschirm, hier im Betriebsgeschehen als Datensichtstation eines Siemens-Prozeßrechners. Über den Bildschirm werden in der Zukunft mehr und mehr industrielle Prozesse gesteuert

Der Computer schreibt, der Mensch liest

Das Schriftbild bei den Schnelldruckern in EDV-Anlagen hat sich inzwischen so verfeinert, daß beispielsweise Kraftfahrzeugscheine, Kontoauszüge, Ausweise oder Stromrechnungen heute gut lesbar sind. Wir können bei den Schnelldruckern die folgenden technischen Systeme unterscheiden:

Drucken mit Typenhebeln
Typenketten
Typentrommeln
Typenrädern
Drucken mit Matrix-Punkten
(zusammengesetzte Buchstaben)
Drucken mit dem Tintenstrahl
(»Ink Jet«)
Drucken mit dem »Lichtgriffel«
(Laserstrahl).

Auch formal ist die EDV-Schrift überarbeitet worden; Schriftkünstler wie Hermann Zapf (Seite 68) und Adrian Frutiger (Seite 65) haben überzeugende Lösungen zwischen Ästhetik und Technik geboten. So fanden EDV-gedruckte Schriften überall in unserem täglichen Leben Eingang.

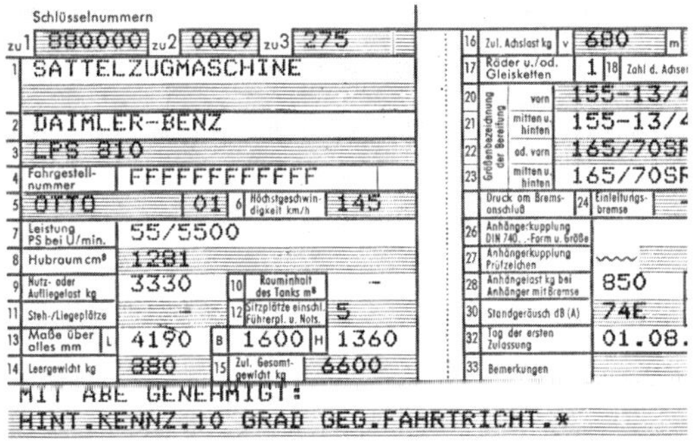

Überall in unserem Alltag: Elektronisch gebildete Schrift, hier Ausschnitt aus einem Kraftfahrzeugschein, mit einem Matrix-Drucker hergestellt

---

RUFEN SIE UNS DOCH MAL AN ODER SENDEN SIE UNS BEILIEGENDE ANFORDERUNG, WIR INFORMIEREN SIE GERNE UND KOSTENLOS UND UNVERBINDLICH!

wir haben die Zuständigkeit der Damen und Herren in der Auftragsbearbeitung und im Technischen Innendienst unseres Bauteile-

Mit neuen Technologien läßt sich die Zeitspanne zwischen Entstehung und Weitergabe von Informationen wesentlich verkür-

Ausschnitte aus Briefen, die in Textverarbeitungsanlagen elektronisch geschrieben wurden: mit einem Matrix-Drucker (oben), mit einem Typenhebel-Drucker (Mitte), mit einem Typenrad-Drucker (unten). Die Qualitätssteigerung in der technischen Entwicklung ist deutlich erkennbar

Schrift-Beispiele aus der Computertechnik

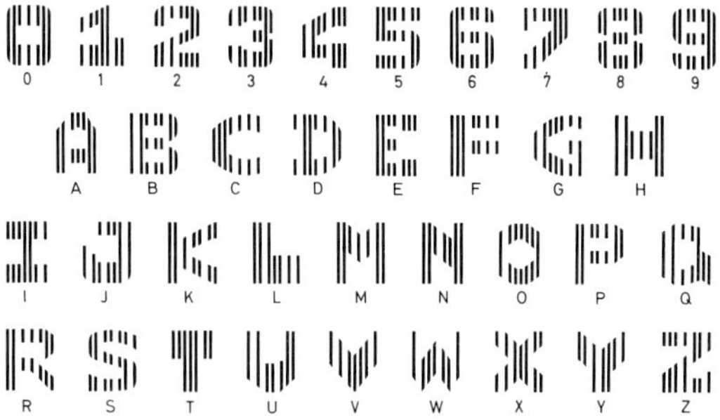

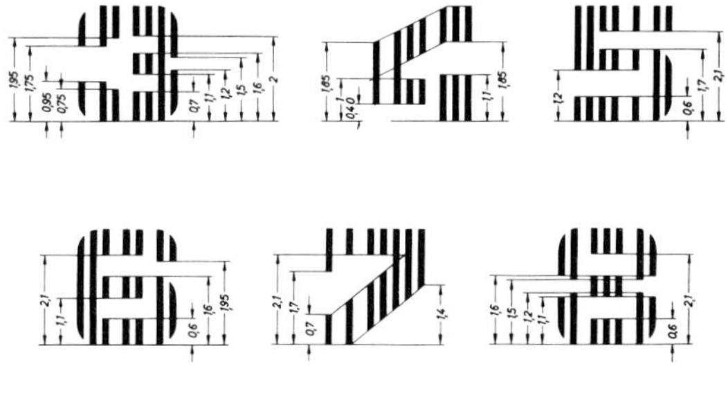

Schrift CMC 7 für maschinelles magnetisches Erkennen von Zeichen nach DIN 66007. Begrenzter Zeichenvorrat, Ziffern, Großbuchstaben und Hilfszeichen. Jedes Zeichen besteht aus 7 durchgehenden oder unterbrochenen vertikalen Strichen und deren Zwischenräumen, die 2 verschiedene Breiten haben. Der zum maschinellen Erkennen des Zeichens dienende Code liegt in der Kombination der schmalen und breiten Strich-Zwischenräume; die dunklen Striche, also die eigentlichen Buchstaben, dienen nur zum visuellen menschlichen Erkennen. Die »erste Generation« der maschinell lesbaren Schriften. Rechts die Konstruktionszeichnung zur Schrift nach DIN 66007

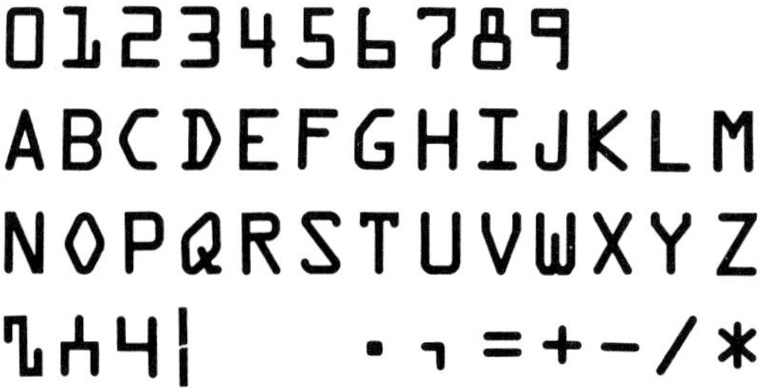

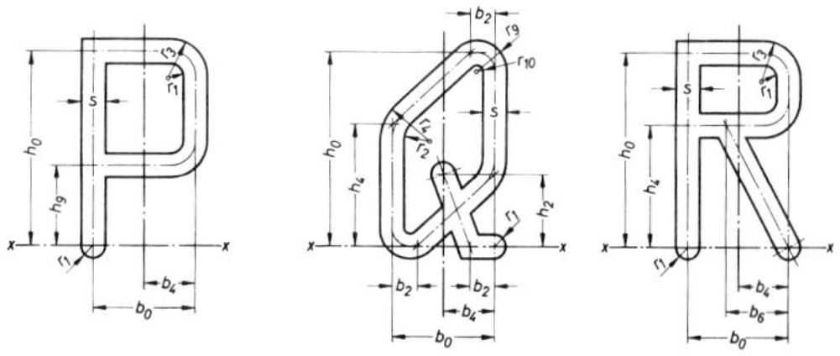

Schrift OCR-A für maschinelles magnetisches Erkennen von Zeichen nach DIN 66008. Begrenzter Zeichenvorrat, Ziffern, Großbuchstaben und Sonderzeichen. Die Hilfszeichen dienen als Kommando für das Umsetzen des erkannten Zeichens in der numerischen Anwendung. Die »zweite Generation« der maschinell lesbaren Schriften, die in der kommerziellen Datenverarbeitung auch heute noch vielfach angewandt wird. Rechts die Konstruktionszeichnung zur Schrift nach DIN 66008

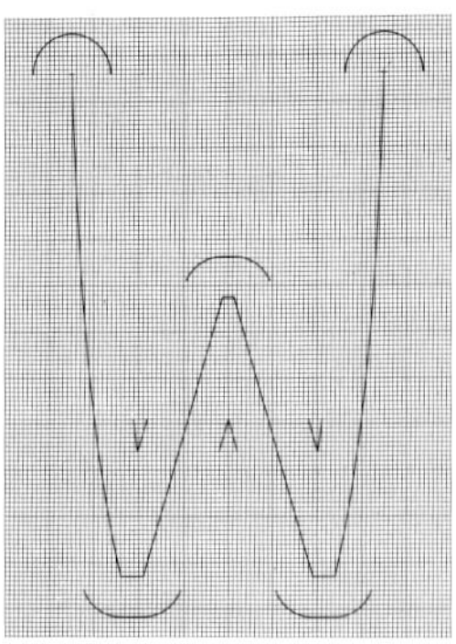

Schrift OCR-B für maschinelles magnetisches Erkennen von Zeichen nach der internationalen Norm ECMA-11. Diese Schrift OCR-B, die »dritte Generation« der maschinell lesbaren Schriften, ist erst durch die erhöhte »Intelligenz« der Lesemaschinen möglich geworden. Sie zeigt Groß- und Kleinbuchstaben, daneben eine große Anzahl von Sonderzeichen. Diese Schrift wurde von Adrian Frutiger künstlerisch überarbeitet, so daß sie heute auch ästhetischen Ansprüchen gerecht wird. Rechts die Konstruktionszeichnung zur Schrift OCR-B nach ECMA-11

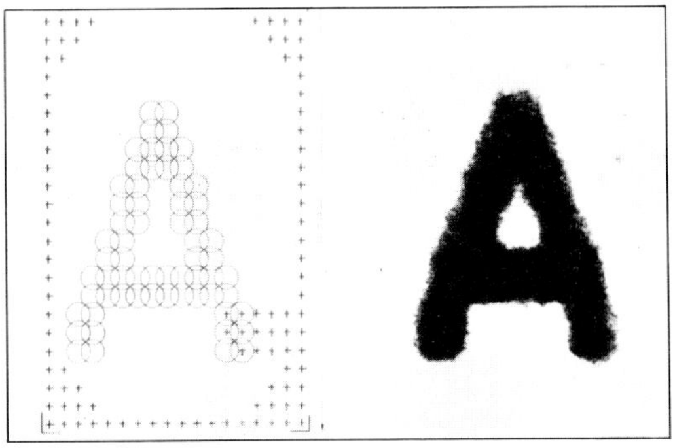

Die Schrift aus dem Laserdrucker ist sehr viel feiner und schärfer als bei herkömmlichen elektronischen Schriften. Kleinste Schriftzeichen können sehr gut lesbar gedruckt werden. Auch außereuropäische, zum Beispiel japanische und chinesische Schriftzeichen, werden vom Laser zusammengesetzt

Sendungen von Versandhäusern, Geschäften, Firmen tragen als Aufschrift heute allgemein diese Etiketten. Die Schriftinformation stammt aus der elektronischen Datenverarbeitung

Der Mensch schreibt, der Computer liest

Eine EDV-Anlage gibt nicht nur Schriften aus, sie nimmt auch Schriftzeichen automatisch auf: sie liest sie. Die Arbeitsweise einer Lesemaschine und ihr Einsatz im Drucksatz ist auf Seite 161 beschrieben. Außer dem industriellen Setzen werden heute täglich Millionen von Belegen (Schecks, Überweisungen, Anschriften, Briefhüllen und Daten aller Art) elektronisch gelesen, anschließend gespeichert und verarbeitet.

Beim Siemens-Laserdrucker in der EDV-Anlage werden die Schriftzeichen aus einzelnen Laserlichtpunkten zusammengesetzt. Der Lichtstrahl des Helium-Neon-Lasers wird in der Buchstabenhöhe mit Ultraschallwellen, in der Zeilenrichtung durch ein Spiegelsystem (im Bild vorn links) geführt

Neue Medien: Bildschirmtext und Videotext

Die Nachrichten- und Computertechnologie entwickelte sich in den letzten Jahren so schnell, daß sie unsere Kommunikationsgewohnheiten, unsere Arbeitstechniken und auch die Arbeitsplätze in naher Zukunft verändern kann. Im Zentrum der Entwicklung neuer Kommunikationsformen steht der Bildschirm als vielseitiger zusätzlicher Informationsträger. Auf ihm werden zukünftig nicht nur bewegte Bilder empfangen, sondern mit Hilfe von Zusatzgeräten auch stehende »Bilder«: Texte und Graphiken, die Informationen übermitteln. Die Texte werden verschlüsselt in Computern gespeichert und stehen jederzeit auf Abruf bereit. Der Empfang erfolgt im wesentlichen auf drei Wegen: als »Videotext« über das von der Fernsehanstalt gesendete Signal unter Ausnützung der Austastlücke, als »Bildschirmtext« über das öffentliche Telephonnetz, als »Kabeltext« über das verkabelte Fernsehnetz (Breitbandkommunikation).

Videotext und Bildschirmtext haben viele Gemeinsamkeiten: Beide sind »schmalbandige« Medien, es stehen ihnen zur Übertragung von Signalen nur ein oder zwei Kanäle zur Verfügung, im Gegensatz zum Kabelfernsehen mit bis zu 30 Kanälen, davon eine geringe Anzahl Rückkanäle. Beide Medien liefern Texte zum Lesen, beide arbeiten nach dem gleichen Prinzip bei der Gestaltung von Schrift und Graphik, beide benützen vorhandene Übermittlungseinrichtungen: Videotext die Fernsehsender, Bildschirmtext das Fernsprechnetz. Unterschiedlich sind die Technik der Übertragung, die Informationsmenge und die inhaltliche Orientierung.

Videotext ist ein Informationssystem, das den Fernsehkonsumenten vom Programm und

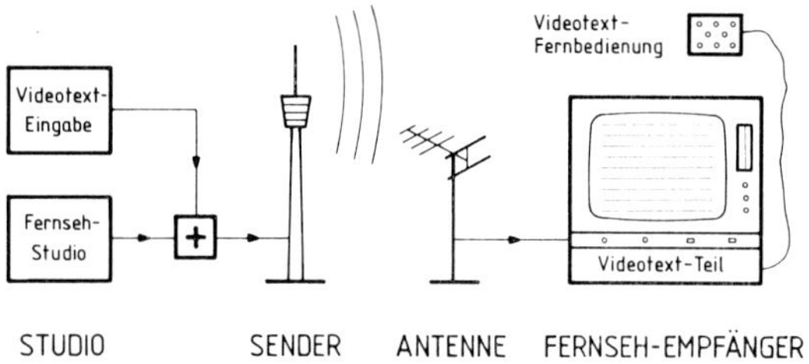

Das Videotext-System

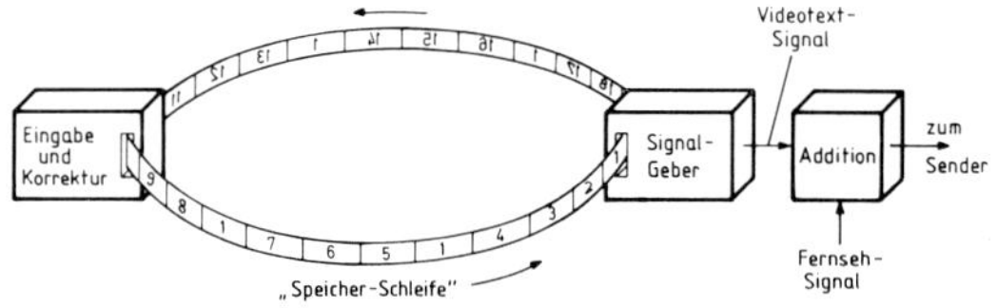

Zyklische Informationsübertragung bei Videotext

von festen Nachrichtenzeiten unabhängig macht. Bisher sind vier Arten von Informationsdiensten geplant: 1. Programmankündigungen und begleitende Informationen zum Fernseh- oder Hörfunkprogramm; 2. Rundfunkdienste wie aktuelle Nachrichten (deshalb wird Videotext auch als »Bildschirmzeitung« bezeichnet); 3. Untertitel von Filmen; 4. Lehrprogramme, die an das Schulfernsehen angeschlossen werden können.

Der blinde Passagier Als Informationsträger für den Videotext fungieren Buchstaben, Zahlen und graphische Zeichen. Sie werden zusammen mit dem Fernsehsignal in sogenannten vertikalen Austastlücken übertragen. Diese Lücken entstehen, weil der das Fernsehbild »schreibende« Elektronenstrahl zwischen zwei Bildern aussetzt, bevor er das nächste Bild beginnt. Wir nehmen die Lücken als schwarzen Balken wahr, wenn das Fernsehbild einmal »durchläuft«. Von den etwa 20 Zeilen in der Austastlücke werden zwei Zeilen für Videotext genutzt. Sie verlassen sozusagen als »blinder Passagier« zusammen mit dem Fernsehsignal die Sendeanstalt.

Vom Sender zum Empfänger Pro Sekunde werden jeweils 50 (Fernseh-)Halbbilder gesendet und damit auch 50 Lücken. In jede Lücke passen zwei Textzeilen. Da eine Videotextseite 24 Zeilen à 40 Anschläge umfaßt, dauert die Übertragung einer vollständigen Seite 0,24 Sekunden. Vom Studio werden alle Seiten in Magazinen gespeichert (zur Zeit insgesamt acht) und von dort in zyklischer Wiederholung durch den Videotext-Signalgeber geführt. Wenn ein Teilnehmer eine bestimmte Seite, beispielsweise die letzten Sportergebnisse, abrufen will, muß er warten, bis die gewünschte Seite in der Speicher-Schleife (s. Bild) den Signalgeber passiert. Bei 100 Seiten im Magazin beträgt die Wartezeit also maximal 24 Sekunden. Damit man auf oft gebrauchte Informationen, wie ein Inhaltsverzeichnis, nicht so lange warten muß, schleust man solche Seiten wiederholt in die Übertragungsschleife ein (im Bild die Seite 1) und verkürzt so die Wartezeit auf 12 Sekunden im Durchschnitt.

Ausstattung des Studios In einem Videotext-Studio arbeiten Redakteure an einer um graphische Elemente erweiterten Schreibmaschine (Keyboard), mit der sie Buchstaben, Zahlen und graphische Zeichen eingeben und codieren können. Zur Ausstattung gehört ferner ein Rechner für die Speicherung der fertigen Seiten, Sichtgeräte, um das Geschriebene kontrollieren zu können, und ein Schnelldrucker, der Seiten für das Archiv ausdruckt. Damit die Informationen immer auf dem neuesten Stand sind, kann man jede Seite sofort korrigieren oder neu schreiben.

Die Codierung der Zeichen spart Zeit Bei einem normalen Fernsehbild benötigt man für die formgetreue Übertragung eines Buchstabens mehr als 100 einzelne Bildpunkte. Diese Informationsmenge läßt sich stark reduzieren, wenn man statt der einzelnen Bildpunkte eine codierte Information übermittelt. Für die Verschlüsselung genügen zwei Zeichen (Null/Eins oder Ja/Nein). Entsprechend dem in der Datenverarbeitung üblichen Code (s. Seite 157) wird bei Videotext und Bildschirmtext ein Buchstabe mit nur 7 Binärzeichen (»bits«) verschlüsselt. Der Code für den Buchstaben A lautet beispielsweise: 1000001, für den Buchstaben a: 1000011.

Damit aus den Binärzeichen wieder ein lesbarer Buchstabe wird, muß das Empfangsgerät des Fernsehteilnehmers mit einem Zusatzgerät, dem Decoder ausgestattet sein, der die codierten Zeichen im Fernsehsignal erkennt, sammelt und entschlüsselt, indem er seinem Zeichengenerator den Befehl gibt, die entsprechenden Schrifttypen zu erzeugen. (Die Probleme des Schriftaufbaus und der Graphik werden genauer beim Bildschirmtext auf Seite 188f abgehandelt.)

Was tut der Empfänger? Der Teilnehmer wählt auf seiner Fernbedienungstastatur eine Seitennummer, z. B. die Seite 1 mit dem Inhaltsverzeichnis. Die durchlaufenden Videotextseiten werden vom Decoder mit der gewünschten Seitennummer verglichen und bei Übereinstimmung entschlüsselt und auf den Bildschirm gebracht. Aus dem Inhaltsverzeichnis erfährt der Teilnehmer weitere Seitenziffern und kann sie gezielt eintippen. Außerdem gibt es die Möglichkeit der Mehrfachseiten: Für längere Texte wie aktuelle Nachrichten oder ein Lernprogramm werden mehrere Seiten unter einer Ziffer zusammengefaßt (bis zu 12 Seiten) und dem Zuschauer ohne sein Zutun nacheinander präsentiert.

Videotext ist zweifellos ein sehr aktuelles Medium, vergleichbar dem Serviceprogramm im Hörfunk. Man hat diesen Informationsdienst auch als »Bildschirmzeitung« bezeichnet und erstmals 1977 auf der Funkausstellung in Berlin präsentiert. Zur herkömmlichen Zeitung gibt es wichtige Unterschiede: Eine Seite Videotext hat lediglich 3 Prozent des Umfangs einer Zeitungsseite, der Videotext ist an den Bildschirm gebunden und in der graphischen Gestaltung sowie in der Informationsmenge eingeengt. Wahrscheinlich wird Videotext von den Zuschauern mehr als zusätzliche Orientierungshilfe angenommen und ergänzend benützt.

Bildschirmtext Ungleich mehr bietet der Bildschirmtext, ein Informations- und Kommunikationssystem, bei dem zur Übermittlung der Informationen das Fernsprechnetz der Post mitbenützt wird. Bildschirmtext wurde ebenso wie Videotext in England entwickelt (als »Viewdata« bzw. »Teletext«), der technische Ablauf und die Gestaltung von Schrift und Graphik wurden vom britischen Vorbild für die deutschen Versuche übernommen.

Wie funktioniert Bildschirmtext? Bildschirmtext erlaubt dem Teilnehmer im Gegensatz zum Parallel-Medium im Fernsehen den Dialog mit der Zentrale, bei geeigneter Ausrüstung sogar die Eingabe eigener Seiten.

Über die Telephonleitung werden codierte Signale übertragen, die ein Modem genanntes Zusatzgerät im Telephonapparat in Wechselstromsignale umwandelt, damit sie vom Farbfernsehgerät empfangen werden können. Hier werden sie vom Decoder gespeichert und mit Hilfe des Zeichengenerators als Schrift- und Graphikzeichen sichtbar gemacht. Für

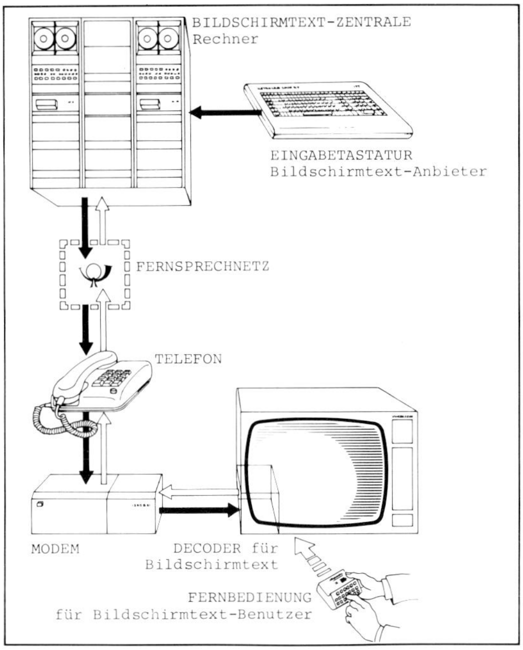

Das Bildschirmtext-System

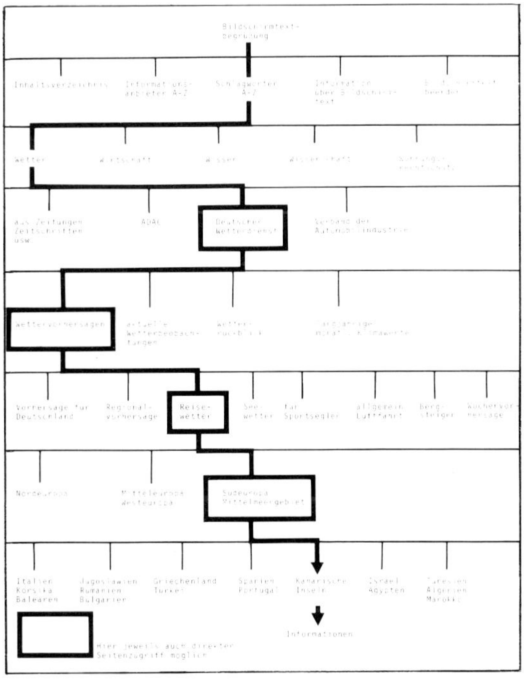

»Suchbaum« des Deutschen Wetterdienstes

den Dialog mit der Zentrale verwendet man die Fernbedienung des Fernsehgeräts.
Der Computer als Gesprächspartner Das System Bildschirmtext erlaubt sowohl die unmittelbare Kommunikation zweier Teilnehmer als auch das Abrufen allgemeiner Informationen aus der Datenzentrale. Ein Beispiel: Der Teilnehmer wählt über das Telephon die Zentrale an; diese meldet sich innerhalb von 8 Sekunden mit der Anfangsseite auf dem eingeschalteten Bildschirm; jetzt muß sich der Teilnehmer mit Kennziffer und Kennwort über die Fernbedienung ausweisen; die Zentrale prüft und notiert die Nummer für die Gebührenerfassung. Wenn keine Mitteilungen von anderen Teilnehmern vorliegen, erhält der Anrufer nun das Inhaltsverzeichnis, aus dem er sich nachgeordnete Verzeichnisse heraussucht, die ihn mit Hilfe des »Suchbaums« immer näher an die gewünschte Information heranbringen (Bild); bei Beendigung des Dialogs sendet die Zentrale auf Anforderung die Schlußseite mit den Gebühren. Selbstverständlich kann der Teilnehmer auch eine bestimmte Seite anfordern, deren Nummer er kennt. Dann entfällt das »Umblättern«.
Dienst am Kunden Der Zugang zum Bildschirmtext-System steht grundsätzlich jedem Fernsprechteilnehmer offen. Es gibt keine Zugangsbeschränkungen und kaum Wartezeiten, denn eine Zentrale kann 200 Anrufer gleichzeitig bedienen. In der Endstufe sollen es für die Bundesrepublik 385 Datenzentralen sein. Der Bildschirmtext hat im Vergleich zum Videotext größere Chancen in der Gunst der Teilnehmer, weil dieses System wesentlich mehr Informationen anbieten kann als die Fernsehanstalt. Über das Telephon holt sich der Teilnehmer z. B. Nachrichten, Auskunft bei Behörden, Informationen über Sport, Reise und Verkehr, lokale Veranstaltungen oder Verkehrsverbindungen ins Haus, er kann aber auch mit einem anderen Teilnehmer Glückwünsche, Grüße, ganze Briefe austauschen, Bestellungen bei Versandhäusern oder Reservierungen in einem Reisebüro aufgeben, schließlich im Dialog mit dem Rechner programmierte Kurse, Tests oder Spiele ausprobieren. Wer das Bildschirmtext-System in Anspruch nimmt, zahlt dafür Gebühren, an die Post und an die Informationsanbieter; zu ihnen gehören Verlage, Zeitungen, Zeitschriften, Reiseveranstalter, Hotelketten, Behörden, Kaufhäuser, Banken usw. Diese direkten Einnahmen und mehr noch die Möglichkeiten der Rationalisierung machen das neue Medium auch bei den Informationsanbietern attraktiv.

Probleme der Schrift und der Graphik

Da Bildschirmtext vom Versandhauskatalog über den Lexikontext bis zum Kochrezept viele Abrufmöglichkeiten bietet und da der Ton als zusätzlicher Informationsträger entfällt, hängt die Wirkung eines Textes allein von der visuellen Gestaltung der Bildschirmseiten ab. Deshalb wurde untersucht, welche spezifischen Gestaltungsmöglichkeiten es für den Informationsanbieter im Rahmen des Bildschirmtext-Systems gibt und wie sie konkret zu realisieren sind. Die Ergebnisse seien kurz vorgestellt: Die Tastatur für die Eingabe eines Textes verfügt über 128 Zeichen einschließlich der Sonderzeichen für Befehle wie # (»weiterblättern«) oder *# (»1 Blatt zurück«) oder *00 (»Wiederholung«) und der 32 Steuerzeichen (s. Bild). Auf der Basis der in England verwendeten Grundschrift, einer Kompositionsschrift aus Matrix-Punkten, wurden alternative Schriften entwickelt, die die Lesbarkeit und damit die Nutzung dieses textdominanten Mediums verbessern. Ausgangspunkt war die 5 mal 9-Matrix. Die Buchstabengestalt ist abhängig von einem Raum mit 5 mal 9 bzw. 6 mal 10 Einheiten, Buchstaben- und Zeilenabstand eingerechnet (Bild rechts). Bei der Grundschrift des Teletext-Systems (Zeichensatz 1) ergaben sich folgende Probleme: aufgebrochene Wortbilder; zu geringer Zeilenabstand; unzureichende Horizontalführung; Erschwerung des Augenrücksprungs zur neuen Zeile. Um die Lesbarkeit und die ästhetische Qualität zu verbessern, wurde die Schrift wie folgt verändert: Durch Serifen

Schrift- und Graphikzeichen für Bildschirmtext und Videotext

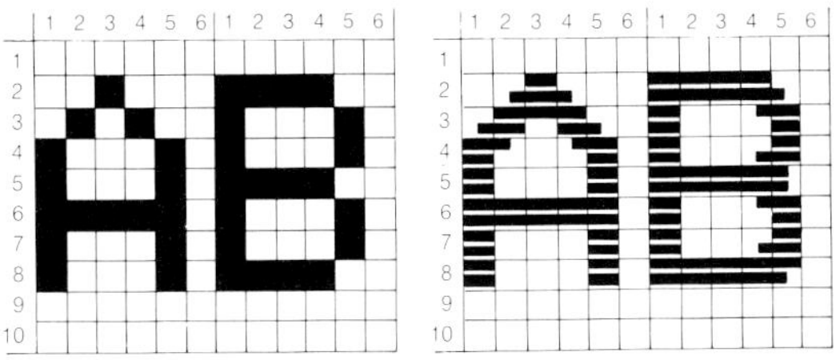

Buchstaben-Matrix mit 6 mal 10 Einheiten. Links ohne, rechts mit Halbpunkten zur besseren Lesbarkeit

Darstellung der Ausgangsschrift (1) und der neu entwickelten Zeichensätze (2, 3)

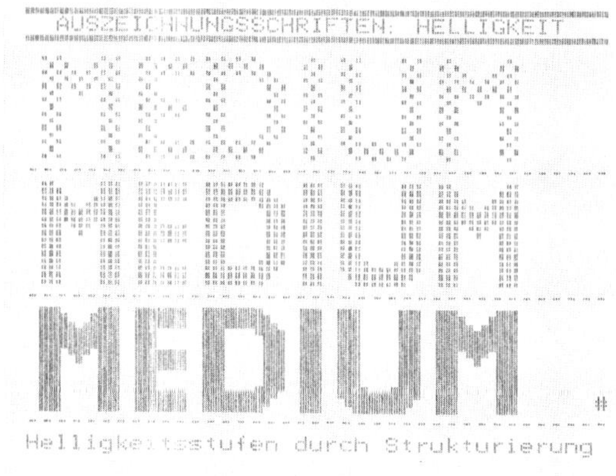

Auszeichnungsschriften, aus graphischen Elementen zusammengesetzt

Suchbild des Fremdenverkehrsverbandes Bayern

erreicht man größere Geschlossenheit der Wortbilder (Zeichensatz 2), durch die Verstärkung der vertikalen Elemente eine bessere Horizontalführung (Zeichensatz 3).

Neben der Buchstabenschrift stehen für die Gestaltung der Bildschirmtext- und Videotext-Seiten noch Auszeichnungsschriften und Graphik zur Verfügung. Man setzt sie zusammen mit dem sogenannten Cursor (Schreibmarke, die beim Eintasten den Ort angibt, an dem der Schreibende gerade angelangt ist). Der Cursor ist so groß wie der Raum für einen Buchstaben: 6 mal 10 Einheiten. Er kann in 6 Teile zerlegt werden, aus denen man beliebig Graphiken oder Auszeichnungsschriften zusammensetzen kann (Bild »Fremdenverkehr« und »Medium«). Wie der Umriß eines »graphischen« Buchstabens durch Halbpunkte abgerundet wird, zeigt das Bild links. Diese Schriften wurden von ausgewählten Testpersonen eindeutig besser bewertet als die englische Grundschrift.

Die neuen Medien auf dem Prüfstand Von Mitte 1980 an laufen Feldversuche mit Bildschirmtext bei etwa 7000 Teilnehmern im Raum Düsseldorf und Berlin. Videotext wird bundesweit ebenfalls von diesem Zeitpunkt an getestet. Ab 1982 ist der reguläre Informationsdienst mit beiden Medien für die ganze Bundesrepublik geplant.

Kabeltext Die für das Kabelfernsehen entstehenden Breitbandnetze ermöglichen eine neue Form der elektronischen Textübermittlung, die als »Kabeltext« bezeichnet wird. Der Vorteil gegenüber dem herkömmlichen Fernsehkanal liegt in der größeren Übermittlungsgeschwindigkeit und in der durch Kabeltransport geringeren Störanfälligkeit: statt 12 Sekunden Wartezeit bei Videotext bzw. 6 bis 8 Sekunden bei Bildschirmtext gestattet ein Fernsehkanal mit einer Bandbreite von 7 Megahertz die Übermittlung von 600 bis 1000 Bildschirmseiten pro Sekunde. Das entspricht dem Inhalt einer Tageszeitung mit 32 Seiten Umfang. Die Übertragung des Kabeltexts kann entweder in einem der 30 Kanäle im Breitband-Kabelnetz erfolgen oder in einem besonderen Kanal. Durch mehrjährige Tests werden in bereits verkabelten Gebieten (München, Ludwigshafen, Kassel u. a.) für einen begrenzten Kreis von Benützern Möglichkeiten des Empfangs geboten. Ende der achtziger Jahre wird dieses neue Medium brauchbare Formen annehmen.

Schrift im Fernsehen

Im Fernsehen spielt die Schrift meistens eine untergeordnete Rolle; seine ganze Wirkung geht vom bewegten Bild aus, das von einem gesprochenen Text begleitet wird. In jüngster Zeit ist hier jedoch ein Wandel zu beobachten. Die Fernsehanstalten legen Wert darauf, geschlossene, konsequent durchgehaltene Erscheinungsbilder zu besitzen und charakteristische, lebendige Titel zu gestalten.
Ein wesentliches Merkmal der Schrift im Fernsehen ist die zeitlich oft sehr begrenzte Erscheinungsdauer des Schriftbildes; bei ihm kommt es deshalb vorrangig auf die Zeit an, nicht wie bei der allgemeinen Typographie auf den Platz. Jede Sekunde ist wertvoll und ausschlaggebend. Man kann zwar die Schrift auf dem Bildschirm länger stehen lassen, aber ein Nachschlagen wie im Buch ist ausgeschlossen: sie geht also für immer verloren.
Ein weiteres Merkmal ist die Auflösung des Schriftbildes in einen horizontalen Zeilenraster. Unabhängig von seiner Größe ist der Bildschirm in 625 Zeilen aufgeteilt, die vom Kathodenstrahl geschrieben werden. Damit das Fernsehbild als Ganzes sichtbar wird und

Nach diesem Schema zeichnen die Kathodenstrahlen die Schrift auf dem Bildschirm. Mit 1 sind die Zeilen des ersten Durchgangs gekennzeichnet, mit 2 jene des zweiten Ablaufs. Das Schriftbild ist immer in geschriebene Zeilen zerlegt

Oben die Vorlage, darunter das Zeichen in der Sendung. Die Vorlage ist ein Barytabzug, auf den mit der Composer-Schreibmaschine der Text geschrieben wird. Qualität und Schärfe des Zeichens werden durch die Linienaufzeichnung beeinträchtigt

nicht die Phasen seiner Entstehung, muß der Kathodenstrahl in ungeheurer Geschwindigkeit 25 Bilder in der Sekunde hervorbringen; bei 625 Zeilen sind es also insgesamt 15 625 Zeilen pro Sekunde. Um ein Flackern des Bildes zu verhindern, arbeitet man jedoch nicht mit 25 Bildern, sondern mit 50 Halbbildern in der Sekunde. Dabei schreibt der Strahl die erste, dritte, fünfte Zeile; beim nächsten Durchlauf nimmt er die zweite, vierte, sechste und so fort. So wird der Buchstabe nicht von links nach rechts aufgebaut, sondern linear von oben nach unten. Für die Gestaltung der Fernsehschrift ergibt sich daraus: die Anzahl der Zeilen, aus der sich die Schrift zusammensetzt, hängt von ihrer Größe ab. Je größer die Schrift, desto besser ihre Qualität.
Die Schrift auf dem Bildschirm entsteht durch Licht. Weiße Schrift leuchtet durch sich selbst auf, bei schwarzer Schrift leuchtet das Umfeld auf. Durch die Auswirkungen des Lichts, beispielsweise durch Überstrahlen, kann die Qualität einer Schrift stark beeinträchtigt werden. So wird etwa eine weiße Schrift im Vergleich zur Originalvorlage durch Überstrahlen fetter. Um dies zu vermeiden, sollte die Schrift entweder größer und magerer oder kontrastärmer gewählt werden.
Positive oder negative Schriften verlangen eine unterschiedliche Spationierung (Buchstabenzwischenräume). Damit sie gleich aussieht, muß sie bei weißen Schriften weiter sein als bei schwarzen, da sich hier die Überstrahlung des Lichts ungünstig auswirkt.
Die Größe der Schrift auf dem Bildschirm hängt von ihrer Auflösung in Zeilen ab. Um eine verhältnismäßig gute Qualität zu gewährleisten, sollte die Schrift nicht kleiner sein als etwa 30 Zeilen für die Versalhöhe. Die Schriftgröße richtet sich aber auch nach der Entfernung des Betrachters zum Bildschirm. Wissenschaftliche Untersuchungen haben ergeben, daß der Betrachtungsabstand sechsmal die Bildschirmhöhe betragen soll, um dem menschlichen Auge nicht zu schaden. Bei dieser Entfernung dürfen für ein optimales Lesen nicht mehr als 33 Buchstaben in einer Zeile über der Bildschirmbreite stehen.
Eines der schwierigsten Probleme ist die Verbindung von Schrift und Bild, denn beide

1

2

3

4

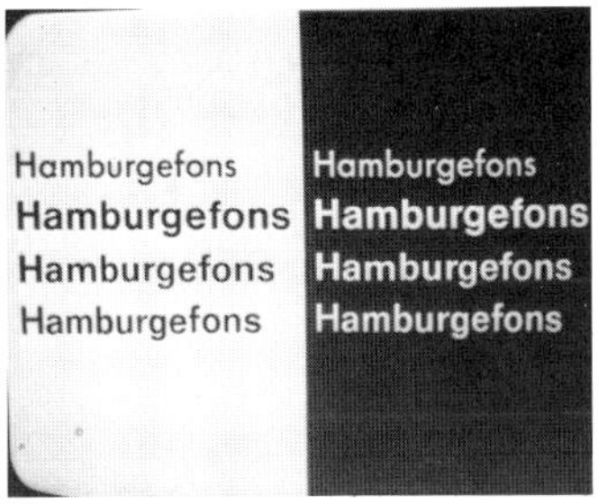

5

6

7

8

9

10

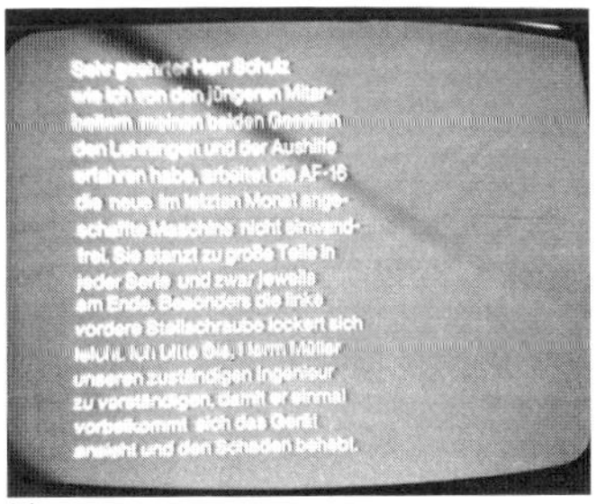

11

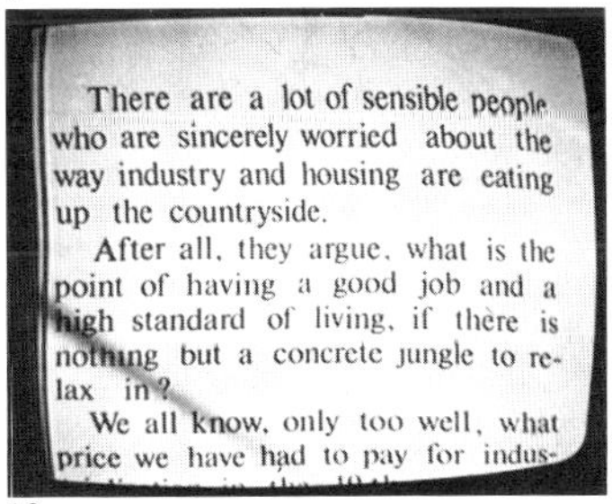

12

1 Kleine Schrift auf dem Fernsehbild unter ungünstigen Voraussetzungen. 2 Größere Typen ergeben schärfere Kanten. 3 Je fetter und je kleiner die Schrift ist, desto ungünstiger wirkt sich die Überstrahlung des Lichts aus. 4 Original-Vorlage eines Schriftversuchs für ein neues Erscheinungsbild. 5 Die Schrift von Bild 4 auf dem Bildschirm. Die weiße Schrift ist im Vergleich zum Original und zur positiven Schrift durch Überstrahlung fetter geworden; dies läßt sich durch Überarbeiten des Originals korrigieren. 6 Die schmalen, eng aneinanderstehenden Buchstaben werden durch die Überstrahlung des Lichts undeutlich. 7 und 8 Magere, größere, kontrastärmere Schriften geben bei geringerer Überstrahlung ein besseres Bild. 9 und 10 Die Buchstaben sind zu eng ausgemittelt; die Figuren gehen teilweise ineinander über. 11 und 12 Lesbarkeit der Schrift im Fernsehen: Trotz gleicher Buchstabenzahl links ungünstige, rechts bessere Lesbarkeit

stehen in Konkurrenz zueinander. Der Betrachter schwankt ununterbrochen zwischen ihnen, um beide wahrnehmen zu können; doch gerade durch diesen ständigen Wechsel verarbeitet er weder das eine noch das andere. Wenn Schrift auf dem Bildschirm erscheint,

Schrift im Werbefernsehen

Am Leuchttisch (oben) wird nach dem Original-Schriftzug eine Reihe von Bleistiftphasen gezeichnet. Anschließend werden diese Bleistiftphasen auf »Trickfolien« konturiert und schwarzweiß oder farbig ausgelegt. Am Tricktisch (unten) wird das Bild mit der Schrift kombiniert. Die im Vordergrund sichtbare Rückprojektion spiegelt die Bilder nacheinander durch die Feldlinse. Auf die so projizierten Realbilder werden die Folien mit der Schriftgraphik »ROWI« gelegt. Die Trickkamera nimmt dann nach sorgfältiger Ausleuchtung beide Bildelemente von oben gemeinsam auf ▷

◁ Bewegte Schrift »Zwiesel« aus einem Fernsehspot

Schriften in Fernsehspots fixieren Firmen- und Markenschriftzüge mit Produktdarstellungen und Lebenssituationen. Bewegungsabläufe, die für das Produkt typisch sind, werden charakterisiert. Die dynamische Veränderung der Schrift erregt beim Zuschauer besondere Aufmerksamkeit

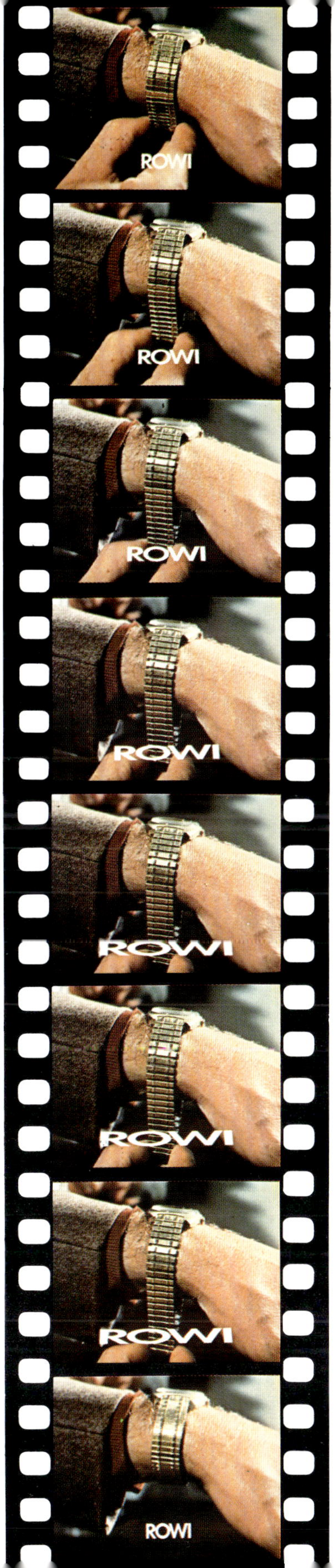

Der Fernsehspot zeigt eine zeitliche Abfolge von Bildern. Die Schrift wird deshalb nicht nur statisch, sondern bewegt gezeigt und gibt dem Ablauf seine dramaturgische Funktion. Die Abfolge »Calgon« zeigt das Fließen klaren Wassers. Der Schriftzug »ROWI« dehnt sich und zieht sich zusammen wie das Uhrarmband

1

2

3

4

5

6

7

8

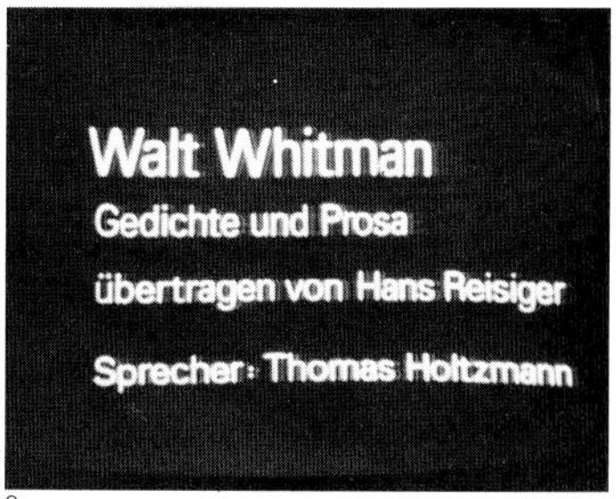

9

1 und 2 Gute Ausmittlung einfach gegliederter Schriften; solche Gruppen lassen sich in der Redaktion in Minutenschnelle zusammenstellen. Nach aktuellen Ereignissen kommt es auf äußerste Schnelligkeit an. 3, 4, 5 Schrift und Bild stehen für den Betrachter in Konkurrenz zueinander. Viele Bildsituationen kommen ohne Schrift nicht aus. In solchen Fällen wird die Schrift gegenüber dem sonst dominierenden Bild Vorrang erhalten. 6 Lange wurde das optische Erscheinungsbild der Fernsehanstalten vernachlässigt. In der Bundesrepublik präsentiert sich als erste das ZDF in einem konsequent einheitlichen Schrift-Erscheinungsbild, das auch auf die farbige Ausstrahlung gut abgestimmt ist. Die gerundeten Enden der Schrift kommen der elektronischen Zerlegung wirkungsvoll entgegen. 7, 8, 9 In allen Bereichen (zum Beispiel Sport, Politik, Literatur) wird die gleiche Schrift verwendet. Dabei nimmt man zugunsten des einheitlichen Erscheinungsbildes in Kauf, daß es für die Inhalte der Sendungen keine unterschiedlichen Schriftaussagen gibt

so sollte sie gegenüber dem Bild Vorrang bekommen. Das Bild vermittelt dann nur noch atmosphärische Stimmung, es ist nicht mehr um seiner selbst willen da, und der Betrachter wird seine Aufmerksamkeit unweigerlich auf die Schrift lenken. Um dies zu erreichen, gelten bei der Auswahl eines Bildes als Hintergrund mehrere Grundsätze: Das Bild soll nicht schnell bewegt, sondern langsam oder starr, nicht detailliert, sondern großflächig sein. Die Kontraste des Bildes dürfen weich, es selbst unscharf sein. Die Helligkeit von Schrift und Bild muß gegensätzlich ausfallen. Jede Schrifttype weckt durch ihre visuellen Merkmale bestimmte Assoziationen beim Betrachter: ein Phänomen, das gerade die Werbung bewußt ausnutzt. Die Grenzen eines einheitlichen Schrift-Erscheinungsbildes zeigen sich deshalb überall dort, wo die Schriftart den Inhalt der Aussage unterstützen soll und muß: bei Werbesendungen, aber auch bei kulturellen oder Nachrichtensendungen. Für jede von ihnen wäre eine individuell gestaltete Schrift angemessen.

Schrift als Handwerk – Schrift als Hobby

Schriften aller Arten, Formen und Größen werden von nahezu allen Berufen, vor allem in der Werbung, im Druckerei- und Verlagswesen, aber auch im gestaltenden Handwerk, täglich gebraucht und verwendet. Es sind Schriften, die der Information und Kommunikation dienen und die je nach dem Zweck in unterschiedlichen Werkstoffen und handwerklichen Techniken ausgeführt werden. Der schriftgestaltende Beruf setzt daher gründliche Kenntnis der Arbeitsmethoden und fachliches Wissen über Werkstoffe und deren Beschreibmöglichkeiten voraus.
Ein Großteil der angewandten Schriften wird nach bereits vorhandenen Schriftvorlagen gestaltet. Das Verfahren ist verhältnismäßig einfach, zeit- und kostensparend: die einzelnen Buchstaben des Alphabets werden entweder mit Detailzeichenpapier durchgepaust oder mit einem Vergrößerungsgerät projiziert und entsprechend in Worte zusammengefaßt. Parallel zu diesem vielseitigen Schriftangebot werden für bestimmte Projekte, deren Inhalte durch die Schrift unterstrichen und in der Aussage bekräftigt werden sollen, eigenständige Schriftlösungen verlangt. Entwürfe neuer, originaler Schriften zählen zu den interessantesten Aufgaben von Schriftkünstlern, Graphikern und Typographen. Um seine kreativen Einfälle verwirklichen zu können, benötigt der Schriftgestalter entsprechendes Schreibwerkzeug und -material.
Für die selbst entworfene und handwerklich geformte Schrift bieten sich viele Werkstoffe und Techniken an; zum Beispiel wird die Schrift

aus Holz gesägt oder in Holz geschnitten
in Stein gehauen und geätzt
in Putz aufgetragen oder geschnitten
in Gips geschnitten

auf Papier, Karton, Pergament oder Holz geschrieben, gezeichnet, gemalt
in Papier oder Karton geprägt
aus Papier oder Karton geschnitten und gestanzt

in Metall graviert, gepunzt, getrieben, geprägt, geätzt
aus Metall gegossen, geschmiedet, gestanzt, gesägt
mit Metallfolien gedruckt
in Metallfolien geprägt

in Glas geätzt, geschliffen
aus Glasröhren geformt
auf Porzellan gemalt
in Ton modelliert
auf Ton gemalt

in Stoff gewebt
auf Stoff gemalt, gedruckt und appliziert

in Leder geprägt, geschnitten und modelliert

aus Kunststoff gestanzt, gesägt, im Spritzguß geformt
auf Kunststoff gedruckt, geschrieben, gemalt

aus Folien geschnitten und gestanzt

aus Styropor gesägt und geschnitten.

Helmut Schmid, Typographischer Versuch

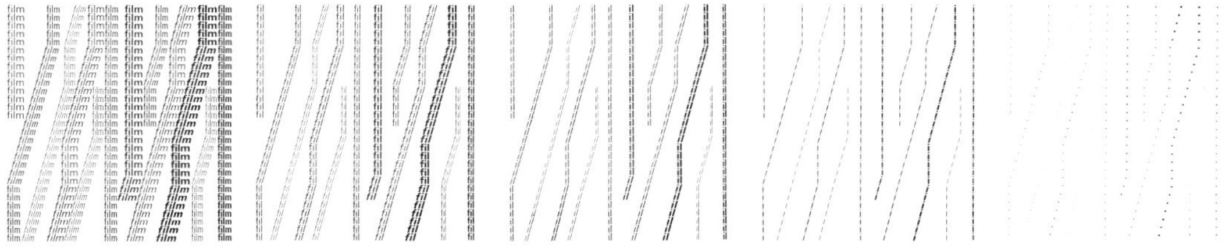

Schreibwerkzeuge

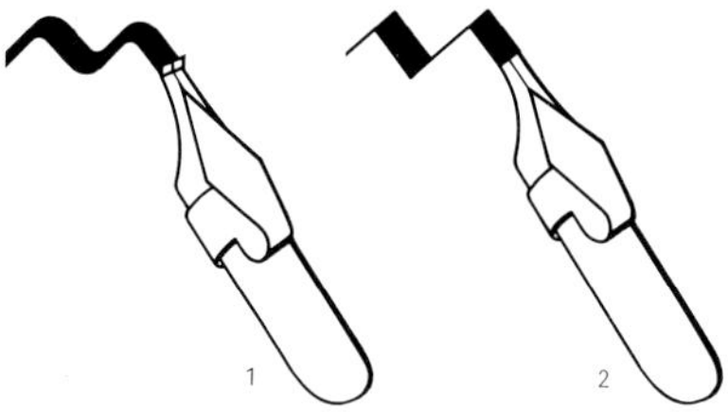

Federn 1 Bandzugfeder mit aufgebogener Schreibkante und Überfeder für Wechsel- und Bandzüge 2 Bandzugfeder mit dünner Schreibkante für Wechsel- und Bandzüge
▷ 3 Rundschriftfeder (Bandzugfeder) rechts geschrägt 4 Unterfeder 5 Rundschriftfeder (Bandzug) mit aufgesteckter Unterfeder 6 Zeichenfeder zum Retuschieren 7 Plattenfeder mit Überfeder für Schnurzüge 8 Tiefgespaltene Schreibfeder für Schwellzüge 9 Einfache Bandzugfeder für Plakatschriften 10 Breite Bandzugfeder mit mehreren Flüssigkeitskammern

Breitfeder Das vorherrschende Schreibwerkzeug ist die Feder, wobei die Breitfeder für *Band- und Wechselzüge* bei Gestaltung künstlerisch wertvoller Schriften führend ist. Die Breitfeder gibt es in verschiedenen Arten: hart und elastisch, links- oder rechtsgeschrägt, mit dünner oder mit leicht aufgebogener Schreibkante. Diese meist weichere Federsorte ergibt einen kräftigen Haarstrich und eignet sich daher weniger für kleinere Schriften. Feinste Haarstriche, kräftige Grundstriche und elegante Schwünge mit randscharfen Konturen sind mit den sogenannten Rundschriftfedern zu erzielen, die in verschiedenen Stärken von 0,45 bis 5 mm erhältlich sind.

Unterfeder Unentbehrlich für jede Feder ist eine aufsteckbare Unterfeder, die »Tintenzunge«, die eine größere Menge Schreibflüssigkeit aufnimmt; sie gibt sie beim Schreiben langsam und gleichmäßig ab. Die Zunge soll die Feder nicht berühren und etwa 2 mm von der Schreibkante entfernt sein. Überfedern oder kombinierte, doppelseitige sind weniger geeignet.

Neue Federn und Unterfedern sind zum Schutz gegen Rost leicht gefettet und nehmen nur schwer die Schreibflüssigkeit auf. Durch behutsames Abbrennen in einer Zündholzflamme läßt sich das Fett leicht entfernen. Mitunter sind die maschinell hergestellten Stahlfedern nicht elastisch genug, um Schwünge mit Federwendungen in einem Zug schreiben zu können. Dieser Mangel läßt sich durch vorsichtiges Nachschleifen der Federspitze an der Ober- und Unterfläche auf einem sehr feinkörnigen Abziehstein leicht beheben.

Füllen der Feder Damit die Feder beim Schreiben nicht kleckst, müssen die Unterseite der Federspitze und die Schreibkante frei von Flüssigkeit sein. Man darf sie daher nicht in die Schreibflüssigkeit tauchen, sondern nur den Hohlraum zwischen Feder und Unterfeder mit Flüssigkeit füllen. Dazu dienen Zeichenfedern, spitz zugeschnittene Federkiele, ein kleiner Pinsel oder Pipetten.

Reinigen der Feder Feder, Unterfeder und der Hohlraum dazwischen werden nach jedem Gebrauch mit Wasser und einem Leinen- oder Lederläppchen von Tusche- und Farbresten gründlich gereinigt. Dies ist bei Tusche auch während des Schreibens zu empfehlen, denn sie verkrustet die Feder besonders rasch und beeinträchtigt dadurch die Elastizität.

Kielfeder Eine nach Art der Breitfeder selbst zugeschnittene Kielfeder aus Gänse- oder Truthahnfedern eignet sich speziell für Kursiv- und Kanzleischriften mit schwellenden

Schräglage der Federn beim Schreiben mit Angabe der Winkelgrade

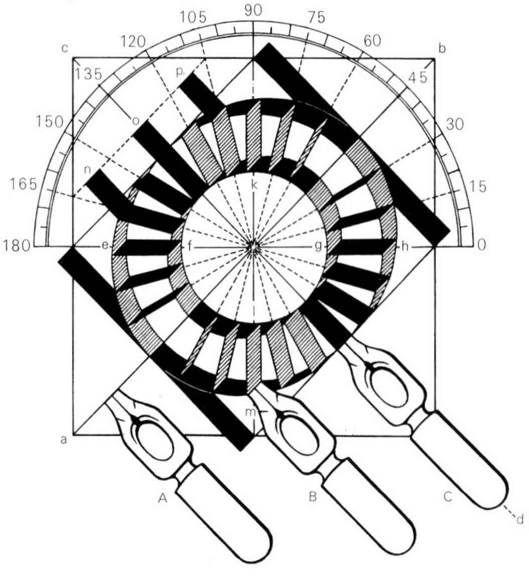

Federzügen. Sie ist weit elastischer als eine Stahlfeder und sehr fein in den Haarstrichen. Doch das Schneiden erfordert Übung und große Sorgfalt. Schwierig ist auch die Befestigung einer einsteckbaren Unterfeder aus dem gleichen Material.

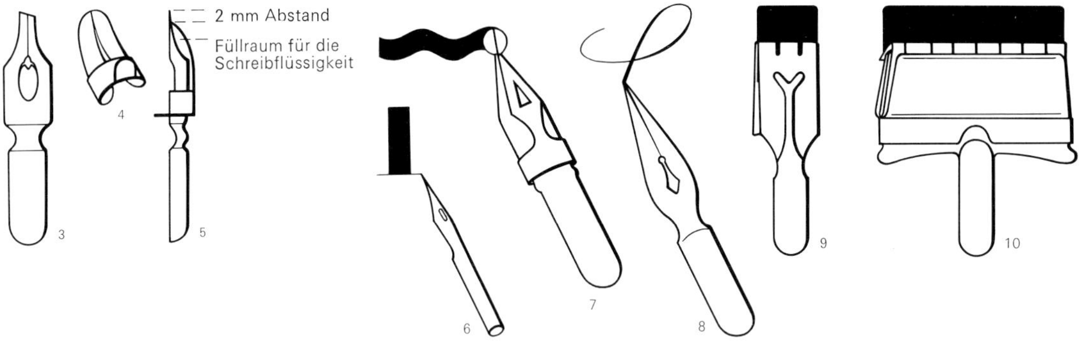

Plakatfeder Für größere und kräftige Plakatschriften ist die bis zu 50 mm Breite fabrikmäßig hergestellte Plakatfeder zu empfehlen. Sie hat, im Gegensatz zu einem entsprechend geschnittenen spatelförmigen Holz, das dem gleichen Verwendungszweck dient, eine besondere Auffangvorrichtung für größere Flüssigkeitsmengen.

Plattenfeder Die unter dem Namen »Redis-Feder« bekannte Plattenfeder ermöglicht durch die aufgebogene runde Schreibplatte Schriftzüge in gleicher Strichstärke, den sogenannten *Schnurzug*. Sie dient zum Schreiben der Grotesk- oder Blockschriften sowie einiger Kursiv-Formen; der Plattendurchmesser variiert von 0,5 bis 5 mm.

Zeichenfeder Sie dient zum reproreifen Überarbeiten geschriebener Schriften, zum Nachziehen zarter Haarstriche und Serifen; auch für sehr kleine Kursiv- und Skelettschriften ist sie geeignet.

Normale Schreibfeder Gestochen scharfe Haarlinien, schwungvolle Kurven und elegant fließende Schwellzüge sind die charakteristischen Merkmale von Kursiv-Schriften, die mit der spitzen, tiefgespalteten und daher sehr elastischen Stahlfeder, der sogenannten *Schönschreibfeder* früherer Zeiten, geschrieben werden. Allerdings ist sie nur bei gut geleimten und glatten Papieren verwendbar und erfordert eine flüssig-zügige Handschrift.

Röhrchenfeder Beim Schriftschreiben mit Schablonen wird eine Spezialfeder verwendet, die die Schreibflüssigkeit seitlich nicht austreten läßt; sie ermöglicht durch diese Vorrichtung den Schnurzug, eignet sich aber kaum für freigestaltete Schriftformen. Eine Anleitung für das Schreiben mit der Schablone befindet sich auf Seite 209.

Federhalter Zum Führen der Feder dient ein Halter mit einem doppelseitigen Metalleinsatz, der sicheren Halt der Feder garantiert. Nur eine fest sitzende Feder gleitet gleichmäßig über die Schreibfläche, kratzt, spritzt und kleckst nicht. Der Federhalter sollte nicht zu schwer und zu dick und vor allem zylindrisch rund sein, damit sich Federwendungen im Schriftzug während des Schreibens ermöglichen lassen. Kantige Federhalter sind ungeeignet, da sie die Hand zu einer bestimmten Strichführung zwingen. Wer viel und in unterschiedlichen Größen schreibt, sollte für jede Feder einen eigenen Federhalter

»Graphos«-Tuschefüller mit verschiedenen Federn

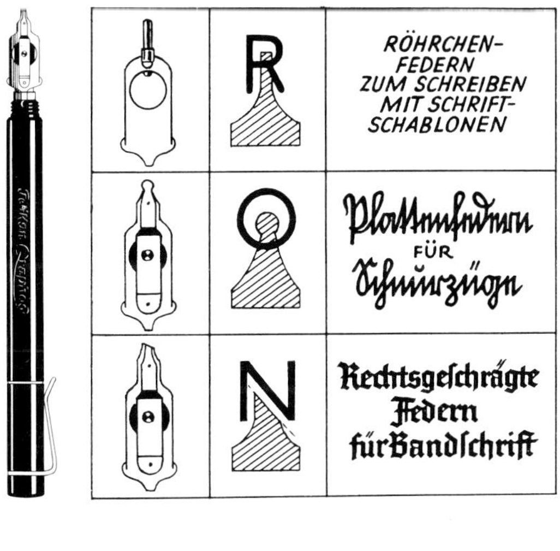

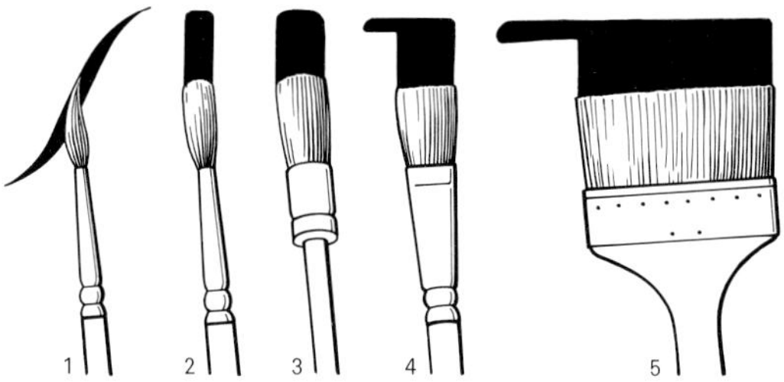

Schriftpinsel 1 Kleiner Marderpinsel für Konturen und Retuschen 2 und 3 Stumpfe Pinsel in verschiedenen Stärken für Schnurzüge 4 Flach- oder Blattpinsel (Plakatschreiber) für Bandzüge und zum Aufbauen zusammengesetzter größerer Schriften 5 Breiter »Modler« für große Plakatschriften

gleicher Art benützen, um das lästige Umstecken der Feder zu vermeiden.

Graphos-Feder Diese neuartige, für Tusche-Füller entwickelte, auswechselbare Spezialfeder ist in allen genannten Formen und Stärken erhältlich. Die Farbdichte des Tuscheauftrags läßt sich durch Austausch des Zuführers regeln. Vorteilhaft ist der stetige und gleichmäßige Fluß der Schreibflüssigkeit, nachteilig jedoch ist das Umstecken der Feder bei jedem Wechsel der Schriftgröße oder Strichstärke und der etwas zu füllige, schwere Halter.

Schriftpinsel Neben den vielen Federarten werden auch Pinsel zur Schriftgestaltung verwendet: runde, stumpfe Malpinsel für Schnurzüge, Strichzieher für Konturen, Flach- oder Blattpinsel (Plakatschreiber) verschiedener Breiten für Wechselzüge; für großformatige Schriften ist der extra breite »Modler« gedacht. Der runde Marderpinsel in kleineren Größen, am besten je ein Satz für

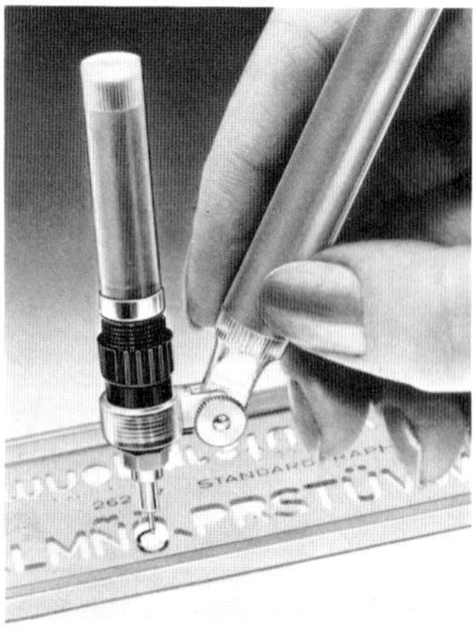

Schreiben mit der »Isonorm«-Röhrchenfeder

Weiß und Schwarz, ist unentbehrlich für reproreifes Überarbeiten, zum Säubern der Ränder und Ansätze, zum »Treiben« geschriebener oder gezeichneter und zum Ausmalen konturierter Buchstabenformen. Auch farbiger Schriftschmuck wie Initialen und Ornamente wird, wenn nicht mit der Breitfeder geschrieben, mit diesen Pinseln gestaltet. Schriften auf Folien oder Negativen und Originalphotos, die zur Reproduktion bestimmt sind, werden ebenfalls mit dem Marderpinsel ausgeführt, da sich nur mit ihm ein einheitlich deckender Farbauftrag und randscharfe Konturen erzielen lassen.

Faser- und Filzschreiber Diese Stifte enthalten Farbpatronen mit wasserlöslicher oder wasserfester Schreibflüssigkeit, die besonders gut auf allen glatten Flächen haftet. Da die Flüssigkeit nur über die Spezialspitze abgegeben wird, ist die Anwendungsmöglichkeit sehr begrenzt. Die fluoreszierenden Stifte eignen sich speziell zum Anzeichnen von Textstellen.

Fettstift Zum Beschriften von Photos, Filmen, Glas, Plastikhüllen, Folien, mit Kunststoff beschichteten Flächen eignen sich die speziell dafür entwickelten Fettstifte, die in verschiedenen Farben und Stärken erhältlich sind. Auch für kunststoffbeschichtete Rückseiten von Photos sind fetthaltige Stifte günstig. Je nach Art des Farb-Bindemittels läßt sich die Schrift mit entsprechenden Lösemitteln mühelos und sauber entfernen.

Schreibunterlage Eine arbeitsgerechte Schreibunterlage zählt mit zu den wichtigsten Ausrüstungsgegenständen des Schriftkünstlers. Sie soll fest und trotzdem elastisch sein. Diese Forderung wird erfüllt, indem einige Bogen glattes Papier plan auf ein kleines Zeichenbrett oder ein stärkeres, rechtwinkelig zugeschnittenes Sperrholzbrett gespannt werden. Durch eine geeignete Unterlage kann das Brett in der Schräglage, die zum Schreiben bequemer ist, am Tisch angebracht werden. Es darf jedoch weder rutschen noch wackeln. Dies verhindert ein breiterer Klebestreifen zwischen Brett und Tischkante. Sogenannte Schrägsteller zum stufenweisen Verstellen des Zeichenbretts sind im Handel erhältlich. Ein breiter Papierstreifen, unter die schreibende Hand gelegt, schützt das am oberen Rand befestigte Originalblatt während der Schreibarbeit. Zur Federprobe dient ein Blatt Papier am oberen Brettrand.

Schreiben und Handhaltung auf der schrägen Unterlage

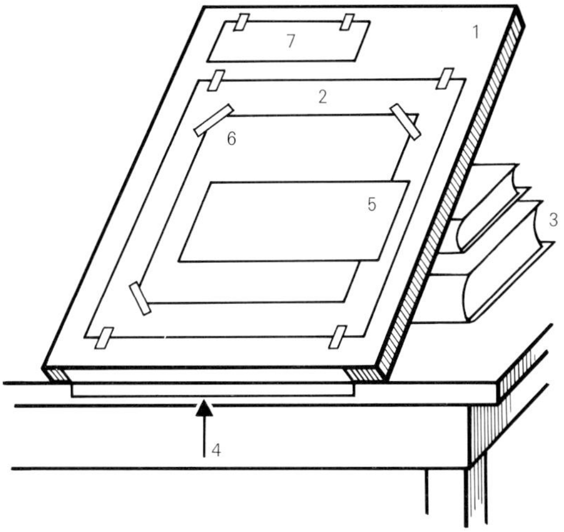

Schreibunterlage 1 Zeichenbrett 2 Papierunterlage 3 Bücher zum Schrägstellen 4 Klebestreifen 5 Schutzpapier 6 Original-Schriftblatt 7 Papier zur Federprobe

Schreibflüssigkeiten

Tusche Die normale schwarze Ausziehtusche wird in erster Linie zu Schriftstudien verwandt. Sie ist wasserfest, lichtbeständig, trocknet gleichmäßig tiefschwarz auf und läßt durch den satten Schwarzweiß-Kontrast Unregelmäßigkeiten und Formfehler der geschriebenen Buchstaben deutlich erkennen. Feinheiten, wie zarte Haarstriche, scharfe Kanten oder exakte Ansätze und Endungen lassen sich wegen der dickflüssigen Konsistenz dieser Tusche nicht erzielen; schnelles Verkleben und Verkrusten der Feder beim Schreiben ist ein weiterer Nachteil.

Skriptol und Spezialtusche Diese dünnflüssigeren Tuschesorten sind zum Schreiben geeigneter und federgerechter, vor allem für Füllhalter und Spezialfedern; jedoch sind sie in ihrer Deckkraft schwächer und nicht wasserfest.

Chinesische Stangentusche Diese alte und erprobte Schreibflüssigkeit ist die ideale Tusche für Wechselzüge aller Stärken. Sie wird mit Wasser auf einer rauhen Porzellan- oder Schieferplatte angerieben und bis zur Schreibfähigkeit verdünnt. Selbst kleinste Schriften erscheinen farbsatt und gestochen scharf in den Haar- und Grundstrichen. Die Buchstaben heben sich mit ihrer matten Oberfläche kontrastreich vom Papier ab.

Farbige Tusche Sie ist zum Schreiben weniger geeignet, da sie nicht genügend deckt.

Folientusche Mit ihrer besonderen Haftfähig-, Wisch- und Wasserfestigkeit zeichnet sich diese Spezialtusche aus, die je nach Bindemittel und Beschreibstoff durch Kleben nach dem Auftrocknen haftet (die wässerige) oder sich mit der Folie fest verbindet (die anlösende).

Tinte Absolut saubere und feinste, kaum sichtbare Haarstriche sind mit Tinte zu erzielen. Sie ist als Schreibflüssigkeit der Tusche entschieden überlegen, doch wegen ihrer allzu geringen Deckkraft nur für kleinste Schriftgrade zu empfehlen. Ihre zersetzende Wirkung auf den Federstahl ist ein weiterer Nachteil.

Farbe Bei farbigen Schriften, Initialen und Schriftschmuck werden die schönsten Ergebnisse mit sehr feinkörniger Matt-Retuschefarbe oder feinst geriebener Künstler-Temperafarbe erzielt. Beide lassen sich nicht nur in jeder Farbnuance mischen, sondern ergeben auch im Gegensatz zu farbiger Tusche einen farbintensiven, gleichmäßig deckenden und fleckenlos auftrocknenden Feder- oder Pinselstrich.

Die Konsistenz der mit Wasser verdünnten

Farbe ist reine Erfahrungssache. Sie darf auf keinen Fall zu wässerig sein, damit sie deckt und gut haftet, aber auch nicht zu dickflüssig, damit sie leicht und gleichmäßig aus der Feder fließt. Ein kleiner Zusatz des Bindemittels oder etwas Gummi arabicum erhöhen die Haft- und Wischfestigkeit, ohne den Farbton zu ändern. Ähnliche Verwendung findet echtes, wasserlösliches Muschelgold, während Metall-Bronzen zum Schreiben mit der Feder völlig ungeeignet sind und nur mit dem Pinsel verarbeitet werden können.
Reproreife Schriften auf Originalphotos sind nur mit deckenden Farben zu erzielen. Die zu beschreibende Fläche muß zuvor mit Alkohol oder Ochsengalle entfettet werden.

Beschreibstoffe

Schreibheft Zum Üben und Erlernen aller Schriftarten eignet sich am besten ein nicht zu kleines Heft (DIN A4) mit gut geleimtem, nicht glänzendem, zart blau kariertem Papier. Schlecht geleimte und fasernde Papiere hemmen den Federstrich und ergeben ein unsauberes Schriftbild. Ein Heft ist losen Blättern in jedem Fall vorzuziehen, da es alle Übungen und Korrekturen enthält und eine bessere Kontrolle der Fehler und der Fortschritte im Schriftschreiben ermöglicht. Aber auch der erfahrene Schriftkünstler wird zum Entwickeln neuer Buchstabenformen, zu Schriftversuchen und zum Fixieren impulsiver Einfälle zweckmäßig ein derartiges Skizzenheft bereithalten.
Schreib- und Zeichenpapier Kräftiges und dünnes, jedoch glattes, nicht zu hartes Schreib- und Zeichenpapier eignet sich ebenfalls zu Schriftübungen. Das entsprechende Papier wird zuerst sorgfältig liniiert (Seite 201). Die hauchzarten Bleistiftlinien stören die Schwarzweiß-Wirkung des Schriftbildes kaum und lassen Fehler im Schriftrhythmus und unausgeglichene Buchstabenformen deutlich erkennen. Zur Reproduktion bestimmte Schriften, ob geschrieben oder gezeichnet, werden auf stärkerem weißem Zeichenkarton ausgeführt, der die notwendige Überarbeitung mit der Zeichenfeder oder dem Pinsel und erforderliche Korrekturen erleichtert.
Detailpapier Transparentes Detailpapier wird für flüchtige Schriftskizzen, zur Raumaufteilung und für Tekturen verwendet, ebenso für Typoskizzen, die mit dem Bleistift in Originalgröße entworfen werden.
Handgeschöpftes Büttenpapier Für originale Schriftgraphiken sollte Büttenpapier verwendet werden, das in zarten Farbtönungen, verschiedenen Stärken und in unterschiedlicher Oberflächenstruktur erhältlich ist. Die Papierqualität richtet sich nach der Größe und dem Verwendungszweck: leichtes, dünnes und glattes Büttenpapier eignet sich besser für mehrseitige, kleinformatige Handschriften in kleineren Schriftgrößen; kräftigere Schriften verlangen dagegen stärkere großformatige Büttenpapiere mit etwas rauherer Oberfläche. Gelegentliches Durchscheinen der Rückseite kann graphisch reizvoll sein, da der zarte Schimmer die Fläche belebt. Um die Oberflächenstruktur bei zu stark geglättetem Papier stärker zur Wirkung zu bringen, kann es angefeuchtet und anschließend zwischen nicht faserndem Fließpapier getrocknet werden.
Der Schöpfrand, das Charakteristische dieser edlen Papiere, sollte unbedingt erhalten bleiben. Der obere Rand darf nur bei mehrseitigen Handschriften beschnitten werden, um gleiche Randabstände und Satzspiegel zu erhalten. Vorgeschriebene Formate, sogenannte Spiegel zum Einkleben in Urkundenmappen oder -kassetten, werden ringsum beschnitten.
Japanpapier Durch die von Natur aus stark fasernde Struktur ist Japanpapier für Federschriften nicht geeignet. Nur versierten Schreibkünstlern gelingt der Federzug auf diesem Material. Dagegen lassen sich reizvolle und malerische Schrifteffekte in lockerer und flüssiger Pinseltechnik durchführen.
Pergament Edelster und zugleich kostbarster Werkstoff für den Schreiber ist das Pergament, gewonnen aus der Haut von Schafen, Ziegen und Kälbern. Pergament besitzt zwei unterschiedliche Seiten, die Fellseite mit glatter Oberfläche und die von Adern durchzogene unebenere Fleischseite. Beide Seiten sind zum Schreiben geeignet, jedoch wird bei einseitiger Beschriftung die glattere und wirkungsvollere Fellseite bevorzugt.
Das sehr dünne Schaf- und Ziegenpergament mit hell-silbrig matter Oberfläche ist meist

ohne Vorbehandlung zum Beschreiben geeignet. Bei einzuklebenden Einzelblättern empfiehlt es sich jedoch, das Pergament auf der Rückseite zu kaschieren. Es bleibt dadurch plan und verliert die oft störende Transparenz. Das hochwertige, kräftige Kalbpergament mit geschliffener Oberfläche ist matt und gewöhnlich fast weiß oder hellchamois; die »antiken« Sorten sind besonders reizvoll wegen ihrer Marmorierung, hervorgerufen durch die dunklen Adern und die zart bräunlichen Farbschattierungen. Kalbpergament nimmt häufig die Schreibflüssigkeit schlecht an und muß deshalb vor dem Schreiben entfettet werden. Dies geschieht durch Abreiben mit einem in Alkohol getränkten Leinenlappen. Watte ist ungeeignet, sie hinterläßt Fasern. In hartnäkkigen Fällen kann etwas Bimsmehl zugesetzt werden. Den gleichen Zweck erfüllt auch gereinigte Ochsengalle. Erst nach dieser Vorbehandlung erfolgt das Liniieren.
Pergamentimitationen, so sorgfältig sie auch hergestellt sind, bieten keinen Ersatz für echtes Pergament. Für Vorentwürfe sind sie dagegen recht brauchbar, um den Gesamteindruck einer Skizze beurteilen zu können.

Arbeitsverfahren

Liniieren Diese Arbeit ist mit größter Sorgfalt vorzunehmen, um Unregelmäßigkeiten innerhalb der Schriftzeilen zu vermeiden. Markierungspunkte der Abstände von Schrifthöhe und Zeilenabstand am linken Papierrand werden nicht mit dem Maßstab übertragen, sondern mit einem genau ein- und feststellbaren Stechzirkel. Mit Hilfe zweier rechter Winkel (60° und 45°) oder einer Reißschiene werden die parallel laufenden Linien mit einem sehr harten Bleistift (6H bis 8H) gleichmäßig und hauchzart gezogen. Die Mine des Bleistifts muß mindestens 15 mm lang sein; sie wird mit feinkörnigem Sandpapier nadelspitz zugeschliffen. Zum Schreiben sind nur zwei Linien erforderlich, und zwar die der Kleinbuchstaben in Höhe des m, die sogenannten Mittellinien; Ober- und Unterlängen und die Großbuchstaben werden frei geschrieben. Senkrechte Hilfslinien erleichtern das Schreiben sehr schlanker und hoher Schriftgrade. Parallele Schräglinien, die bei Kursiv-Schriften eine Hilfe sind, werden korrekt mit dem Stellwinkel gezogen.

Skizzieren Die Skizze ist die Vorstufe des Schriftzeichnens und -malens; sie dient auch häufig als Typoskizze für Satzarbeiten (Bilder Seite 148). Beim Skizzieren wird nicht konturiert, sondern Strich neben Strich gesetzt, bis die verlangte Strichstärke erreicht ist. Diese Technik läßt den Schwarzweiß-Kontrast, den Schriftduktus und die optische Ausgewogenheit des Buchstabens oder Schriftbilds deutlich erkennen. Für kleine Schriften, Schnurzugschriften werden nicht zu spitze Bleistifte verwendet; für Bandzugschriften spatelförmig zugeschliffene; größere und kräftigere Schriften können mit Pinsel und Tusche, Kohle und Kreide oder auch mit Faserschreibern skizziert werden. Korrekturen und Retuschen bis zur Formvollendung sind bei derartigen Schriftskizzen durchaus möglich.
Anschließend folgt das präzise Durchzeichnen der überarbeiteten Skizze auf Transparentpapier. Mit Graphitpapier wird sie nun auf den Original-Beschreibstoff übertragen. Graphitpapier hat gegenüber normalem, fetthaltigem Pauspapier den Vorzug, daß sich die durchgepausten Linien nachträglich mühelos mit einem weichen Gummi entfernen lassen.

Reinzeichnen Ein komplettes Reißzeug,

Hilfsgeräte zum Liniieren: 1 Maßstab 2 Feststellbarer Stechzirkel 3 Harter Bleistift mit 15 mm langer zugeschliffener Mine 4 Sandpapier zum Schleifen der Mine

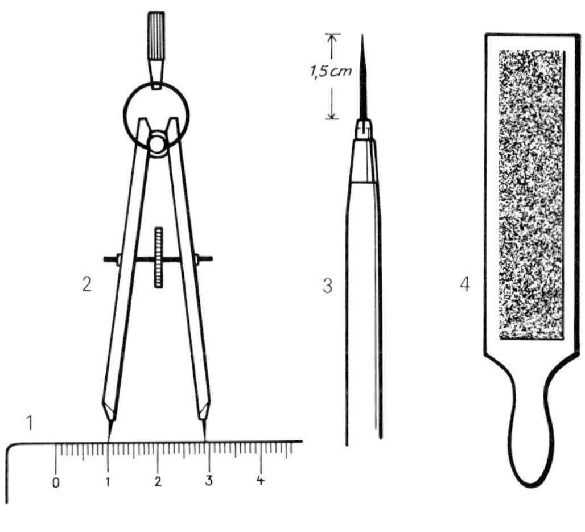

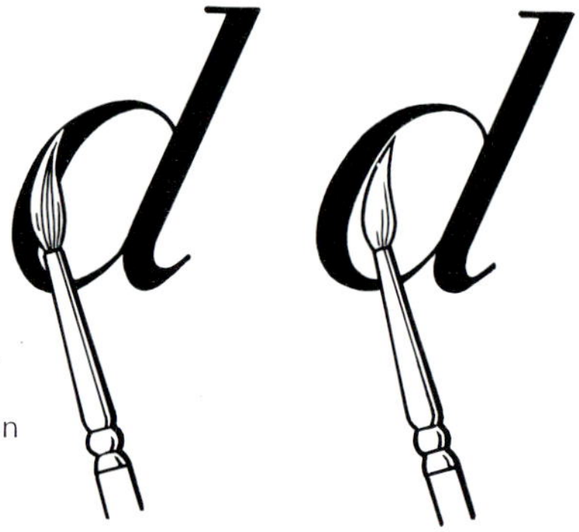

Überarbeiten von Buchstaben mit Deckweiß, Treiben der Rundungen und Säubern der Ränder

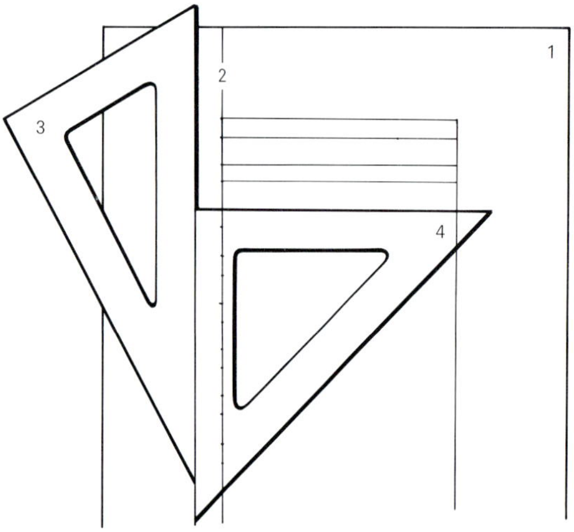

◁ Liniieren mit 2 Winkeln, 60° und 45°: 1 Original-Schriftblatt 2 Senkrechte Linie mit Markierungspunkten 3 60°-Winkel 4 45°-Winkel

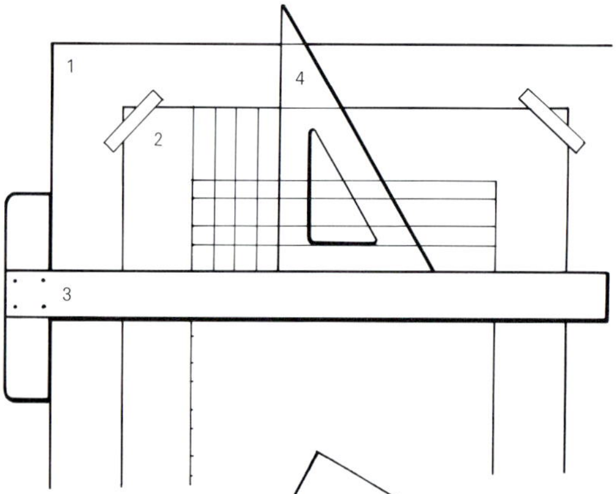

Liniieren mit Reißschiene und Winkeln: 1 Reißbrett 2 Original-Schriftblatt 3 Reißschiene 4 60°-Winkel

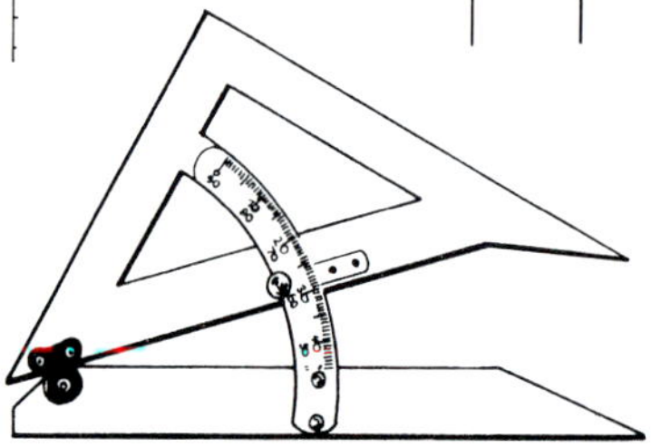

Stellwinkel

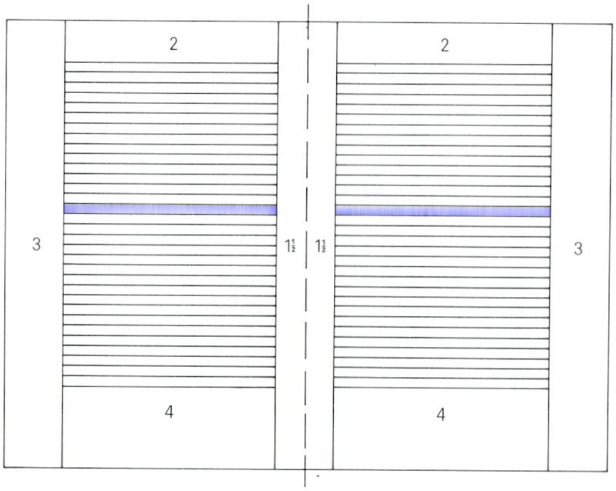

Liniiertes Doppelblatt mit harmonischen Verhältnissen der Blattränder

ein Satz bester und spitzer Marderhaarpinsel kleinerer Größen und ein gut deckendes, nicht nachtönendes Deckweiß sind für Schriftreinzeichnungen unerläßlich. Jede mit der Feder vorgeschriebene oder mit dem Pinsel vorgezeichnete Schrift muß so sauber und sorgfältig wie möglich ausgeführt werden, um größere Korrekturen zu vermeiden. Viele Papiersorten, auch Pergament, sind nur bedingt radierfähig; ein Ausbessern mit Farbe, selbst im Ton des Beschreibstoffes, wird immer sichtbar bleiben.

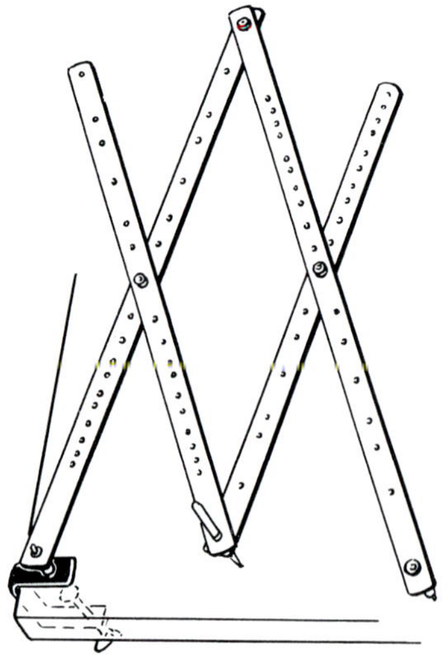

Storchschnabel (Pantograph)

Deckweiß bei Korrekturen und zum Überarbeiten der Formen sollte auch bei Schriftentwürfen zur Reproduktion nur sparsam verwendet und nur eben deckend aufgetragen werden, da durch die Überstrahlung bei allzu pastosen Farbaufstrichen unscharfe Konturen entstehen.

Vergrößern – Verkleinern Jeder Schriftentwurf kann maßstabgerecht über ein Rasternetz, durch einen Pantographen (Storchschnabel) oder durch Umrechnen mit der Rechenscheibe verkleinert beziehungsweise vergrößert werden. Müheloser, schneller und sicherer ist jedoch die Verwendung eines Projektionsgeräts. Wichtig ist allerdings das nachträgliche Überprüfen der Schriftproportionen und des Gesamtbildes, da kleine, in sich ausgewogene Buchstabenformen in der Vergrößerung vielfach anders wirken. In der Regel ist ein nochmaliges Überarbeiten erforderlich.

Raster Mit ihnen lassen sich bestimmte graphische Wirkungen erzielen oder Varianten eines Schrifttyps gestalten. Sie werden entweder manuell mit Hilfe eines Schraffiergeräts oder mechanisch mit selbstklebenden Rasterfolien, auch im Anreibeverfahren eingefügt. Beide Methoden verlangen eine sichere Hand und ein gewissenhaftes Arbeiten. Die etwas größer geschnittene, selbstklebende Folie wird nach Abziehen der Schutzschicht aufgelegt und zunächst nur leicht angedrückt. Mit einer Schneidefeder werden nun nach der vorgezeichneten Kontur die genauen Formen geschnitten und die überstehenden Teile abgezogen, anschließend die Folie mit einem Falzbein fest angedrückt und geglättet. Überstehende Linien und unscharfe Konturen, die beim Anreibeverfahren entstehen können, werden mit Deckweiß überarbeitet.

Farbe Sparsam verwendet und harmonisch auf den Grundtext abgestimmt, beleben Farben das Gesamtbild jeder Schriftgraphik und steigern deren künstlerische Aussage.

Zum farbigen Auszieren besonders geeignet sind alle deckenden Temperafarben, die zunächst mit wenig Wasser pastos in einem Porzellannäpfchen angerührt und dann blasenfrei bis zur Schreib- beziehungsweise Malfähigkeit verdünnt werden. Öfteres Umrühren während der Arbeit verhindert das Absetzen der Farbpigmente. Zum längeren, staubfreien Aufbewahren größerer und gemischter Farbmengen eignen sich vorzüglich kleine, gut verschließbare Medizinfläschchen.

Vergrößern und Verkleinern eines Buchstabens mit einem Rasternetz

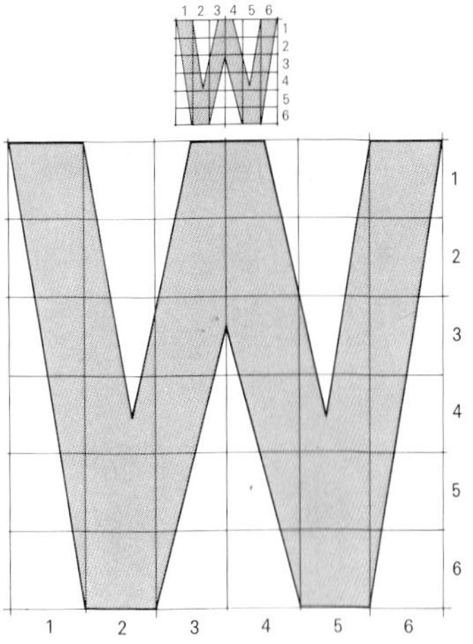

Vergolden Kostbarer und feierlicher als Farbakzente wirken Initialen und einzelne Schriftzeilen in Gold; es wird bevorzugt für wertvolle Handschriften (Urkunden, Glückwunschkarten, Adressen) verwendet. Als Beschreibstoff dient meist Pergament oder Büttenpapier. Die diffizile Technik des plastischen (gehöhten) Vergoldens mit echtem Blattgold erfordert besondere Sorgfalt und Übung. Erst nachdem der geschriebene Text endgültig gestaltet und jeder zusätzliche farbige Schmuck eingefügt ist, kann die Arbeit des Vergoldens beginnen. Pergament wird zunächst mit Alkohol entfettet und die Oberfläche mit einem härteren Gummi mattgerieben, damit die aufzutragende Grundierpaste sich fest und dauerhaft jedoch geschmeidig mit der Oberfläche verbindet. Büttenpapiere werden nicht vorbehandelt.

Zum Grundieren dient eine leicht rötlich gefärbte Paste, die gebrauchsfertig im Handel erhältlich ist oder nach folgendem Rezept selbst hergestellt werden kann: 13 Teile feinst geriebene Kreide / 4 Teile Syndetikon / 2 Teile Gummi arabicum / 4 Teile flüssiger Honig / 10 Teile destilliertes Wasser / 1 Teil Caput mortuum oder gebrannte Umbra und 1 Tropfen Karbolsäure werden in einer Reibschale zu einer homogenen, zähflüssigen Masse verrieben. Die Paste kann auch, luftdicht verschlossen, längere Zeit aufbewahrt werden. Zum Grundieren wird ein Teil davon in einem sauberen Farbnäpfchen mit Wasser, etwa bis zur Konsistenz von Sahne, blasenfrei angerührt.

Werkzeug für das plastische Vergolden: 1 Polierstahl 2 Polierachat 3 Papierröhrchen 4 Feiner Marderpinsel zum Auftragen der Paste 5 Dicker Marderpinsel zum Entfernen des Restgoldes 6 Blattgold 7 Schere 8 Pergaminpapier 9 Watte

Vergolden: 1 Buchstabe, in der Kontur vorgezeichnet 2 Auftragen der Grundierpaste 2a Die plastische Höhe 3 Anhauchen des grundierten Buchstabens 4 Auflegen des Blattgoldes 4a Schützendes Seidenpapier 5 Polieren des Buchstabens 5a Pergamin-Schutzblatt 6 Entfernen des Restgoldes

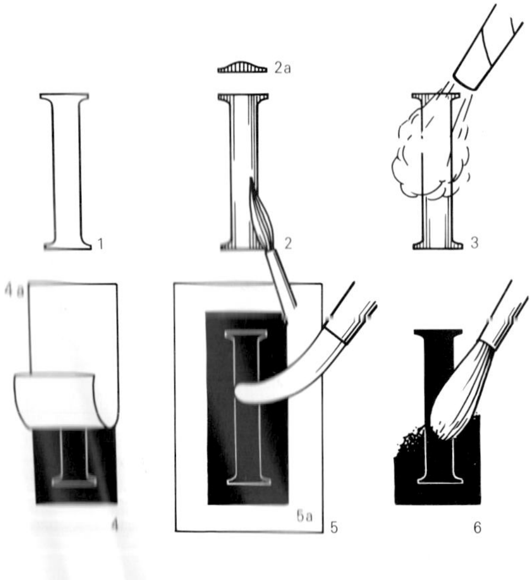

Die mit einem harten Bleistift vorgezeichnete oder übertragene Schrift wird mit einem weichen Gummi abradiert, so daß lediglich die etwas eingedrückten Linien sichtbar bleiben. Mit einem spitzen Marderpinsel wird nun die Grundierpaste aufgetragen: sorgfältig, Schicht für Schicht und gleichmäßig fließend, bis die gewünschte Höhe, bei größeren Buchstaben etwa 1 mm, erreicht ist. Je nach Luftfeuchtigkeit und Wärme ist die Trockenzeit unterschiedlich. Die Oberfläche der gut durchgetrockneten Paste wird anschließend mit einem Achat oder Polierstahl vorsichtig nachgeglättet. Ein darüber gelegtes Pergaminblatt dient als Schutz. Die Vorarbeiten zum eigentlichen Vergolden sind damit beendet.

Zusammen mit dem schützenden Seidenpapier wird nun das Blattgold mit einer scharfen Schere in einzelne, kleinere Stücke und Streifen geschnitten, die den Ausmaßen der vorgezeichneten Buchstaben entsprechen.

Der nun folgende Arbeitsprozeß wird äußerst gewissenhaft und zügig durchgeführt, damit das Gold fest und gleichmäßig deckend auf der Grundierung haftet. Durch Anhauchen mit einem dicht darüber gehaltenen Papierröhrchen (etwa 10 cm lang) wird die Grundierpaste leicht erwärmt und dadurch klebrig. Das zurechtgeschnittene Blattgold mit dem daran haftenden Seidenpapier wird nun rasch aufgelegt und mit dem Finger leicht angedrückt. Danach wird das Seidenpapier abgezogen, das freigelegte Gold mit einem schützenden Blatt Pergamin abgedeckt und mit dem Achat vor allem an den Konturen angedrückt; durch vorsichtiges Reiben wird es gleichzeitig poliert. Überstehendes nicht gebundenes Gold läßt sich mit einem weichen Pinsel, kleinere versprengte Goldteilchen mit einem Schaber leicht entfernen. Zeigt das Gold fehlerhafte, nicht deckende Stellen, so ist der gleiche Arbeitsprozeß ohne nochmaliges Grundieren zu wiederholen.

Korrekturen Beim Schriftschreiben und -zeichnen sind Korrekturen kaum vermeidbar; trotz größter Sorgfalt bleiben sie immer etwas erkennbar. Bereits das abschließende Säubern eines Blattes mit weichem Radiergummi hinterläßt sichtbare Spuren an der Oberfläche des Schriftbildes; glänzende Schriften werden matt, matte Schriften glänzend.

Genaue Kenntnisse der Papierqualität und deren Reaktion auf mechanische und chemische Einflüsse – zum Beispiel: welche Verbindung die Schreibflüssigkeit mit dem Werkstoff eingeht – sind also unerläßlich. Für die Radierfähigkeit der einzelnen Papiere gibt es Hinweise: Kräftige, harte und stark geleimte Papiere lassen sich am besten radieren, wobei matte Stellen abschließend mit einem sauberen Falzbein wieder geglättet werden können; weniger geleimte Sorten fasern; Pergament wird stumpf, rauh und faserig; bei Büttenpapieren wird die Oberflächenstruktur zerstört.

Tusche trocknet nur oberflächlich auf und läßt sich daher am leichtesten radieren; Farben sind meist nicht ganz wischfest und verändern vielfach ihren Tonwert; Tinte dringt tief in den Schreibgrund ein und läßt sich kaum oder überhaupt nicht entfernen.

Für kleinere Korrekturen können die in Holz gefaßten Schreibmaschinengummis oder scharf geschliffene Lithoschaber benutzt werden; für größere kommen Radiergummis in unterschiedlichen Härten oder Radiermesser und Rasierklingen in Frage. Aufgerauhte Stellen oder aufstehende Fasern auf Pergament und gutem Papier werden mit dem spitzen Ende eines Pinsels, um das etwas mit Speichel angefeuchtete Watte gewickelt ist, nachträglich geglättet. Grundsätzlich sollten jedoch vor Beginn der Korrektur die verschiedenen Radiermittel und ihre Ergebnisse an einem Muster probiert werden.

Schriftmontage Für Graphiker, Typographen, Layouter und Schriftenmaler ist die Montagetechnik ein unentbehrliches Hilfsmittel, um aus Einzelbuchstaben, Worten und Zeilen gut ausgeglichene Skizzen, reproreife Originale, maßstabgerechte Layouts oder wirkungsvolle Beschriftungen rasch herstellen zu können. Die dazu benötigten Schriftvorlagen liefert in sehr großer Auswahl und hoher, reproreifer Qualität der Photosatz (Seite 135ff). Diese vorhandenen Schriften können in jeder gewünschten Größe projiziert werden.

Zum Schneiden der Buchstaben dienen Schere, Messer oder Schneidefedern; zum Anordnen und Gestalten der Skizzen Lineal, Typometer und Stechzirkel; zur Montage maßhaltendes liniiertes Papier oder Karton; zum Befestigen entsprechende Klebstoffe und zum Anreiben ein Falzbein. Wasserlösliche Klebstoffe sind nicht zu empfehlen, da das Papier wellig wird. Zum Experimentieren eignet sich »Fixogum«, ein Klebstoff, der nicht

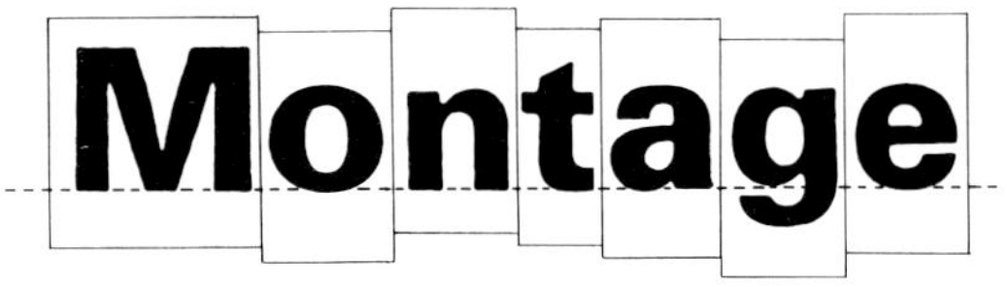

Montage von Einzelbuchstaben

allzu fest haftet und Korrekturen ermöglicht. Zur Fertigmontage wird am besten ein Kleber auf Kunstharzbasis verwendet.

Anreibeverfahren Eine weitere Möglichkeit der Schriftmontage bieten die Anreibeverfahren. Hier werden die einzelnen, auf eine Trägerfolie gedruckten und selbsthaftenden Buchstaben direkt auf das zu beschriftende Material übertragen. Die Anreibeschrift gibt es nahezu in allen Schrift- und Stilarten, in vielen Größen und Farben. Ohne jede Vorarbeit sind die Schriften jederzeit schnell, leicht, sauber und reproreif zu verarbeiten, unproblematisch zu korrigieren und mit fast allen anderen Gestaltungsmethoden zu kombinieren.

Vor dem Übertragen der einzelnen Buchstaben auf den sauberen und trockenen Werkstoff wird mit einem harten Bleistift oder einer Nadel eine Standlinie gezogen, die eine regelmäßige Höhe der aneinanderzureihenden Schriftzeichen garantiert. Nun wird die beschriftete Folie oder das rückseitig angebrachte Schutzpapier aufgelegt, der Buchstabe in die richtige Position gebracht (Unterkante auf Standlinie) und vorsichtig mit einer Anreibekugel (für kleinere Schriften) oder einem Anreibelöffel (für mittlere Schriften und größere Flächen) angerieben. Sobald er grau erscheint, hat er sich von der Trägerfolie auf den Untergrund übertragen. Der richtige Buchstabenabstand wird durch ein vorgedrucktes Spationierungssystem markiert (ein Muster vor Seite 203).

Nach Prüfen und Korrektur des auf diese Weise entstandenen Schriftbildes folgt das Nachreiben beziehungsweise -glätten, damit sich die Buchstaben fest mit dem Untergrund verbinden. Zur Korrektur angeriebener Buchstaben wird bei empfindlichen Papieren ein weicher Gummi, bei unempfindlichen ein Streifen Tesafilm oder -folie verwendet, der nur leicht angedrückt wird und mit dem Abziehen die fehlerhafte Schrift schnell und spurlos entfernt. Das speziell präparierte Schutzpapier wird nach dem Ende des Arbeitsvorgangs wieder unter die Trägerfolie gelegt.

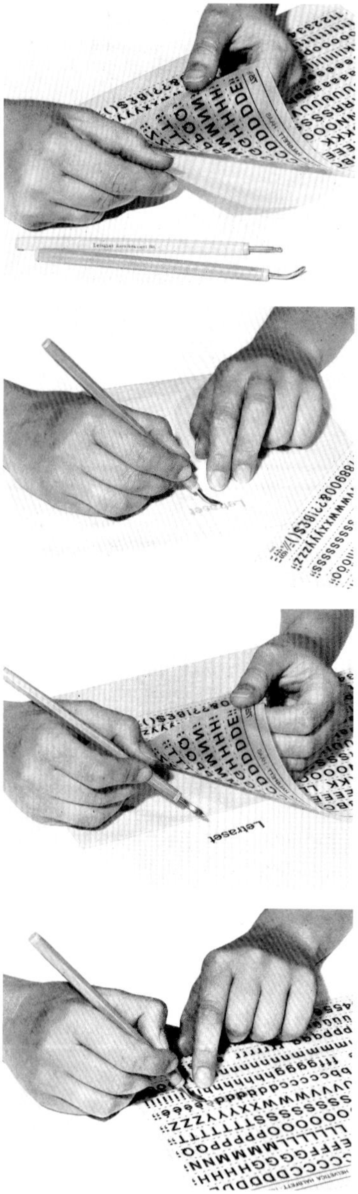

Verarbeiten einer Anreibeschrift

Durch seine unkomplizierte Anwendung eignen sich die Anreibeverfahren besonders für Ungeübte, die noch wenig Erfahrung im Umgang mit der Schrift und ihrer Gestaltung haben.

Schriftenmalen ist eine herkömmliche Technik, die während der Ausbildung in den Fach- und Berufsschulen gelehrt wird. Auf diesen Vorkenntnissen aufbauend, können sich besonders Begabte zum Schriftenmaler spezialisieren. Die Buchstaben werden auf Transparentpapier gezeichnet und in den Konturen mit einem Pausrädchen nachgefahren. Dabei entstehen in Abständen von 3 mm winzige Löcher im Transparentpapier. Mit einem Pausbeutel, der mit Holzkohlenstaub gefüllt ist, wird der Buchstabe auf den Untergrund übertragen. Der Kohlenstaub dringt durch die Löcher im Transparentpapier und markiert den Buchstabenumriß auf dem Untergrund. Diese Kontur wird nun mit Farbe nachgezogen und anschließend der Buchstabe ausgemalt. Dazu dienen Pinsel unterschiedlicher Arten und Größen. Zum sicheren Führen der Hand kann ein Malstock verwendet werden.

In der gleichen Technik werden auch Stofftransparente beschriftet, die vorher auf eine Holzwand oder einen Rahmen gespannt werden. Hier ist auch ein direktes Skizzieren auf den Stoff und anschließendes Ausmalen mit dem Pinsel möglich. Wird jedoch der Text mehrmals benötigt, so ist der Weg über das Durchpausen besser. Zum Ausführen der Schrift werden Spezialstoff- und Dispersionsfarben verwendet. Planen für LKWs aus Gewebe oder Kunststoff werden in der gleichen Art und mit den gleichen Farben beschriftet. LKW-Kunststoffplanen mit PVC-Farben. Diese Technik wird in der Hauptsache bei größeren Beschriftungen angewandt, z. B. Bautafeln, Fassaden, Werbeflächen.

Der Schriftenmaler zieht jedoch für beständige wertvollere Beschriftungen das *Schneideverfahren* vor; diese Technik ermöglicht sehr scharfe Buchstabenkanten. Über den zu beschriftenden Untergrund wird eine selbsthaftende Folie gelegt und darauf die Schrift gepaust oder gezeichnet. Anschließend wird sie mit einer Schneidefeder oder einem Messer ausgeschnitten und entfernt. Die verbleibenden, negativ stehenden Buchstaben in der Folie werden nun mit Farbe ausgelegt. Die Farbe kann durch unterschiedliche Methoden – durch Spritzen, mit dem Pinsel oder einer Lammfellwalze – aufgetragen werden. Nach anschließendem Abziehen der Folie steht die Schrift randscharf, gleichmäßig deckend und positiv auf der Grundfläche. Soll die Schrift negativ sein, so bleiben die vorgeschnittenen Folien-Buchstaben stehen, und die umgebende Folie wird vor dem Farbauftrag abgezogen. Selbstklebende Folien sind aus Kunststoff,

Verarbeiten einer Schrift in Schneidetechnik

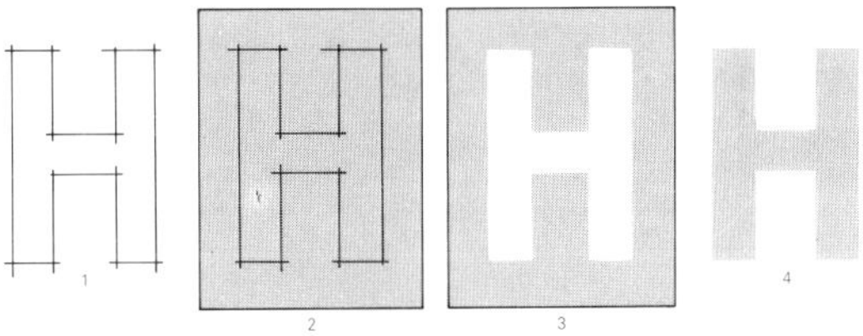

Schriftschneidetechnik: 1 Vorzeichnen der Buchstabenkontur 2 Darübergelegte Folie 3 Buchstaben-Negativ 4 Buchstaben-Positiv

Metall oder aus einem Spezialpapier. Sie können auch flüssig aufgetragen werden und bilden nach dem Trocknen eine nur oberflächlich haftende, leicht abziehbare Farbschicht. Die Schriftfarbe wird auf den Grundanstrich abgestimmt, das heißt, gleiche Farbzusammensetzung für Untergrund und Schriftmalerei. Schöne und gleichmäßige Oberflächen werden nur durch das Spritz- oder Aufwalzverfahren erzielt; die Streichtechnik eignet sich nur bei kleineren Schriften und besonderen Farben.

Für die Hinterglasbeschriftung wird die Schrift in der beschriebenen Schneidetechnik spiegelverkehrt auf die Folie aufgepaust und ausgeschnitten. Dauerhaft auf Glas haften nur Spezial-Glasschilderfarben, die allerdings den Nachteil haben, daß sie sehr langsam trocknen.

Folien-Buchstaben Vorgestanzte, formstabile, selbstklebende Buchstaben in lichtbeständigen Farben aus Kunststoff- und Metallfolien sind vielseitig einsetzbar und werden in zunehmendem Maße für Außen- und Innenbeschriftungen verwendet. Ihre Montage ist einfach, sauber und zeitsparend. Sie kann nach zweierlei Arbeitsmethoden erfolgen: Beim direkten Montieren werden die einzelnen Buchstaben ohne Schutzschicht auf einer vorgezogenen Grundlinie nach maßstabgerechter Skizze, auf der die Schrift genau angeordnet ist, nacheinander auf eine saubere und trockene Fläche geklebt: Wort für Wort, Zeile für Zeile. Beim zweiten Verfahren werden die einzelnen Buchstaben zunächst auf einer selbstklebenden Montagefolie spiegelverkehrt, also mit der Vorderseite von rechts nach links, aufgelegt. Das aufgedruckte Rasternetz dieser Folie erleichtert die Vormontage und genaues Anordnen der Buchstaben. Nun wird

Folien-Buchstaben in Kästchen sortiert

Verarbeiten von Folien-Buchstaben auf liniierter Unterlage

Zuschneiden vorgezeichneter, nicht am Markt erhältlicher Sonder-Buchstaben aus Folien

die Schutzschicht der Buchstaben abgezogen und die umgedrehte Montagefolie im seitenrichtigen, vorher genau markierten Stand auf die Fläche gelegt und die Buchstaben von der Mitte nach außen angedrückt. Anschließend läßt sich die nur leicht klebende Montagefolie problemlos entfernen. Ein Musterblatt nach Seite 264.
Klebebuchstaben werden vielseitig angewandt:

- auf Fahrzeugen aller Art
- in der Industrie
- im Haushalt
- auf Geräten
- auf Schildern
- auf Messeständen
- in Aufzügen
- auf Bautafeln

Nicht auf dem Markt erhältliche Schrifttypen, Firmensignets oder Zwischengrößen können aus Klebefolien selbst hergestellt werden. Das vorgezeichnete Schriftzeichen oder die Marke wird spiegelverkehrt auf das rückseitige Schutzpapier der Folie übertragen, die Folie anschließend mit der Vorderseite auf eine Glasplatte, die als Schneideunterlage dient, gelegt und der Buchstabe zügig und gleichmäßig mit einem Messer ausgeschnitten. Metall- und Kurvenlineale können die Arbeit erleichtern.
Bei nicht haftenden Folien wird die Schriftzeichnung mit einem Spezialstift seitenrichtig übertragen; bei durchscheinenden Folien wird sie seitenrichtig unterlegt und durchgezeichnet oder direkt nach der Kontur geschnitten. Je nach Stärke und Beschaffenheit der Folie genügt auch ein Anritzen, um hinterher den Buchstaben auszubrechen. Zum Schneiden einwandfreier Kreisbogen dient ein Stechzirkel, dessen eine Spitze messerartig zugeschliffen ist. Wird Papier oder Karton als Werkstoff verwendet, so reicht ein Anritzen nicht aus.
Um saubere Kanten zu erzielen, muß der Schnitt in einem Zug und bis zur Schneideunterlage erfolgen. Unsaubere Stellen können vorsichtig mit feinkörnigem Sandpapier ausgeglichen werden. Der Fachmann schneidet die Schriftzeichen freihändig aus. Wird der gleiche Buchstabe mehrmals benötigt, so können Folienstücke, zwischen Karton oder Holz gelegt, in einem Arbeitsgang mit der Dekupiersäge ausgeschnitten werden. Der Vorgang läuft folgendermaßen ab: In der gewünschten Schriftgröße werden Folienstücke und entsprechend dazu Holz- oder Kartonteile zugeschnitten. Die Folienstücke werden nun lagenweise zwischen die ihnen angepaßten Holz- oder Kartonteile gelegt. (Besonders geeignet sind 5–6 mm dicke Sperrholz- oder Hartfaserplatten, die sich zum Sägen besser eignen als Karton.) Auf der obersten Platte wird das Schriftzeichen aufgezeichnet oder die Zeichnung mit Sprühkleber aufgeklebt. Jetzt können in einem Arbeitsgang mehrere Buchstaben ausgesägt werden.
Schablonenbeschriftung Soll eine Schrift mehrmals in einem Arbeitsgang aufgetragen werden, wie es zum Beispiel bei Schriftzeilen auf Verpackungen, auf Kisten, auf Maschinen geschieht, werden Schrift-

SCHABLONEN

Muster verschiedener Buchstaben für Schriftschablonen

schablonen angefertigt. Das Verfahren ist das gleiche, wie beim Schneiden der Folie für einzelne Buchstaben beschrieben (Seite 208). Da jedoch bei allen Buchstaben die formbildenden Quer- und Schrägstriche beziehungsweise die Binnenräume durch schmale Verbindungsstege vor dem Herausfallen zu sichern sind, können nur bestimmte Schrifttypen zu schablonengerechten Formen umgestaltet werden. Am besten eignen sich Antiquaschriften und jene Schrifttypen, die aus kräftigen Ab- und dünneren Verbindungsstrichen bestehen; sie sind für das Erkennen weniger wichtig und werden ohnedies vom Auge beim Lesen ergänzt. Die Lücken der Stege wirken sich daher kaum als störend aus. Die Farbe wird durch Überwalzen, Überstreichen oder Überspritzen aufgetragen. Randscharfe Konturen sind nur bedingt möglich.
Jede Schrift ist auf ihre Eignung als Schablonenschrift zu prüfen, und vor dem Schnitt sind die erforderlichen Haltestege zu markieren. Eine Ausnahme bilden die Schablonen für den Siebdruck; sie brauchen keine Haltestege, da die einzelnen Buchstaben auf den Druckträger, ein durchlässiges, feinmaschiges Gewebe, aufgeklebt werden (Seite 211).

Schreiben mit der Schablone Mit Schriftschablonen ist ein exaktes Beschriften möglich. Man kann mit einem Feinminenstift (Faber 9705 oder Standardgraph SF 05), einer Röhrchenfeder oder mit einem Spezial-Tuschefüller (Rotring oder Stano-pen 0,5 mm) die Buchstaben nachziehen. Die im Bild gezeigte Schablone hat die Isonorm-Schrift Typ B nach DIN 6776 und eignet sich, mit Tuschefüller geschrieben, zur Mikroverfil-

Aussägen der Figur einer plastischen Schrift in Kunststoff

Aussägen einer Buchstaben-Figur aus Styropor: Der Buchstabe wurde zuvor aus Karton ausgeschnitten und auf das Styropor geheftet

mung. Schriftschablonen sind in etwa 30 Schriftarten und in Größen von 1,4 bis 50 mm erhältlich. Verwendung finden sie in vielen Arbeitsbereichen und Berufen: für technische Zeichnungen, Pläne, Statistiken, für das Beschriften von Ordnern oder Akten. Schon nach kurzer Zeit kann auch der Ungeübte mit der Schablone umgehen und saubere Schriften herstellen.

Plastische Schrift Schriftfachleute und Laien benützen die plastische, aus unterschiedlichen Werkstoffen (Holz, Metall, Kunststoff, Acrylglas, Styropor) gesägten, gestanzten oder gegossenen Schriftzeichen immer häufiger zur Schriftgestaltung. Diese montagefertigen und über den Fachhandel zu beziehenden Buchstaben sind besonders bei der Innen- und Außenwerbung vielseitig verwendbar. Bevor man die einzelnen Zeichen montiert, werden dünne Hilfslinien gezogen. Zum Kleben eignen sich handelsübliche

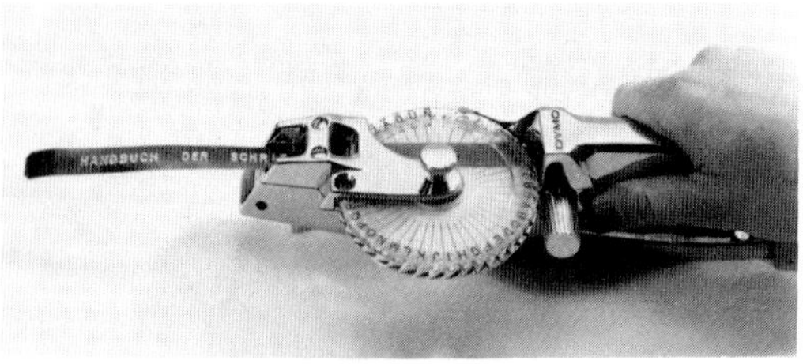

Geprägte Schrift auf Bändern

Spezialkleber, bei großen Formaten auch beidseitig beschichtete Klebebänder.
Einzelne plastische Buchstaben können durch Aussägen auch selbst hergestellt werden. Folgende Werkzeuge sind dazu nötig: Für dünnere Materialien (Holz, Metall, Acrylglas, Kunststoff, Schaumstoff) genügt eine Laubsäge, für stärkere eine Stich- oder die dafür besonders geeignete Dekupiersäge. Die Spezialsägeblätter müssen dem Material entsprechen. Weiterhin gehören ein Bohrer und zum Glätten der Kanten verschiedene Feilen und Schleifpapiere dazu.
Auf den Werkstoff, der vorher in handliche Stücke zugeschnitten worden ist, wird das auf Transparentpapier vorgezeichnete Schriftzeichen übertragen oder aufgeklebt. Werden mehrere Buchstaben gleicher Art benötigt, so ist es zweckmäßig, eine vorgeschnittene Schablone aus Karton zum Aufzeichnen zu

Stempeltechnik für einfache Plakate und Schilder

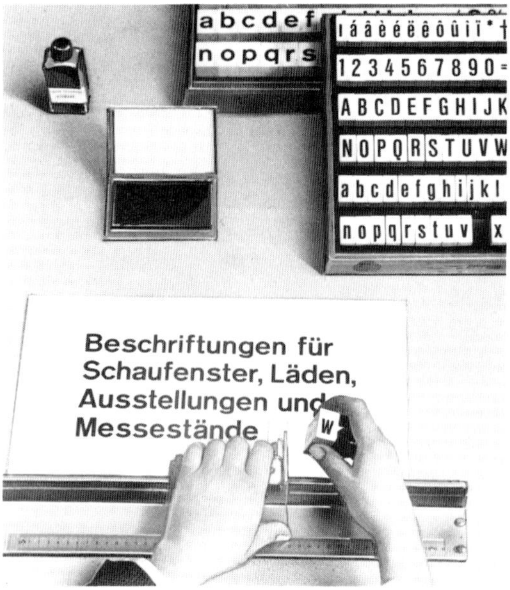

benützen. Es können auch mehrere Lagen des gleichen Materials aufeinander genagelt oder leicht lösbar verleimt werden, um mit einmaligem Sägen die entsprechende Anzahl gleicher Buchstaben zu erhalten. Dies ist jedoch nur mit einer Dekupiersäge möglich.
Bei kleineren Buchstaben werden zuerst die Binnenformen ausgesägt. Dazu wird das Sägeblatt durch ein vorgebohrtes Loch eingeführt. Danach werden die Außenkonturen gesägt. Bei größeren Buchstaben wird umgekehrt verfahren.
Schrift auf geprägten Bändern Jeder kennt die Schrift, die mit einer Prägezange oder einem Prägeautomaten auf einem farbigen Band eingeprägt wird und negativ weiß erscheint. Diese Schrift genügt einfachsten Ansprüchen; sie wird in Büros, im Haushalt und in technischen und kaufmännischen Betrieben verwendet. Erhältlich ist das Werkzeug in den Fachgeschäften.
Stempeltechnik Plakate, Preis- oder Hinweisschilder, Schriften für ein Schaufenster oder für einen Messestand werden mühelos, schnell und sauber mit der Schrift aus dem Stempelkasten gedruckt. Ein Untersatz mit einer Anlageschiene und einem einfachen Maßsystem nimmt den Druckträger (Stempel) auf. An der Anlageschiene befindet sich eine Arretiervorrichtung. Die gewünschte Type wird nun auf dem Stempelkissen eingefärbt, im entsprechenden Winkel der Anlageschiene angelegt und auf den Werkstoff gedruckt. Der richtige Buchstabenabstand ist am Schieber ablesbar. Die Typen werden von Zeit zu Zeit gereinigt, um ein sauberes Schriftbild zu erzielen. Stempeldruck gibt es in verschiedenen Schriftgrößen und -arten.
Holz-, Linol- und Bleischnitt Eigenwillige, künstlerisch reizvolle Schriftlösungen sind im Holz-, Linol- und Bleischnitt zu erzielen. Da die Technik nicht einfach ist, sind Übung und Erfahrung im Umgang mit dem Werkzeug erforderlich.
Die Schnitte (positiv oder negativ) stellen, ähnlich der gegossenen Letter, den Druckträger dar und müssen deshalb seitenverkehrt geschnitten werden. Die Oberfläche des Werkstoffs wird je nach Farbton mit einer hellen oder dunklen Temperafarbe dünn überzogen, da sich durch den entstehenden Farbkontrast der Schnitt besser kontrollieren läßt. Auf diese Oberfläche wird die genaue Zeichnung seitenverkehrt übertragen. Beim

DIES SIND DIE KLASSISCHEN FORMEN DER RÖMISCHEN SCHRIFT

Schreiben mit der Bandzugfeder. Die klassische Antiqua nach dem Vorbild der römischen »Capitalis Quadrata« ist die einfachste Antiquaschrift, die der Kunstschrift-Interessierte nach der Blockschrift übt

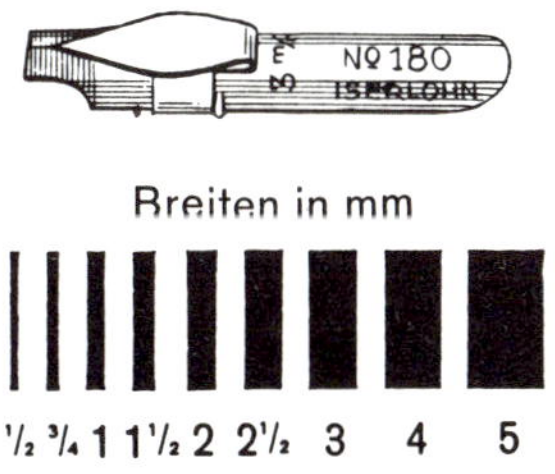

Die Federn für Bandzugschrift: Brause-Bandzugfedern Nr. 180 sind in den Breiten 1/2 mm bis 5 mm im Fachhandel erhältlich.

Beilage zu Bruckmann's Handbuch der Schrift, Verlag F. Bruckmann KG, München

DIE BLOCKSCHRIFT BAUT SICH AUF DEN EINFACHSTEN GEOMETRISCHEN FORMEN WIE KREIS, DREIECK, QUADRAT AUF

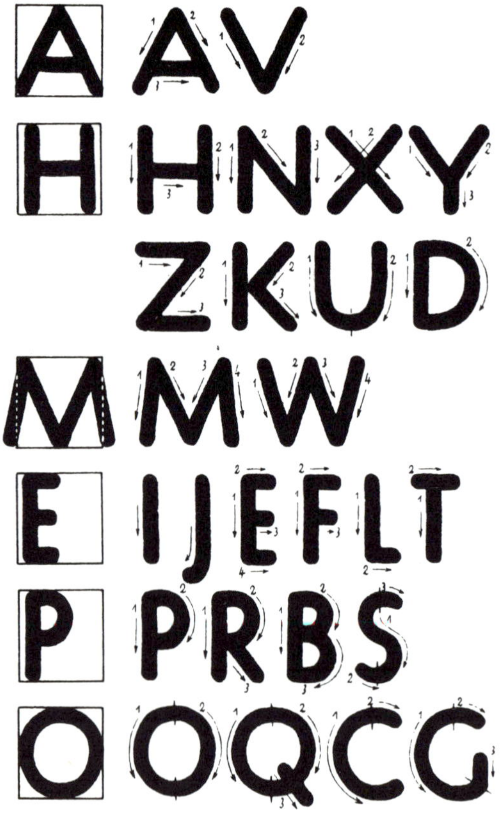

Blockschrift schreiben – auch heute im Zeitalter der fotografischen Übertragung und der gestanzten Fertigbuchstaben immer noch die klarste und preiswerteste Form zum eigenhändigen sauberen Beschriften. Grundlage für jede weitere Arbeit in der künstlerischen Schriftgestaltung

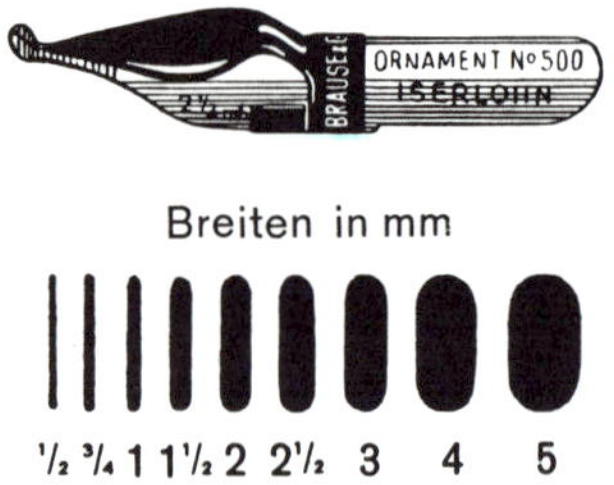

Die Federn für Blockschrift: Brause-Ornamentfedern Nr. 500 sind in den Breiten von 1/2 mm bis 5 mm im Fachhandel erhältlich. Unser Beispiel ist geschrieben mit einer 2 mm breiten Feder.

Positivschnitt werden nun mit einem Messer oder Geißfuß die Konturen der Buchstaben schräg nach außen bis zur erforderlichen Tiefe vorgeschnitten und anschließend das umgebende »Fleisch« mit einem Hohleisen vorsichtig herausgestochen. Wichtig dabei ist, daß dünne Linien und Stege nicht unterschnitten werden, da sie sonst beim Druck leicht ausbrechen. Beim weniger schwierigen Negativschnitt wird das Schriftzeichen vertieft, die Fläche bleibt erhalten.

In der gleichen Technik und mit den gleichen Werkstoffen können auch seitenrichtige Schrifttafeln gestaltet werden, die entweder als Originale oder als Gußmodelle dienen. Bei diesen Schriftreliefs ist jedoch ein nachträgliches Überarbeiten des Untergrunds erforderlich, damit sich die Buchstabenformen stärker abheben.

Schriftgestaltung im Siebdruck Der Siebdruck bietet fast unbegrenzte Möglichkeiten im Bedrucken der verschiedensten Materialien. Deshalb hat sich auch der Schriftfachmann diese Technik zu eigen gemacht. Hier wird die Schrift auf photographischem Weg auf das Sieb übertragen, das als Druckträger dient. Durch die Intensität der Siebdruckfarben erhält das Schriftbild einen besonderen Reiz und dadurch eine große Werbewirksamkeit. Weitere Information in der Literatur (Seite 268f).

Schrift in Stein Der exakt durchgezeichnete Schriftentwurf wird auf den Stein übertragen und anschließend fixiert oder die Buchstaben mit einem Diamant nachgezogen. Bei keilförmig-vertiefter Schrift beginnt das Heraushauen mit dem senkrechten Buchstabenschaft durch wechselseitiges »Einbeizen« mit dem Meißel, bis die Außenkanten scharfkantig ausgeführt sind und der vertiefte Schriftgrad genau in der Mitte verläuft. Im gleichen Arbeitsrhythmus folgt anschließend das Bearbeiten der waagrechten Balken, dann der Rundungen und zuletzt der Balkenenden, der Serifen, die je nach dem Duktus der Schrift verschieden sein können. Beispiele Seite 251.

Bei erhabener Schrift wird die umgebende Fläche zurückgearbeitet, der Buchstabe bleibt stehen und wirkt durch die entstandenen Schrägen vergrößert und organisch mit der Grundfläche verbunden.

Schriftreliefs können auch manuell im Metall-Drückverfahren, eine Art Gravur- oder Treibtechnik, gestaltet werden. Als Werkstoff

Steinmetz bei der Arbeit an einer Schrifttafel

dienen Metallfolien aus eloxiertem Aluminium oder dünne, weich gewalzte Messing- oder Kupferbleche bis zu 0,3 mm Stärke.

Die Werkzeuge für Schnur- oder Bandzüge in verschiedenen Stärken, Breiten oder Formen sind im Handel unter der Bezeichnung »Runer« erhältlich. Sie werden wie Schreibfedern gehandhabt. Die Werkzeuge dürfen keine scharfen Spitzen oder Kanten haben. Das Metallblech wird auf eine glatte und nicht zu harte Unterlage gelegt. Vertiefte, negative Schriften werden seitenrichtig in die Vorderseite der Folie gedrückt oder »gra-

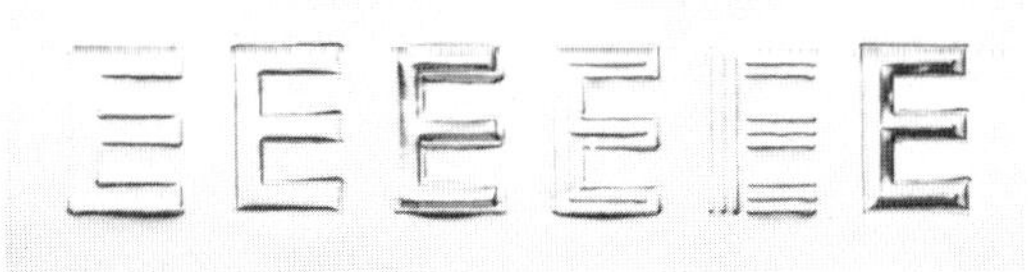

viert«; plastische, erhabene Schriften seitenverkehrt in die Rückseite. Je nach Größe des Buchstabens und Dehnbarkeit des Metalls lassen sich Höhe und Tiefe des Schriftbildes individuell steigern, auch durch die Art der Unterlage. Mit dieser manuellen Technik wird eine eigene Schriftlösung erzielt, die sich von den industriellen abhebt.

Schriftgravuren werden mit Hilfe eines Stichels in Edel- und Buntmetalle, Stahl, Stein oder in andere harte Werkstoffe gearbeitet. Das »Anreißen« des vorgezeichneten oder aufgepausten Schriftentwurfs geschieht mit einer Radiernadel. Feine Linien werden mit dem Spitz-, breitere mit dem Flachstichel eingegraben, Punkte mit dem Bollstichel

herausgestochen. Kreise werden mit dem Zirkel vorgezogen und dann nachgeschnitten. Die Stichelführung geschieht in der Regel nach links. Alle Stichel sollen sorgfältig geschliffen und poliert sein. Mißglückte Linien, von Fachleuten »Rutscher« genannt, können mit einem scharfkantigen Schaber, kleinere Fehler mit dem Polierstahl ausgebessert werden.
Schriftgravuren für den Druck werden in zunehmendem Maß durch maschinelle, chemische und photographische Verfahren abgelöst. Nur für bestimmte Originaldruckverfahren wird noch die handwerkliche Schrifttechnik angewandt, so die Stahl-, Kupfer- und Steingravur für den Farbstichdruck und der Stahlstich für Blindprägungen bei Urkunden, Banknoten, Briefmarken, Landkarten, Aktien und Geschäfts- oder Privatdrucksachen. Diese Gravuren erscheinen im Druckträger vertieft und seitenverkehrt. Eine Ausnahme bildet der Metall-Prägestempel, mit dem Gold-, Farb-, Folien- und Blindprägungen für Bucheinbände oder Glückwunschkarten ausgeführt werden. Das Schriftbild wird auch hier seitenverkehrt, jedoch erhaben graviert.

Schrift in der Handbuchbinderei Einfache Schriftprägungen für Bucheinbände lassen sich mit Bleilettern, aber besser, da heiß geprägt wird, mit in Messing gravierten Einzeltypen, dem sogenannten Stempel, durchführen. Die Anordnung der Schrift geschieht nach den typographischen Regeln.
Für individuelle Schriftlösungen wird der Linien- und Bogensatz zu Hilfe gezogen, ein Sortiment aus geraden und gebogenen Linienstücken in unterschiedlichen Längen und Stärken. Mit diesem Werkzeugsatz können beliebige Schriftzüge in Leder geprägt werden, sofern sich die Vorlage technisch mit dem Liniensatz übertragen läßt. Der Entwurf wird auf dünnes, aber zähes Japanpapier übertragen, die Ansätze der Linien- und Bogenteile markiert und nun mit der auf das Leder gespannten Vorlage die Schrift heiß aufgeprägt. Anschließend folgt das Nachprägen bis zur gewünschten Farbnuance als Blindprägung, als Variante die Blattgoldprägung (Bild Seite 253).
Ein anderes interessantes Verfahren ist der Lederschnitt. Als Material dient kerniges Kalbs- oder Rindleder, das mit dem Messer angeritzt wird. Der Schriftentwurf wird über das angefeuchtete Leder gespannt und die Buchstabenkonturen mit einem Metallstift in das Leder gedrückt. Anschließend werden die Konturen mit einem spitzen, scharfen Messer vorsichtig und oberflächlich nachgeschnitten. Beim erneuten Anfeuchten quellen die Schnittlinien auf und können mit einem Metallstift oder einem Modelliereisen nachgezogen, vertieft und geglättet werden.

Leuchtschriften Ein wichtiges Arbeitsgebiet des Schriftfachmanns ist die Lichtwerbung, die sich durch ihre vielseitige Anwendung und ihre wirkungsvolle Aussagekraft aus unseren Städten nicht mehr wegdenken läßt. Drei Techniken sind zu unterscheiden:

Reflektiertes Licht Die einfachste Form der Lichtreklame wird mit reflektiertem Licht erzeugt. Mit einem Scheinwerfer oder von einer Lichtquelle aus werden Werbeschriften an Häuserfassaden, Werbetafeln oder Bilder angestrahlt. Dabei entsteht ein reizvoll belebender Effekt aus Licht und Farbe, vor allem, wenn mehrere Lichtquellen mit unterschiedlichen Farben das Schriftobjekt gleichzeitig beleuchten.

Direktes Licht Buchstaben in Form von Leuchtröhren stellen hier die Lichtquelle und zugleich das Schriftbild dar. Allgemein wird heute die Hochspannungs-Leuchtröhre (vom Laien auch als Neonröhre bezeichnet) verwendet; dies ist eine luftdichte, mit Edelgas gefüllte Glasröhre, an deren Ende Elektroden angeschmolzen sind. Glühlampen werden noch für Wanderschriften (bewegte Schriftwerbung) benutzt.

Reliefkörper Eine weitere Form der direkten Leuchtschrift sind die Reliefkörper: Ein Gehäuse aus Metall oder Acrylglas in Form der Buchstaben enthält die Leuchtröhren samt elektrischer Installation. Auf diese Weise wird eine besonders plastische und abgegrenzte Leuchtwirkung des Schriftbildes ermöglicht.

Indirektes Licht Hier werden Buchstabenkörper, die mit Leuchtstoffröhren versehen sind, in entsprechendem Abstand zur Wand montiert. Das in Richtung Hintergrund ausströmende Licht läßt den Schriftzug als Schattenbild vor dem hellen Hintergrund erscheinen.

Anwendungen von Lichtwerbung auf der Seite 255.

Schreiben - eine Kunst

Schriftschreiben und -zeichnen ist auch heute eine verbreitete und wichtige Ausdrucksform des schöpferisch tätigen Künstlers und Handwerkers, aber auch für viele Laien. Die Kenntnis der *Grundalphabete* der verschiedenen, mit der Feder geschriebenen Schriftarten ist Voraussetzung für jede Schriftgestaltung. Sie zu erlernen ist wichtig; sie sind ja auch Vorbild jeder gezeichneten oder konstruierten Schrift. Zweckmäßig ist es, mit den strengen, geometrischen Schriften der Antiqua zu beginnen, da sich bei ihnen Form und Rhythmus deutlich zeigen; erst später geht man zu freieren Schreibformen über.

Jede Schrift wird zunächst groß mit einer breiten Feder geschrieben; denn nur so kommt der eigentliche Charakter der geschriebenen Buchstaben voll zum Ausdruck, werden Formfehler deutlich erkennbar. Von besonderer Bedeutung ist die Federführung. Leicht und gleichmäßig soll die Feder über das Papier gleiten. Die Haltung soll so bequem und locker sein, daß die Schreibbewegung der Hand allein genügt, um jeden Federstrich ohne Druck auszuführen. Nur auf diese Weise kommen zügig und flüssig geschriebene, unverkrampfte Buchstabenformen zustande.

Beim Schreiben einer Schrift, ob gerade oder kursiv, ist darauf zu achten, daß das Übungsheft oder das vorliniierte Papierblatt stets gerade liegt. Die Buchstaben und Zwischenräume werden gleichmäßiger, das Geschriebene läßt sich leichter überblicken, der Schriftrhythmus und die Buchstabenverteilung sind besser zu kontrollieren.

Das *Erlernen einer Schriftart* geschieht nach einer Schriftvorlage. Zunächst werden die Buchstaben des Alphabets einzeln geübt, so lange, bis die verschiedenen Formen frei aus der Feder fließen. Formal mißlungene Buchstaben werden beim Üben nicht verbessert. Sie bleiben zur Kontrolle stehen, wie sie ausgefallen sind, und werden erneut geschrieben.

Anschließend folgt das Schreiben eines Textes in einem vorbestimmten Feld, Wort an Wort ohne Abstände; denn nicht der Einzelbuchstabe oder die Folge im Alphabet vermittelt den richtigen Eindruck einer Schrift, sondern die unterschiedliche Reihung der Buchstaben im Wort, in der Zeile, im zusammenhängenden Text. Sind die Abstände der aufeinanderfolgenden Buchstaben richtig gewählt, so ergibt sich ein geschlossenes Schriftbild mit einem gleichmäßigen Grauwert. Fehler und Mängel im Schriftausgleichen zeigen sich deutlich, wenn das Blatt auf den Kopf gestellt oder im Spiegel betrachtet wird. Ist dieses Ziel erreicht, wird mit Wortzwischenräumen geschrieben. Um Löcher im Zeilen- und Schriftbild zu vermeiden, dürfen die Abstände nicht zu groß und nicht zu klein sein. Der richtige Wortzwischenraum dürfte beim Schriftschreiben der doppelten Breite der Buchstabenabstände einer Schriftart entsprechen.

Der Zeilenabstand richtet sich nach der Schriftart, der Größe und Höhe, der Zeilenlänge und dem Textumfang. Versalien oder Schriften mit kurzen Ober- und Unterlängen benötigen einen engeren, solche mit längeren einen breiteren Zwischenraum. Ober- und Unterlängen sollten sich nicht berühren und überschneiden. Die links und rechts gezogenen Begrenzungslinien des Schriftfeldes werden beim Schreiben nach Möglichkeit eingehalten. Nur selten laufen aber die Zeilen eines Textblocks am Ende gleich aus. Diese Unregelmäßigkeiten in Art eines »Flattersatzes« wirken bei einer Handschrift nicht störend. Auf keinen Fall dürfen die letzten Buchstaben einer Zeile oder das letzte Wort gepreßt oder gedehnt werden, um gleichmäßige Zeilenlängen zu erhalten.

Das Vorskizzieren der Buchstaben mit einem Bleistift soll unbedingt vermieden werden; jede Federschrift nimmt einen anderen Raum ein, und jedes zaghafte, ängstliche Nachschreiben einer vorgezeichneten Linie beeinflußt den Schriftrhythmus und Duktus ungünstig. Jede Schrift soll frei und zügig geschrieben werden. Sie wirkt dann frisch und lebendig und nimmt nach längerem Üben den individuellen Charakter einer *persönlichen Handschrift* an.

Abwechslungsreich und interessant wird das Schriftschreiben und lebendig das Schriftbild, wenn zweispaltige Kolumnen, verschieden große Felder und einzelne Zeilen abwechselnd im gleichen Grad fett und mager oder in unterschiedlichen Größen und Stärken geschrieben werden. Auch die *Verwendung einer Buntfarbe* bringt Abwechslung in das Schriftbild. Stets wird dabei darauf geachtet,

△ Blockschrift als Schnurzug, aufgebaut aus Quadrat, Dreieck, Kreis (Plattenfeder)

Wechselzug-Antiqua (Breitfeder) ▽

Lateinische Kursive (schmale Bandzugfeder)

Lateinische Schreibschrift, nachträglich überarbeitet (Plattenfeder)

△ Persönlich gestaltete Mischform in der Art einer Bastard-Schrift (Breitfeder)

Unziale (Breitfeder) ▽

Gotisch in der Art einer Textur (Breitfeder)

Rundgotisch in der Art einer Rotunda (Breitfeder)

Fraktur in einer Art des 16. Jh. (Breitfeder)

daß bei diesen Versuchen die Kontraste in Form und Farbe genügend betont, aber nicht übertrieben werden, um wirkungsvolle, auch gegensätzliche Schwarzweiß- und Farbeffekte zu erzielen.

Erst wenn die Grundalphabete beherrscht und flüssig geschrieben werden, kann zu kleineren und zierlicheren Schriftgrößen, die sehr reizvoll wirken können, übergegangen oder mit dem Variieren der einzelnen Buchstaben begonnen werden. Allerdings sollen bei diesen persönlichen Abwandlungen Stil, Charakter, Leserlichkeit und Formschönheit nicht zu kurz kommen. Beim fortwährenden Schreiben selbsterarbeiteter Schriftzeichen wird so ihr Charakter besonders geprägt und der Duktus individuell beeinflußt. Das Ziel einer eigenen persönlichen Schrift erfordert Zeit und Ausdauer. Es erinnert in vielem an den Übergang der Schulschrift in die ausgeprägte Handschrift des Erwachsenen. Schriftschreiben ist ein beglückendes Erlebnis.

Schrift als Gestaltungselement

Gerade im heutigen Zeitalter der Elektronik werden Schrift und Typographie zu wichtigen Medien der Kommunikation, die sich gegenüber Funk und Fernsehen, Film, Schallplatte, Kassette und Tonband im gesellschaftlichen Leben wohl behaupten können. Das Interesse an gründlicher Sachinformation nimmt allgemein zu. Es verbreitet sich immer mehr die Einsicht, daß die kurzlebige, wenn auch mitreißend dargebotene Belehrung und Aufklärung der elektronischen Medien nicht mit der Eindringlichkeit, Präzision und Beständigkeit des Gedruckten vergleichbar sind.

Die Funktion der Informationsvermittlung übernehmen im Druckwerk Text und Bild. Ihre hauptsächliche Bedeutung liegt darin, daß sie nicht nur genau und wirksam sind, sondern es auch dem Leser möglich machen, das Dargebotene schnell aufzunehmen. Dies gilt für das Buchstabenbild und die typographische Gestaltung im Buch, in einer Zeitschrift oder Zeitung ebenso wie für alle anderen Gebiete, in denen die Schrift eine dominierende Rolle spielt und rasch, überzeugend und nachhaltig unterrichten will. Zu diesen Bereichen zählt vor allem die Werbung in jeder Form, mit der wir täglich konfrontiert werden durch informierende, die Kauflust fördernde Inserate, Prospekte und Kataloge, durch zugkräftige, verheißungsvolle Plakate, aufklärende Beschriftungen und bunte Leuchtreklamen in der Nacht.

Damit nun das geschriebene Wort im Wettbewerb um die Aufmerksamkeit des Lesers und Beschauers gegenüber den anderen Medien bestehen kann, ist die Schriftwahl und ihre Lesbarkeit wichtig; entscheidender jedoch ist das Schriftbild, die Typographie im eigentlichen Sinn. Erst durch sie wird das Buchstaben- und Wortbild eines gegebenen Textes bewußt gestaltet, die Aussage über den eigentlichen Zweck der Lesbarkeit hinaus beeindruckend und künstlerisch vermittelt. Von einer angewandten Schrift geht somit eine psychologische Wirkung aus, die jeder Schriftgestalter bei seiner Arbeit mit einberechnet. Dies zeigt sich nicht nur bei der einmalig gestalteten Schrift in der bildenden Kunst und im Kunsthandwerk oder bei Texten, die lange Zeit bestehen sollen, beziehungsweise der Repräsentation dienen wie Inschriften, Urkunden, Schriftentwürfe für den staatlichen und kommunalen Bereich. Ebenso werden konsequent durchgeführte Schriftlösungen im Erscheinungsbild größerer Unternehmen, von der Marke über alle Drucksachen bis zur Fahrzeug- und Firmenbeschriftung, unter diesen Aspekten gestaltet; ferner Bücher von längerbleibendem Wert und weiter Verbreitung, schließlich alle jene Drucksachen, die in ihrer zeitgemäß modernen, auch bewußt modischen Aussage kurzlebiger Werbung dienen.

Mittel und Wege zur Schriftgestaltung

Schriftschreiben und Schriftsetzen sind handwerkliche Berufe und je nach Begabung bis zur Perfektion ausbaufähig. Die Schriftgestaltung aber, das zweckgebundene »Spiel« mit den Buchstaben, setzt zusätzliche schöpferische Fähigkeiten voraus, denn ihr Ziel ist es, dem Wort durch die Schrift künstlerischen Ausdruck zu verleihen.

Die künstlerische Formgebung bei einer angewandten Schrift ist mit unterschiedlichen Mitteln zu erreichen, deren Einsatz jedoch, vor allem angesichts der vielen Gestaltungsmöglichkeiten, die Photosatz und Anreibeverfahren heute bieten, gründliche Kenntnisse der gesamten Schrift verlangt. Zunächst ist die Frage zu stellen, für welchen Zweck die zu gestaltende Schrift verwandt werden soll; die Antwort darauf bestimmt im wesentlichen Schriftwahl, Schriftgröße, Aufbau und Anordnung und damit den Entwurf bis zur endgültigen Gestaltung.

Ist optimale Lesbarkeit erwünscht, so verlangt dies einen klaren, übersichtlich geordneten, oft konservativen Aufbau im Buchstaben-, Wort- und Satzbild. Stehen dagegen ornamentale Gestaltung oder Originalität im Vordergrund, so ist die Schrift damit ihrer ursprünglichen Funktion der Lesbarkeit weitgehend enthoben und den Gestaltungsmöglichkeiten sind weniger Grenzen gesetzt. Wird eine Schrift darüber hinaus einem bestimmten Produkt zugeordnet, um dessen Herkunft und Qualität visuell zu charakteri-

sieren, wie dies häufig in der Werbung geschieht, so übernimmt die Schrift eine zusätzliche Funktion. Durch ihr Bild weckt sie bestimmte Vorstellungen, bestätigt Erfahrungen und vorgefaßte Meinungen und überzeugt durch ihre Aussage.
Die unterschiedlichen Konsumgüter aus Industrie und Handel fordern daher ihnen adäquate Schriften. Zum Beispiel eignen sich für technische oder chemische Produkte moderne, sachlich nüchterne, mitunter sogar aggressive Schriften; für Erzeugnisse der Genuß- und Nahrungsmittelbranche ältere, vertrauenerweckende oder Tradition vermittelnde Schriften. Die bunte Palette aus Kosmetik und Mode schließlich verlangt neben eleganten, zart beschwingten, gelegentlich auch romantischen oder verspielten, meist rein modische Schriften. Ebenso braucht die Werbung im kulturellen Bereich, in Film, Fernsehen, Schallplattenindustrie, Fremdenverkehr, Presse und Buchgewerbe, trotz des reichen, durch Photosatz und Anreibeverfahren gebotenen Materials, immer wieder Schriftformen, die eigenständig sind und den Inhalt einer Schlagzeile oder eines Titels graphisch überzeugend ausdrücken.

Schriftgefühl

Schriftgefühl befähigt dazu, die geistige und bildliche Aussage der unterschiedlichen Schriftcharaktere zu erkennen, sie bewußt und themagerecht einzusetzen, um hernach ein Schriftbild sinngemäß gestalten und dadurch in seiner Wirkung steigern zu können. Die Schulung des Schriftgefühls ist also ebenso wichtig wie die manuelle Sicherheit im Schriftschreiben und -zeichnen oder das absolute Beherrschen aller typographischen Gestaltungsmöglichkeiten. Ein sicheres Gefühl für die Schrift löst ebenfalls das Problem des Schriftmischens (Seite 131), das Ausspielen unterschiedlicher Schriften, um durch ihre Gegensätzlichkeit die Textaussage zu vertiefen. Auch wenn ein Schriftkünstler neue Varianten der Grundalphabete finden oder eigene Ideen in stilreinen Buchstabenreihen verwirklichen will, sollte er über ein ausgeprägtes Schriftgefühl verfügen.

Schrift und Werkstoff

Papier in jeder Stärke und Farbe mit unterschiedlicher Oberflächenstruktur ist der Werkstoff für all jene Schriften, die tagtäglich in unübersehbaren Mengen mit der Hand und mit der Maschine geschrieben oder mit allen verfügbaren Typen in verschiedenen Verfahren gedruckt werden. Da Papier die Wiedergabe aller dieser geschriebenen, gezeichneten oder gedruckten Schriften, von der kleinsten bis zur größten, von der zarten, schwungvollen Kursive bis zur fetten Blockschrift in allen Schreib-, Mal- oder Drucktechniken ermöglicht, hängt die Wahl dieses universellen Werkstoffs lediglich von wirtschaftlichen oder ästhetischen Gesichtspunkten ab. Ganz anders verhält es sich mit den Schriften, die in künstlerischen oder handwerklichen Berufszweigen gebraucht und gestaltet werden. Es sind Schriften in unterschiedlichen Formen und Ausführungstechniken sowie in nahezu allen Materialien:

gemalt und montiert auf Tafeln und Wände
in Stein oder Holz gehauen und geschnitzt

in Metall gegossen, graviert, getrieben, geschmiedet, gestanzt und gesägt

in Glas geschliffen und geätzt oder aus Glasröhren für Leuchtreklamen geformt

aus Kunststoffen geformt, gestanzt und gesägt

in Textilien gestickt und gewebt, in Leder geschnitten, gepunzt oder geprägt

auf keramischen Erzeugnissen gemalt oder reliefartig aufgetragen.

Allen diesen zweckgebundenen Wortbildern geht ein geschriebener oder gezeichneter Entwurf voraus, je nach Können und Einfühlungsvermögen entweder frei oder nach den zahlreichen, heute verfügbaren Schriftvorlagen gestaltet. Da sich jedoch nicht alle Schriftformen in gleicher Weise für die verschiedenen Arbeitsverfahren und Werkstoffe eignen, ist es wichtig, bereits den Vorentwurf einer Schrift den Bedingungen anzupassen, die durch Material und das bearbeitende Werkzeug bestimmt werden. Werk- und materialgerechte Schriften setzen demnach genaue Kenntnisse des zu bearbeitenden Materials und der Arbeitsmethode, außerdem Erfahrung im Umgang mit dem Werkzeug voraus. Sie fordern neben gründlichem Wissen in der Schriftgestaltung ein geschultes Schriftgefühl, wenn die Arbeit künstlerischen Anforderungen genügen soll. Hervorragende Beispiele aus verschiedenen Aufgabenbereichen des künstlerisch tätigen Handwerks, historische und heutige, liefern den Beweis.

Giambattista Palatino: Aus »Gran volume«

Der Schienenstrang als Symbol für das Signet der Canadian National Railways

Firmenzeichen des amerikanischen Elektronik-Konzerns RCA: Die Zerlegung der Buchstaben erscheint auch im Signet

Symbol »Carte Bleue« für Scheckkarten. Entwurf Daniel Maurel, Paris

Zeichen für ein Ingenieurbüro. Entwurf Jesús Emilio Franco, Caracas

◁ ◁ »Frisch Fromm Fröhlich Frei« – das Signet der Turnbewegung von Turnvater Jahn. 19. Jh.

Typo-Signet aus der Ziffer 4. Entwurf Philipp Luidl

Marke für die Berliner Buchhandlung Amelang. Entwurf Georg Trump

Signet der israelischen Fluggesellschaft El Al, in lateinischen und hebräischen Buchstaben. Entwurf Otto Treumann, USA

Marke der Sparkassenwerbung, das S als Symbol für die Sparbüchse

Signet für die staatliche Baufirma in Venezuela »Centro Simon Bolivar«. Entwurf Jesús Emilio Franco, Caracas

Entwicklung eines Firmenzeichens für die Schreibmaschinen-Fabrik Olympia-Werke. 1968 ▷

Marke für Haushahn-Aufzüge. Die Pfeile symbolisieren die Auf- und Abwärtsbewegung

Firmenzeichen einer Seilfabrik. Entwurf Ernst Roch, Canada

Signet für Holzäpfel-Büromöbel: Raumgrundriß mit schematisierten Möbeln. Entwurf GGK, Basel

Varianten des Buchstabens »B« in verschiedenen Firmenzeichen

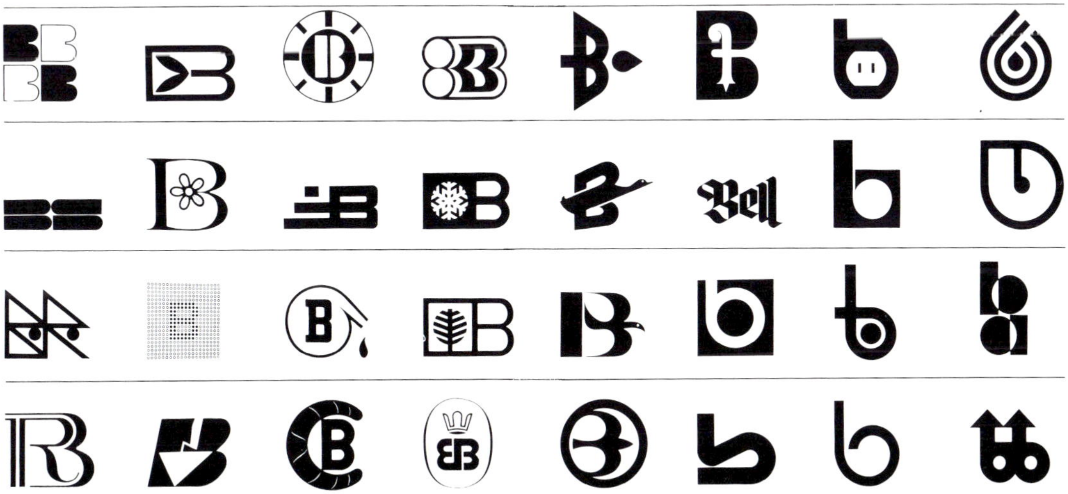

Entwicklung des Agfa-Firmensignets von 1903 bis 1965

◁◁ Varianten des Signets von Estel. Entwurf Walter Leonhard

Zusammengezogene Schrift in der Firmenzeile eines technischen Großbetriebes. Die Buchstaben können auf diese Weise größer abgebildet werden, als wenn sie nebeneinander stehen. Interessant ist der Positiv-/Negativeffekt. Die fehlenden Elemente werden vom Beschauer dazuaddiert

Schriftzug einer Finanzgesellschaft in Luxemburg

Zeitschriftentitel: Lichte Schrift mit aneinandergehängten Buchstaben, die auch hier ein größeres Schriftbild möglich machen

Marke für Gummisohlen. Entwurf Lamble und Clements, England

Signet einer Kartonagenfabrik in den USA. Entwurf Morton Goldsholl, USA

Schriftzug für die Stahlwerke Hoesch-Estel. Entwurf Walter Leonhard ▽

Elektronische Anzeigetafel im Münchner Olympia-Stadion bei einem Fußballspiel (zu Seite 263). Unten handbemalte Transparente ▷

OLYMPIASTADION MUENCHEN
FC BAYERN –
BENFICA
0 : 0
PORTUGAL
OS PORTUGUESES DE HAUSACH
SAUDAM O
BENFI

WIR WOLLEN DIE 1 FÜR
1ZIGARTIGEN SERVICE.
IHR VOLKSWAGEN UND AUDI PARTNER.

Politik Parlament Diplomatie
Bonn
Musik Museen Theater
Bonn
Rhein Romantik Gastlichkeit
Bonn
bo
nn

Berlin 365 Tage Saison
18 Theater, Deutsche Oper, Philharmonie,
Kabaretts, Theatertreffen (Mai), Filmfestspiele (Juni),
Festwochen (September), Jazz-Tage (November)

Schriftzug für Jeans-Mode. Das Etikett wird bei Jeans sichtbar nach außen getragen. Die Schriftzeile ist, auf den Kopf gestellt, in gleicher Weise lesbar

Symbol und Beschriftung für das Verkehrsunternehmen London Transport. Im Querbalken erscheinen alle notwendigen Schriftzeilen für Bahnhof, Haltestellen usw. Entwurf Eric Gill

Mit dieser Schriftzeile für eine EDV-Gesellschaft wird eine plastische Wirkung imitiert

Schriftzug als Illustration von Jean Larcher, Frankreich: »Crayon« französisch = Bleistift

Schriftzug für ein Einrichtungsstudio. Entwurf Peter Watzl, Wien

Blickfang aus einer Personalanzeige ▷

Schriftzeile aus dem Erscheinungsbild der Stadt Memmingen. Entwurf Helmut Schugg, Augsburg ▽

Das Schriftsignet der Meierei Karl Bolle aus dem Berlin der zwanziger Jahre. Entwurf Karl Schulpig △

Schriftzug auf einer Arzneimittel-Schiebepackung. Entwurf Mervyn Kurlansky, London

◁ Großflächenplakat für VW-Service mit Schnurzug-Blockschriften

◁◁ Plakat für Bonn: Grotesk für aktuelles Geschehen; Antiqua für Kultur; Fraktur für »Deutsche Gemütlichkeit«. Entwurf Dieter Urban, Neusäß-Augsburg

Plakat für Berlin. Entwurf Jürgen Spohn, Berlin. Als Vorbild dient die Wander-Glühbirnenschrift aus den zwanziger Jahren

HÖRZU

Die Entwicklung des Schriftzugs der Rundfunk- und Fernsehillustrierten »Hör zu« von der ersten Nummer 1946 (oben links) bis heute

---

DEUTSCHE BANK

Deutsche Bank

Der Schriftzug der Deutschen Bank, die ihr Firmenbild in eine breite populäre Aussage gewandelt hat

Mit Zanders mehr Zeit für das, was zählt.

Während es eine unübersehbar große Anzahl Schriften für die Werbung gibt, verwendet der Graphiker für eine dynamische Aussage mit Vorliebe auch die Schreibmaschinenschrift als Blickfang. Aus der Werbung für Zanders-Papier

Royal Northern College of Music

Die Englische Schreibschrift hat auch heute noch viele Anhänger, nicht nur in England.
Entwurf Keith Murgatroyd, London

Aus einer Anzeige: Die Schablonenschrift signalisiert internationales Transportmilieu (zu Seite 208) ▽

EXPORT & IMPORT

Die Freiheit fordert ihren Tribut

Kein Pardon für Umweltsünder

Die Scala feiert ihren 200. Geburtstag

Vergnügungswert des Goldfischs getestet

„Privatisierung" des öffentlichen Busverkehrs?

Antarktis-Gletscher können plastisch fließen

Ohne Steuersenkung geht es nicht

Die einzelnen Ressorts der Tageszeitungen benützen unterschiedliche, charakteristische Schrifttypen für die Überschriften der Nachrichten und Aufsätze: Politik, Feuilleton, Vermischtes, Wirtschaft, Wissenschaft

---

Chinesisch

Burmesisch

Thai

Japanisch

Singhalesisch

Indisch

Aus der Werbung für Asien- und Fernostflüge der Schweizerischen Fluggesellschaft Swissair. Entwurf GGK, Basel

Die Seite

Ein paar Quadratmillimeter Elektronik sind die Basis für den nächsten Innovationsschub

In weiten Bereichen der Wirtschaft werden viele mechanische Steuerungen von elektronischen Schaltkreisen abgelöst. In den 80er Jahren wird es kaum noch technische Geräte und Anlagen ohne diese Bauelemente geben.

Elektronische Schaltkreise werden einen neuen Innovationsschub auslösen. Drei ihrer vielen Vorteile geben dafür den Ausschlag: Ihre winzigen Maße – auf wenigen Quadratmillimetern sind zehntausende, bald schon hunderttausende elektronischer Funktionen konzentriert. Ihre immense Schnelligkeit – in Bruchteilen von Sekunden werden die verschiedensten elektrischen Informationen verarbeitet. Vor allem aber ihre unvergleichliche Wirtschaftlichkeit. Elektronische Schaltkreise helfen mit, sowohl industrielle Prozesse als auch Verwaltungsabläufe wesentlich individueller und rationeller zu steuern. Sie geben der Wirtschaft eine Möglichkeit mehr, ihre Wettbewerbsfähigkeit zu sichern. Sie tragen dazu bei, den Menschen von zeitraubenden Routinearbeiten zu entlasten und seine Freizeit vielfältiger zu gestalten.

Mehr über diese Entwicklung erfahren Sie aus der Druckschrift »Entwicklungstendenzen in der Elektronik«. Bitte schreiben Sie an Siemens Aktiengesellschaft, ZVW 104/Ww 1, Postfach 103, 8000 München 1.

Impuls für den Fortschritt – Elektronik von Siemens

Stadtsparkasse Münster – leistungsfähiger Partner der heimischen Wirtschaft

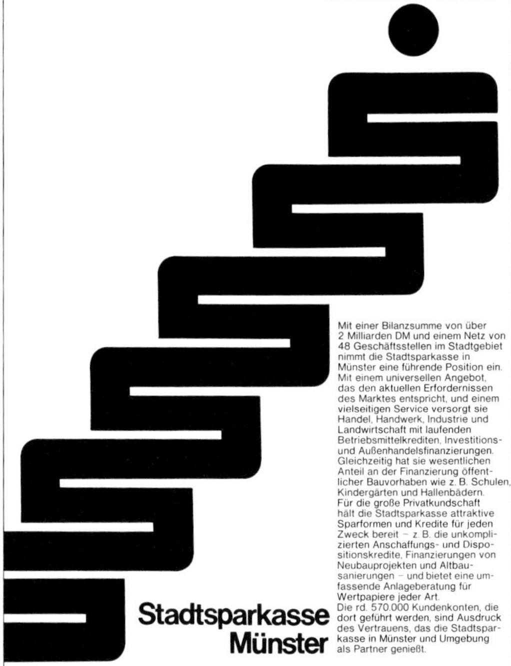

Mit einer Bilanzsumme von über 2 Milliarden DM und einem Netz von 48 Geschäftsstellen im Stadtgebiet nimmt die Stadtsparkasse in Münster eine führende Position ein. Mit einem universellen Angebot, das den aktuellen Erfordernissen des Marktes entspricht, und einem vielseitigen Service versorgt sie Handel, Handwerk, Industrie und Landwirtschaft mit laufenden Betriebsmittelkrediten, Investitions- und Außenhandelsfinanzierungen. Gleichzeitig hat sie wesentlichen Anteil an der Finanzierung öffentlicher Bauvorhaben wie z. B. Schulen, Kindergärten und Hallenbädern. Für die große Privatkundschaft hält die Stadtsparkasse attraktive Sparformen und Kredite für jeden Zweck bereit – z. B. die unkomplizierten Anschaffungs- und Dispositionskredite, Finanzierungen von Neubauprojekten und Altbausanierungen – und bietet eine umfassende Anlageberatung für Wertpapiere jeder Art. Die rd. 570.000 Kundenkonten, die dort geführt werden, sind Ausdruck des Vertrauens, das die Stadtsparkasse in Münster und Umgebung als Partner genießt.

Stadtsparkasse Münster

DB-Transportsystem der Vernunft.

Verkehrsprobleme, wo man hinsieht. Alle fragen sich, wie soll das weitergehen. Die Antwort ist einfach. Lange Strecken auf der Schiene, kurze auf der Straße.

Das ist das Transportsystem der Vernunft. Energiesparend, umweltfreundlich, zukunftssicher. Gibt es ein anderes System, das so universelle Transportmöglichkeiten wie die Bahn bietet?

Die Schiene

Der Gleisanschluß erlaubt wirtschaftlichen Verkehr. Er verbindet die Wirtschaftszentren direkt und macht sie unabhängig. Über 13 000 Unternehmen in der Bundesrepublik Deutschland haben einen eigenen Anschluß.

Die Kombination von Schiene und Straße

Der Güterverkehr der DB überzieht wie ein Netz die ganze Bundesrepublik Deutschland. Jeder Ort wird erreicht. Die langen Transportwege werden auf der Schiene, die kurzen auf der Straße zurückgelegt. Auch Fabrikationsstätten und Lager ohne Gleisanschluß werden zuverlässig bedient. Für große Partien eignen sich besonders die Groß- und Mittelcontainer der DB. Im Kleingutverkehr arbeitet die Bahn mit etwa 1200 Unternehmern des Straßengüterkraftverkehrs eng zusammen.

Der DB-Güterkraftverkehr

Für spezielle Transporte stellt die DB ihren Güterkraftverkehr zur Verfügung. Auf Abruf steht ein moderner Fahrzeugpark bereit. Eine weit verzweigte Organisation sichert den reibungslosen Transportablauf.

Alle Transportprobleme löst die Bahn. Mit dem DB-Transportsystem der Vernunft.

DB

Güter gehören auf die Bahn.

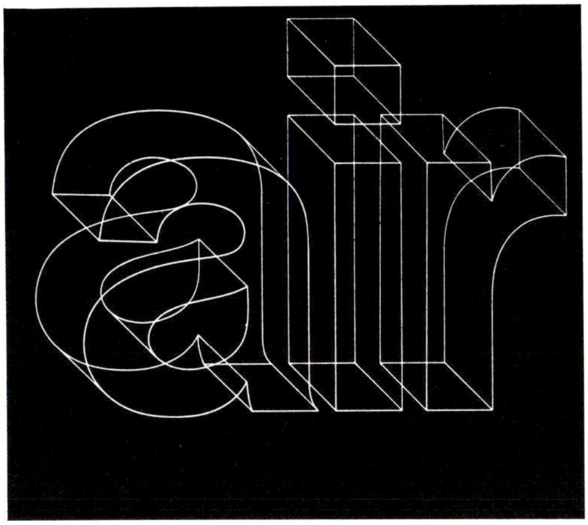

Seite 228 Anzeigen für Elektronik (oben links), für eine Stadtsparkasse (oben rechts) und für die Bundesbahn, ganz aus Schriften ohne Bild gestaltet

Seite 229 Produkt- und inhaltbezogene Schriftaussagen: Antiqua: konservativ; Grotesk: technisch, fortschrittlich und dynamisch; Gotisch: Qualität und Tradition

Plakat für saubere Luft. Entwurf Peter Kemble, USA (oben rechts)

Plakat für eine Ausstellung tschechoslowakischer Volkskunst in Wien. Entwurf Josef Flejsar, Prag (unten)

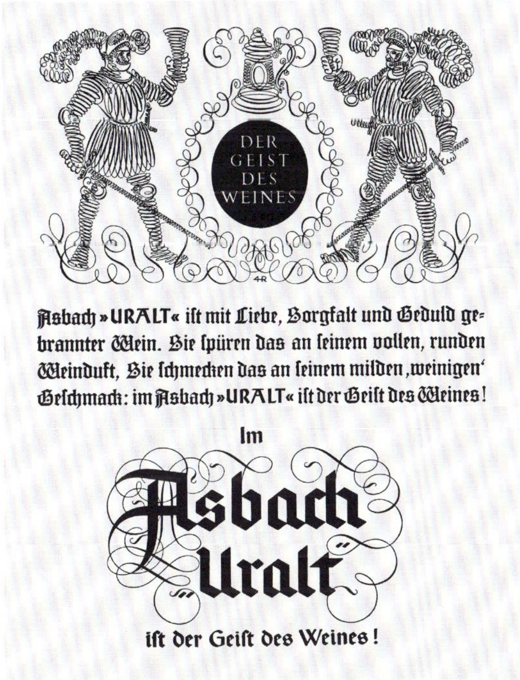

MILCH

PUBBLICITA'
IN ITALIA
WERBUNG
IN ITALIEN
ADVERTISING
IN ITALY
PUBLICITE'
EN ITALIE
editrice l'Ufficio Moderno Milano
1964 1965

Gerhard Richter Neue Bilder
Galerie Heiner Friedrich München Maximilianstraße 15 Telefon 29 50 21
Ausstellung vom 2. Mai bis 4. Juni 1967
Dienstag bis Samstag 10 bis 19 Uhr

Die große bayerische Tageszeitung
Bayerns flotte Boulevardzeitung
Münchner Merkur
tz
2
DIE EINFACH DAZUGEHÖREN

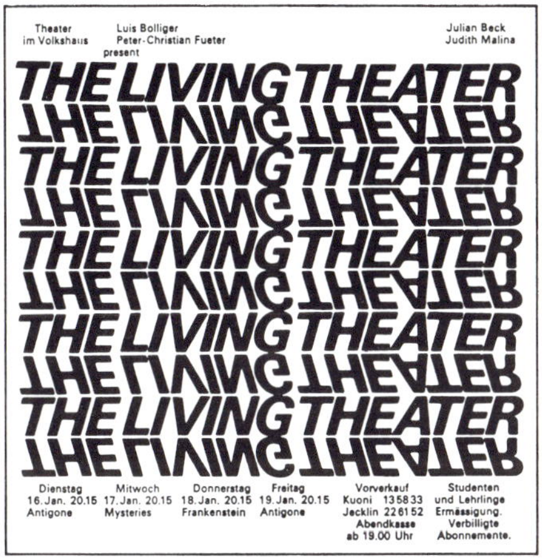

Seite 230 Plakat für Schweizer Milch: CH als Länderzeichen für die Schweiz. Entwurf Martin Steinemann, Luzern (oben links)
Buchumschlag »Werbung in Italien«. Entwurf Franco Grignani, Mailand (oben rechts)
Plakat für eine Kunstausstellung. Entwurf Mendell/John, München (unten links)
Aus einer Anzeige für Münchner Merkur und tz; die Schriftzüge entsprechen dem Zeitungscharakter

Seite 231 Der Lochstreifen als dynamisches Symbol auf dem Plakat einer Freiluftausstellung für »Programmierte Umweltgestaltung«, Entwurf Joel Katz (oben)

Eine Anwendung der im Photosatz möglichen Schriftvariationen zum Darstellen der lebendigen Theaterwelt: Aus der Kunstgewerbeschule, Zürich (links)

»Beton« als Bauelement drückt Kraft und Haltbarkeit aus (links unten)

Plakat für einen Film nach dem Roman »Der Prozeß« von Franz Kafka. Entwurf Zdenek Ziegler, Prag

Farbtafel Seite 176 Schriftplakat

Auch so steht Schrift täglich in der Zeitung: Anzeige einer Lebensmittel-Supermarktkette

Anzeigen von Hostessen und Modellen aus einer Boulevard-Zeitung (rechts).
Erst die Fülle der im Photosatz verfügbaren verschiedenen Schrifttypen macht es möglich, auch kleine Anzeigen sehr unterschiedlich zu gestalten

Schrift als Ornament

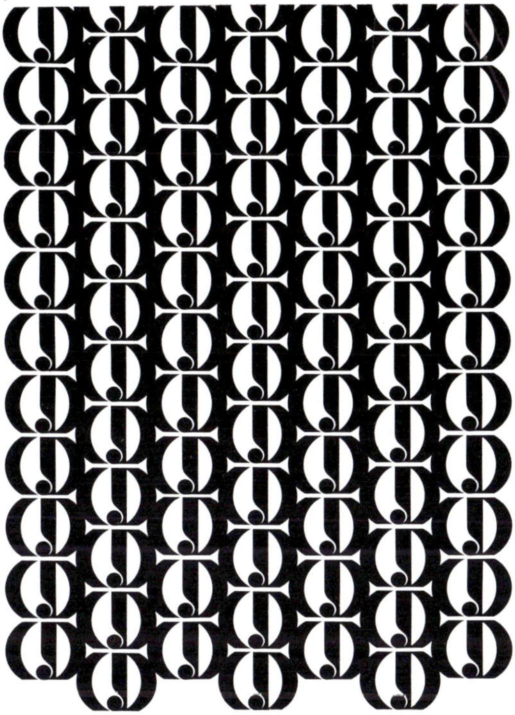

Aus den Buchstaben CJD entsteht durch Aneinanderreihen des Signets ein Ornament mit weiteren Buchstaben-Kombinationen. Entwurf Paul Gabor

Schmucktitel aus dem Jahr 1924. Entwurf Hanns Thadäus Hoyer

Schrift als dynamisches Ornament aus dem Prospekt für eine Aluminium-Ausstellung. Entwurf Klaus Endrikat, Aachen

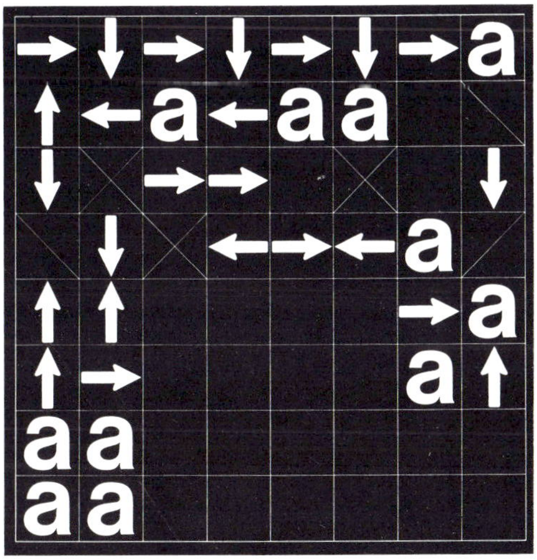

Großformatiger Walzdruck mit verschobenen Buchstabenzeichen von Karl Rodel, Mannheim

Alphabet aus einem Kinderbuch. Entwurf Alfredo de Santis, Rom

EIN LOBGESANG

der Schrift und auf alle, die der spröden Kunst der Type mit ihrem Tagewerk dienen :

dem wunderbaren
Zusammenspiel
Verhältnis und Ebenmaß.
Hohes Geisteslicht
und freies Gnadengeschenk
geschaffen
unter dem Beistand
des Allerhöchsten
auf dessen Wink der
Unmündigen Zungen
beredt werden

Seite 234 Titelseite eines handgeschriebenen Buches, von Walter Leonhard (oben)

Seite 235 Schriftseite von Georg Trump aus dem Buch »Vita activa«

Schutzumschlag von Siegfried Kortemeier (oben rechts)

Bildseite aus dem Kinderbuch »Das lustige Alphabet« von Jean Picart-le-Doux und Sylvain Froidevaux, Francke-Verlag, Bern

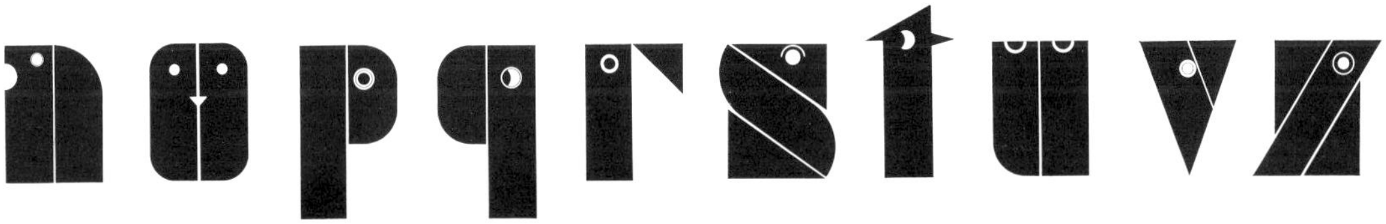

Schrift im Erscheinungsbild

Aus dem Erscheinungsbild des »London Electricity Board«: Das konstant vorkommende Element, die Logotype, drückt elektrische Energie und die Buchstabenfolge LEB in einer Form aus, die das Auge leicht registriert. Glaubwürdigkeit und Zuverlässigkeit werden als Reaktion beim Publikum ausgelöst. Sowohl das Einzelstück als auch die Gesamtheit dieses visuellen Erscheinungsbildes sind überzeugend Entwurf FHK Henrion, London

Seite 236 Die Konstruktion der Logotype und die Beschriftung von Werkstattwagen

Seite 237 Packpapier (oben), ein Leuchtschild, die plastische Ladenschrift und die Gestaltung einer Geschäftsstelle (unten)

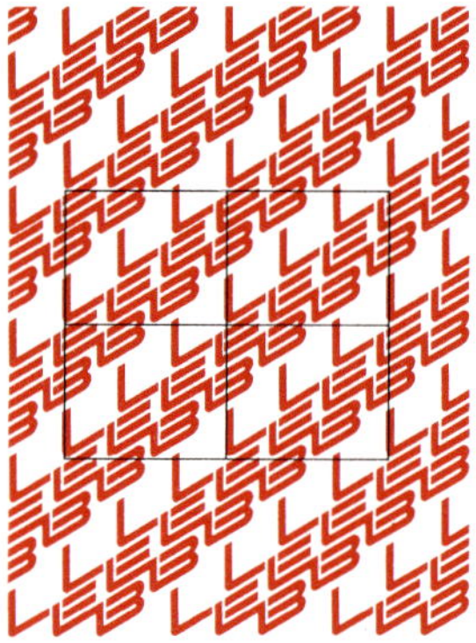

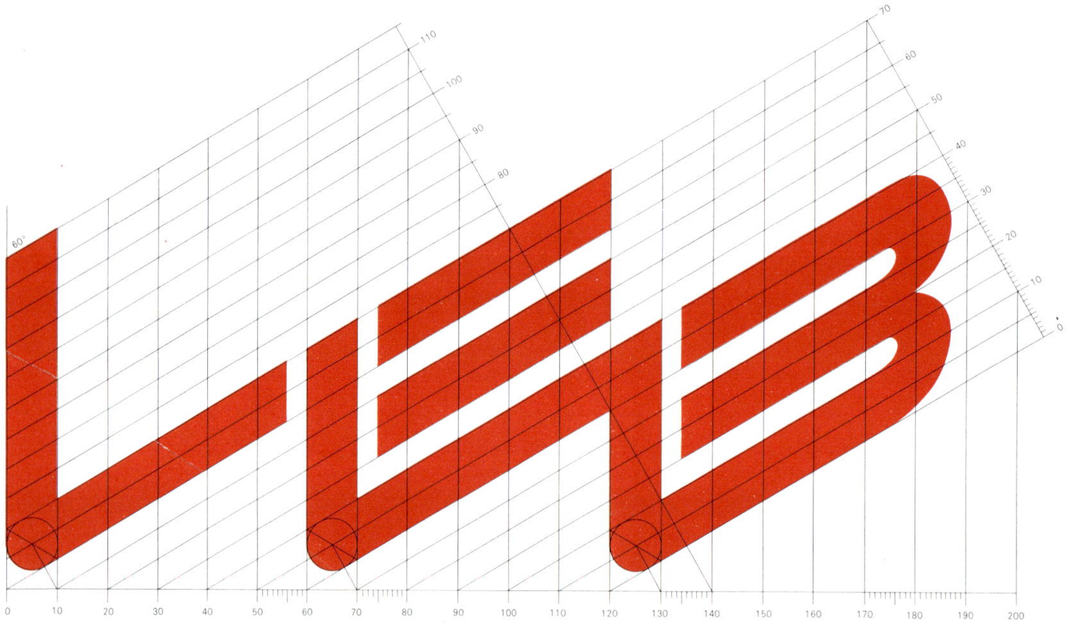

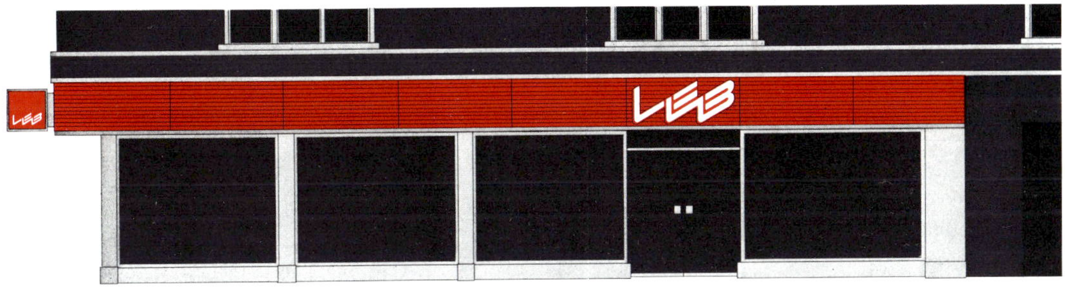

MERCK

MERCK

E. Merck

MERCK

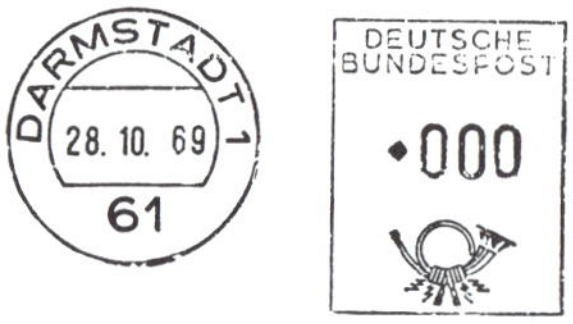

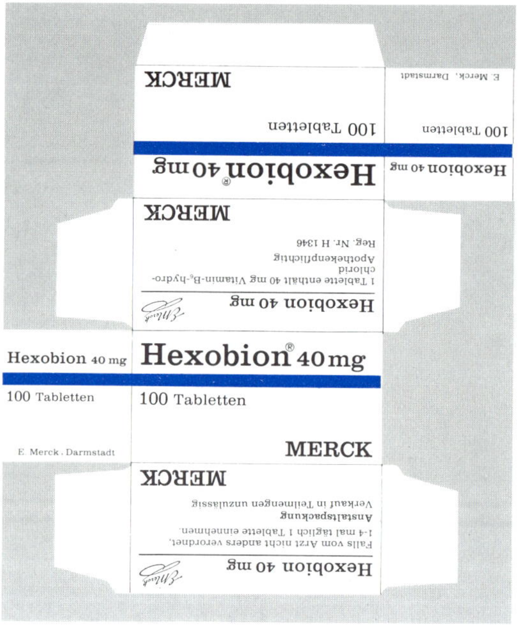

Aus dem Erscheinungsbild der pharmazeutischen Fabrik Merck, Darmstadt. Die verschiedenen Möglichkeiten für Schriftzeilen (links oben). Der Freistempler für die Firmenpost (links). Eine Personalanzeige (links unten). Die Packung ist bei pharmazeutischen Produkten das wichtigste Bindeglied zwischen dem Konsumenten und dem Hersteller. Die Packungen sind, wie das ganze Erscheinungsbild, nach einer einheitlichen Konzeption gestaltet, die genügend Spielraum für die verschiedenen Produktionsbereiche läßt. Der Ruf eines Unternehmens wird durch die Qualität des optischen Erscheinungsbildes und durch eine geschlossene, einheitlich ausgerichtete Darstellung positiv beeinflußt. Entwurf Kurt Weidemann, Stuttgart, und Graphisches Atelier Merck

MERCK

Wir sind eine weltweit tätige Unternehmensgruppe der chemisch-pharmazeutischen Industrie mit über 7000 Mitarbeitern im Stammhause. Für interessante und vielseitige Aufgaben im Personalwesen suchen wir einen

Personalsachbearbeiter

mit guter Schulbildung, einer fundierten, erfolgreich abgeschlossenen Ausbildung als Industriekaufmann sowie einschlägiger Berufserfahrung. Wir bieten angemessene Bezüge, deren leistungsgerechte Weiterentwicklung wir gewährleisten. Unsere Sozialleistungen sind anerkannt gut. Ihrer Bewerbung möchten wir Ihre wesentlichen persönlichen und beruflichen Daten entnehmen können. Nennen Sie uns bitte gleichzeitig ihren frühestmöglichen Eintrittstermin sowie Ihre Gehaltsvorstellung.

E. Merck AG, Personalabteilung I
61 Darmstadt 2, Postfach 4119

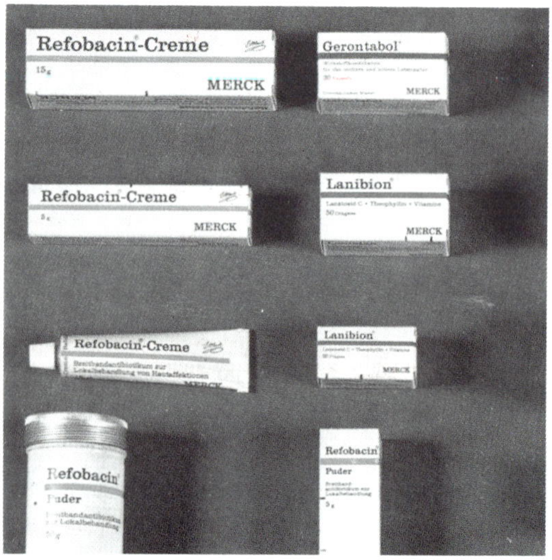

Schrift in Mode und Sport

Auch in Sport und Mode spielt heute die Schrift eine große Rolle. Die Buchstaben werden einzeln oder in Kombination als Signet oder Wort zum modischen Element. Eindringliche Werbung für das Produkt ist damit verbunden, zum Beispiel auf Skiern (unten); sie wird sogar vom Konsumenten gern unterstützt

Schrift auf Messeständen

Messestände – eines der wichtigsten und interessantesten Aufgabengebiete des Designers. Schrift spielt auch hier eine große Rolle. Die praktische Herstellung von Schriften für Messestände ist auf den Seiten 205 ff beschrieben. Entwurf Klöckner, Duisburg-Anger (Mitte links) Ivor Kamlish, London (oben rechts) Olaf Leu, Frankfurt (Mitte rechts) Reinhart Braun, Berlin (unten)

Bewegte Schrift

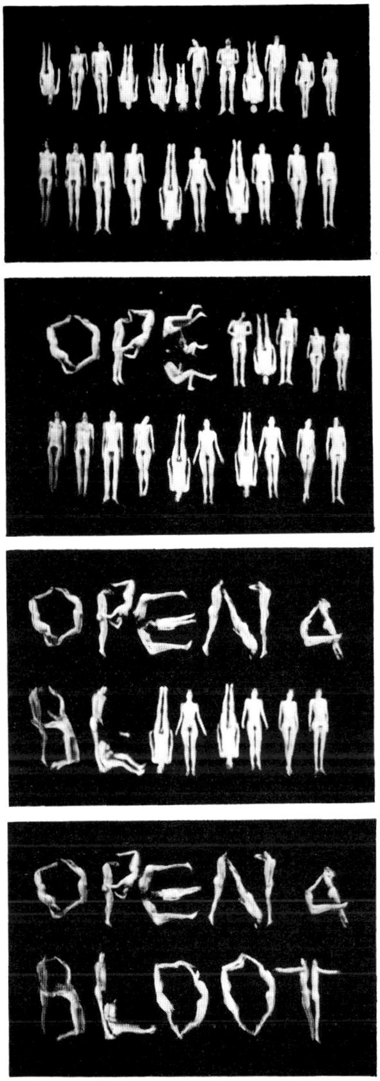

Das bewegliche Medium Fernsehen verlangt von der statischen Schrift Anpassung und gibt ihr zugleich neue Möglichkeiten.

Vorspann zur Sexualkunde-Sendung »Open en Bloot« (links). Entwurf Hans de Cocq, Hilversum

»Inside the press«, aus der Arbeit der BBC London. Entwurf Liz Friedman (oben rechts)

Vorspann zu einer Jugendsendung »Connexion«. Entwurf André Théroux, Montreal

Aus der Arbeit der BBC London. Entwurf Rey Ogden (unten)

Schrift im Werbefernsehen mit einer Farbtafel Seite 192 und 193

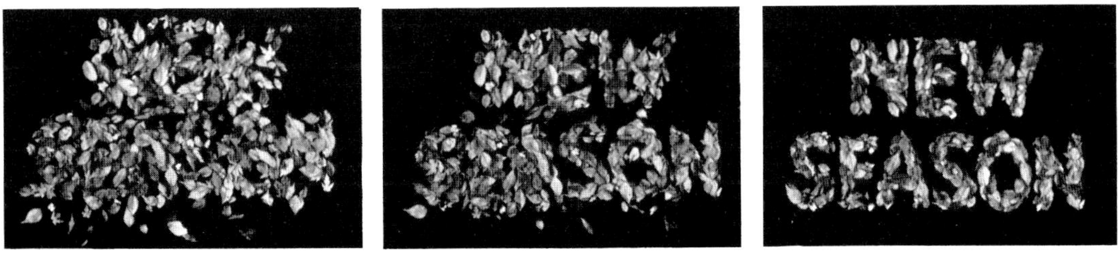

In Schrift und Farbe produktbezogene Aussagen auf Packungen des täglichen Bedarfs

Schrift auf Packungen

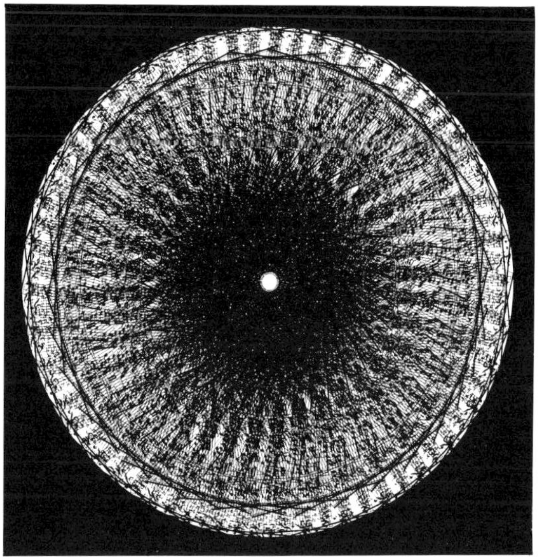

Die Tragetüte als moderne Form der alten Einkaufstasche bietet willkommene, großformatige Werbeflächen. Entwurf René Gruau, Paris (oben)

Les Mason, Melbourne (oben rechts)

Sackstempel aus Argentinien (rechts)

Schallplattenhülle: Kammermusik, gespielt vom Münchner Nonett. Entwurf Peter R. Zollna (unten rechts)

Graphische Variationen

Schriftblatt mit kyrillischen Versalien von Villu Toots, Tallinn, Estland

Entwürfe für einen Schriftzug »Alpina-Schreibmaschinen« von Walter Leonhard

Entwürfe für »Drom« von Georg Trump ▷▷

Varianten eines Signets (unten) und Plakat »Stuttgarter Schule« (Seite 64) von Walter Brudi

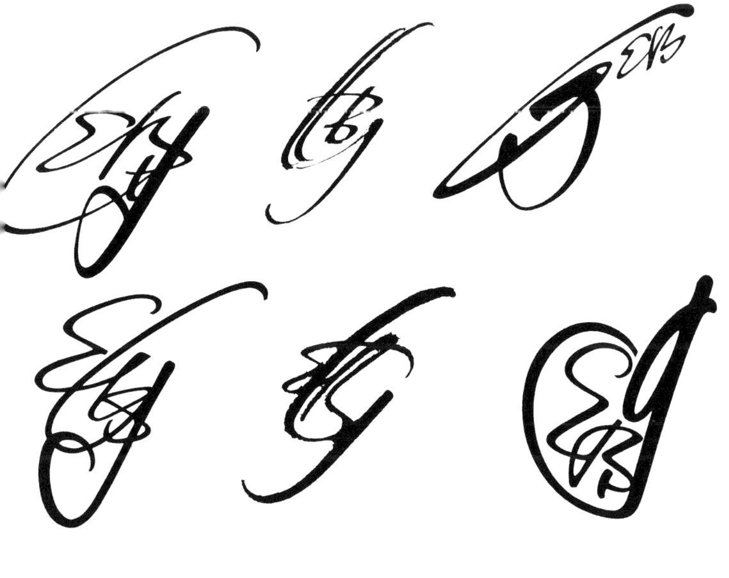

Graphische Ausstellung „Stuttgarter Schule"
Tübinger Kunstgebäude
14. März-11. April 1948

Schrift auf Münzen, Geld und Wertpapieren

1

2

3

4

5

6

7

1 und 2 griechische und byzantinische Münze mit Monogramm 3 und 4 Münzen aus der Renaissance: Klassische Schriftanordnung in Anlehnung an antike Vorbilder. Typische Rundanordnung der Schrift um ein Bildsymbol (4) 5 und 6 Münzen aus der zweiten Hälfte des 18. Jh. 7 Medaille PAX, das Wort »Frieden« in verschiedenen Schriften der Welt. Entwurf Walter Leonhard

Rechts Monumental wirkende Schrift auf kleinstem Raum: Brot für die Welt Persönliche Handschrift als Gestaltungselement: Richard Wagner Romanische Initiale R als Symbol für einen Zeitabschnitt: Roswitha von Gandersheim. Um 973. Briefmarken der Deutschen Bundespost

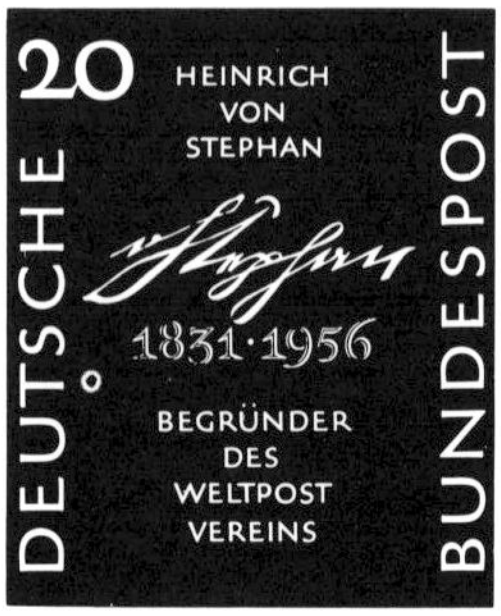

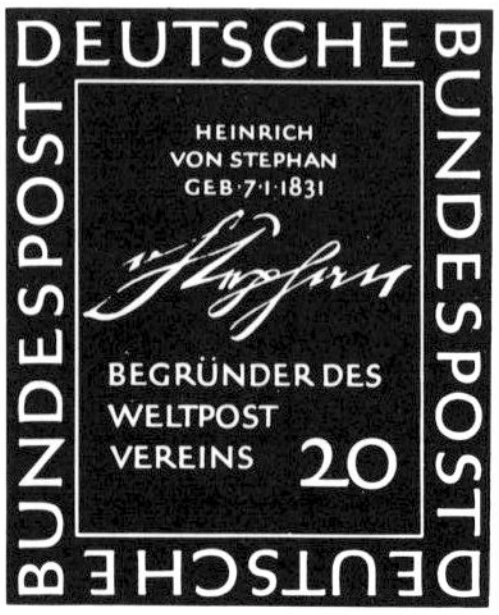

Die Unterschrift des Generalpostmeisters Heinrich von Stephan als Gestaltungselement. Nicht ausgeführte Briefmarken-Entwürfe von Georg Trump. 1956

Reiche Fraktur-Initialen, die Wert und Beständigkeit der Goldwährung vor dem Ersten Weltkrieg symbolisieren

Guillochierte Schrift auf heutigen Wertpapieren, zum Verhindern von Fälschungen ▽

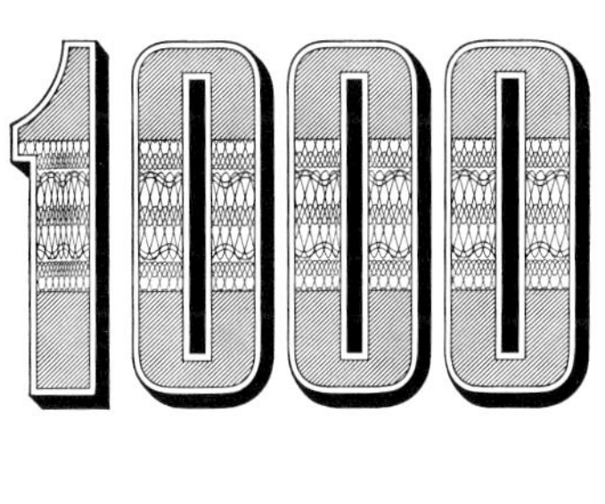

Schrift auf Landkarten

BERLIN
BREMEN
KREFELD
HEILBRONN
WAIBLINGEN
MUNDERKINGEN
Untermarchtal
Neuenstadt
Oberhausen
BARMEN
BORBECK
STERKRADE
Kaiserswerth
Fichtenau
Dodenhofen
Hochstetten
Rollhof Kloster Gärtnerei
Sch ND EW Hbf Hp

MOABIT Neustadt

OSTS
BODENS
BUCHT RHEIN
Neckar Wannsee
Donau Kocher
Wbh Br Bubenhaldenbr Wulfbachquelle
5340 38 94
E4 10
9° 48°
57' 09'

HEGAU
Ries
Vierlande
Sindfeld
EIFEL
SOLLING
Haßberge
Brocken
Sternberg
Galgenberg
Hochberg
Turmfels
ODERBRUCH
Bodetal
Donaumoos
Rabenschlucht
RÜGEN
Fehmarn
Mainau
Nonnenwerth
Forst Göhrde
Osterheide
Hochwald
Nesselheide
Heufeld
Schlattäcker

Seite 248 Ausschnitt aus einer Landkarte von Württemberg. 18. Jh. (oben links) Ausschnitt aus einer Wein-Bildkarte vom Rhein (oben rechts) Unten Ausschnitte aus den Schriftmustern für die amtliche topographische Karte 1 : 50 000, im Auftrag der Arbeitsgemeinschaft der Vermessungsverwaltungen der Länder der Bundesrepublik Deutschland bearbeitet vom Landesvermessungsamt Baden-Württemberg. 1970. Städte, Landgemeinden, Gemeindeteile (links), Gewässer, Ziffern und Straßenbezeichnungen (Mitte), Landschaften, Bodenerhebungen, Inseln, Wälder (rechts). Abbildung verkleinert

Seite 249 Unten ein Ausschnitt aus der topographischen Karte des Landesvermessungsamts Bayern, Blatt Nummer L 65 32. Abbildung verkleinert

Rechts ein Ausschnitt aus der Zeichenerklärung eines modernen Weltatlas mit dem Kartenmuster (Mitte links). Abbildung verkleinert

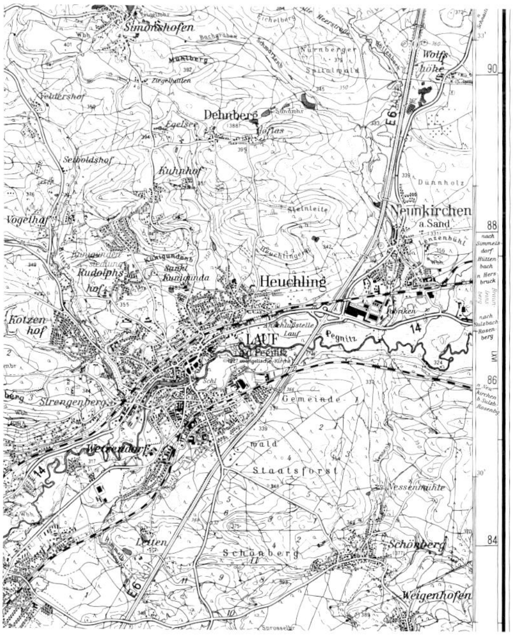

PERU	Unabhängiger Staat	*INDISCHER OZEAN*	Gewässernamen
Ukraine	Sowjetrepublik, Bundesland	*Nordsee*	
Neukaledonien (Fr.)	Übeersegebiet, Besitzung	*Kieler Bucht*	
		Bosporus	
SACHSEN	Geschichtlich entstandene oder geographische Gebiete	*Edersee*	
Bray		*Rhein, Netze (Notec)*	
Allgäu			
Kola	Halbinsel oder größere Insel		
Sizilien		Nordkap	Kap
Capri	Kleinere Insel		

Die Größe des Namens steht im Verhältnis zu seiner Bedeutung

Übersichtskarten

KAIRO	▨	über 1 000 000 Einwohner
Algier	◎	über 500 000 Einwohner
Tripolis	o	über 100 000 Einwohner
Tobruk	o	unter 100 000 Einwohner

Karten mittleren Maßstabs

PARIS		über 1 000 000 Einwohner
BRISTOL	◉	über 500 000 Einwohner
Le Mans	◎	über 100 000 Einwohner
Savona	o	über 50 000 Einwohner
St.-Tropez	o	unter 50 000 Einwohner

Karten großen Maßstabs
(1 : 2 000 000 und größer; Amerika 1 : 4 000 000)

BERLIN		über 1 000 000 Einwohner
BONN		über 250 000 Einwohner (Plansignatur nur bei sehr weitläufigem Stadtgebiet)
Fürth		über 100 000 Einwohner (Plansignatur nur bei sehr weitläufigem Stadtgebiet)
Passau	⊙	über 25 000 Einwohner
Wiesloch	o	über 10 000 Einwohner
Cochem	o	unter 10 000 Einwohner

PRAG	*Vaduz*	Hauptstadt eines Staates
Cayenne	Zug	Hauptstadt einer Verwaltungseinheit
K.- PORZ E.- Elten	•	Stadt- oder Ortsteil
POMPEJI	∴	Ruinen

Schrift im Handwerk

Schrift in Metall Silberschale mit gravierter Schrift zur Taufe Barbarossas. 1170

Maßgefäß mit gotischen Minuskeln. Lübeck. 1469

Geschmiedeter Tragarm einer Laterne.
Entwurf Carl Wyland

Firmenschild in Bronzeguß

Schrift in Stein Grabsteine aus dem 18. und 19. Jh. (links oben und unten)

Variationen für Schriften in Stein von Sepp Jakob ▷

▼

Schrift auf Keramik »Vater unser«-Krug. Entwurf Fritz Hellmuth Ehmcke (oben links) Porzellan-Teewärmer (unten links): »Freut Euch des Lebens« und ein Spruch von Hölderlin. Entwurf Gerhard Gollwitzer

Hafnerschüssel. Um 1550 (oben rechts)

Ausschnitt aus einem Steinzeugkrug. 1568

Lüsterkeramik aus Turkestan mit Kalligraphie. 9./10. Jh. (unten)

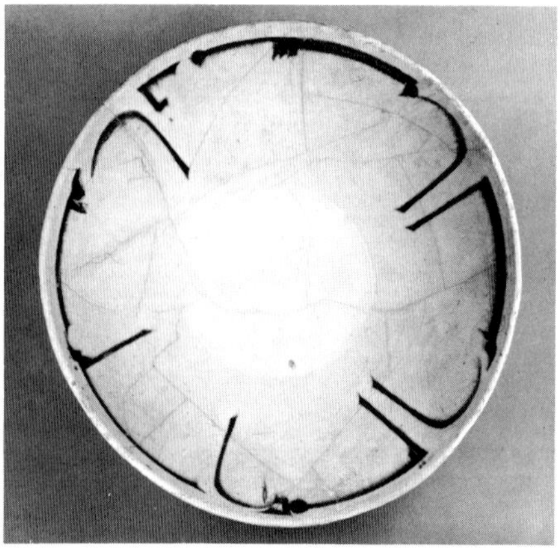

Messinggravur für den industriellen Bucheinband (rechts)

Schrift in der Einbandkunst

Handeinband in Maroquin-Ganzleder, mit Schrift im Liniensatz blindgeprägt, Gotthilf Kurz

Schrift auf Textilien Oben Teppich »M'illumino d'immenso« (Ungaretti), Entwurf Hans Schmidt

Unten links Wandbehang, Rudolf Koch. Um 1927

Schrift im Straßenbild

Waschmittelwerbung mit dem Himmelsschreiber. Um 1920

Litfaßsäule in München. Um 1950

Werbung an einem Haus in Chile

USTIN
Stahl
Radio
Licht
jardin
PHILIPS
Fernsehen
einbrand
Moulin rouge
GOLD
FASSL
LIEW S
MINERVA
Fernsehen
DOPPELHALTESTELLE
AUTOBUS
HALTESTELLE
KURIER
ELBEO
bengen
BANK

Schrift in der Architektur

In die Architektur unmittelbar eingebundene Monumentalschrift (oben links). Das Siegestor in München, Wettbewerbsarbeit für den Wiederaufbau mit monumentaler Schriftlösung (Mitte links), darunter die ausgeführte Lösung aus den Nachkriegsjahren. Die bescheidene Anordnung bildet eine vollkommene Harmonie mit dem teilweisen Wiederaufbau und dem Inhalt des Spruches (unten links)

Schlichte Schriftlösung an einem Haus der Landshuter Altstadt (oben rechts). Einfach gestaltete Schrift auf einem Gasthaus in Österreich (unten rechts)

Schriftkasten mit Leuchtschrift (oben links) und plastische Leuchtschrift mit indirekter Beleuchtung (darunter) an Gebäuden im In- und Ausland

Werbeschrift an einer Hauptniederlassung (oben rechts) und an einer Zweigstelle (darunter)

Gut eingepaßte größere Werbeleuchtschriften an vorgegebener Architektur (rechts)

Schrift in der Architektur
Lösungen an neuen und alten Gebäuden in verschiedenen Techniken

Schrift in der Landschaft
An einer Balustrade im Park von Schloß Ashby, Northamtonshire, England

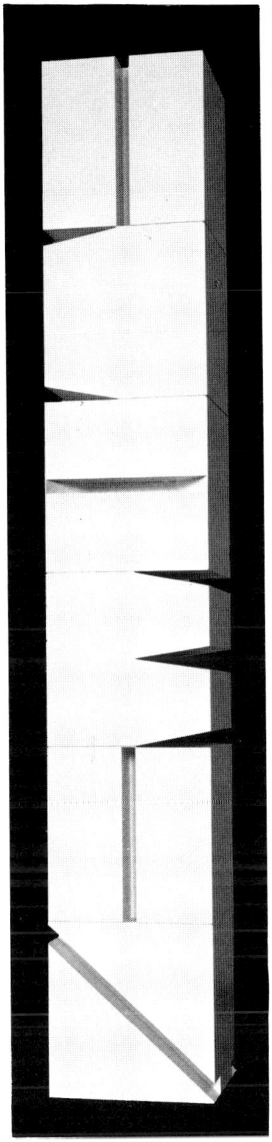

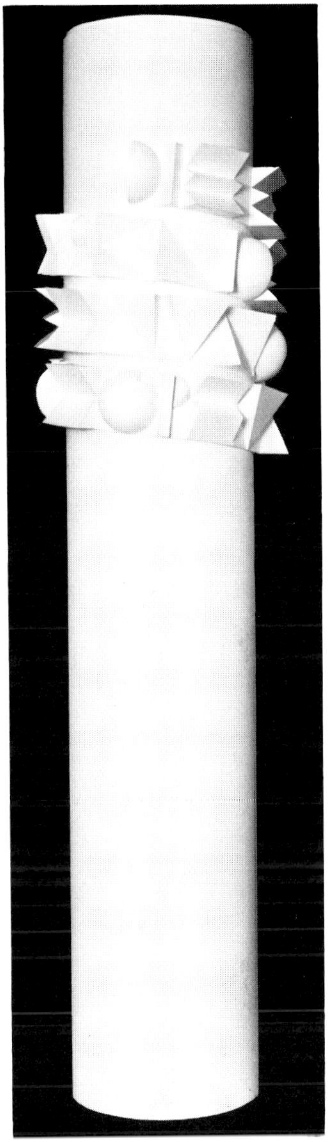

Dreidimensionale Schrift Schriftzug am Gebäude einer Druckerei (oben links) Plastische Arbeiten in Papier von Hans Schmidt: »Ich bin« (Mitte) und »Die einzig wirkliche Auflehnung ist die Schöpfung« nach Ortega y Gasset (rechts)

Skulptur aus montierten Plakat-Drucklettern von Paul-Armand Gette, Frankreich

Zweidimensionale Schriftlösung mit dreidimensionaler Wirkung. Entwurf Franz Wagner, USA ▷

Schrift auf Schildern

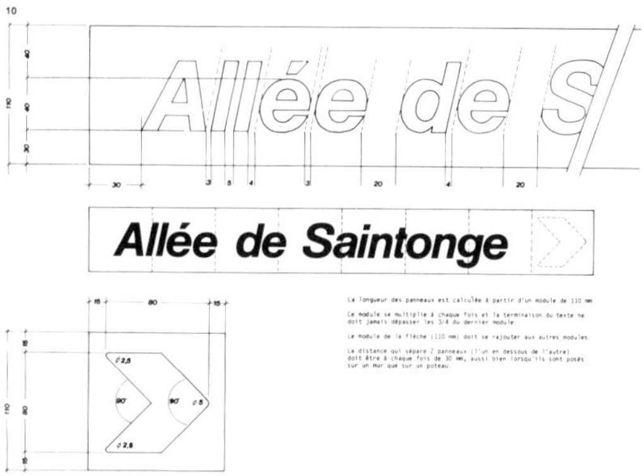

Seite 260 Historische Straßenschilder (oben links) und heutige Lösungen (unten) Arbeiten an einem Autobahnschild in Rußland (oben rechts) Steckschilder aus Aluminium mit Piktogrammen (Mitte)

Seite 261 Die Schilder auf unseren Autobahnen haben sich in den letzten Jahren vorteilhaft verändert (oben) Schilder am Haus (rechts), Steckschilder, leicht auszuwechseln, im Siebdruck herzustellen (Mitte)

Schilder aus unserem Alltag

Leuchtschriftkasten mit Negativschrift an einem Neubau

Schrift im Alltag

Berlin: Bergstraße.
Photo Heinrich Zille.
Um 1910 (links)

Hofordnung. Berlin.
Anfang 20. Jh.
(Mitte links)

Nachrichtenverkehr in
Dresden Februar 1945
(unten links)

Schriften der
Liebenden

»Gaunerzinken«
(von links nach rechts)
Sicheres Nachtlager
Ängstliche Leute
Erzähl eine rührselige
Geschichte!
Gefahr!
Mann mit Revolver
Stop!
Geh weiter!
Sehr gut!
Telephon (unten rechts)

Hofordnung

Das Spielen der Kinder im Hofgarten ist nur innerhalb der Spielplätze (Sandkiste) in der Zeit von 9-12 Uhr vormittags, und 2-6 Uhr nachmittags gestattet.

Mit Rücksicht auf die im Hause wohnenden Mieter ist das Rollerfahren der Kinder pp. nur von 9-1 Uhr vormittags erlaubt.

Das Betret[redacted]

Der Eigentümer.

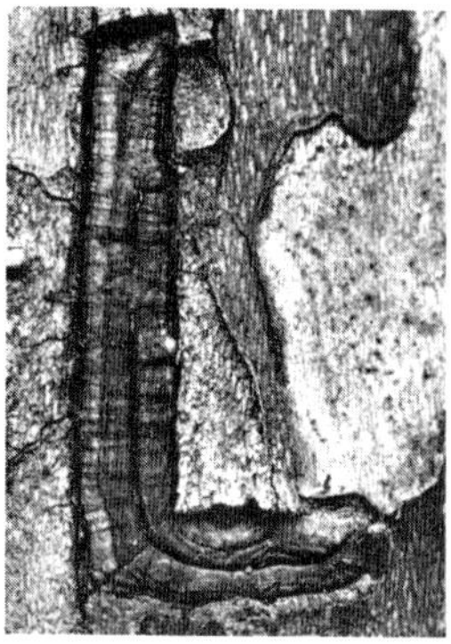

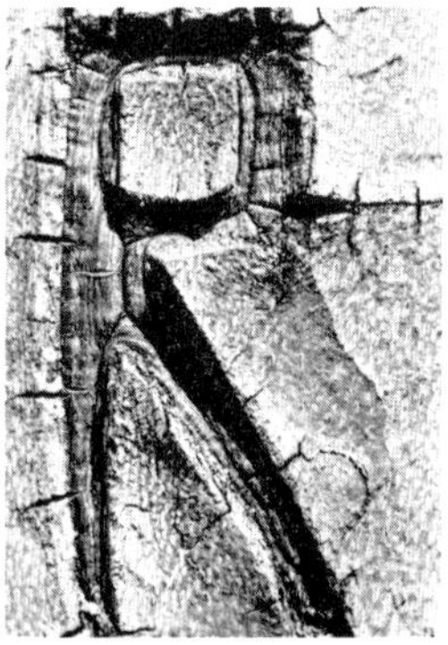

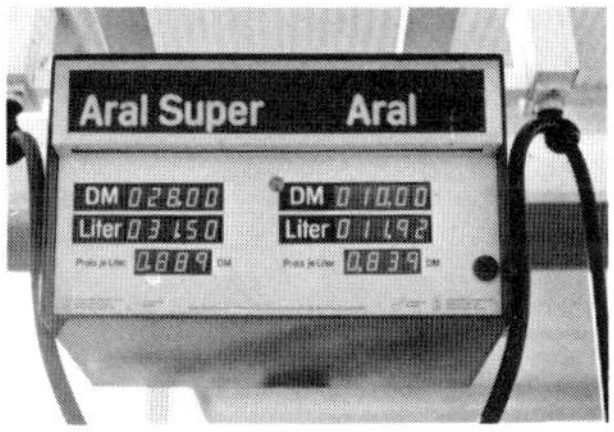

Schriften an der Tankstelle, an Straßen in Japan und Südamerika, im Eisstadion

Farbtafel Seite 223
Schriften im Fußballstadion

Schrift am Arbeitsplatz

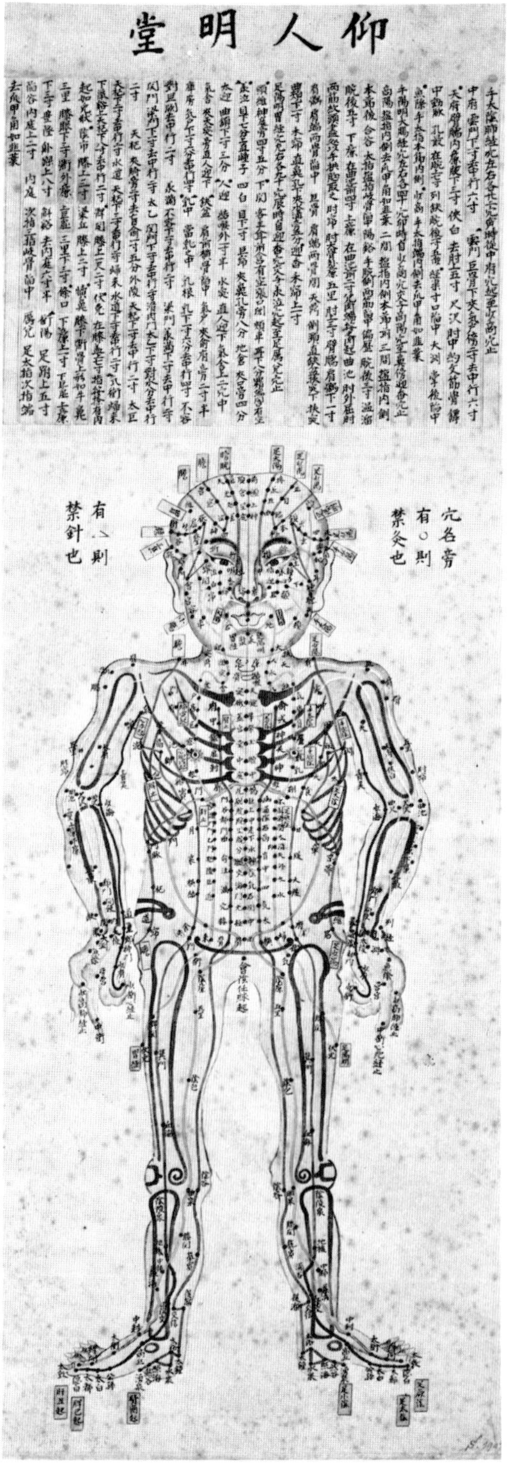

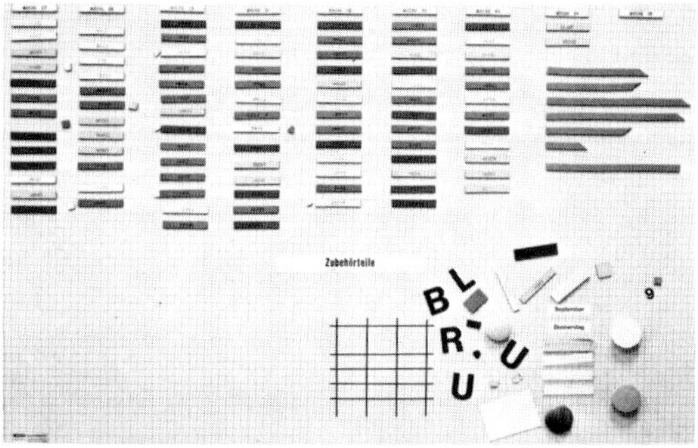

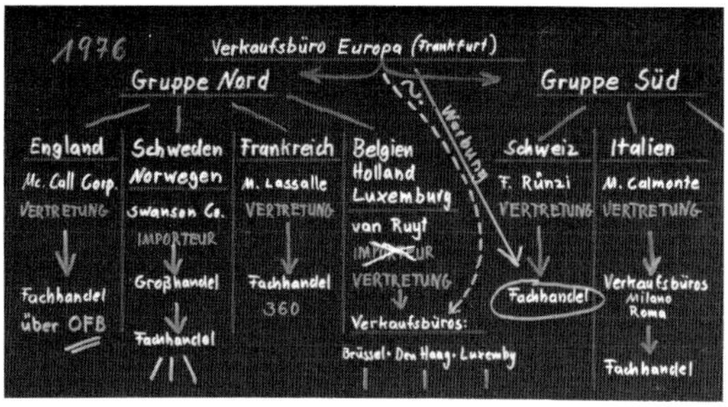

Lehrtafel für Akupunktur-Behandlung aus Japan, 18 Jh. (links) Schriften aus dem Berufsalltag zum Disponieren, Planen, Entwickeln, Organisieren (oben) Schrift als Verständigungsmittel auf einer Verkehrsgraphik (unten)

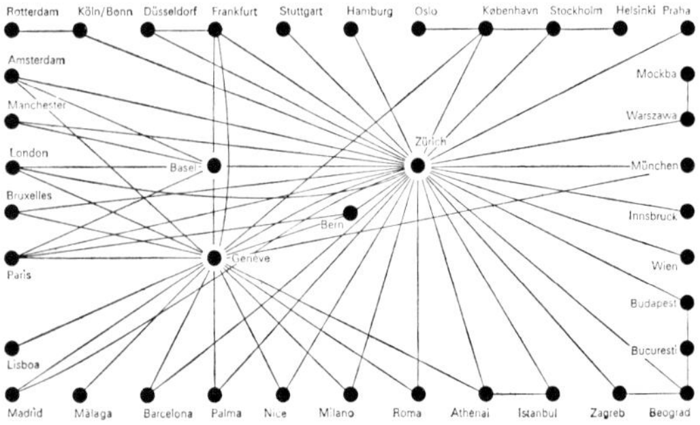

SG Schriftgrößen in mm
15, 25, 35, 50, 65, 120, 200

ABCDEGHIKLM
abcdehiklmacsu
1234567890!t

BS Schriftgrößen in mm
10, 15, 20, 25, 30, 35, 40, 50, 60, 75, 100, 120, 150, 200, 250, 300

ABCDEGHIKLMNO!
abcdefhiklmnorstu
1234567890?ß&z

BF Schriftgrößen in mm
15, 20, 25, 35, 50, 75, 100, 120, 150, 200

ABCDEGH
abcdefhik
123456789

BM Schriftgrößen in mm
10, 15, 20, 25, 30, 35, 40, 50, 60, 75, 100, 125, 150, 200, 250, 300, 400, 500

ABCDEGHS
abcdefhik&
123456780!

BMM Schriftgrößen in mm
30, 50, 80

ABCDEGHIL
abcdefhiklmr
1234567890!

GA Schriftgrößen in mm
35, 50, 75, 100, 150

ABCDEGH
abcdefhikm
1234567890&

BMK Schriftgrößen in mm
15, 20, 25, 30, 35, 40, 50, 60, 75, 100, 125, 150, 200, 250, 300

ABCDEFGH
abcdefghij
123456u7w

BB Schriftgrößen in mm
35, 50, 75, 100, 150, 200

ABCDEGHIKS
abcdefhik&ß
1234567890P

AB Schriftgrößen in mm
15, 25, 35, 50, 75, 100, 120, 150, 200

ABCDEIS
abcdefhik
12345678

BI Schriftgrößen in mm
50, 90 (nur Versalien)

ABCDEGHIK
LMOPRSTZ
123456789!

AN Schriftgrößen in mm
25, 35, 50, 75, 100, 150

ABCDEGHIK
abcdefhiklmn
1234567890&

wezet

Folienbuchstaben
selbstklebend-wetterfest

Ab 50 mm Buchstaben mit Doppelschlitz.
Vom Abdeckpapier den Mittelstreifen abziehen.

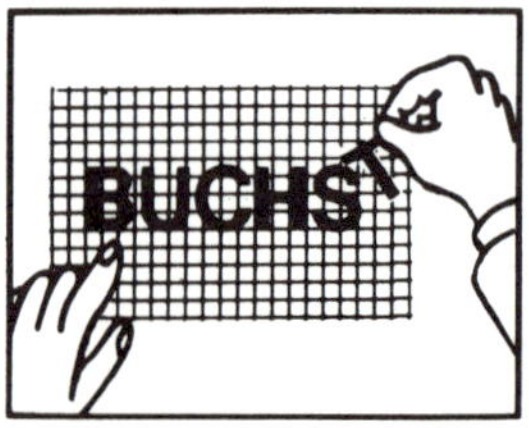

Buchstaben auf das Raster setzen.
Korrekturen jetzt noch möglich.

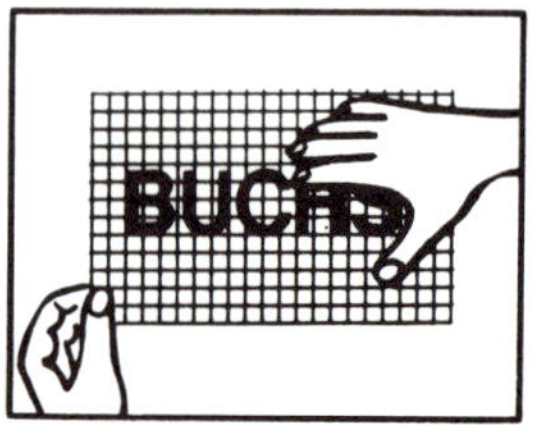

Sitzt der Text richtig?
Dann selbstklebendes Montagepapier über die Buchstaben legen und andrücken.

Restliches Abdeckpapier von den Buchstaben abziehen. Die Montage kann sofort oder später erfolgen. Wird sie später ausgeführt, dann Siliconpapier auf Kleberseite legen.

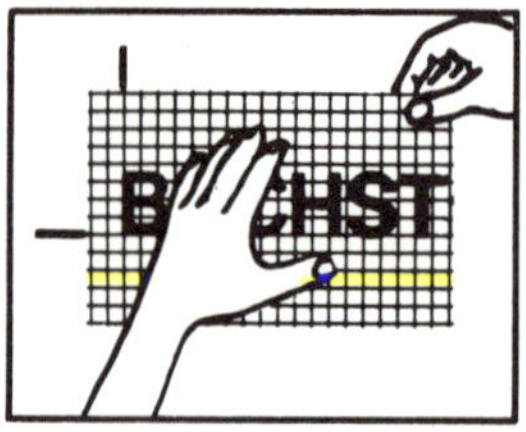

Schriftreihe an der vormarkierten Stelle ansetzen. Buchstaben mit der Hand oder der Montagewalze fest andrücken.

Montagepapier im spitzen Winkel abziehen ... fertig! Soll das Montagepapeir wieder verwendet werden, dann Siliconpapier auf Kleberseite legen.

Schrift und Beruf

Die fortschreitende technische Entwicklung vom Handwerk zur Industrie, von der Sonderanfertigung zum maschinell hergestellten Serienerzeugnis hat viele handwerkliche Berufe in die industrielle Produktion eingegliedert. Zu ihnen zählen auch Spezialberufe, bei denen die Schrift als Gestaltungsmittel dominiert, wie Schriftlithographen und Steingraveure, Stempel-, Form- und Holzschneider. Sie sind heute zu sehr seltenen Ausbildungsberufen geworden.
Da aber die moderne Technik nicht nur hervorragende Fachleute an den Schaltstellen der Produktion verlangt, sondern sie darüber hinaus bei vielen industriell gefertigten Erzeugnissen den wachsenden Ansprüchen am künstlerischen Design – zu dem auch die Schriftgestaltung zählt – Rechnung trägt, ist für zahlreiche Berufe Verständnis für die Schrift, ihre Formgebung und Anwendung in diesen Aufgabenbereichen von großem Vorteil und vielfach unbedingt erforderlich.
Schriftunterricht ist daher nach wie vor wichtig. Dabei sollte keineswegs virtuose Kalligraphie gelehrt werden. Wesentlich ist die Kenntnis der unterschiedlichen Grundtypen, ihrer historischen Entwicklung und Zusammenhänge und der Umgang mit dem Schreibwerkzeug. Schriftverständnis, Formgefühl und Formgebung werden geschult und ermöglichen in der Anwendung stilreine Schriftlösungen in harmonisch ausgewogenen Proportionen und typographisch ansprechenden Gestaltungen.
Systematischen Schriftunterricht erteilen in eigenen Lehrgängen neben den handwerklichen Fach- und Berufsschulen auch künstlerische Bildungsstätten, nicht nur für die vorwiegend text- und schriftverarbeitenden graphischen Berufe, sondern auch für alle anderen, denen die Schrift als spezielles Gestaltungsmittel dient:

Schriftenmaler
Gebrauchsgraphiker (Graphik Designer)
Schaufenstergestalter
Ausstellungs- und Messegestalter
Industrie-Designer
Leuchtschrift- und Schilderhersteller
Kunststoff-Schriftgestalter
Architekten
Technische Zeichner
Statistiker
Geometer
Graveure, Medailleure, Formschneider
Stein- und Holzbildhauer
Kunstschmiede und -schlosser
Genealogen und Heraldiker
Porzellanmaler und Keramiker

Schulen und Bildungsstätten

Hochschulen und Akademien

Hochschule der Künste Berlin
Hardenbergstraße 33
1000 Berlin 12

Staatliche Hochschule für Bildende Künste Braunschweig
Broitzemer Straße 230
3300 Braunschweig

Staatliche Kunstakademie
Eiskellerstraße 1
4000 Düsseldorf

Staatliche Hochschule für Bildende Künste – Städelschule
Dürerstraße 10
6000 Frankfurt/Main S 10

Hochschule für Bildende Künste Hamburg
Lerchenfeldstraße 2
2000 Hamburg 76

Staatliche Akademie der Bildenden Künste
Reinhold-Frank-Straße 81/83
7500 Karlsruhe 1

Akademie der Bildenden Künste
Akademiestraße 2
8000 München 40

Akademie der Bildenden Künste in Nürnberg
Bingstraße 60
8500 Nürnberg 36

Hochschule für Gestaltung Offenbach am Main
Schloßstraße 31
6050 Offenbach

Staatliche Akademie der
Bildenden Künste Stuttgart
Am Weißenhof 1
7000 Stuttgart 1

Fachhochschulen und Fachschulen

Werkkunstschule der Stadt Aachen
Südstraße 40
5100 Aachen

Fachhochschule Augsburg
Fachbereich Gestaltung
Maximilianstraße 52
6900 Augsburg

Hauchler Studio KG
Karl-Müller-Straße 6
7950 Biberach a.d. Riß

Fachhochschule Bielefeld
Fachbereich 1 – Design
Am Sparrenberg 2c
4800 Bielefeld

Hochschule für
Gestaltung Bremen
Am Wandrahm 23
2800 Bremen

Fachhochschule Darmstadt
Fachbereich Gestaltung
Olbrichweg 10
6100 Darmstadt

Werkkunstschule Düsseldorf
Höhere Fachschule für Gestaltung
Fürstenwall 100
4000 Düsseldorf

Fachhochschule Essen/Folkwang
Fachbereich Design
Abtei
4300 Essen 16

Kunstschule Westend
Hamburger Allee 45
6000 Frankfurt/Main

Kunstschule Alsterdamm
Ferdinandstraße 17
2000 Hamburg

Werbefachliche Akademie
Hamburg WAH
Grundstraße 8–14
2000 Hamburg 19

Fachhochschule Hannover
Fachbereich Kommunikations- und
Produktgestaltung
Herrenhäuser Straße 8
3000 Hannover

Fachhochschule Hildesheim/
Holzminden
Hohnsen 1
3200 Hildesheim

Werkkunstschule des
Bezirksverbandes
Pfalz in Kaiserslautern
Jahnstraße 1
6750 Kaiserslautern

Gesamthochschule Kassel
Menzelstraße 13
3500 Kassel

Fachhochschule Köln
Fachbereich Kunst u. Design
Ubierring 40
5000 Köln

Werbefachliche Akademie Köln
Glockengasse 4711
5000 Köln 1

Werkkunstschule Krefeld
Peterstraße 123
4150 Krefeld

Fachhochschule Rheinland-Pfalz
Abteilung Mainz I
Holzstraße 36
6500 Mainz

Institut für Buchwesen der
Johannes Gutenberg-
Universität Mainz
6500 Mainz

Fachhochschule München
Lothstraße 34
8000 München 2

Berufsbildungszentrum
Druck Grafik und Fotografie
Akademie für das
Graphische Gewerbe
Pranckhstraße 2
8000 München 2

Werbefachliche Akademie
München e.V.
Brienner Straße 47
8000 München 2

Hochschule für Gestaltung
Offenbach am Main
Schloßstraße 31
6050 Offenbach

Fachhochschule für Druck
Stuttgart
Allmandstraße 55
7000 Stuttgart 80-Vaihingen

Fachhochschule des Landes
Rheinland-Pfalz
Abteilung Trier
Irminenfreihof 8
5500 Trier

Werkkunstschule Wiesbaden
Schulberg 10
6200 Wiesbaden

Gesamthochschule Wuppertal
Haspeler Straße 27
5600 Wuppertal

Österreich

Höhere Graphische Bundes-Lehr-
und Versuchsanstalt
Leyserstraße 6
A-1140 Wien XIV

Schweiz

Allgemeine Gewerbeschule
Kunstgewerbliche Abteilungen
Vogelsangstraße 15
CH-4058 Basel

Kunstgewerbeschule
der Stadt Bern
Schänzlihalde 31
CH-3013 Bern

Höhere Grafische
Fachschule Zürich
Schaffhauser Straße 430
CH-8050 Zürich

Berufsstände

ATypI Association Typographique Internationale Typographische Vereinigung
Sekretariat für Deutschland
Dielmannstraße 23
6050 Offenbach/Main

ICTA 1 The International Center for the Typographic Arts – New York, Sektion Deutschland:
Heilmannstraße 40
6000 Frankfurt/Main
Sekretariat: Landgrafenstraße 42
6380 Bad Homburg

Art Directors Club für Deutschland
Andreasstraße 11
4000 Düsseldorf

Typographische Gesellschaft München e. V.
Banatstraße 11
8000 München 70

Bund Deutscher Grafik-Designer
Bundesgeschäftsstelle
Drususstraße 3
4000 Düsseldorf 11

Geschäftsstellen der BDG-Gruppen

Baden-Württemberg:
Parlerstraße 42
7000 Stuttgart 1

Bayern:
Ursulastraße 5
8000 München 23

Berlin:
Bergmannstraße 3
1000 Berlin 37

Braunschweig:
Nußbergstraße 51
3300 Braunschweig

Bremen:
Max-Reger-Straße 4
2800 Bremen

Düsseldorf:
Frankenstraße 1
4000 Düsseldorf 30

Franken:
Kaulbachplatz 11
8500 Nürnberg

Hansa:
Ferdinandstor 1, Kunsthaus
2000 Hamburg 1

Köln:
Maarstraße 1
5000 Köln 40

Münster:
Von-Vincke-Straße 4
4400 Münster

Niedersachsen:
Elbeweg 79
3012 Langenhagen

Ostwestfalen-Lippe:
Georgstraße 39
4830 Gütersloh

Rheinland-Pfalz:
Lochackerweg 7
6730 Neustadt/Weinstraße

Rhein-Main:
Hamburger Allee 45, Kunstschule Westend
6000 Frankfurt (Main) 90

Rhein-Neckar:
Grillparzerstraße 8
7500 Karlsruhe

Saar:
Scheidter Straße 121
6600 Saarbrücken

Westfalen-Ruhr:
Brütingsweg 16
4600 Dortmund-Wickede

Zentralverband des Deutschen Handwerks (ZDH)
Johanniterstraße 1
5300 Bonn

Bund für deutsche Schrift
Sitz Hannover
Geschäftsstelle
Postfach 1110
4597 Ahlhorn

Österreich

Bund Österreichischer Gebrauchsgraphiker BÖG
Hollgasse 6
A-1050 Wien

Schweiz

Arbeitsgemeinschaft Schweizer Grafiker (ASG)
Chorgasse 18
CH-8001 Zürich

Bund Schweizerischer Reklameberater und Werbeagenturen (BSR)
Sekretariat Walter Weber
Kurfirstenstraße 80
CH-8002 Zürich

Internationale Grafische Föderation
Monbijoustraße 73
CH-3007 Bern

Im Bundesverband Druck sind die Landesverbände der Druckindustrie Mitglieder. Der Bundesverband Druck schließt mit der Industriegewerkschaft Druck und Papier und mit der Deutschen Angestellten-Gewerkschaft die Tarifverträge für Lohn und Gehalt und die Manteltarifverträge ab.

Bundesverband Druck e.V.
Weinbergstraße 2
6200 Wiesbaden 1

Die Industriegewerkschaft Druck und Papier ist die gewerkschaftliche Organisation der Beschäftigten in der Druckindustrie und der Papier, Pappe und Kunststoffe verarbeitenden Industrie.

Industriegewerkschaft Druck und Papier
Friedrichstraße 15
7000 Stuttgart 1

Soweit es sich um die tarifliche Regelung der Gehälter und sonstigen Arbeitsbedingungen für technische und kaufmännische Angestellte handelt, ist auch die Deutsche Angestellten-Gewerkschaft (DAG) Tarifvertragspartner.

Dieses Anschriftenverzeichnis kann keinen Anspruch auf Vollständigkeit erheben.

Literatur

Wir haben folgende Werke beim Zusammenstellen der zahlreichen Einzelheiten dieses Buches benützt:

Barge, Hermann: Geschichte der Buchdruckerkunst. Leipzig 1940

Barthel, Gustav: Konnte Adam schreiben? Weltgeschichte der Schrift. Hrsg. Karl Gutbrod. Verlag M. DuMont Schauberg, Köln 1972

Bartram, Alan: s. Sutton

Bauer, Konrad F.: Aventur und Kunst. Frankfurt 1940

Bauer, Konrad F.: Wie eine Buchdruckschrift entsteht. Privatdruck Bauersche Gießerei, Frankfurt (Main)

Bauer, Konrad F.: Von der Zukunft der Schrift. In: Gutenberg-Jahrbuch, Mainz 1968

Baur, Helmuth / Pfeiffer-Belli, Erich: 270 Schriften. Eine Sammlung zeitgemäßer Alphabete. Callwey-Verlag, München 1974

Bense, Max: Zeichen und Design. Agis Verlag, Baden-Baden

Bentele, Ernst: Schrift, geschrieben, gezeichnet und angewandt. Karl Gröner Verlag, Ulm-Söflingen 1952

Berry, W. Turner: s. Jaspert

Berthold: Fototypes E 1. Callwey-Verlag, München 1974

Bickham, George: The Universal Penman. Dover Publications, New York 1968

Bruckmann's Handbuch der Drucktechnik. Hrsg. Erhardt D. Stiebner unter Mitarbeit von Johannes Determann, Philipp Luidl, Alfons Huber, Werner Feldmann, Hans Georg Mühlbacher, Karlmann Schnötzinger, Heinrich Fischer, Willi Fischer, Wilhelm Bleicher. F. Bruckmann Verlag, München 1978

Brudi, Walter: Schriftzeichen. Sonderdruck Staatliche Akademie, Stuttgart 1971

Buchholz, Erich: Schriftgeschichte als Kulturgeschichte. Bellnhausen 1965

Das Buchstabenbuch des Pierre le Bé, Paris 1601. Dr. Cantz'sche Druckerei, Stuttgart–Bad Cannstatt

Büchner, Rudolf: Bücher und Menschen. Bertelsmann Lexikon-Verlag, Gütersloh 1976

Das Büro der Zukunft. Eine Analyse der Textverarbeitung. In: Business Week, 1975, Nr. 2387

Child Heather. Calligraphy Today. Studio Vista, London 1976

Crous, Ernst / Kirchner, Joachim: Die gotischen Schriftarten. Leipzig 1928

Degering, Hermann: Die Schrift, Atlas der Schriftformen des Abendlandes. Berlin 1939

Delitsch, Hermann: Geschichte der abendländischen Schriftformen. Leipzig 1928

Denker, Klaus Peter: Text-Bilder, visuelle Poesie international. Dumont Dokumente, Köln 1972

Döbler, H.: Von der Keilschrift zum Computer. C. Bertelsmann, Gütersloh

Doede, Werner: Bibliographie deutscher Schreibmeisterbücher von Neudörffer bis 1800. Dr. Ernst Hauswedell & Co., Hamburg 1957

Doede, Werner: Schön schreiben, eine Kunst. Prestel-Verlag, München

Dürer, Albrecht: Konstruktion der Antiquamajuskeln. Faksimile aus der »Unterweisung der Messung mit dem Zirkel und Richtscheit«. Polygraph Verlag, Frankfurt (Main) 1971

Eckardt, Andre: Philosophie der Schrift. Julius Groos, Heidelberg 1965

Ekschmitt, Werner: Das Gedächtnis der Völker. Büchergilde Gutenberg, Frankfurt (Main)

Faulmann, Karl: Illustrierte Geschichte der Buchdruckerkunst. Wien 1880

Fernsehgrafik. Otto Maier Verlag, Ravensburg

Finsterer, Alfred: Hoffmanns Schriftatlas. Verlag Julius Hoffmann, Stuttgart 1952

Földes-Papp, Károly: Vom Felsbild zum Alphabet. Chr. Belser Verlag, Stuttgart 1966

Frankenhauser, Alois: Von A bis Z, Lehrbuch der Schrift. Verlag F. Soennecken, Bonn 1942

Gerstner, Karl: Kompendium für Alphabeten. Arthur Niggli AG, Teufen (Schweiz) 1972

Graphic Design. Otto Maier Verlag, Ravensburg

Gutbrod, Karl: s. Barthel

Hagenmaier, Otto: Der Goldene Schnitt. Heinz Moos Verlag, Gräfelfing

Hart, Franz: Schrift am Bau. In: Baumeister, 46. 1949 (9)

Heiderhoff, Horst: Antiqua oder Fraktur? Zur Problemgeschichte eines Streits. Polygraph Verlag GmbH, Frankfurt (Main)

Hoffmanns Schriftatlas. Verlag Julius Hoffmann, Stuttgart 1952

Hornung, Clarence P.: Handbook of Early Advertising. Dover Publications, New York 1953

Kamekura, Yusaku: Firmen- und Warenzeichen International. Otto Maier Verlag, Ravensburg 1965

Jakob, Sepp / Leicher, Donatus M.: Schrift und Symbol in Stein, Holz und Metall. Callwey-Verlag, München 1977

Jaspert, W. Pincus / Berry, W. Turner / Johnson, A. F.: The Encyclopaedia of Type Faces. Blandford Press, London 1970

Jensen, Hans: Die Schrift. Glückstadt-Hamburg 1935

Jessen, Peter: Meister der Schreibkunst aus drei Jahrhunderten. Stuttgart 1936

Johnson, A. F.: s. Jaspert

Johnston, Eward: Schreibschrift, Zierschrift, angewandte Schrift. Braunschweig 1955

Kampmann, Lothar: Malerische, grafische und räumlich-plastische Techniken – Handbuch für den Kunstunterricht. Otto Maier Verlag, Ravensburg

Kamprath, Werner: Schrift und Typographie 1/2. Darmstadt 1977

Kapr, Albert: Schriftkunst. Geschichte, Anatomie und Schönheit der lateinischen Buchstaben. VEB Verlag der Kunst, Dresden, 1971

Kirchner, Joachim: s. Crous

Kläger, Max: Bild und Buchstaben. Otto Maier Verlag, Ravensburg

Klingspor, Karl: Über Schönheit von Schrift und Druck. Georg Kurt Schauer, Frankfurt (Main) 1949

Koch, Rudolf: Das Zeichenbuch. Insel-Verlag, Leipzig 1940

Koch, Rudolf: Das Schreiben als Kunstfertigkeit. Leipzig 1921

Koch, Rudolf: Das Schreibbüchlein. Bärenreiter Verlag, Kassel

Kriwett, Ferdinand: Com-Mix, Die Welt der Schrift und Zeichensprache. Studio DuMont, Köln 1972

Kurz, Gotthilf: s. Stähle

Lange, Wilhelm H.: Schriftfibel, Geschichte der abendländischen Schrift von den Anfängen bis zur Gegenwart. Franz Steiner Verlag, Wiesbaden 1953

Lehner, Ernst: Alphabets and Ornaments. Dover Publications, New York 1952

Leicher, Donatus M.: s. Jakob

Linz, Alfred: s. Stähle

Löffler, Karl: Romanische Zierbuchstaben und ihre Vorläufer. Stuttgart 1927

Hrsg.: *Londenberg, Kurt / Schauer, Georg Kurt:* Von den Herbergen des Geistes. Scherpe Verlag, Krefeld 1976

Massin: Buchstabenbilder und Bildalphabete. Aus dem Franz. übersetzt von Philipp Luidl und Rudolf Straßer. Otto Maier Verlag, Ravensburg 1970

Matthäus, Friedrich: Rudolf Koch – Ein Werkmann Gottes. Hamburg 1948

Menhart, Oldrich: Abendgespräche. Privatdruck D. Stempel AG, Frankfurt (Main) 1958

Mertin, Carl Otto: Schnelligkeit ist keine Hexerei. Börsenblatt für den Deutschen Buchhandel, 2. 6. 1977 (Drupa-Sondernummer), S. 59–61

Morrison, Stanley: Handbuch der Druckerkunst von 1500–1900. Berlin 1925

Muzika, Frantisek: Die schöne Schrift. Werner Dausien, Hanau (Main) 1965, Bd. 1 und 2

Nerdinger, Eugen: Buchstabenbuch. Callwey-Verlag, München 1954

Nerdinger, Eugen: Schriftscheiben, Schriftzeichen. Callwey-Verlag, München 1964

Nesbitt, Alexander: Decoratif Alphabets and Initials. Dover Publications, New York 1959

Handbuch für Objektbeschriftungen. Xylo Buchstaben Rudolf Prien KG, München 1975

Pfeiffer-Belli, Erich: s. Baur

Pfeiffer, Oskar Herbert: Lettern sehen dich an. Privatdruck Linotype GmbH, Berlin, Frankfurt (Main) 1959

Plata, Walter: Schätze der Typographie. Gebrochene Schriften. Polygraph Verlag, Frankfurt (Main)

Ratzke, Dietrich: Die Bildschirmzeitung. In: Gutenberg-Jahrbuch, Mainz 1976

Hrsg.: *Ratzke, Dietrich:* Die Bildschirmzeitung. Fernlesen statt Fernsehen. Colloquium Verlag, Berlin 1977

Reinhold: Alphabet Thesaurus. Reinhold Publishing Corporation, New York 1972

Renner, Paul: Die Kunst der Typographie. Verlag des Druckhauses Tempelhof, Berlin 1948

Rodenberg, Julius: In der Schmiede der Schrift. Berlin 1940

Rosenberger, August: s. Zapf

Roth, Eugen: Der Schrift und Druckkunst Ehr und Macht. Privatdruck Linotype GmbH, Frankfurt (Main) 1959

Hrsg.: *Rubi, Christian:* Alte Berner Schreibkunst. Benteli Verlag, Bern 1975

Schardt, Alois: Das Initial. Berlin 1938

Schauer, Georg Kurt: s. Londenberg

Schauer, Georg Kurt: Internationale Buchkunst im 19. und 20. Jahrhundert. Otto Maier Verlag, Ravensburg 1969

Schauer, Georg Kurt: Der wohltemperierte Leser. Mergenthaler Verlag der Linotype GmbH, Frankfurt (Main) 1964

Schrift braucht Papier. Dokumentation der PWA Papierwerke Waldhof-Aschaffenburg AG, Raubling 1975

Schrift in unseren Straßen. Privatdruck Harris-Intertype GmbH, Berlin 1969

Stähle, Walter / Linz, Alfred / Kurz, Gotthilf: Die Urkunde. Karl Gröner Verlag, Ulm 1969

Steinberg, S. H.: Die Schwarze Kunst. 500 Jahre Buchwesen. Aus dem Englischen übersetzt von Johann Jakob Häßlin. Prestel-Verlag, München 1961

Hrsg.: *Stiebner, Erhardt D.:* s. Bruckmann

Stübe, R. H.: Der Ursprung des Alphabets und seine Entwicklung. Berlin

Sturm, Heribert: Unsere Schrift. Verlag Degener & Co., Neustadt an der Aisch 1961

Sutton, James / Bartram, Alan: An Atlas of Typeforms. Lund Humphries, London 1968

Tiemann, Walter: Beseelte Kalligraphie. Privatdruck Gebr. Klingspor, Offenbach 1950/51

Musterblatt für die Topographische Karte 1:50000. Im Auftrag der Arbeitsgemeinschaft der Vermessungsverwaltungen der Länder der Bundesrepublik Deutschland bearbeitet vom Landesvermessungsamt Baden-Württemberg, Stuttgart, Dritte Ausgabe 1970

Hrsg.: *Trump, Georg:* Vita activa. Bilder, Schriften und Schriftbilder. Privatdruck. Typographische Gesellschaft, München 1967

Tschichold, Jan: Geschichte der Schrift in Bildern. Holbein-Verlag, Basel 1946

Tschichold, Jan: Schriftkunde. Schreibübungen und Skizzieren. Verlag des Druckhauses Tempelhof, Berlin 1951

Tschichold, Jan: Meisterbuch der Schrift, Otto Maier Verlag, Ravensburg 1952

Tschichold, Jan: Formenwandlungen der Et-Zeichen. Privatdruck D. Stempel AG, Frankfurt (Main) 1953

Tschichold, Jan: Schatzkammer der Schreibkunst. Meisterwerke der Kalligraphie aus vier Jahrhunderten auf zweihundert Tafeln. Verlag Birkhäuser, Basel 1959

Tschichold, Jan: Ausgewählte Aufsätze über Fragen der Gestalt des Buches und der Typographie. Birkhäuser Verlag, Basel 1975

Vespasiano Amphiareo Vinegia 1554. Ein Schreibbuch. Dr. Cantz'sche Druckerei, Stuttgart-Bad Cannstatt

Virl, Hermann: Festschrift 1903–1958. Verlag Fritz Schmidberger, München

Wills, Franz Hermann: Schrift und Zeichen der Völker von der Urzeit bis heute. Econ-Verlag, Düsseldorf 1977

Zapf, Hermann / Rosenberger, August: Feder und Stichel. Alphabete & Schriftblätter. Trajanus-Presse, Frankfurt (Main) 1952

Zapf, Hermann: Manuale Typographicum. Z-Presse, Frankfurt (Main) 1954, Bd. 1; 1968, Bd. 2

Zapf, Hermann: Über Alphabete. Privatdruck D. Stempel AG. Linotype GmbH, Frankfurt (Main) 1960

Zapf, Hermann: Typographische Variationen. Privatdruck. Verlagsbuchhandlung Georg Kurt Schauer, Frankfurt (Main) 1963

Zapf, Hermann: Die Probleme der Typographie in der Zukunft. In: Gutenberg-Jahrbuch, Mainz 1968

Zapf, Hermann: Schrift und Buch in der Welt von morgen. Gutenberg-Gesellschaft, Mainz 1970

Zapf, Hermann: Künstlerische Aufgaben in der Gegenwart. Antwortrede anläßlich der Verleihung des Gutenberg-Preises 1974. Gutenberg-Gesellschaft, Mainz 1975

Zapf, Hermann: Schrift in der Öffentlichkeit. In: Gutenberg-Jahrbuch, Mainz 1976

Kataloge

Weltkulturen und moderne Kunst. Olympia-Ausstellung. München 1972

Die Kunst der Schrift. Unesco-Ausstellung. Baden-Baden 1964

Fachzeitschriften

Volk und Schrift. Jahrgang 1 bis Jahrgang 14, Heft 2. Verlag F. Soennecken, Bonn 1927–1943

Die zeitgemäße Schrift, Heft 1–64. Verlag für Schriftkunde, Heintze & Blankertz, Berlin 1919–1943

Börsenblatt für den Deutschen Buchhandel. Frankfurter Ausgabe. Drupa-Sondernummer. Frankfurt (Main) 1977

Auswahl heute erscheinender, lieferbarer Fachzeitschriften

Graphik. Verlag Karl Thiemig. Pilgersheimerstraße 38, 8000 München 90

Graphis. Graphis Verlag. Dufourstraße 107, CH-8008 Zürich

novum gebrauchsgraphik. Verlag F. Bruckmann KG, Nymphenburger Straße 86, 8000 München 20

Form und Technik. Fachbeilage zu »Druck und Papier«. Industrie-Gewerkschaft, Druck und Papier Friedrichstraße 15, 7000 Stuttgart 1

Graphische Revue Österreichs, Seidengasse 15, A-1072 Wien

Typographische Monatsblätter. Zollikofer & Co. AG. Fürstenlandstraße 122, CH-9001 St. Gallen

Fachwörter · Register

A

Abbreviatur 34

Abformen Prägen von Satz oder Klischee zum Herstellen von Duplikaten, von Duplikatdruckstöcken oder Formen im Hochdruck (Stereotypie, Galvano)

Abgequetschte Schrift Abgenutzte Lettern im Bleisatz

Ableger Mechanismus, der die Zeilensetz-Matrizen wieder in ihre Magazine und Kanäle zurückbringt

Ablegen Auseinandernehmen des Bleisatzes und Zurücksortieren in die Schriftkästen

Abreibeschrift s. Anreibebuchstaben

Absatz Unterbrechung eines durchlaufenden Textes durch Beginn einer neuen Zeile

Abziehen Anfertigen eines Korrekturabzuges mit einer Abziehpresse

Abzug Einzeldruck, meist zur Kontrolle

Adapter 166

Adresse Code zum Auffinden einer bestimmten Stelle im → Datenträger (z. B. Zeilennummer)

Aeschlimann, Richard 89

Ahle Nadelartiges Werkzeug mit Holzgriff zum Herausstechen einzelner Typen aus dem Satz

Aigenmann, Angela 92

Akaba, Untei 102

Akademien 265f

Akkolade Klammer, die die Zusammengehörigkeit von Satzteilen zum Ausdruck bringen soll:

Akzent Über oder unter einem Buchstaben stehendes Ton- oder Lesezeichen

Akzidenz-Photosatz 135f

Akzidenzschriften Handsatzschriften, die nicht für den Werk-, Zeitschriften- und Zeitungssatz verwendet werden

Aldus 68

Aldus Manutius 45, 47

Alinea Zeilenanfang

Alinea-Zeichen ¶ Im Fraktur-Setzkasten 121

Altägyptischer Schreiber 14

Altrömische Halbunziale 37

Andreä, Hieronymus 54

Angelsächsische Halbunziale 35

Angelsächsische Spitzschrift 35

Anreibebuchstaben Vorgefertigte Buchstaben, die durch Anreiben von einer Trägerschicht auf einen Untergrund übertragen worden 205f

Antimon 127, 154

Antiqua 29, 38, 40ff, 121, 131

Antiqua, Barock- 123ff

Antiqua, Garamond- 132

Antiqua, Klassizistische 45

Antiqua-Kleinbuchstaben 34

Antiqua, Kursive 45

Antiqua, Linear- 123

Antiqua, Renaissance- 123

Apostroph → Satzzeichen, das eine Auslassung markiert

Arabeske 35, 81, 98

Arabische Schrift 98f

Arabische Zahlzeichen 75

Aramäer 97

Arbeitsspeicher 170ff

Arbeitsvorbereitung 159, 170ff

Architektur 30f, 256ff

Artensatz Satz von Namen und Bezeichnungen im Gegensatz zum laufenden Text, erfordert Preisaufschlag

Assyrer 97

Aufbewahren von Druckschriften 120

Ausbinden Umschließen des Handsatzes mit einer Schnur

Ausbringen Verteilen von Zwischenräumen in einer Zeile oder → Kolumne, damit diese breiter bzw. höher wird

Ausgang Nicht gefüllte Zeile oder Seite

Ausgeschlossene Bänder 155f

Ausgleichen 130

Ausheben Herausnehmen der Handsatzzeilen aus dem gefüllten → Winkelhaken, auch Herausnehmen einer Druckform aus der Druckmaschine

Ausnahmelexikon Zusatzprogramm zum logischen → Trennprogramm, um eine größere Trenngenauigkeit zu erreichen 157f

Auspunktieren Ausfüllen des freien Raumes innerhalb einer Zeile mit Punkten

Ausschlachten Auseinandernehmen des Handsatzes zum Wiederverwenden von Schrift und → Blindmaterial

Ausschließen 155f

Ausschließender Perforator Gerät zur Texterfassung, auf dem → ausgeschlossene → Lochstreifen hergestellt werden 155f

Ausschluß 139

Ausschließfähig 156

Außentitel Titelzeilen auf Bucheinband oder Schutzumschlag

Auszeichnen 131, 133f

Auszeichnungsschriften 133

Autorkorrektur Korrektur des Autors, im Gegensatz zur → Hauskorrektur durch den → Korrektor, → Bestellerkorrektur

Azteken 17, 111

B

Bandornamentik 34, 38

Bandverschmelzung Besser: Textverschmelzung: Korrekturmöglichkeit vor dem endgültigen → Belichten beim → Photosatz 167

Bandzugfeder 196

Banknote 247

Barock 55

Barytabzug Ein auf Barytpapier hergestellter Abzug von einer Schriftsatzform zur Schriftreproduktion im Offset oder Tiefdruck

Bastarda 47f

Bastardschrift Schrift in verschiedenen Stilelementen 48, 53

Bâtarde coulée 49

Bauhaus Dessau 64

Bayer, Herbert 62, 64

Behrens, Peter 60

Belichten (Textausgabe) 162ff, 164

Beneventana 36

Bengali-Alphabet 100

Berufe 265

Berufsstände 267

Beschreibstoffe 200

Bestellerkorrektur Autorkorrektur oder Kundenkorrektur, Änderung während des Herstellens einer Drucksache an Text oder Bild. Wird zusätzlich zum vereinbarten Preis in Rechnung gestellt

Bewegte Schrift 192, 241

Biedermeier 83

Bildbuchstaben 87

Bildschirm 168ff, 179, 183

Bildschirmkorrektur 180

Bildschirmtext 185ff

Bildschirm-Zeitung 187

Bildungsstätten 265

Binärer Code Aus zwei Einheiten bestehender → Code

Binäres System 77

Bit-Erkennung 162

Blei 127, 154

Bleiloser Satz 151

Bleisatz 151ff

Bleisatz, Arbeitstechniken 152

Bleisatz, Nachteile, Vorteile 151

Bleischnitt 210

Blickfang Stark auffällig, z. B. großgesetzte Zeile

Blinddruck Bei Bucheinbänden statt einer Farbe durch Streicheisen und Einzelstempel geprägte ornamentale oder figürliche Schmuckform

Blindenschrift 22 neben 86

Blockade → Fliegenkopf

Blockform 141

Blocksatz 139

Blockschrift neben 210

Bodoni, Giambattista 49, 82

Borgis 129

Brahmi-Schrift 100

Breitfeder 196

Breitkopf, Bernhard Christoph 56

Breitkopf-Fraktur 56

Breve-Schrift 50

Brillant 129

Briefmarke 246

Brotschrift Werkschrift, heute als → Lesegröße bezeichnet 118

Bruchziffer 75

de Bry, Johannes Israel 88

Bucheinband 253

Buchkunst 79

Buchornamentik, irische 35

Buchschrift 31f, 34f, 118

Buchstabennegativ 126

Buchstabenschrift Ursprung 17

Buchumbruch 144ff

Büttenpapier 200

Bundesverband Druck 267

Byzantinische Schmuckelemente 35, 38

C

Cancellaresca bastarda 47

Cancellaresca formata 47

Cancellaresca romana 47

Capitalis Urform der heutigen Antiqua 38, 45, 75, 78

Capitalis monumentalis 26, 30, 32

Capitalis, römische 74

Capitalis rustica 32

Capitalis quadrata 26, 31, 32, 34

Chancery hand 50f

Chemische Formel 143

Chinesische Stangentusche 199

Chinesische Pinselschrift, frühe 16

Chinesische Schrift 104ff

Chinesische Kalligraphie 107

Cicero Typographische Maßeinheit, bisher 4,513 mm; jetzt 4,5 mm. Die Briefe Ciceros sollen von Schöffer zum erstenmal in einem Schriftgrad dieser Größe gesetzt worden sein 129

Civilité 48f

Code Verschlüsselte Nachricht oder Information zum Speichern, Verarbeiten oder Übermitteln 155ff

Codeänderung 157ff

Codex Dresdensis 112

Codierung von Schriftzeichen 157f, 186

Codierzeile 77, 172

Columbus 111

»Composer« IBM-Schreibsetzmaschine 142, 190

Computer 156ff, 163ff, 168f, 170f, 182ff, 185ff

Computersatz 156ff

Computertrennung Sinnstörende und unlogische Trennung, die beim → Computersatz immer wieder vorkommt 156f

Court hand 50

Crouwel, Wim 70

CRT-Maschine Photosetzmaschine mit Kathodenstrahlröhre 164f

Cursor Korrekturstellenanzeiger im → Photosatz, mit dem die gewünschte Stelle auf dem → Terminal angefahren wird 168, 189

Cursiva humanistica 50

D

Daten-Fernübertragung 180

Datensicherung Neben dem Belichtungsvorgang erzeugter Datenträger an manuell bedienten Setzmaschinen

Datensichtgerät 168

Datensichtstation Bildschirmgerät zur → Korrektur im → Photosatz

Datenspeicher 156ff

Datenträger → Lochband, → Lochkarte, → Magnetband, → Magnetplatte usw. 163f

Datenverarbeitung, elektronische 179ff, 182ff

Datenverarbeitungsanlage Maschinen, die nicht nur einen einzigen Arbeitsgang, sondern eine ganze Folge von Arbeitsgängen selbsttätig ausführen, ihre Arbeit dabei laufend überwachen und sich selbst korrigieren.

Daumier, Honoré 88

Deleatur »Es werde beseitigt«, Korrekturzeichen nach DIN 16511: ₰

Delphin 68

Demotische Schrift 16

Deutsche Einheitskurzschrift 24

Deutsche Kurrent 56

Deutsche Schrift 51, 57

Dewanagari-Schrift 100

Dezimalsystem 75

Diamant 129

Dickte 126

Didot-Punkt 127

»Digiset«-Photosetz-System 151

Digiset-Schriften 166

Digital Form der Darstellung von Werten, gleichbedeutend mit numerisch oder ziffernmäßig. In der elektronischen → Datenverarbeitung wesentlich häufiger als die analoge Darstellung

Digitales Photosetzen 164f

Digital speichern 163

Digitaluhr 76

DIN Ehemals »Deutsche Industrie-Norm«, seit 1926 »Das ist Norm«, heute: Deutsches Institut für Normung e. V. Name und Kennzeichen für die Gemeinschaftsarbeit des deutschen Normenausschusses. DIN-Normen sind Vereinheitlichungen und ordnende Festlegungen im allgemeinen Interesse und für ein besonderes Fachgebiet. Sie sind Vorschläge und nicht zwingende Vorschriften. Aus der großen Zahl der DIN-Normblätter für die Druckindustrie geben wir folgende Auswahl:

DIN	Inhalt
821	Bl. 1 Schriftgutbehälter, Ordner, Hefter
825	Bl. 1–3 Schildermaße
1451	Schriften; Groteskschriften Bl. 1+2
1453	Bl. 1, Griechische Schrift
1455	Normschriften, Handschrift
1456	Schablonenschrift
1501	Zeitschriften; Angabe über Ziertitel, Band, Nummer, Seite, Erscheinungsort, Erscheinungsdatum am Fuße der ersten Umschlagseite bei wissenschaftlichen Zeitschriften
5007	Regeln für die alphabetische Ordnung (ABC-Regeln)
5008	Regeln für Maschinenschreiben
16501	Setzregale, Satzbrettregale, Schriftkästen
16502	Schriftkasten; Anordnung und Belegung der Fächer
16507	Typographische Maße
16511	Korrekturzeichen
16512	Bleilegierungen für das graphische Gewerbe
16514	Begriffe für Hochdruck; Druckform; Satz und Druck
16517	Schriftmuster-Karteikarte für das graphische Gewerbe
16518	Klassifikation der Schriften
16521	Linien im graphischen Gewerbe; Arten und Dicken
66007	Schrift CMC 7 für die maschinelle magnetische Zeichenerkennung; Zeichen und Nennmaße
66008	Bl. 1–3; Schrift A für die maschinelle optische Zeichenerkennung

Diphtong Doppelselbstlaut, zwei aufeinanderfolgende Vokale in einer Silbe, z. B. au, eu

Divis Trennungs- oder Bindestrich

Dreidimensionale Schrift 259

Drittelsatz Der Abstand zwischen den einzelnen Worten ist beim Drittelsatz ⅓ eines Gevierts, z. B. 3 p bei einer Schriftgröße von 9 p

Dorische Inschrift 26

Druckfehler 167f

Druckschrift als technisches Erzeugnis 114, 117

Duden Nachschlagwerk, das für die Rechtschreibung in Druckereien allgemein als verbindlich angesehen wird (nach Konrad Duden 1829–1911)

Dürer, Albrecht 54

Duktus 47, 124, 132

Durchschuß Zeilenzwischenraum 140

E

Echternacher Schreibschule 14

Eckmann, Otto 60, 84

EDV Abkürzung für elektronische → Datenverarbeitung

EDV-Anlage 156f, 181f, 185

Egyptienne Serifenbetonte Schrift 46, 82

Ehmcke, Fritz Hellmuth 63, 252

Einableger Zeilensetz- und -gießmaschine mit nur einem → Ableger

Einbringen Kürzen einer Zeile oder eines Absatzes

Einhänger Sondermatrize an der Zeilensetzmaschine, die nicht ins Magazin einläuft, sondern von Hand in die Matrizenzeile eingefügt wird

Einheit Aufteilung der Dickte eines Buchstabens, ausgehend vom → Geviert

Einheitskurzschrift, deutsche 24

Einheitsschriftlinie Vereinheitlichte, in einer Norm festgelegte Schriftlinie, → DIN

Einspaltig Satz einer einzelnen → Kolumne auf einer Buch- oder Zeitschriftenseite. Gegensatz → mehrspaltig

Einzelbuchstabenguß 153

Einzelbuchstabensatz 153

Einzug Einrücken einer Zeile

Elefantenrüssel Barock geschwungene Anfangsstriche der Fraktur-Großbuchstaben 54

Elektrische Schreibmaschine 181

Elektronenröhre (Kathodenstrahlröhre) 163ff

Elektronik Technik der Elektronengeräte. Bauelemente der Elektronik sind u. a. Elektronenröhren und Halbleiter, z. B. Transistoren. Die Hauptaufgaben der Elektronik in der Industrie sind Messen, Regeln, Steuern, Zählen, Speichern, Rechnen. Automatisierung industrieller Vorgänge ist ohne Elektronik unmöglich 159, 182

Elektronische → Datenverarbeitung 182

Endlos-Lochstreifen 155

Endlosperforator Gerät zur Texterfassung, auf dem ohne Zeilenende geschrieben wird, so daß ein Endloslochstreifen entsteht 156

Englische Linie An- und abschwellende Linie

Englische Schreibschrift 51, 53, 58, 83

Erasmus von Rotterdam 14

Erbar-Grotesk 62

Erscheinungsbild 236, 238

Erstband 167

Etienne 46

Etrusker 29, 30

Evangelistar Sammlung der Evangelien-Lesungen des Kirchenjahrs 40

F

Fachhochschulen 266

Fachschulen 266

Fahne Korrekturabzug auf schmalen Papierstreifen

Fahnensatz Satz von Texten in Spalten vor dem Umbruch

Farbe 199, 203

Faser- und Filzschreiber 198

Federhalter 197

Federn 196f

Fernsehen, Schrift im 190ff, 241

Fernsehspots 193

Fernübertragung, Daten- 180

Fette Schrift 133

Fettstift 198

Figürliche Darstellung 79

Figurenalphabet 87

Figurenverzeichnis 122

Fingeralphabet 24

Filmmontage 147

Filmsatz → Photosatz

Filmschneider Gerät zum genauen Ausschneiden von Zeilen im → Photosatz

Filmvorschub Bewegen des Films von Schriftlinie zu Schriftlinie (Zeile zu Zeile) ergibt den Zeilenabstand im → Photosatz

Financière 48

Firmenzeichen, Firmenmarke 220, 222

Fisch Ausdruck in der Handsetzerei für Buchstaben, die im falschen Fach eines Setzkastens liegen. Auch falsche Buchstaben in einer Zeile

Flattersatz 139

Flechtkufi 98

Flechtornamentik 34, 38

Fleisch Raum zwischen → Dickten-Linie und → Buchstabenbild bei einem → Buchstaben. Dieser Raum wird benötigt, damit die Buchstaben nicht zu dicht aneinander stoßen 126, 131

Fliegende Akzente Akzente im Photosatz, die über den betreffenden Buchstaben zentriert werden 162

Fliegenkopf Auf dem Kopf stehende, mit dem Fuß druckende Bleiletter. Gibt beim Korrekturabzug an, daß an dieser Stelle eine Korrektur anzubringen ist

Fließsatz Im Zeitungsanzeigensatz Kleinanzeigen, welche ohne Auszeichnung nach einem gegebenen Schema gesetzt werden. Im Gegensatz dazu »gestaltete« Anzeigen

Floppy disc Kleine, flexible Metallplatte 163, 168

Flüssig-Kristalle 76, 182

Folien-Buchstaben 207f

Folientusche 199

Font Dimensionsstabiler Filmstreifen mit negativen Schriftzeichen (Schriftträger im Photosatz) 121

Formelsatz Satz von chemischen und mathematischen Formeln, heute auch im Photosatz und im Schreibsatz 141, 143, 178

Formular Vordruck zum hand- oder maschinenschriftlichen Ausfüllen → Akzidenz

Foto → Photo

Fraktur 38, 40, 45, 54, 56, 58, 121, 131

Fraktur-Initiale 81

Franke, Paul 81

Französische Buchkursive 38

Friedeberg, Pedro 94

Frutiger, Adrian 65, 69, 183

Fuchs, Ludwig F. 84

Füllmaterial → Blindmaterial

Fust 80

Fuß 127

Futhark Runenalphabet 36f

Futura 64

G

Galik-Schrift 104

Garamond, Claude (um 1480–1561) Schriftkünstler 131

Garamond Schriftfamilie 132

Garmond 129

Garnitur (Schriftgarnitur) 131

Gasse In der Handsetzerei der Raum zwischen 2 parallelen Setz- oder Formenregalen

Gassengespann Alter Ausdruck aus der Handsetzerei für in einer Gasse nebeneinander arbeitende Handsetzer

»Gaunerzinken« 262

Gebrochene Schrift → Fraktur

Gedichtform 140

Gehrung Messinglinien des Handsatzes mit Schrägschnitt zum Erzielen einer sauberen Ecke, Beispiel

Gemeine Kleinbuchstaben des Alphabets 122

Geprägte Bänder 210

Geschriebene Malerei 92

Gestaltungsraster 144, 146

Geviert Auf den Schriftkegel bezogenes quadratisches Maß im Handsatz

Gewerkschaft Druck und Papier 267

Gießmaschine Lochbandgesteuerte Bleisetzmaschine 151

Gießzapfen 115

Gießzettel Verzeichnis der Stückzahl jeder einzelnen Figur eines Schriftsatzes, nach der Häufigkeit ihrer Verwendung

Gill, Eric 60, 64

Gitterschrift 39

Glatter Satz Werksatz im → Blocksatz

Goldener Schnitt Ideales Harmonieverhältnis zweier ungleicher Abschnitte einer Strecke zueinander. Der kleinere Teil verhält sich zum größeren wie der größere zur ganzen Strecke. Maßgesetz für Proportionen in der Gestaltung von Drucksachen. Grobzahl etwa 3:5:8 144

Gothic letters 50

Gotico-Antiqua 40

Gotische Bastard 50

Gotische Buchschrift 38

Gotische Handschrift 79

Gotische Initiale 79

Gotik, Schrift der 37f, 50

Gotisch Schriftgruppe 38

Gotische Minuskel 38

Gotische Kursive 48

Gotische Schreibschrift 39

Goudy, Frederick William 65

Grad →Schriftgrad

Graduale 95

Grantha-Schrift 103

Graphologie 20ff

»Graphos«-Tuschefüller 197f

Griechen 25

Griechische Capitalis 25

Griechische Handschrift 29

Griechische Kursive 29

Griechische Lapidarschrift 25

Griechisches Lautalphabet 25

Griechische Majuskel 26

Griechische Minuskel 29

Griechische Unziale 26

Grieshaber, HAP 21

Großkegelsatz Satz ab 16 Punkt auf der →Zeilensetzmaschine

Grotesk Alte Bezeichnung für →serifenlose Linearantiqua 46, 124

Grundschrift →Lesegröße

Grundstrich Der fette Strich bei einem →Antiqua-Großbuchstaben, z. B. bei einem **N** der mittlere schrägliegende Balken

Guilloche Verschlungene, regelmäßige Linienzeichnung auf Wertpapieren 247

Gupta-Schrift 100

Gutenberg, Johannes (vor 1400 bis 1468) 15, 39, 51, 114

H

Haarspatium Im Handsatz feinstes Blindmaterial ½ p oder 1 p

Haarstrich Der feine Strich bei einem →Antiqua-Buchstaben, z. B. bei einem **N** die beiden senkrechten Striche

Halbfette Schrift 133

Halbgeviert Im Handsatz Blindmaterial, das in der Breite der halben Kegelhöhe entspricht, z. B. bei einer →Schrift von 10 p Kegelgröße eine Breite von 5 p

Halbpetit 129

Halbunziale 34

Halslinie Im →Tabellensatz die Linie zwischen Tabellenkopf und Tabellenfuß

Hammer, Viktor 65

Handbuchbinderei 212

Handgießinstrument 115

Handling Manuelle Tätigkeit im →Photosatz wie Bandeinlegen, Filmwechsel usw.

Handsatz 114ff

Handschrift 20ff, 29

Handsetzerei 135, 152

Handwerk 195, 250ff

Hardware Feste Bestandteile eines →Rechners 156

Hauskorrektur →Korrekturlesen vom Korrektor nach Herstellen des Korrekturabzugs in der Setzerei und Ausführen dieser Korrektur

Headline →Schlagzeile 117f, 135

Hebräische Quadratschrift 97

»Heißer« Satz →Bleisatz 151ff

Helvetica 65

Heraklit 15

Hierartische Schrift 16

Hieroglyphe 14f, 16

High-Speed-Maschine Für den TTS-Betrieb konstruierte →Zeilensetz- und -gießmaschine

Hindi 100, 103

Hiragana-Schrift 109f

Hochschulen 265f

Hochzeit Scherzhaftes Wort des Setzers für doppelt gesetztes Wort

Hoefer, Karlgeorg 68

Höhe der Versalien 129

Höhlenmalerei 15

Hohlsteg Blindmaterial im Handsatz, aus Gewichtsersparnis hohl gegossen

Holbein d. J., Hans 14

Holzschnitt 210

Holzschrift Schrift mit großem Kegel, etwa von 8 Cicero aufwärts, für →Handsatz von Plakaten im Hochdruck. Heute weitgehend durch Kunststoff abgelöst

Holzstich 82

Humanistische Minuskel 40

Hundertwasser, Friedensreich 22

Hurenkind Vom Setzer scherzhaft gebrauchte Bezeichnung für eine am Anfang einer →Kolumne stehende Schlußzeile eines Absatzes

I

IBM »Composer« 82, 177

Ideogramm 15f, 105

Ido-Schriftzeichen 107

Illuminator 52

Indiana, Robert 94

Indien 100ff

Industriegewerkschaft Druck und Papier 267

Initiale Anfangsbuchstabe am Beginn eines Schriftsatzes, oft größer und verziert 38, 78ff

Inka 111

»Ink Jet« 180, 183

Inkunabel →Wiegendruck

Insulare Schrift →Nationalschriften

»Intelligenz« (Rechner) 162

Interpunktion Satzzeichen: Punkt, Beistrich, Fragezeichen u. a.

Irisch-angelsächsische Buchkunst 79

Irische Halbunziale 26, 34

Irische Handschrift 38

Islamische Arabesken 35

Islamische Ornamentkunst 81

»Isonorm« 198, 209

Italian Hand 58

Italienische Buchschrift 40

Italienische Halbunziale 34

Italienische Kursive 58

Italienne Schrift mit dünnen Senkrechten und dicken Waagrechten 46

Italique Französische Bezeichnung für Kursive

J

Japanische Schrift 109f

Japanpapier 200

Jobin, Bernhard 55

Johnston, Edward 59

Jugendstil 60, 84

Jungfer, Jungfrau Scherzhafter Ausdruck des Setzers für eine fehlerlos gesetzte Seite

Justieren Genau machen, genau einstellen, in der Druckindustrie z. B. → Matrize, → Kolumne

K

Kabeltext 189

Kakographie Fehlerhafte, schlechte Schreibweise

»Kakizome« 102

Kalligraphie 52, 69, 92, 103, 107

Kalmückische Schrift 104

»Kalter« Satz → Photosatz 151ff

Kana-Silbenschrift 109

Kanon 129

Kanzleischrift 47, 49, 52f, 57f, 81

Kapitälchen 132

Karesthi-Schrift 100

Karolinger 32

Karolingische Minuskel 35, 37, 40, 45

Kartenschrift Imitation einer feinen Stahlstich-Prägeschrift im Hochdruck

Kassette 121

Katakana-Schrift 109f

Kathodenstrahl Strahl aus → Elektronen, die von der Kathode (negative → Elektrode) ausgestrahlt werden. Kathodenstrahltechnik wird angewandt im → Photosatz 165, 190

Kathodenstrahl-(CRT-)Maschine 167ff

Kegel 126, 128

Keil An der Zeilensetzmaschine Spatienkeil, auch Ausschlußkeil

Keilschrift 17

Kernspeicher 156, 182

Kiai-Schu-Schrift 105ff

Kielfeder 197

Klarschriftbeleg Beim → Tasten erzeugter Schreibmaschinenbeleg

Klassizismus 82

Klassizistische Antiqua 45

Klaviatur Tastenfeld einer → Setzmaschine oder eines → Perforators

Klee, Paul 93

Kleinbuchstabe → Gemeine 122

Kleukens, Friedrich Wilhelm 63

Knotenschrift 111

Koch, Rudolf 57, 60, 63

Kokoschka, Oskar 67

Kolonel 129

Kolumne Schriftsatz der Seite eines Buches 39

Kolumnentitel Überschrift einer Kolumne, auch Überschrift im allgemeinen. Steht die Seitenzahl allein über der Seite, heißt sie »Toter Kolumnentitel«. Der kurze Vermerk über den Inhalt einer Seite zusammen mit der Seitenzahl heißt »Lebender Kolumnentitel«

Kommando Befehl auf dem → Datenträger zum Steuern von → Setzmaschinen

Komplettgießmaschine Gießmaschine für den Guß von → Einzelbuchstaben und → Schriftmaterial

Kompreß Schriftsatz, der ohne Zeilenzwischenraum gesetzt ist. Gegensatz Durchschießen

Kompreßsatz 129

Konkordanz Im Satz früher gebräuchliches Maß für 4 → Cicero 129

Konsultationsgröße 127f

Kontur 149

Konverter 172

Kopf Im Satz oberer Teil einer Seite

Kopfabschlußlinie Linie am oberen Rand einer Seite

Koreanische Schrift 107f

Korpus (Garmond) 129

Korrektor Schriftsetzer mit Zusatzausbildung, der die Korrekturabzüge in der Setzerei liest. Der Korrektor ist verantwortlich für das Einhalten der Rechtschreibung und für möglichst weitgehende Fehlerfreiheit der Texte

Korrektur 204

Korrekturabzug Probeabzug während der Herstellung eines Druckwerkes, insbesondere von Texten

Korrekturflüssigkeit 181

Korrektur im Photosatz 167

Korrekturlesen Durchsehen des Abzuges auf Satzfehler 174

Korrekturtaste 181

Korrekturzeichen Zeichen, die im Normblatt DIN 16511 festgelegt sind, zum Anzeichnen von Fehlern im Druck- und Verlagswesen. Die Korrekturzeichen sind veröffentlich zwischen Seite 120 und 121

Korrekturzeilen Wegen eines Fehlers neu gesetzte Zeilen

Korrigiertes Band 167

Kreissatz 139

Kreta, minoische Hochkultur 17

van Krimpen, Jan 65

Kriwet, Ferdinand 94

Kubin, Alfred 66

Kufi 98

Kufische Schrift 98

Kupferstich 45, 48, 82

Kuppelwort Wort aus zwei Bestandteilen, z. B. Kuppel-Wort oder Kuppelwort, mit Bindestrich oder in einem Wort geschrieben

Kuriale Schrift der päpstlichen Kanzlei 35

Kursive Schrägstehende Form der → Antiqua und der serifenlosen Antiqua 32, 40ff, 46

Kurzschrift 23

Kustos Früher gebräuchliche Wiederholung des ersten Wortes einer Seite am unteren Ende der vorhergehenden Seite zur Kontrolle der Reihenfolge und um dem Leser den Übergang zur nächsten Seite zu erleichtern. Teilweise auch heute noch in juristischen Schriftsätzen und Schriftverkehr gebräuchlich

Ku-Wen 105f

Kyrillische Schrift 18, 29

L

Landkarte 248f

Langobardische Schrift 35, 38

Larisch, Rudolf von 60

Laserdrucker 183, 185

Laserstrahlen Energiereiche Lichtstrahlen gleicher Phase, Frequenz und Richtung 166, 183

Lateinische Kursive 58

Lateinische Minuskel 45

Lateinische Ausgangsschrift (Schulschrift) 20

Lateinische Schrift 18, 38, 58

Laufweite der Schrift 136

Layout Anordnungsskizze des Auftraggebers oder Graphikers; zeigt dem Setzer, wo Bild oder Text anzuordnen sind 148

Layoutsatz 70

Lebender Kolumnentitel → Kolumnentitel

Lederschnitt 212

Leerzeile Unbedruckte Zeile als Zwischenraum

Legende Bildunterschrift

Legierung 154

Leiche Scherzhafte Bezeichnung des Setzers für beim Setzen ausgelassene Worte oder Sätze

Leipziger Akademie 63

Leonhard, Walter 66, 85, 222, 234, 244, 246

Lesegröße 118, 128

Lesemaschine (OCR-Maschine) OCR = optical character recognition = optische Zeichenerkennung. Maschine zum Umwandeln von geschriebenem Text in einen Datenträger zum Steuern von Setzmaschinen 162, 185

Letter 126f

Letternmetall 115f

Lettre bâtarde 48, 49f, 59

Leuchtschrift 212, 255, 257, 261

Lichtsatz 69, 117, 151, 164

Lichtsetzmaschine Bezeichnung für → CRT-Setzmaschine 164

Ligatur Doppelbuchstaben auf einem Kegel. Beispiel: ch, ck, fi, fl 34, 36, 131

Liniensatz 212

Liniieren 201f

Linksbündig 141

»Linofilm« VIP 163

Linolschnitt 210

»Linotron« 505 C/TC 163

»Linotype« 150ff

Li-Schu-Schrift 105f

Lithographie 56, 82

Lochband, -streifen Datenträger zum Steuern von Setzmaschinen 154ff

Lochbandkorrektur 167

Lochkarte → Datenträger

Logotypen Typographische Bezeichnung für Typen, die aus mehreren Buchstaben oder ganzen Silben bestehen, um das Setzen zu beschleunigen, in der Gebrauchsgraphik auch Schriftzüge

Lohnsetzerei Spezialbetrieb zum Herstellen von Satz ohne eigene Druckerei

M

Magazin Behälter zum Aufnehmen der → Matrizen an → Zeilensetzmaschinen

Mager Buchstaben mit wenig betontem, dünnem Schriftbild

Maghribi 99

Magnetband → Datenträger, der zum Steuern von → Setzmaschinen verwendet wird 170

Magnetbandgesteuerte Maschine 171

Magnetisch lesbare Schrift 70

Magnetkernspeicher 182

Magnetplatte → Datenträger mit großem Fassungsvermögen und schneller Zugriffszeit 168

Magnetträger 179

Mainzer Psalter 80

Majuskel 39, 75

Malayalam-Schrift 103

Malerei, geschriebene 92

Mandschurische Schrift 104

Manuelle Korrektur 169

Manuskript Textvorlage 173

Manuskript vorbereiten Setzreifmachen des Manuskripts 173ff

Maquette Bezeichnung für Klebemuster

Marginalie 145

Marke 220f

Maschinensatz Auf der Setzmaschine von Matrizen abgegossener oder ohne Blei verfertigter Satz (Photo- oder Lichtsatz) 151ff

Maschinensetzer Facharbeiter zum Bedienen einer → Setzmaschine

Maßsystem, typographisches 127ff

Mathematische Formel → Formelsatz 143

Matrix-Drucker 183

Matrix-Erkennung 162

Matrix-Punkte 183

Matrize Gußform des Buchstabenbildes 153

Matrizenbohren 115f

Matrizenkreislauf 151

Matrizenrahmen 154

Maureske 81

Maya-Kultur 14, 17, 111f

Medaille 246

Mediäval mittelalterlich, Bezeichnung für ältere → Antiqua 45ff

Mediäval-Ziffer 77

Medien, Neue 185ff

Mehrspaltig → Kolumne mit mehreren Textspalten, im Gegensatz zu → einspaltig

Meister E. S. 88

Mengensatz 151

Menhart, Oldrich 65

Mensuralnotenschrift 95f

Mergenthaler, Otmar (1854–1899) Erfinder der → »Linotype« 151f

Merowingische Buchschrift 35

Merowingische Schrift → Nationalschriften

Merowingische Urkundenschrift 35

Messen im Satz 128

Messestände 240

Messinglinien Schmale Metallstreifen, die zur Wiedergabe von Linien verwendet werden

Messingspatien Im Handsatz Zwi-

schenraumstücke in der Stärke von ½ p
Metalle 154
Metrisches System 127ff
Metteur 175
Michelangelo 68
Miedinger, Max 65
Mignon Schriftgrad 7 Punkt Kegelhöhe 129
Mikrofilm 180
Mikrosekunde 157
Millimeter 128f
Millisekunde 157
Minimum Menge für eine Handsatzschrift. Beispiel: 8 kg bei einer Schrift von 8 p
Minoische Bilderschrift 17
Minuskel 39, 75
Minuskelziffer 77
Missal, kleine 129
Mitte, optische Stand einer Schriftgruppe auf einer Fläche, leicht höher als die metrische Mitte. Element beim Gestalten von Drucksachen → Goldener Schnitt
Mittel 129
Mittellänge 77
Mixer Zeilensetzmaschine, auf der die → Matrizen aus mehreren → Magazinen gemischt versetzt werden können
Mode und Sport 239
Modifikation 85, 138
»Modler« 198
Monogramm 86
»Monophoto« Lichtsetzmaschine
»Monotype« Einzelbuchstabensetz- und -gießsystem 153f
»Monotype«-Gießmaschine 151
»Monotype«-Perforator 151
Montage 147, 169, 205
Monte-Cassino-Schrift Jüngste der → Nationalschriften 36
Morris, William 59
Morrison, Stanley 65
Morse-Alphabet 23
Münchner Renaissance 59
Münzen 246f
Musikalische Schriftzeichen 95f
Musiknoten 95f, 141f

N

Nabatäer 98
Nationalschriften 34
Nautische Ziffern 77
Negativschrift Weiße → Schrift auf schwarzem Grund 147
»Neotype« → Zeilensetz- und -gießmaschine
Neschi-Schrift 99
Neudörffer d. Ä., Johann 54
Neumen 95f
Nitok-Schrift 107
Nonpareille 129
Normalhöhe Höhe der Schrift im Hochdruck: 62⅔ p oder 23,56 mm
Normalschrift 57
Normalschriftlinie → DIN
Normalziffern → Tabellenziffern
Normen → DIN
Notaset 142
Notation, graphische 96
Notensatz 141
Notenschrift, Entwicklung der 95f
Notenstich 141
Notula 48
Novarese, Aldo 70

O

Oberlänge 126f
OCR-A Schrift 77, 184
OCR-B Schrift 69, 184
OCR-lesbare Manuskripte 161
OCR-Lesemaschine 151, 161f
Offenbacher Schule 63
Off line Übertragen von Daten mittels → Datenträger; Gegensatz → on line 168, 171
Olmeken 111
On line Direkte Verbindung von zwei Aggregaten durch Kabel, z. B. → Rechner und → Belichtungseinheit 168, 171
Optima 68
Optischer Lesecomputer → OCR
Optische Täuschung 119f
Ornament 143, 229
Ornamentkunst 81
Orthographie → Duden
Osmanische Schrift 99

P

Pachulke Früher scherzhafte Bezeichnung für einen Handsetzer, der nur → Paketsatz (→ glatten Satz) herstellen kann
Packungen 238, 242f
Pagina, Paginierung Seitenzahl in einem Buch
Paketsatz Glatter Satz
Palatino 68, 220
Paläographie Lehre von den Schriftarten des Altertums 15
Pali-Schrift 103
Papyrus 26
Parsepa-Schrift 104
Pasiega-Höhle 15
Pa-Ten-Schrift 106
Patrize Stahlstempel in erhabener Form beim → Prägedruck, auch für Schriftguß- und Matrizenherstellung
Perforation Eingestanzte Loch- oder Linienreihen zum Abreißen, zum Transport oder als → Code
Perforatoren 155f
Pergament Präparierte Tierhaut, gekalkt, enthaart, geschabt und gespannt. Bevorzugter Beschreibstoff des Mittelalters 200
Perl 129
Petit 129
Petroglyphen 15
Phaistos, Diskus 17
Phönikische Lautschrift 17f
Phönikische Konsonanten 25
Phonogramm 15f
Photo-Akzidenzsatz 129, 136
Photo-Layoutsatz 126, 135f, 138f
Photomaterial 158
Photosatz Satz mittels Licht auf Film oder Photopapier 69, 84, 117ff, 158ff
Photosatz, Arbeitstechniken 153
Photosatz, Initiale 84f
Photosatz, Nachteile, Vorteile 159
Photosatz-Systeme 159

Photo-Titelsetzgerät 136

Pica Typographisches Maß in angelsächsischen Ländern (1 Pica = 12 Point)

Piktogramm 15f

Pinselschrift, frühe chinesische 16

Plakat 225f

Plakatfeder 197

Plakatschriften 196

Plastische Schrift 209

Plattenfeder 196f

Point Kleinste → typographische Maßeinheit in angelsächsischen Ländern

Portepage Starke Pappe, Zwischenlage zum Aufeinandersetzen der → Kolumnen im Bleisatz

Positiv Schwarz auf weißem Grund 147

Post, Herbert 64

Pott, Carl 87

Programm Arbeitsanweisung für den → Rechner

Programmschleife Sich wiederholender Arbeitsvorgang im → Rechner

Prozeßrechner 183

Psalter 40

Punkt, typographischer Abkürzung: p 127f

Punktierte Initiale 78

Punktur Satzzeichen

Punzen Buchstabenstempel, die zum Gewinnen von Matrizen in Metallblöcken eingeschlagen wurden, heute ersetzt durch Stempelschneide- oder Matrizenbohrmaschine. Bucheinbände wurden früher in Punzierarbeit geschmückt 126

Q

Quadrata → Capitalis

Quadraten Zwischenraumstücke im Handsatz, → Blindmaterial

Querlinien → Tabellensatz

Quipu 111f

R

Radikale 105

Randausgleich Ausgeschlossener Satz (gleichmäßige Satzkante vorn und hinten)

Raschi-Schrift 95

Raster in Schriften 138, 203

Ratdolt, Erhard 80

Rauhsatz Satz, in dem die Wortabstände gleichbleiben, ohne Rücksicht auf glatten Abschluß 139

Rebus 16f

Rechenwerk 156

Rechner 157,168

Rechtsbündig 141

Rechtschreibung → Duden

Recorder Tastgerät im → IBM-→ »Composer«-System

Redaktionssysteme 170f, 175

Regionalschriften 34f

Reglette Metallplättchen für → Durchschuß, → Blindmaterial

Reihensatz Einfachste Form des → Tabellensatzes

Reiner, Imre 65

Reinzeichnen 201

Reißschiene 202

Renaissance 80f, 118

Renaissance-Kursive 48

Renaissance, Schrift der 40, 47, 50, 52, 55, 59

Renner, Paul 62, 64

Retondilla 48, 50, 59

Revision Letzte Korrektur und Überprüfung vor Beginn des Auflagendrucks

Rika-Schrift 99

Rilke, Rainer Maria 21

Röhrchenfeder 197

Römer, Schrift der 30f

Römische Capitalis 74

Römische Kursive 33

Römische Zahlzeichen 75

Rohrfeder 33

Rokoko 56, 82

Romantik, Schrift der 37

Romanische Minuskel 37

Romanische Zierbuchstaben 78

Rondé 49

de Roos, S. H. 65

Rotunda 38, 40, 48

Round Hand 51, 58

Rubrik Abschnitt, Absatz, Überschrift, Spalte

Rubrikator 52

Rückentitel Schrift auf dem Rükken eines Buches

Rundbogenstil 33

Rundgotisch → Rotunda 45, 64

Rundschrift 59

Rundschriftfeder 196

Runen Germanische Schriftzeichen 37

Rustika Capitalis 32, 38, 46

S

Sabon 129

Samariter 97

Sammeltitel Titel für mehrere Bücher, z. B. eine Buchreihe, oft links neben dem Haupttitel

Sanskrit 103

Satzanweisung Technische Angaben zum Ausführen einer Satzarbeit 174

Satzerschwerung Bei der Kalkulation und bei der Satzleistung zu berücksichtigende Fakten. Beispiele: Schlechtes Manuskript, schmales Format, größeres Format, als es die Maschine erlaubt (Zusammenstoßen von Zeilen), häufige Einhänger, häufig vorkommende Namen und Arten, Ziffern, Schriftmischung, Sperrsatz

Satzrechner Spezialrechner für die → Textverarbeitung 156f

Satzreifes Manuskript Einwandfreies Manuskript mit Satzanweisungen

Satzschiff Metallunterlage für → Handsatz

Satzspiegel 144f

Satzzeichen 122

Schablone 209

Schablonenbeschriftung 208

Schallplattenhülle 243

Schattenschrift 56

Schaugröße 118, 128

Schilder 260f

Schlagzeile Überschrift in der → Zeitung oder → Zeitschrift

Schmuck 143

Schneidetechnik 207

Schneideverfahren 206

Schneidler, Ernst 64, 84

Schnelldrucker Aufzeichnungsgerät zur schnellen Ausgabe von → Texten, die auf → Datenträgern gespeichert sind 156

Schnellhase In der Setzersprache: schneller Setzer

Schnurzugfeder 196f

Schöffer, Peter 80

Schönschreibfeder 197

Schönsperger, Johann 53f

Schrägschrift → Kursive

Schreibautomat 172

Schreibfeder 197

Schreibflüssigkeiten 199

Schreibheft 200

Schreibkern, Schreibkopf 181

Schreibkunst 213ff

Schreibsatz Auf Spezialschreibmaschinen hergestellter Satz 177

Schreibsatz, Nachteile, Vorteile 178

Schreibschrift, Englische 53

Schreibtechnik 179

Schreibunterlage 198f

Schreibwerkzeuge 196

Schrift CMC 7 184

Schrift OCR-A 184

Schrift OCR-B 184

Schrift im Handwerk 250ff

Schrift in Stein 211

Schriftenmalen 206

Schriftfamilie 131

Schriftform 122

Schriftgarnitur 131ff

Schriftgrad Größe des Buchstabens nach Punkten gemessen

Schriftgravuren 211

Schriftguß 115

Schrifthöhe 126

Schriftkasten 121

Schriftkegel 126

Schriftklassifikation 121f

Schriftlinie 126

Schriftlithograph 83

Schriftmischen 131, 133, 219

Schriftmontage 205

Schriftpinsel 198

Schriftprogramm 166

Schriftreliefs 211

Schriftschablone 209

Schriftscheibe Glas- oder Kunststoffscheibe mit negativen Schriftzeichen, Schriftträger im → Photosatz 165

Schriftschmuck 34

Schriftskizzen 200

Schriftsymbole 89

Schriftträger 165

Schriftzeichen Geschichtliche Entwicklung 15ff

Schriftzug 222, 225, 227

Schulschrift 20

Schulen 265

Schulterhöhe 126

Schusterjunge Scherzhafte Bezeichnung für die letzte Zeile einer → Kolumne, wenn diese als erste Zeile eines neuen Absatzes mit einem Einzug beginnt

Schwabacher 38, 40, 48, 52f

Schwellzüge 47, 196

Schwitters, Kurt 62, 93

»Scotch-print« Verfahren zum Umwandeln eines Schriftsatzes in einen Film für Flachdruck oder Tiefdruck. Spezialfolie aus Kunststoff, halbtransparent, nach dem Abziehen direkt kopierfähig

Seitenmontage Montage der einzelnen Seiten, entspricht dem → Umbruch im Bleisatz 147

Seitenrichtig Schrift auf Schichtseite des Films lesbar

Seitenverkehrt Schrift auf Schichtseite des Films spiegelverkehrt

Sekundärlochstreifen 167

Sengai 102

Serifen 30f

Serifenlose Linearantiqua 121

Settrommel 154

Setzautomat Gerät zum Umwandeln der → Lochstreifencodes in Maschinenbefehle

Setzen, Setzer, Setzerei 114ff

Setzmaschine 150ff

Setzmaschinenmetall Legierung aus Blei, Zinn und Antimon 154

Sho-Meister 110

Siamesisch 103

Siao-Tschuan-Schrift 105f

Siebdruck 211

Siegel 86

Signet 220f

Silbentrenn-Programme 156

Simons, Anna 60

Singhalesisch 103

Sing-Schu-Schrift 106

Sistina 68

Skelettschrift 46

Skizzieren 148, 201

Skriptol 199

Slawische Schrift 29

Software Programm für → EDV-Anlagen 156, 160, 181

Sonderzeichen Figuren, die nicht zur normalen Ausstattung einer Schrift gehören 143

Spalte Vertikale Unterteilung einer bedruckten Seite

Spaltenbreite Breite der Spalte in einer → Kolumne

Spaltenlinie Linie zwischen den Spalten, z. B. bei der → Zeitung

Spationieren → Sperren

Sperren Hevorheben eines Wortes durch Erweitern der Buchstabenabstände 134

Spitzfeder Kurrent 51

Sport und Mode 239

Sprachenaufschlag Satzerschwernis

Stahlfeder 58, 197

Stahlstempelschnitt 115

Steckschrift Schrift größerer Grade im → Handsatz, in Kästen eingesteckt

Steg Blindmaterial im Handsatz. Abstände beim Schließen einer Druckform im Hochdruck

Stehsatz Bleisatz, der zum nochmaligen Druck aufgehoben wird

Stein, Schrift in 211

Stellwinkel 202

Stempeltechnik 210

Stenographie 23f

Stiebner, Erhardt D. 9, 67

Stilmittel 133

Storchschnabel (Pantograph) 202

Straßenschilder 260

Streichsatz → Übersatz, der beim → Umbruch gestrichen wurde; wird separat berechnet

Strichführung → Duktus

Stuchs, Georg 52

Stumpf anfangen Erste Zeile eines Absatzes ohne → Einzug anfangen lassen

Stuttgarter Akademie 64

Suchroutine Im elektronisch gesteuerten Photosatz: nach dem Tasten einer charakteristischen Buchstaben-Kombination sucht der Rechner des EDV-Systems aus dem im Datenträger befindlichen umfangreichen Text die zur Korrektur benötigte Stelle heraus, um sie auf dem Bildschirm sichtbar zu machen 168

Sütterlin-Schrift 57

Sumerer 17

T

Tabellensatz Eine Tabelle besteht aus Tabellenkopf und Tabellenfuß. Die Linien heißen Kopflinien, Halslinien, Fußlinien, Längslinien, Querlinien. Der Tabellenkopf wird häufig kleiner gesetzt als der Tabellenfuß

Tabellenziffern Ziffern in Höhe der → Versalien (Großbuchstaben) 77

Tageszeitung 227

Talik-Schrift 99

Tamil-Schrift 103

Tamulisch 103

Tarifpartner 267

Tasten (Erfassen) 164

Taster Gerät zum Texterfassen, → Perforator

Ta-Tschuan-Schrift 105f

Taubstummenschrift 24

Teletype-Setter 154

Teluga-Schrift 103

Terminal Bildschirmgerät zur → Korrektur oder zum Redigieren eingesetzt

Tertia 129

»Texoprint« Verfahren zum Umwandeln eines Schriftsatzes in einen → Film für Flachdruck oder Tiefdruck. Der Schriftsatz wird ausgegossen, mit schwarzer Farbe eingespritzt und mit einem Tampon poliert. Die erhöhten Schriften erscheinen dadurch glänzend vor dem schwarzen Hintergrund. Anschließend wird der Satz photographiert

Textausgabe 162

Textbearbeitung 170

Texterfassung 162

Textfernverarbeitung 180

Textherstellung 114

Textschöpfung 170

Textur Eine der drei Hauptarten gebrochener Schriften, von Gutenberg als Drucktype für die 42zeilige Bibel verwendet 38f, 52

Textverarbeitung 114, 170, 179, 181

Theodor, Johannes 88

Tibetische Schrift 104

Tiemann, Walter 63

Times 65

Tinte 199

Tippfehler 181

Tironische Noten 24

Titelsatzschrift 118

Titelsetzgerät 136

Tonlettern 106, 108

Topographische Karte 248f

Trennen 157f

Trennfugen → Codes, die einem → Rechner ohne → Trennprogramm die möglichen Trennstellen anzeigen 157

Trennprogramm 157

Trigramme 106

Trump, Georg 68, 116

Trump-Mediäval 68

Tsao-Schu-Schrift 105f

Tschichold, Jan 21, 62, 65

Tsuluts-Schrift 98

TTS-Satz Lochbandgesteuerter → Zeilensatz 154, 156

Tusche 199

Typenguß-Setzmaschine 153f

Typenhebel-Drucker 183

Typenplatte (Lineal) 121

Typenrad-Drucker 183

Typenscheibe 121

Typographisches Maßsystem 127f

Typomaß 129

Typosignal 143

Typoskizze 148, 200f

U

Übereinanderbelichtung 136

Übersatz Mehrsatz, der nicht im Umbruch Platz findet; wird separat berechnet

Uiguren 104

Ulfilas 36f

Umbruch Zusammenstellung der korrigierten Spalten mit Bildern usw. zu Seiten 144f

Umbruch-Bildschirm 172

Unger, Johann Friedrich (1753 bis 1804), Verleger, Schriftkünstler 56

Unmun-Vulgärschrift 108

Unterfeder 196

Unterführen Vermeiden von Wiederholungen in Aufstellungen und Tabellen, Beispiel: „ „ „

Unterlänge 129

Unterschneiden Im Handsatz Schmälergießen von Buchstaben wie T, V, W; zum Vermindern des Buchstabenabstandes

Unziale Großbuchstabenschrift, die im 5. Jahrhundert entstand 33f, 38, 79

V

»Varityper« Schreibsetzmaschine

Vergolden 203f

Vergrößern 203

Verkleinern 203

Versalien 45

Versalien-Höhe 129

Versalziffer 77

Vertatur → Korrekturzeichen für Umdrehen eines auf dem Kopf stehenden Buchstabens im → Handsatz

Video Display Terminal 169

Videotext 185ff

Viertelcicero 129

Viertelpetit 129

Vignette Typographischer Schmuck

Vogeler, Heinrich 84

Vorauskorrektur Korrektur des →Manuskripts vor dem Texterfassen 174

Vorkarolingische Minuskel 34

Vorschlag Abstand vom →Kopf einer Seite bis zum Beginn des Textes beim Anfang eines Kapitels

Vorschulschrift 20

W

Walbaum, Justus Erich 56

Wechselzüge 196

Weiß, Emil Rudolf 64

Weiß-Antiqua 64

Weiß-Gotisch 64

Wellensatz 139

Werbefernsehen 192, 241

Werksatz 144ff

Werkschrift 118

Wertpapiere 246f

Westgotische Schrift 35f

Wiegendruck Inkunabel

Winkelhaken Werkzeug des Setzers, mit dem die Typen zur Zeile aneinandergereiht werden 135

Winker-Alphabet 23

Wyss, Urban 50

Z

Zahlzeichen 75, 77

Zapf, Hermann 14, 68f

Zeichenfeder 196f

Zeichenpapier 200

Zeile als Kompositionselement 141

Zeile als technisches Ergebnis 140

Zeilen Ausdrucksmöglichkeiten 140f

Zeilenabschnitt Maßgerechter Beschnitt beim →Zeilenguß

Zeilenabstand 140

Zeilenfall 139

Zeilenfüll- und Zentriervorrichtung Sondervorrichtung an →Zeilensetz- und -gießmaschinen

Zeilenguß 151f

Zeilenlänge 140f

Zeilenmaß →Typomaß

Zeilensatz 151f

Zeilensetz- und -gießmaschine »Linotype«, »Intertype«, »Neotype« 152

Zeilenvorschub 129, 141

Zeitung, Tageszeitung 160, 170f

Zeitungs-Photosetzerei 160

Zen-Philosophie 107

Zettelmanuskript →Manuskript in Zettelform oder auf Karteikarten

Zeugkiste Kiste mit unbrauchbarem, abgenutztem Schriftmaterial im →Handsatz, das für die Hütte aufbewahrt wird

Zeugschnitt 115f

Zierbuchstaben 78

Ziffern 77

Zinn 127, 154

Zoll 127

Zugriffszeit Benötigte Zeit, um eine bestimmte Stelle auf dem →Datenträger zu finden

Zweitband 167

Zwiebelfisch →Fisch. Alter Ausdruck für falsch aufbewahrten Buchstaben im →Handsatz

Zwischenschlag Freie Fläche zwischen zwei Satzgruppen im →Handsatz

Verzeichnis der Farbtafeln

Seite 13 Hans Holbein d. J. (1497[98?]–1543), Erasmus von Rotterdam
Kunstmuseum Basel; Photo Hinz, Basel

Seite 27 Irische Halbunziale: Aus dem Book of Kells. 7. Jh.
Bayer. Staatsbibliothek, München

Seite 41 Goldener Psalter Karls d. Gr., 8. Jh.
Österreichische Nationalbibliothek, Wien

Seite 43 Psalter der Königin Isabella von England. Um 1340
Bayer. Staatsbibliothek, München

Seite 61 Rudolf Koch: Schriftblatt aus der Matthäuspassion, Offenbach
Original im Privatbesitz

Seite 101 Werbeseite der Repro-Union, Augsburg
Entwurf Pham Phu Oanh, München

Seite 149 Beispiele für Schriftlösungen auf einem Plakat, einem Schutzumschlag und einem Prospekt
Aus: »Politische Plakate«, Verlag F. Bruckmann KG, München; aus: J. M. Simmel, »Und Jimmy ging zum Regenbogen«, Droemer Knaur Verlag, München; Gloor Satz Repro GmbH & Co KG, München

Seite 176 Plakat für die Berliner Jazztage
Entwurf Günther Kieser, Frankfurt

Seite 193 Ausschnitte aus Fernsehspots ROWI und Calgon
Herstellung Insel-Film Produktionsgesellschaft Norbert Handwerk u. Partner GmbH Co, München

Seite 223 Schriften im Münchner Olympia-Stadion bei einem Fußballspiel FC Bayern: Benfica Lissabon
Photo Münchner Olympia-Park GmbH, München

Seite 242 Schriften auf Packungen des täglichen Bedarfs

Seite 255 Leuchtschriften: Wien, Kärntner Straße
Photo Löbl-Schreyer, Bad Tölz

Verzeichnis der Beihefter und Beilagen

Nach Seite 74 Schriftproben im Photosatz, ein Ausschnitt aus dem Schriftmusterbuch Heinz Knauer Typografisches Atelier und Druckerei, Frankfurt (Main)

Nach Seite 86 Blindenschrift, mit Genehmigung des Vereins zur Förderung der Blindenbildung e. V., Hannover

Nach Seite 120 Die in Druckereien üblichen Korrekturzeichen, zur Verfügung gestellt von Haindl Papier GmbH, Augsburg

Auf Seite 137 Der Photosatz-Schriftfilm, belichtet von Du Pont de Nemours (Deutschland) GmbH, Frankfurt (Main)

Nach Seite 162 Mäppchen Gold'n Touch Goldschriftfolie, zur Verfügung gestellt von »mondialoffice« Verwaltungs- und Vertriebsgesellschaft mbH, Frankfurt (Main)

Nach Seite 202 Mäppchen Letrasatz mit Anreibeschrift von Deutsche Letraset GmbH, Frankfurt (Main)

Nach Seite 210 Kunstschrift: einfache Blockschrift und klassische römische Antiqua

Nach Seite 264 »Buchstaben selbst aufkleben«, zur Verfügung gestellt von Walter Zeug OHG, Bietigheim

Im Anhang

Typomaß für Photosatz, nach Grundlagen von H. Berthold AG, Berlin, zur Verfügung gestellt von der Papierfabrik Scheufelen, Lenningen

Nachweise

Dem Text »Schrift im Fernsehen« (Seite 190 ff) liegt eine Studie »Schrift auf dem Bildschirm« zugrunde, die von Wolfgang Bergmeir im Auftrag des Bayerischen Rundfunks für das Bayerische Fernsehen erarbeitet wurde.

Im Kapitel »Schrift als Handwerk – Schrift als Hobby« folgen wir auf Seite 205 ff einer Ausarbeitung von Gerold Kober und Hinweisen der Firma Xylo-Buchstaben Rudolf Prien KG.

Den Beteiligten danken wir auch an dieser Stelle für ihre Mitarbeit.

Folgenden Firmen, Institutionen und Personen danken wir für die Überlassung von Bildvorlagen, Reproduktionsgenehmigungen und Hinweisen zu diesem Buch:
Ferdinand Anton, München: Seite 14; Seite 111 Photo Aral Aktiengesellschaft, Bochum: Seite 263 ASCO Trade Typesetting Ltd., Hong Kong: Seite 107 ff Associated Press, Frankfurt: Seite 102 J. J. Augustin, Glückstadt: Seite 19 Bayerisches Nationalmuseum, München: Seite 252 H. Berthold AG, Berlin: Seite 115; Seite 117; Seite 118/119; Seite 159. Photos Studio Heinz Binder, Stuttgart: Seite 169; Seite 170 Zeichnung Chris Brand, Holland: Seite 19 Staatsbibliothek, Bremen: Seite 14 Felix Brunner, Corippo (Schweiz): Seite 120 John Cage: Musikverlage Hans Gerig, Köln: Seite 96 Photos Coca-Cola GmbH, Essen: Seite 263 Photo J. H. Darchinger, Bonn: Seite 188 Werkphotos Deutsche Bank AG, Frankfurt (Main): Seite 247, 257 Werkphoto Deutsche Letraset GmbH, Frankfurt (Main): Seite 206 Werkphoto Deutsche Olivetti GmbH, Frankfurt (Main): Seite 183 Deutscher Bü-

cherbund KG, Stuttgart (Weltatlas 2000): Seite 249 Deutscher Sparkassenverlag GmbH, Stuttgart: Seite 221, 228 Deutscher Wetterdienst, Offenbach: Seite 187 Diogenes-Verlag, Zürich: Seite 94 Werkphoto Diversum Letterphot Vertriebs KG, Ismaning: Seite 136 Dover Publications Inc., New York: Seite 85 Ehmcke (Privatsammlung Herrsching): Seite 252 Photos Designgruppe Wolfgang Flath, München: Seite 260/261; Seite 264 Paul Flora, Innsbruck: Seite 94 Architekturbüro Dipl.-Ing. Foerstl Bauderer Zeilhofer, Landshut: Seite 256 Photo Frankfurter Allgemeine Zeitung, Frankfurt (Main): Seite 262 GGK Basel Werbeagentur AG, Basel: Seite 227 Paul Armand Gette, Paris: Seite 259 Werkphoto Güttinger AG, Niederteufen (Schweiz): Seite 155 Museum für Kunst und Gewerbe, Hamburg: Seite 252 Photos Professor Franz Hart, München: Seite 256, 258 C. Haushahn, Stuttgart: Seite 221 Werkphoto Dr.-Ing. Rudolf Hell GmbH, Kiel: Seite 150; Seite 159 Werksarchiv Henkel, Düsseldorf: Seite 254 Hochschule für Gestaltung, Offenbach (Arbeitsgruppe Medienentwicklung): Seite 189 Archiv Alfons Huber, München: Seite 150 Werkphotos Signalbau Huber-Designa GmbH, München: Seite 260/261 Werkphotos IBM Deutschland GmbH, Stuttgart: Seite 178; Seite 180 Ingrama SA, Vevey (Schweiz): Seite 99 Institut für Rundfunktechnik, München: Seite 186 Israelitische Kultusgemeinde, Rabbiner H. I. Grünewald, München: Seite 97 Sepp Jakob, Gundelfingen (Breisgau): Seite 211; Seite 242 Typographische Werkstatt Jöllenbeck u. Schlieper GmbH & Co KG, Essen: Seite 240 Paul Klee: Angela Rosengart, Luzern. © 1977, Copyright by Cosmopress, Genf: Seite 93 Photo Klingspor-Museum der Stadt Offenbach am Main, Offenbach: Seite 253 Photo Gotthilf Kurz, München: Seite 253 Werkphotos Mergenthaler Linotype GmbH, Eschborn bei Frankfurt: Seite 150: Seite 168 Anestis Logothetis: Universal Edition, Wien: Seite 96 Archiv Philipp Luidl, München: Seite 120ff; Seite 190 Werkphoto Verlagsgesellschaft Madsack & Co., Hannover: Seite 169 Ägyptische Staatssammlung, München: Seite 16 Bayerische Staatsbibliothek, München: Seite 47; Umschlagvorderseite Bayerisches Landesvermessungsamt, München. Kartenausschnitt: Topographische Karte 1:50000, Blatt L 6532. Mit freundlicher Genehmigung, Nr. 7252/77: Seite 249 Landeshauptstadt München, Schulreferat, München: Seite 20 Photo Knut Liese, München: Seite 239 Photos Staatliche Münzsammlung, München: Seite 246 Staatliches Museum für Völkerkunde, München (Photo Robert Braunmüller): Seite 264 Germanisches Nationalmuseum, Nürnberg: Seite 76 Werkphoto Neo-print Beschriftungsanlagen Karl Gröner, Ulm-Donau: Seite 210 Offsetpraxis, Fachschriften-Verlag GmbH & Co KG, Fellbach: Seite 172 Photos R. Oldenbourg Graphische Betriebe GmbH, München: Seite 247 Edition Peters, Frankfurt (Main): Seite 243 C. Hugo Pott GmbH & Co, Solingen: Seite 87 Pressehaus Bayerstraße, München: Seite 148, 230 Presse- und Informationsamt der Bundesregierung, Bundesbildstelle, Bonn: Seite 14 PWA Papierwerke Waldhof-Aschaffenburg AG, Raubling: Seite 20 Dietrich Ratzke, Frankfurter Allgemeine Zeitung, Frankfurt (Main): Seite 185 Rheingold-Druckerei, Mainz: Seite 19 Richter & Frenzel, München: Seite 180 Schiller Zeichenbedarf GmbH & Co KG, München. Katalog V. Ausgabe: Seite 196ff Professor Hans Schmidt, Offenbach: Seite 253, 259 Photo Toni Schneiders, Lindau: Seite 26 Kurt Schwitters: Plakatentwurf, © 1977, Copyright by Cosmopress, Genf: Seite 62 Kurt Schwitters: Privatbesitz München. © 1977, Copyright by Cosmopress, Genf: Seite 93 Werkphoto Seiko (Baums, Mang & Zimmermann Werbeagentur GmbH & Co KG, Düsseldorf): Seite 76 Sellier GmbH, Freising: Seite 20 Werkphotos Siemens AG, Bereich Datenverarbeitung, München: Seite 182/183; Seite 185; 189; Seite 257 Sportive Werbeproduktion GmbH, München: Seite 239 Werkphotos Standardgraph, Geretsried: Seite 198; Seite 209 Kungl. Vitterbets Historie och Antikvitets Akademien, Stockholm/Schweden: Seite 36 Photo K. H. Steppe, Landshut: Seite 256 Landesvermessungsamt Baden-Württemberg, Stuttgart. Aus dem Musterblatt für die Topographische Karte 1:50000. Im Auftrag der Arbeitsgemeinschaft der Vermessungsverwaltungen der Länder der Bundesrepublik Deutschland bearbeitet vom Landesvermessungsamt Baden-Württemberg, Stuttgart, Dritte Ausgabe 1970: Seite 248 Photos Bilderdienst Süddeutscher Verlag GmbH, München: Seite 189; 254; 263 Werkphoto Triumph-Adler Vertriebs-GmbH, Nürnberg: Seite 181 Edith Tschichold, Berzona: Seite 62 Werkphoto Ultradex Planungsgeräte, Säckingen: Seite 264 Volkswagenwerk Aktiengesellschaft, Wolfsburg: Seite 224 Werkphoto Weigang-Organisation GmbH, Würzburg: Seite 264 Werkphotos Xylo-Buchstaben Rudolf Prien KG, München: Seite 207ff Young & Rubicam GmbH, Werbung, Frankfurt (Main): Seite 187 Hermann Zapf (Photo Noel Gordon, Kansas City): Seite 14; Seite 68

Aus der Zeitschrift novum gebrauchsgraphik, Verlag F. Bruckmann KG München, haben wir folgende Bilder und Schriftmuster in diesem Buch verwendet:
10/73 (Seite 53) Seite 19 11/73 (Seite 44–46) Seite 77 3/72 (Seite 33) Seite 87 3/76 (Seite 2) Seite 88 1/74 (Seite 48ff) Seite 89 8/75 (Seite 49) Seite 92 12/72 (Seite 2) Seite 94 8/72 (Seite 12) Seite 220 4/72 (Seite 71) Seite 220 8/70 (Seite 24) Seite 220 9/70 (Seite 43) Seite 221 7/76 (Seite 33) Seite 221 7/76 (Seite 19) Seite 224 5/79 (Seite 39) Seite 222 4/77 (Seite 4) Seite 224 8/70 (Seite 26) Seite 225 1/74 (Seite 13) Seite 225 2/77 (Seite 10) Seite 225 7/77 (Seite 47) Seite 225 1/76 (Seite 17) Seite 225 8/76 (Seite 30) Seite 225 5/76 (Seite 22) Seite 226 1/73 (Seite 43) Seite 229 1/72 (Seite 17) Seite 229 6/71 (Seite 20) Seite 230 2/72 (Seite 28) Seite 230 11/72 (Seite 6) Seite 230 6/70 (Seite 68) Seite 231 1/73 (Seite 41) Seite 231 5/70 (Seite 19) Seite 231 12/70 (Seite 13) Seite 231 5/70 (Seite 18) Seite 233 6/71 (Seite 34) Seite 233 6/71 (Seite 31) Seite 233 5/73 (Seite 42/43) Seite 234/235 3/72 (Seite 40) Seite 235 10/74 (Seite 41ff) Seite 236 3/72 (Seite 17) Seite 240 11/71 (Seite 48) Seite 240 9/73 (Seite 8) Seite 240 5/75 (Seite 15) Seite 241 5/77 (Seite 31 und 34) Seite 241 5/73 (Seite 8) Seite 242 3/70 (Seite 16) Seite 242 10/72 (Seite 52) Seite 243 9/73 (Seite 56) Seite 244 2/70 (Seite 18/19) Seite 244/245 10/71 (Seite 53 und 55) Seite 251 2/71 (Seite 18) Seite 258 11/75 (Seite 27) Seite 260 10/76 (Seite 28) Seite 262 9/72 (Seite 55) Seite 262

Die hier nicht aufgeführten Abbildungen, Schriftmuster und Satzbeispiele stammen aus dem Archiv Walter Leonhard, München, und aus dem Bildarchiv Bruckmann, München.

Der Buchdrücker.